일본인

이야기

일본인
이야기
2
—
진보 혹은 퇴보의 시대

김시덕 지음

메디치

**들어가며**

　　지난 2019년 말에 출간한 《일본인 이야기 1》
이 다행히 독자 여러분께 좋은 반응을 얻었습니다. 그리하여 이번에
무사히 제2권을 출간하게 되었습니다. 그 누구보다도 독자 여러분께
우선 깊이 감사드립니다.

　처음에 《일본인 이야기》 시리즈를 다섯 권으로 구상했을 때, 저는
일본에서 일어났던 일들을 단순히 시간 순서대로 다루지 않고, 각 권
마다 뚜렷한 포인트를 잡아 일본 사회의 특징을 설명하는 방식을 택
하기로 했습니다. 포인트를 쟁점이라는 단어로 표현할 수도 있습니다.
제1권의 포인트 혹은 쟁점은 가톨릭과 조선이었습니다. 이번 제2권의
포인트는 농민의 일생, 그리고 그들을 치료해준 의료·의학입니다.

　에도 시대 일본에서 인구의 절대다수를 차지했던 사람은 농민입니
다. 그렇기에 에도 시대 일본을 이해하려면 무엇보다도 이들 농민이

태어나서 살다가 죽는 일생의 사이클을 이해해야 합니다. 옛 시대를 이야기하면서 정치 제도와 유명 인사들을 언급하는 것은 쉬운 길입니다. 역사에 이름을 남기지 못한 사람들, 특히 지배 계급이 아닌 농민을 주인공으로 삼는 것은 쉽지 않은 길입니다. 그렇다 보니 이런 관점에서 쓴 글은 많지 않습니다. 그간 저는 동부 유라시아의 옛 시대를 공부하면서 이 부분에서 가장 큰 문제의식을 느껴왔습니다. 그래서 제2권에서는 역사인구학과 고문서학의 성과를 이용해서 농민이 주인공인 글을 쓰려 했습니다.

한편, 에도 시대에 백성들이 아팠을 때 어떻게 병을 고쳤는지에 관해, 그리고 농민을 비롯한 피지배민이 과거 제도가 없는 사회에서 어떻게 입신양명의 길을 찾았는가에 관해서는 에도 시대의 의학 발달이라는 측면에서 생각해 보았습니다.

에도 시대 일본의 의학이라고 하면 네덜란드에서 건너온 의학, 즉 난의학을 떠올리시는 분이 많을 터입니다. 특히 네덜란드어로 쓴 해부학 책을 번역한 《해체신서》는 한국에도 비교적 널리 알려졌습니다. 하지만 에도 시대에 아픈 사람들을 고쳐준 의학은 주로 한의학이었지 난의학이 아니었습니다. 그간 동부 유라시아의 여러 지역 가운데 유독 일본이 유럽의 학문을 일찍 받아들였던 사실을 강조하다 보니 난의학이 필요 이상으로 주목받는 경향이 있었습니다. 하지만 거칠게 말하자면, 난의학이 에도 시대의 백성들에게 기여한 바는 천연두를 예방해주는 우두법을 보급해주었다는 것 정도밖에 없습니다. 그 밖의 수많은 일본인을 치료해준 것은 한의학이었습니다.

난의학은 에도 시대 일본인의 지적 호기심을 자극하기는 했지만,

의료상에서는 효과가 제한적이었습니다. 더욱이 센고쿠 시대에 에스파냐와 포르투갈 사람들이 일본에 건너와 베푼 의료 활동과 비교하면, 난의학은 진보라기보다는 오히려 퇴보였습니다.《일본인 이야기》제2권의 제목을 "진보 혹은 퇴보의 시대"로 삼은 이유도 이 때문입니다.

에도 시대 일본을 한반도나 중화 세계와 비교해 더 빨랐는지 늦었는지만 따져서는 그 본질을 알 수 없습니다. 에도 시대 일본을 정확히 이해하려면 동시대의 전 세계적 움직임과 비교해야 하며, 아울러 에도 시대 앞뒤 시기의 일본과 비교해야 합니다. 그래서 이번《일본인 이야기 2》에서는 중세와도 다르고 근대와도 다른 에도 시대의 일본 백성들이 어떻게 태어나서 살다가 죽었는지에 주목했습니다. 그리고 이들 백성 가운데 야심 있는 남성들이 어떻게 의사로서 입신양명하고 세상 사람을 구했는지를 다루었습니다. 이 책에는 에도 시대 의사들의 초상화가 수십 점 실려 있습니다. 이 초상화들은 이들 의사가 활동하던 당시에 그려진 것들입니다. 오늘날 한국에서 조선 시대 의사의 초상화가 거의 전해지지 않는 점을 생각하면, 에도 시대에 의사들의 사회적 지위가 얼마나 높고 또 존중받는 대상이었는지를 짐작할 수 있을 것입니다. 한편《일본인 이야기 3》에서는 백성들이 어떻게 삶을 꾸려서 돈을 벌고 사업을 일으켰는지의 문제도 짚어볼 생각입니다. 또한 제2권에 등장하는 외국이 주로 네덜란드 한 나라였다면, 제3권에서는 영국, 미국, 러시아 등 서구 열강들이 등장할 예정입니다. 그들이 동시에 일본에 접근하면서 센고쿠 시대 이후로 수백 년만에 일본이 세계 무대에 복귀하는 과정 역시 소개해볼까 합니다.

저는《일본인 이야기》의 각 권을 쓸 때마다 새로운 분야를 공부하자는 생각을 하고 있습니다. 제1권을 쓰기 위해 경제사와 역사인구학을 공부했습니다. 이번 제2권을 쓸 때는 의학사를 공부했습니다. 서울대학교 의과대학 해부학 교실의 신동훈 선생님 팀과 함께 논문을 쓰고, 김성수 선생님이 편집위원장으로 계신 대한의사학회의 《의사학》 잡지 편집팀에 참여한 경험이 이 책을 쓰는 데 큰 도움이 되었습니다. 김두얼, 홍춘욱, 요시마루 가쓰야吉丸雄哉, 이치노헤 와타루一戶渉, 이승연, 정우준, 조경하 선생님도 이 책을 쓸 때 물심양면으로 큰 도움을 주셨습니다. 이들 선생님께 깊이 감사드립니다. 마지막으로, 메디치미디어의 유온누리 편집자님과 아내, 딸아이에게도 감사의 말을 전합니다.

2020년 10월  김시덕

# 차
# 례

## 2장 의사들의 이야기

"신분과 재산을 가리지 않고 환자의 생명을 구하는 것이 의사의 본질"

### 1 가난한 백성들을 치료한 의사들

### 2 선진 의학과 천연두

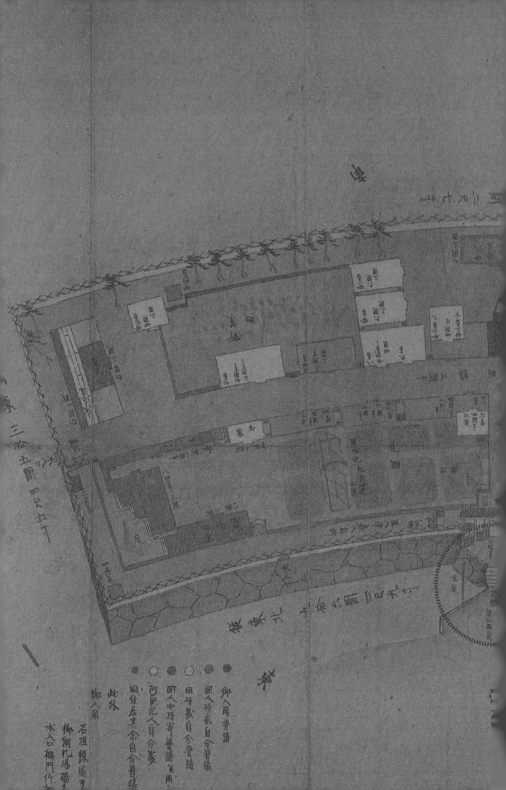

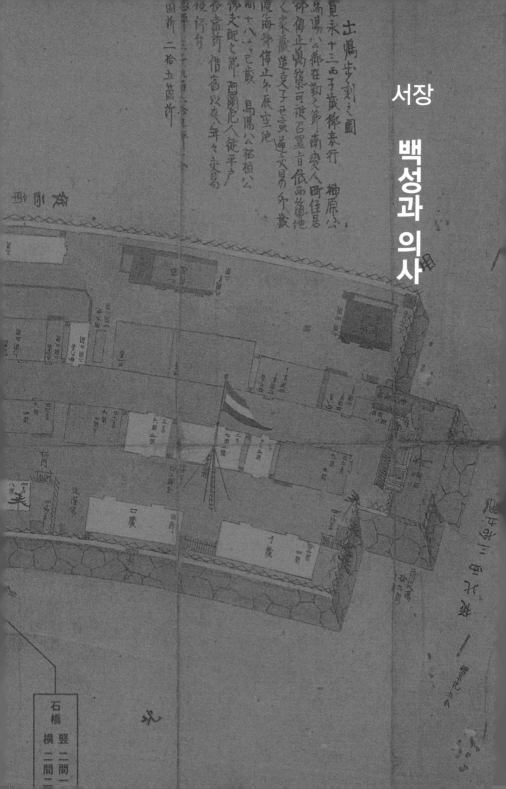

서장

**백성과
의사**

## 농민의 삶과 고통을
## 치료해준 의사들

《일본인 이야기 2》는 17세기 초에 시작되어 1868년의 메이지 유신으로 끝난 에도 시대江戶時代, 그중에서도 인구 대부분을 차지했던 농민의 삶과 고통, 그리고 그 고통을 치료해주었던 의사들의 이야기를 다룹니다.

도쿠가와 이에야스(德川家康, 1542~1616)와 그의 후손들이 지배했다고 해서 도쿠가와 시대라고도 하는 에도 시대에 대해 독자분들은 여러 이미지를 품고 있을 터입니다. 임진왜란 때 일본 장병들이 약탈해 간 조선의 인민과 문화재를 바탕으로 성장했다거나 조선이 파견한 통신사에 열광했던 시대라는 관점을 아마도 가장 많이 접하셨으리라 생각합니다. 조선인 도공陶工들을 데려가 유럽까지 수출된 아리타 도자기(有田燒, 아리타야키)를 굽게 했다는 이야기도 많이들 합니다. 임진왜란 때 평양에서 잡혀 포로로 끌려간 독실한 가톨릭교도 오타 줄리아おたあ

ジュリア나 전라남도 영암에서 끌려가 일본에서 주자학朱子學을 창시한 후지와라 세이카(藤原惺窩, 1561~1619)와 교류한 강항(姜沆, 1567~1618)과 같은 임진왜란 포로들이 에도 시대에 미친 영향을 강조하는 사람도 있습니다. 또 어떤 이는 후지와라 세이카에게 영향을 미친 조선의 주자학자가 강항이 아니라 임진왜란 직전인 1590년에 통신사로서 일본에 갔던 김성일(金誠一, 1538~1593)이라고 주장합니다. 심지어 후지와라 세이카에서 비롯한 주자학의 흐름이 메이지 유신 이후 일본의 교육 방침으로 기능한 〈교육에 관한 칙어教育ニ關スル勅語〉까지 이어졌으므로, 근대 일본의 정신적 기원이 된 인물은 퇴계 이황이라고 주장하는 사람도 봅니다.

이상의 주장들이 한국의 일본에 대한 우월감·열등감에서 출발했다고 한다면, 그 반대편에는 일본 열도가 에도 시대부터 한반도를 경제·과학·문화적으로 앞서가기 시작했다는 주장을 펴는 사람들도 있습니다. 이들은 조선에는 송시열로 대표되는 주자학 일변도의 경향이 나타났지만, 에도 시대 일본에는 주자학을 창시한 주희(朱熹, 1130~1200)의 주장을 부정한 이토 진사이(伊藤仁齋, 1627~1705)나 오규 소라이(荻生徂徠, 1666~1728)와 같은 유학자儒學者들이 나타났다는 사실을 중시합니다. 나아가 에도 시대 일본에서는 명나라나 대청제국大淸帝國과 마찬가지로 주희의 주자학과 왕양명(王陽明, 1472~1529)의 양명학이 공존했고, 대청제국과 같은 시기에 고증학考證學이 탄생하는 등 학문면에서 중화 세계와 대등하게 진보했다고 주장합니다.

또한 도쿠가와 이에야스가 쇄국鎖國 체제를 시작하면서 정치적 안정이 찾아와 그 결과로 경제력까지 성장했으며, 쇄국 체제하에서도

1932년에 심상고등소학교(尋常高等小學校)의 졸업기념품으로 배포한 교육칙어(教育勅語)와 덴노의 조서(詔書).

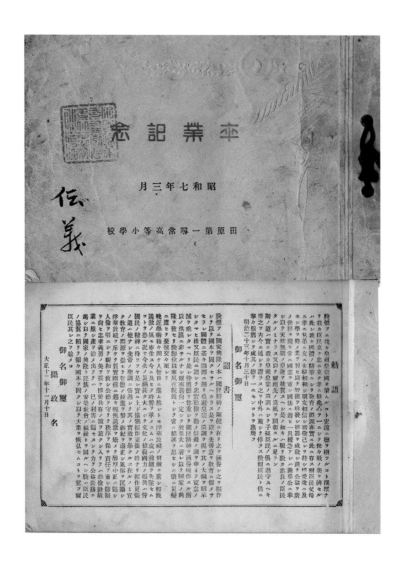

나가사키에 데지마出島라는 인공 섬을 만들어 네덜란드 동인도회사 (Vereenigde Oostindische Compagnie, VOC)와 교류함으로써 조선이나 대청 제국과는 달리 유럽의 상황을 동시대적으로 파악할 수 있었다는 점을 강조합니다. 에도 시대의 경제 성장, 그리고 유럽과의 동시대성이 메이지 유신 이후에 제국 일본으로 가는 길을 예비했다는 의미입니다.

지금부터 제가 이 책에서 말씀드리려는 내용의 관점은 앞에서 소개한 두 가지 입장과 모두 다릅니다. 저는 에도 시대 일본이 16세기의 센고쿠 시대戰國時代와 비교해서 전체적으로 퇴보했다고 생각합니다.

센고쿠 시대에 유럽과 동시대적으로 교류했던 일본은 자기 집안과 지배층의 정치적 이익을 지키기 위해 국가의 발전을 정지시키기로 한 도쿠가와 이에야스의 결정에 따라 갑자기 유럽과 단절했습니다. 여러 항구에서 유럽인들과 자유롭게 교류했던 때와 비교하면, 나가사키의 데지마와 정치 수도인 에도江戸에서만 네덜란드와 교섭하게 된 변화는 발전이 아니라 퇴보입니다. 센고쿠 시대에는 유럽의 최신 의학·과학·인쇄 기술 등으로 무장한 유럽 여러 나라 사람들이 에스파냐와 포르투갈, 네덜란드, 영국 등지에서 직접 일본으로 건너와 동시대적으로 지식과 물자를 전해주었습니다. 그랬는데 쇄국 이후에는 일본과 교류하는 유럽 국가를 네덜란드 한 나라로 제한하고, 일본인이 네덜란드인과 직접 만나는 일도 크게 제한합니다. 그 결과, 일본인들은 유럽 여러 나라에서 일어났던 혁신을 유럽인들에게 직접 배우지 못하고, 네덜란드어로 집필하거나 번역한 책들을 통해서만 간접적으로 접할 수밖에 없게 됩니다. 사정이 이러하므로 에도 시대 일본의 네덜란드학, 즉 난학蘭學은 진보가 아니라 퇴보였다고 보아야 합니다.

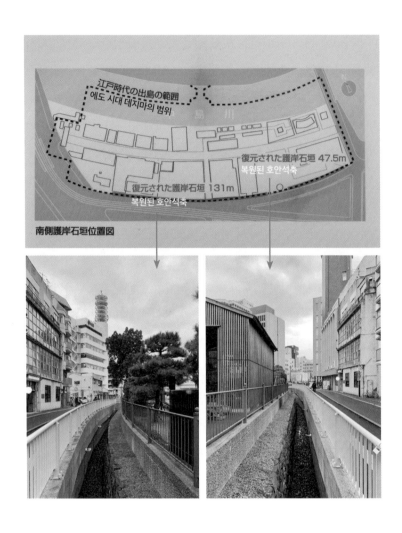

江戸時代の出島の範囲
에도 시대 데지마의 범위

島川

復元された護岸石垣 47.5m
복원된 호안석축

復元された護岸石垣 131m
복원된 호안석축

南側護岸石垣位置図

인공 섬이었던 데지마는 근대 이후에 매립되어 섬으로서의 모습을 상실했다. 하지만 최근 들어 데지마를 원형 크기대로 복원해 관광지가 되었다.

이러한 정치 · 군사 · 경제 · 과학 · 문화적 퇴보는 17~18세기에 걸쳐 거의 2백 년 동안 이어집니다. 그러다가 18세기 말에 러시아가 쿠릴 열도를 따라 내려와 일본과 접촉하면서 일본과 유럽의 교섭 창구로 데지마 이외에 홋카이도와 쿠릴 열도가 추가되고, 19세기 초 나폴레옹 전쟁에 일본이 직접 휘말리면서 반전의 때를 맞이합니다. 이전 2백 년 동안 네덜란드 한 나라로 외교 관계를 축소했던 일본은 러시아가 새로이 등장하면서 드디어 유럽과 세계에 관한 정보를 교차 검증할 수 있게 됩니다. 네덜란드가 전해주는 정보만 일방적으로 믿어야 했던 시대가 끝나고, 네덜란드와 러시아에서 각각 전해진 정보를 일본 측에서 주체적으로 비교하고 판단할 수 있게 되었다는 말입니다. 뒤이어 미국과 영국, 프랑스, 프로이센 등의 유럽 국가들이 다시 일본과 접촉하면서 네덜란드의 독주 시대는 끝나고, 일본은 다시 한번 유럽 국가들과 군사적으로 직접 맞부딪히게 됩니다. 16세기에 일본 열도와 동남아시아에서 일어났던 일이 2백 년 후인 19세기에 다시 일어난 것입니다.

《일본인 이야기 1》에서 말씀드렸던 것처럼, 유럽이 중화 세계를 넘어서서 전 세계를 지배하게 된 것은 군사력에 힘입은 덕분이고, 유럽 각국의 군사력은 유럽 대륙 안에서 서로 무한히 전쟁을 되풀이하며 의학 · 과학 · 경제력을 끌어올린 덕분에 유지되고 확대될 수 있었습니다. 만약 일본이 17세기에 유럽에 대해 쇄국하지 않고 동남아시아에서 계속해서 패권 경쟁을 벌였다면, 19세기에 일본이 경험했던 여러 전쟁과 정치적 사건들이 2백 년 앞서 일어났을 수도 있고, 일본이 중화 세계를 군사력으로 압도하는 사건도 1894~5년의 청일전쟁 또는 제1차 중일전쟁보다 2백 년 앞서 일어났을 수 있습니다. 물론 그 과정에서 일본은 격심한 정치적 혼란에 빠졌을 터이고, 도쿠가와 막부가 다른 세력으로 교체되었을 가능성도 있습니다.

한국 내에는 에도 시대 일본을 조선과 비교하면서 일본이 난학을 통해 조선보다 빠르게 근대화되었다며 높이 평가하는 경향이 있습니다. 이러한 경향은 일본 안에도 있습니다. 동남아시아의 여러 지역처럼 유럽의 식민지가 되거나 조선과 대청제국처럼 유럽발의 정보에 둔감하지 않았고, 난학을 통해 유럽과 교류의 끈을 놓지 않았던 에도 시대 일본은 이미 그때부터 다른 아시아 국가들보다 우월했다는 논리입니다. 이런 우월함이 메이지 유신 이후에도 이어져서 일본은 비유럽 국가들 가운데 유일하게 제국이 되었다는 주장이 이에 뒤따릅니다.

하지만 동시대 유럽의 정치·군사·경제·의학·과학·문화적 성취 정도와 비교했을 때 일본은 절대적으로 뒤처져 있었습니다. 이 동시대적 발전이 중단된 이유는 유럽에 대한 도쿠가와 이에야스의 쇄국 정책이었습니다. 에도 시대에 일본에서 난학이 이루어낸 성취는 동시대 유럽과 비교할 때 결코 높게 평가받을 수 없습니다. 난학의 이러한 빈약한 성취는 정치적 이유에서 비롯한 퇴보로부터 벗어나기 위한 몸부림으로 이해해야 합니다. 20세기 중기에는 유럽·미국·일본 등과 대등하게 발전했던 이란과 아프가니스탄이 이슬람 혁명과 탈레반 집권 이후 급속히 퇴보한 사실에서 알 수 있듯이, 사회는 결코 언제나 그래프의 오른쪽 위를 향해 일직선으로 진보하지 않습니다. 이런 의미에서 일본의 에도 시대는 같은 시기의 유럽을 중심으로 한 전 세계의 움직임과 비교했을 때 동시대성이라는 측면에서 분명히 퇴보였습니다. 조선과 대청제국, 동남아시아 국가들과만 비교해서 에도 시대 일본의 성취를, 특히 난학의 성취를 과대평가하는 관점은 너무 좁은 세계관입니다. 이런 식의 과대평가는 메이지 유신 이후 일본 사회의 지적인 한계가 되었으며, 이 한계를 뛰어넘지 못해서 일본은 서방 선진국과 같은 국가가 될 수 없었습니다.

앞에서 유럽으로부터의 고립을 자초한 에도 시대 일본이 퇴보했다고 적었습니다. 그 이유는 당시 유럽이 전 세계에서 가장 치열하게 내부적으로 전쟁을 벌이고 있었고, 무한 전쟁을 위해 국가 체계를 혁신했으며, 혁신을 통해 이루어낸 역량을 유럽 바깥으로 발산해서 전 세계를 식민지화하고 있었기 때문입니다. 유럽이 근대라는 시대를 만들어낼 수 있었던 원동력은 무엇보다도 군사력이었고, 그 배후에는 언제나 전쟁할 수 있는 상태로 준비되어 있는 국가 체제가 존재했습니다. 이러한 국가 체제를 완성하려면 정치 · 경제 · 의학 · 과학 · 문화가 모두 전쟁에 적합한 형태로 편성되어 있어야 합니다. 철저한 전쟁기계인 국가와 시민. 이 두 가지를 가장 먼저 생산해낸 곳이 유럽이었고, 유럽이 연 근대라는 시대부터 현재까지 일부 유럽 국가는 여전히 헤게모니를 유지하고 있습니다.

그렇기 때문에 저는 에도 시대 일본의 퇴보와 진보를 같은 시기 유럽의 상황과 비교하고, 유럽과의 접촉 정도에 따라 판단해야 한다고 생각합니다. 현재 유럽 국가들의 국력은 백 년 전과 비교할 수 없을 정도로 쇠퇴했습니다. 하지만 유럽적 시스템은 미국으로 이식되어 여전히 전 세계에 적용되고 있습니다. 이를 대체할 수 있는 시스템은 아마도 중화인민공화국적 시스템이겠지만, 저는 중화인민공화국이 자유민주주의 국가가 되지 않는 한, 제가 살아가는 동안에는 중화인민공화국의 세계관이 근대 유럽의 세계관을 대체할 날이 찾아오지 않으리라고 예측합니다.

한편, 일본 사회의 피지배민들에 대한 생존권의 차원에서 보자면 에도 시대는 진보였다고 할 수 있습니다. 17세기에 유럽과 단절되지 않고 동시대적으로 무한 군사 경쟁에 휘말렸다면 희생되었을 수많은 피지배민이 17~18세기에 살아남아 소규모 가족을 꾸리고 조금씩 농업 생산력과 평균 수명을 높였습니다. 물론 유럽과의 전쟁과 교류를 통해 기술 발전을 이루었다면 다른 맥락에서 생산력을 높일 수 있었겠지만 말입니다. 그리고 에도 시대에 흘리지 않은 피지배민의 피는 메이지 유신 이후에 한꺼번에 흘리기는 했습니다.

저는 이 《일본인 이야기》 시리즈에서 독자분들께 일본 역사를 시간 순서대로 개설하려 하지 않습니다. 일본이 에스파냐와 포르투갈 세력과 만나면서 중화 세계를 절대적 존재에서 상대적 존재로 재평가하게 된 이후 경험했던 첨예한 문제들, 즉 '쟁점'을 중심으로 일본 사회와 일본 사람들에 관해 이야기하는 것이 이 시리즈의 목표입니다. 그리고 이 《일본인 이야기 2》의 쟁점은 네덜란드를 제외한 그 밖의 유럽 세력을 추방하고 유럽으로부터의 고립을 택한 일본이 어떻게 2백 년간 퇴보했으며, 지배층이 초래한 이 퇴보 상태에서 일본의 피지배민들이 어떤 움직임을 취했는가 입니다. 피지배민이라고 하면 크게 농민과 상인을 들 수 있는데, 《일본인 이야기 2》에서는 주로 농민을, 《일본인 이야기 3》에서는 주로 상인을 다루려 합니다.

에도 시대 일본의 지배층은 피지배민이 일본 바깥과 접촉하는 일을 금지했고, 그들이 바깥으로 나갈 수 있는 원양 항해용 배의 제조도 금지했으며, 그들을 "죽지도 살지도 못할 정도로" 착취했습니다. 《승평야화昇平夜話》라는 책에는 에도 시대의 지배 집단이 피지배층을 바라보는 관점이 노골적으로 적혀 있습니다. "너무 배부르면 농사일을 싫어하게 되고, 농업이 아닌 다른 직업을 택하는 사람이 늘어난다. 곤궁해지면 흩어진다. 도쿠가와 이에야스 님께서는 향촌의 농민들이 죽지도 않고 살지도 않도록 주의해서 쌀을 잘 바치도록 만들어야 한다고 하셨다."[1] 심지어 "농민과 참기름은 짜면 짤수록 더 나온다"[2]라는 말도 지배 집단 사이에서 회자했습니다.

에도 시대에 관해 논할 때 3대 도시의 경제적 융성을 강조하는 경향이 있습니다. 최근 한국에서는 조선 시대를 미화하는 경향이 부쩍 늘어났는데, 일본에서도 마찬가지로 에도 시대를 미화하는 경향이 수십 년간 이어지고 있습니다. 하지만 이러한 경향에 대해 일본 내부에서는 비판의 목소리가 작지 않습니다. 에도 시대 당시 피지배민의 삶, 특히 도시 바깥 지역 백성들의 참혹한 삶을 똑바로 살피자는 말입니다.

일본에서 역사인구학이라는 학문을 연 하야미 아키라(速水融, 1929~2019) 선생은 에도 시대를 미화하는 일본 사회의 일부 경향에 대해 다음과 같이 우려를 표했습니다. "내가 보기에 조금 많이 나간 해석도 있는 듯하다. 에도 시대는 결코 장밋빛으로만 물든 사회가 아니었으며, 적잖이 어두운 측면을 지닌 사회였다고 이제는 말해야 할 것 같다."[3] 아직 농촌 거주 인구가 전체 인구의 대부분을 차지했던 에도 시대, 이 시대에 대도시가 아닌 소도시와 농촌 지역에서 무슨 일이 일어났는지를 보아야 합니다.

지배층이 초래한 인재人災와 지진·냉해 등의 자연재해 사이에 낀 일본의 피지배층은 살아남기 위해, 나아가서는 잘살기 위해 개인으로, 또는 가족 단위로 노력했습니다. 그리고 일부 뜻 있는 지식인은 제한적으로 수입되는 네덜란드 책과 약품을 이용하여 사람들의 건강을 지켜주려 했습니다. 따라서 난학의 핵심은 사람들의 병을 치료하는 난의학蘭醫學이었습니다. 물론 뒤에서 말씀드리겠지만, 네덜란드 의학, 즉 난의학은 한계가 뚜렷했습니다.

# 난학의
# 재평가

저는 에도 시대에 나타난 여러 움직임 가운데 이토 진사이, 오규 소라이 등이 시작한 새로운 유학의 흐름인 고학古學과 더불어, 네덜란드를 매개로 한 유럽 연구인 난학蘭學이 일본에서나 일본 바깥에서나 지나치게 높이 평가받고 있다고 생각합니다.

난학에 관해 이야기할 때 흔히 언급하는 것은 네덜란드어로 집필하거나 번역한 지리학 서적들, 그리고 해부학 서적인《해부도보Anatomische Tabellen》(1722)를 1774년에 번역한《해체신서解體新書》입니다. 이들 지리학 서적과 해부학 서적은 지적 차원에서 에도 시대의 일부 지식인에게야 도움이 되었겠지만, 실제로 백성의 삶을 더 낫게 만들었는가 하는 차원에서는 한계가 뚜렷했습니다. 지리학 서적을 읽거나 그 내용을 입에서 귀로 전해 들어서 해외의 정보가 백성들 사이에 퍼지기는 했어도, 막부가 원양 항해가 가능한 대형 선박을 만들지 못하게 했기 때문에 여전히 표류 사건이 빈번하게 일어났습니다.

난의학도 마찬가지였습니다. 해부학 서적을 번역해서 새로운 세계관을 얻을 수는 있지만, 그렇다고 해서 곧바로 해부와 외과 수술이 활발해질 수는 없습니다. 즉, 추상적 차원에서는 대항해 시대부터 시작된 중화 중심적 세계관에서의 탈피를 더욱 확고히 할 수 있었지만, 실제로 만인에게 큰 혜택을 주기에는 물질적인 문제가 해결되지 않았습니다. 해부와 외과 수술에는 해부 기술과 도구, 약품 등이 필요합니다.

데지마에는 네덜란드인 의사가 있어서 외과 수술을 집도했고 일부 일본인 통역관에게 기술을 전수하기도 했지만, 이는 체계적인 의학 수업과는 거리가 멀었고, 데지마에 드나들 수 있는 일본인의 인원수에도 제한이 있었습니다.

《해체신서》를 번역한 스기타 겐파쿠(杉田玄白, 1733~1817)는 이렇게 제한적인 상황에서 치료에 임하던 당시 난의학의 경향에 대해 다음과 같이 비판합니다. "네덜란드식 외과는 유럽 책을 제대로 읽고 학습하지 않았다. 데지마에 있는 네덜란드인 의사가 수술하는 모습을 옆에서 지켜보고 어떤 약품을 쓰는지 물어서 받아 적었을 뿐이다. 당연히 일본에 없는 약품이 많기 때문에 대체代替 약품을 써서 환자를 치료할 뿐이다."[4]

데지마를 통해 네덜란드의 약품을 일부 수입하기는 했지만, 1823년에 일본에 온 필리프 프란츠 폰 지볼트(Philipp Franz Balthasar von Siebold, 1796~1866)가 수술 장면을 일본인 제자들에게 보여주고 수술에 필요한 약품 목록을 만들어서 일본인들에게 홍보하기 시작한 후에야 일본에서 유럽식 외과 수술이 본격화되었다고 할 수 있습니다. 예수회 선교사인 루이스 드 알메이다(Luis de Almeida, 1525~1583)가 1557년에 내과 · 외과 및 한센병을 치료하는 종합병원을 세운 지 거의 270년 만입니다. 일본은 도쿠가와 이에야스가 쇄국 정책을 취하는 바람에 외과학에서 270년의 세월을 허송세월한 것입니다.

이렇듯 유럽식 의학을 일본에 적용하는 데 한계가 뚜렷하다 보니, 에도 시대 초기부터 유럽식 의학과 한방 의학漢方醫學을 절충 · 융합하려는 움직임이 나타났습니다. 네덜란드인들과 함께 1649년에 일본에

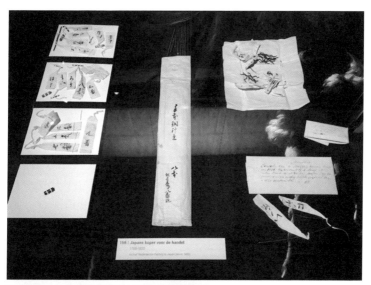

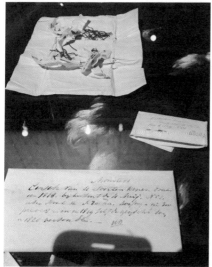

네덜란드 덴 하흐(헤이그)에 있는 국립문서관에서 2017년에 열린 네덜란드 동인도회사 관련 전시에 출품된 일본으로부터 수입한 약품 등의 각종 물자.

온 독일인 의사 카스파르 샴베르거(Caspar Schamberger, 1623~1706)가 전해준 외과수술법을 배운 가와구치 료안(河口良庵, 1629~1687)과 이라코 도규(伊良子道牛, 1671~1734)는 이를 한방 의학과 융합해서 카스파르식 외과술カスパル流外科과 이라코식 외과술伊良子流外科이라는 수술법을 각각 확립합니다.[5]

네덜란드어 통역관이었던 나라바야시 진잔(楢林鎮山, 1648~1711)은 1690년에 데지마에 온 또 다른 독일인 의사 엥겔베르트 캠퍼(Engelbert Kaempfer, 1651~1716)에게서 의학을 배운 뒤, 프랑스의 저명한 외과 의

장 밥티스트 베르트랑(Jean-Baptiste Bertrand, 1823~87)이 그린 앙브루아즈 파레의 초상화.

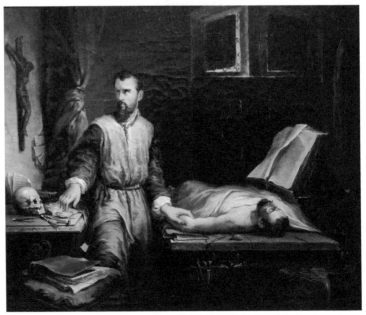

사 앙브루아즈 파레(Ambroise Paré, 1510~1590)와 독일인 의사 요하네스 스쿨테투스(Johannes Scultetus, 1595?~1645)의 책을 합쳐 1706년에 《홍이외과종전紅夷外科宗傳》이라는 제목의 책으로 번역했습니다.[6] 그런데 일본의 의학사 연구자인 아오키 도시유키青木歲幸 선생은 서양 외과 수술과 도구를 도판으로 소개한 일본 최초의 책인 이 《홍이외과종전》의 도판에서 한방의 정골학整骨學과 융합한 흔적이 확인되며, 이렇게 융합하는 방식은 현대 일본까지 이어지고 있다고 지적합니다.[7] 한의학과 난의학은 이른 시기부터 절충 · 융합하고 있었던 것입니다. 절충과 융합은 에도 시대를 이해할 수 있게 해주는 핵심 개념입니다.

19세기 전기에 활동했던 저명한 난학자 우다가와 겐신(宇田川玄眞, 1770~1835)은 난학을 배우기 위해 양자로 들어온 우다가와 요안(宇田川榕菴, 1798~1846)에게 우선 한의학의 의학서와 본초학本草學, 명물학名物學을 공부하게 했습니다. 명물학이란 어떤 사물의 이름과 별명, 유래 등을 연구하는 학문입니다. "우리 집안의 학문은 한토漢土의 문장을 위주로 하므로, 이를 다룰 줄 모르면 가학家學을 이룰 수 없다"[8]라는 이유에서였습니다. 스기타 겐파쿠가 높이 평가한 난학자 오쓰키 겐다쿠(大槻玄澤, 1757~1827)는 "한토의 방법, 즉 중화 세계에서 탄생한 한의학은 맥을 짚고 증상을 보는 것이 위주로 질병의 근원 탐구가 부족하니, 실측 위주의 서양 의학을 배워 한의학에 보충한다면 정밀함에 정밀함을 더하게 될 것"[9]이라는 의학 이론을 주장했습니다. 이는 물론 한의학이 의학계의 주류였던 시절에 시류를 거스르지 않으려는 의도였을 수도 있습니다. 하지만 서양 의학의 세계관이 건너왔어도 실제 도구와 약재 등이 충분히 전달되지 않았으니 이 난학의 천재도 어쩔 수 없이 절충

1 나라바야시 진잔. 후지나미 고이치(藤浪剛一) 편《의가선철초상집(醫家先哲肖像集)》(刀江書院, 1936) 수록.《의가선철초상집》은 에도 시대의 저명한 의사들에 대한 설명을 싣고, 전해지는 초상화를 사진으로 수록한 책이다.

2 우다가와 요안. 후지나미 고이치(藤浪剛一) 편《의가선철초상집 (醫家先哲肖像集)》(刀江書院, 1936) 수록.

3 오쓰키 겐타쿠. 후지나미 고이치(藤浪剛一) 편《의가선철초상집 (醫家先哲肖像集)》(刀江書院, 1936) 수록.

이라는 방법을 택할 수밖에 없었을 터입니다.

에도 시대 후기인 1841년에 출판된 《남양관 일가언南陽館一家言》에서 산과 의사 가가와 슈테쓰賀川秀哲는 "한의학에 구애되지 말고, 난의학에도 구애되지 말고, 실물을 스승 삼아 실제 이치를 논하여 일가를 이루라"[10]라고 말했습니다. 테제(these, 定), 안티테제(antithese, 反), 진테제(synthese, 合)라는 헤겔의 변증법처럼 에도 시대 일본의 난의학은 한의학을 압도한 것이 아니라, 서로 절충·융합해서 제3의 의학을 이루는 방향으로 나아갔습니다.

이렇게 에도 시대 일본의 중앙에서 한의학과 난의학이 절충·융합되면서, 19세기 전기에는 지방 도시에서도 난의학의 필요성을 인정하게 됩니다. 여기서도 한의학과 난의학의 절충 현상이 발생하는데, 이 점은 특기할 만합니다. 에도·오사카·교토라는 3대 대도시와 나가사키에서는 그래도 난의학이 어느 정도 자립해서 난의학 가운데 내과를 전문으로 하여 에도에서 개업했던 요시다 조슈쿠(吉田長淑, 1779~1824)와 같은 사람도 생겨났지만, 지방은 사정이 달랐습니다. 당시 에도는 100만 인구를 기록하며 세계 최대 규모의 도시가 되었으나, 대부분의 일본인은 여전히 소도시와 농촌에 살았습니다. 에도 시대 초기에 이들 지역에는 의사가 한 명도 없는 곳도 많았고, 에도 시대 후기에도 난의학이 한의학으로부터 자립할 만한 인적·물질적 여건을 갖추지 못한 곳이 대부분이었습니다.

일본 혼슈의 중부 지역에 있는 후쿠이번藩에서는 1856년부터 의사가 한의학과 난의학을 함께 배우는 것을 허용합니다. "이제까지는 한의학으로 사람을 치료했지만, 최근 서양 의학이 활성화하면서 유익한 사례가 적지 않기 때문"[11]이라는 이유에서였습니다. 이 유익한 사례란 난의학의 천연두(天然痘, smallpox) 치료법인 우두법(牛痘法, vaccination)이 일본 각지에서 효과를 보고 있던 상황을 가리킵니다. 근대 이전의 일본인들이 앓았던 주요한 전염병으로는 천연두(두창, 마마), 콜레라, 홍역, 수두, 디프테리아 등을 들 수 있는데, 이 가운데 에도 시대에 난의학이 가장 큰 효과를 발휘한 병은 천연두였습니다.

에드워드 제너(Edward Jenner, 1749~1823)가 1796년에 발견한 우두법은 암소가 앓는 우두(牛痘, cowpox)를 사람에게 옮겨 가벼운 감염을 일으키게 해서 치사율이 높은 천연두를 예방하는 방법입니다. 중화권에서 이용하던 인두법(人痘法, variolation)보다 안전한 이 우두법을 시행하

1796년 5월 14일, 에드워드 제너가 8살 된 제임스 핍스(James Phipps)에게 우두균을 접종하고 있다. 1910년경 어니스트 보드(Ernest Board)의 작품.

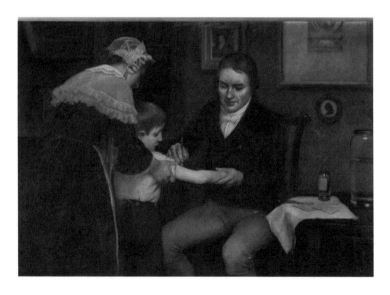

면서 난의학이 시작된 이래 처음으로 일본의 모든 계층이 유럽 의학의 혜택을 입었습니다. 의학사 연구자인 우미하라 료海原亮 선생은 의사들이 난의학의 방법론을 어느 정도 임상에 적용하기 시작한 때는 적어도 1840년대 이후라고 지적합니다.[12]

한편, 콜레라는 1822년과 1858년, 1862년에 각각 일본에서 유행했는데, 콜레라의 유행에 맞서 난의학이 할 수 있는 일은 거의 없었습니다. 유럽에서 콜레라의 원인이 밝혀진 계기는 1854년에 영국인 의사 존 스노(John Snow, 1813~1858)가 그 유명한 감염 지도를 작성하면서부터였고, 백신이 개발된 것은 1884년의 일입니다.

여담이지만, 2020년 현재 유행하고 있는 코로나19와 흔히 비교하는 전염병은 1918년의 스페인 독감spanish flu입니다. 하지만 근대 의학의 특성인 공중보건 운동이 19세기에 일어나게 된 계기가 콜레라였다는 점, 2020년 초 한국에서 기독교계 신종교인 신천지나 일부 요양병원, 성소수자, 다단계 판매 조직 등이 사회적으로 비난받는 분위기와 유사하게 콜레라가 유행하던 시절에도 사회 주변부 집단이 비난받았다는 점, 그리고 콜레라를 막는 효과적인 방법 가운데 하나인 검역을 철저히 하면 경제에 악영향을 준다는 이유로 영국과 식민지 인도가 검역 관례화에 반대한 점 등[13], 콜레라에 대한 19세기 서구 사회의 반응은 현재 코로나19에 대한 전 세계의 반응과 상당히 비슷합니다.

이야기를 다시 되돌려보겠습니다. 후쿠이번에서 개설한 의학소醫學所에서는 한학漢學의 기본 서적인 《소학小學》, 《사서오경》과 한의학의 기본 서적인 《상한론傷寒論》, 《금궤요략金匱要略》, 《의범제강醫範提綱》과 함께 네덜란드어 해부학 서적을 번역한 《해체신서》도 교재로 채택했

존 스노의 사진과 그가 작성한 콜레라 발생 지도, 그리고 콜레라균에 오염된 물
이 나오던 런던 브로드윅 거리의 펌프.

습니다. 초급 과정의 교과서 목록에도 《화란약경 和蘭藥鏡》이라는 난의학의 약용 식물 해설서를 포함했습니다.[14] 19세기 중기에 이르면 일본의 지방 도시에서도 중화권 및 일본의 한의학 서적과 일본인이 번역한 난의학 서적을 절충 · 융합하는 현상이 나타나는 것입니다.

이렇듯 한의학과 난의학은 대립하는 개념이 아니었습니다. 나아가 이와 같은 절충적인 사고방식은 에도 시대 일본의 학문 전반에서 널리 확인됩니다. 이런 점에서 에도 시대는 절충과 타협의 시대라고 할 수 있습니다. 중화권과 일본, 유럽의 절충, 한의학과 난의학의 절충, 도쿠가와 막부라는 군사 독재 정권에 대한 농민과 도시민의 타협, 조선과 명나라, 대청제국과는 달리 과거 제도가 없던 사회 시스템에 대한 지식인의 타협 등이 모두 이 시기에 일어났던 일입니다.

해부학서의 번역은 물론 중요한 사실입니다. 하지만 앞에서 말했듯이 해부도가 들어왔다고 해서 곧바로 유럽의 외과학이 일본에서 본격화하여 한의학을 밀어내지는 않았습니다. 당시에도 난의학에 대해 "신기함을 뽐내지만, 실상 치료 효과는 없다"라는 비판이 있었듯이, 에도 시대 거의 마지막까지 난의학은 "물 건너온 신기한 의학" 정도의 평가를 벗어나지 못했다고 하는 편이 진실에 더 가깝습니다. 한학 · 한의학과 비교하여 난학 · 난의학을 지나치게 강조해온 일본과 서구 학계, 그리고 임진왜란에서 조선 시대 후기에 걸쳐 한반도에서 일본으로 전해준 인적 · 물적 요소의 영향을 지나치게 강조하는 한국 학계는 이런 점에서 모두 에도 시대의 본질을 이해하지 못하고 있습니다. 이것이 바로 이 책에서 제가 독자 여러분께 드리고 싶은 말씀입니다.

19세기 초에 러시아와 영국에 잇따라 패배하면서 부각된 난학의 또

다른 장르인 군사학도 마찬가지입니다. 1808년에 영국군이 나가사키를 공격했을 때, 이를 막아야 할 의무가 있었지만 패배했던 사가번은 네덜란드어로 된 군사학 서적을 탐구하여 대포를 자체 제작했습니다. 하지만 기술이란 책만 본다고 현실화할 수 없습니다. 직접 실물을 관찰하고 또 그 실물이 운용되는 모습을 보고 배워야 합니다. 사가번의 노력이 헛되이 끝난 이유는 실물을 접할 기회를 얻지 못했기 때문입니다. 이 또한 에도 시대 일본의 쇄국이 초래한 한계입니다.

여기까지의 이야기를 요약하자면, 유익함의 관점에서 보았을 때 에도 시대의 난학 가운데 일본인에게 실질적으로 진정한 이익을 안겨준 것은 천연두를 예방할 수 있는 우두법 정도였습니다.[15] 에도 시대 일본에서 발생한 난학의 핵심은 난의학이었고, 난의학의 양대 축은 해부학과 우두법이었다고 정리할 수도 있겠습니다. 물론 네덜란드 왕국이 전해준 유럽 관련 소식과 네덜란드어 지리서에서 러시아에 관한 정보를 얻어 18~19세기의 전환기에 러시아와 대등하게 교섭할 수 있었다는 경험 정도는 일본에 실질적으로 도움이 되었던 부분이라 할 수 있지만 말입니다. 난학의 지리학적·군사학적 성격은 《일본인 이야기 3》에서 상세히 다룰 예정이니, 여기서는 난학의 근원인 난의학적 성격, 특히 해부학의 발달과 《해체신서》의 번역에 좀 더 주목하려 합니다.

솔직히 해부학마저도 우두법만큼 확실하게 일본인의 삶에 기여했다고 보기는 어렵습니다. 양대 해부학 서적인 《장지臟志》와 《해체신서》가 출판되었다고 해서 당장 치료의 수준과 깊이가 비약적으로 높아지고 깊어지지는 않았기 때문입니다. 해부학도 이럴진대, 난의학의 나머지 분야는 더욱 일천한 수준일 수밖에 없었습니다. 난학자 요시다 조슈쿠는 일본 최초의 내과 전문의를 표방했다가 좌절하기도 했습니다. 반면, 해부학·내과 등에 비해 우두법은 소개되자마자 에도 시대 일본인들에게 큰 혜택을 주었고, 그 덕분에 난의학은 비로소 일본 사회 구석구석까지 퍼져나가게 됩니다.

그러나 만약 도쿠가와 막부가 에스파냐와 포르투갈 세력과 관계를 끊지 않고 이어갔다면, 일본의 민중은 더 많은 유럽 의학·과학의 혜택을 좀 더 일찍, 아마 백 년에서 2백 년 정도 앞서서 받았을 것입니다.

# 피지배민이 주인공인
# 역사를 쓸 수 있는가


에도 시대에 관해 이야기하는 많은 책에서는 우선 도쿠가와 막부의 열다섯 명 쇼군과 300여 개 번의 번주 가문부터 언급합니다. 쇼군과 번주(다이묘)들과 덴노天皇와의 정치적 관계, 에도 시대의 정치적·법적 구조, 외국과의 외교 관계 등을 우선적으로 설명합니다. 이 세상을 지배 집단 위주로 이해하고, 세상에서 가장 중요한 틀이 정치와 제도라고 생각해서 그렇게들 글을 쓰나 봅니다.

이 책을 집필한 방식은 다릅니다. 우선 정치와 제도의 변화가 곧 사회 구조의 변화로 이어지지는 않습니다. 2020년 초부터 코로나19가 전 세계적으로 유행하면서 그간 수없이 주장해온 재택근무, 비대면 회의, 전자 상거래 등이 빠르게 확산하고 있는 데서 알 수 있듯이, 사회의 근본적인 변화는 정치적·제도적 변화와 무관하게 일어납니다.

미국의 역사학자 윌리엄 맥닐William H. McNeill 선생은《전염병의 세계사》에서 전염병이 과거 사회에 미친 거대한 충격을 역사학자들이 과소평가한다고 비판합니다. 대부분의 전염병에 면역력이 존재하는 현대를 사는 역사학자들이 특정 전염병에 면역력이 없는 과거에 "전염병으로 수많은 사람이 사망했다는 기록을 접하면 이를 과장되었다고 평가절하"하고, 전염병이 과거 인류에 어떤 영향을 미쳤는지에 관한 문제를 "본질적으로 무의미한 테마"라고 간주한다는 것입니다. 그러면서 "군대에서 돌발한 질병이 전력에 막대한 차질을 빚고 심지어

전쟁의 승패를 좌우하기도 했던 사례는 수없이 많다"라고 지적합니다. 최근 만주학자 구범진 선생이 《병자호란, 홍타이지의 전쟁》(까치, 2019)에서 천연두가 병자호란(1636~1637)의 종결에 근본적인 영향을 미쳤다고 증명한 것도 그런 사례입니다. 맥닐 선생은 "그런 전염병의 예측 불가능성이 많은 역사가의 심기를 불편하게" 만들고, "전시든 평상시든 결정적인 영향력을 행사했던 전염병이 누구나 이해할 수 있도록 과거를 설명하려는 역사가들의 노력에 찬물을 끼얹기" 때문에 그들이 전염병이라는 문제를 과소평가한다고 비판합니다.[16]

나아가 세상을 이렇게 정치사·제도사 위주로 접근하면, 이 책을 쓰는 저처럼 역사에 이름을 남기지 않을 수많은 평범한 사람을 놓치게 됩니다. 한 명의 장군이 명성을 얻기까지는 수많은 이름 없는 병사의 죽음이 있어야 합니다. 러시아 화가 바실리 베레샤긴(Василий В. Верещагин, 1804~1904)은 1871년에 〈전쟁의 극치Апофеоз войны〉라는 그림을 그렸습니다. 러시아군이 중앙아시아에서 벌인 전투에서 죽은 병사들의 해골이 피라미드처럼 쌓여 있고, 그 위로 까마귀들이 날고 있는 그림입니다. 화가는 이 그림을 "과거와 현새와 미래의 모든 위대한 정복자에게[17] 바친다"라고 했습니다. 해골로 돌아간 한 사람 한 사람에 관해 이야기하고 싶다는 것, 바로 이 책을 관통하는 핵심입니다.

여기서 독일 시인 베르톨트 브레히트(Bertolt Brecht, 1898~1956)의 〈어떤 책 읽는 노동자의 의문〉이라는 시를 소개하고자 합니다. 지금까지의 역사가 지배자를 중심으로 되어 있음을 깨달은 어떤 피지배층 노동자의 중얼거림입니다. 이제까지 역사를 말해온 사람들이 지나쳐버린 수많은 사람의 삶을 추적해서 역사의 주인공으로 끌어올리는 작업을

하기 위해 저는 이 시리즈의 제목을 '일본사'가 아니라 '일본인' 이야
기로 정했습니다. 브레히트의 이 시에 등장하는 깨달은 노동자는 바로
우리 자신입니다.

누가 일곱 개의 성문이 있는 테베를 세웠는가?
책에서 그대는 왕들의 이름을 발견한다네.
왕들이 바위 덩어리를 끌어 날랐는가?
그리고 몇 번이고 파괴된 바빌론,
누가 바빌론을 몇 번이고 일으켜 세웠는가?
건설 노동자들은 금으로 번쩍이는 리마의 어느 집에 살았는가?
만리장성이 완성되던 날 밤에 석공들은 어디로 사라졌는가?

위대한 로마는 개선문으로 가득 차 있다네. 누가 그것들을 세웠는가?

시저는 누구를 상대로 승리를 거두었는가?

수많은 찬양을 받은 비잔티움.

그곳에 있던 것은 궁전뿐이었는가?

전설의 아틀란티스에서조차

대양이 도시를 삼켜버린 날 밤에 사람들은

물에 빠져서도 자기 노예들한테 고함치고 있었다네.


청년 알렉산더는 인도를 정복했다네.

그는 혼자였는가?

시저는 갈리아 사람들을 무찔렀다네.

그의 옆에는 요리사도 없었는가?

스페인의 펠리페 왕은 자기 함대가 물 속에 가라앉았을 때 눈물을 흘렸

다네.

눈물을 흘린 사람은 그 혼자뿐이었는가?

프리드리히 2세는 7년 전쟁에서 이겼다네.

그 말고 누가 이겼는가?


쪽을 넘길 때마다 등장하는 승리.

누가 승리자들의 연희를 위해 요리를 만들었는가?

10년마다 등장하는 위인.

누가 그들을 위해 대가를 치렀는가?

너무나 많은 이야기.

그만큼 많은 의문.


일본 중세까지 살았던 모든 사람의 삶을 추적하는 작업은 불가능합
니다. 하지만 에도 시대 일본에 살았던 피지배민들 가운데 상당히 많
은 수의 출생일과 사망일은 알아낼 수 있습니다. 도쿠가와 막부는 가
톨릭교도를 일본에서 없애기 위해 모든 사람이 어딘가의 불교 종파에
소속하도록 했고, 출생 · 결혼 · 사망 때에도 각자의 집안이 속한 절에
서 이를 파악 · 승인하도록 했습니다. 그래서 원칙적으로 에도 시대부
터 오늘날에 이르기까지 각 절의 〈과거장過去帳〉이라는 문서에는 일본
인 대부분의 계명(戒名, 불교식 이름)과 속명(俗名, 평소의 이름), 사망 연월
일, 사망 당시의 나이 등이 기록되어 있습니다.

　결혼하거나 도시에서 일자리를 얻어 마을을 떠날 때는 그 사람이
소속한 절에서 〈슈몬오쿠리 잇사쓰宗門送り一札〉, 〈데라우케 쇼몬寺請証
文〉 등으로 불리는 일종의 신분증명서를 발급해주고 이를 옮겨갈 마을
의 절에 제출했습니다. 이 〈데라우케 쇼몬〉에는 그 사람의 인적 사항,
그리고 한 불교 종파의 신도이며 가톨릭교도가 아님을 증명하는 내용
이 적혀 있었습니다. 마을의 촌장 등은 매년 또는 몇 년에 한 번씩 자기
지역의 인구조사를 시행해서 이를 기록으로 남겨 상부에 제출했는데,
이 기록을 〈슈몬아라타메초宗門改帳〉라고 합니다. 이처럼 에도 시대에
는 절이 일종의 주민센터와 같이 개개인의 상황을 파악하고 관리하는
역할을 세속 정권에게서 부여받았습니다.

　사정이 이렇다 보니 지금도 일본 각지의 절에 보관된 〈과거장〉을

열람하면 에도 시대 일본인 대부분이 언제 태어났고 죽었는지 파악할 수 있습니다. 〈슈몬아라타메초〉가 장기간에 걸쳐 보존되어 있으면 특정한 지역의 주민이 어떤 삶의 궤적을 그렸고 각 집안의 구성원이 어떻게 바뀌어 갔는지까지 자세히 알 수 있습니다. 다만, 〈과거장〉은 각 집안의 프라이버시 문제 때문에 보관하고 있는 절에서 외부인의 열람을 허가하지 않는 경우가 많습니다.

〈슈몬아라타메초〉를 이어받아 메이지 정부가 1872년(임신년)에 작성한 〈임신호적壬申戶籍〉도 현재는 열람이 불가능한 상태입니다. 이 호적에는 일부 피차별부락민被差別部落民, 한국식으로 말하면 백정白丁에 해당하는 차별받던 사람들이 메이지 시대 들어 평민 계급을 새로이 부여받았음을 뜻하는 '에타穢多'나 '신평민新平民'등의 단어가 표기되어 있기도 합니다. 이들 피차별부락민은 아이누인, 오키나와인, 재일한국인 등과 함께 일본 사회에서 차별대우를 받아 왔는데, 1968년에 〈임신호적〉을 열람해서 특정인이 피차별부락민인지 확인하려는 사건이 발생했습니다. 그 후 일본 정부는 학술적 목적이라고 해도 이를 열람할 수 없다는 결정을 내린 상태입니다.[18]

그런데 2019년 5월과 7월, 일부 지역의 〈임신호적〉이 일본의 온라인 거래 사이트인 '야후 저팬 옥션'에 출품되어 낙찰되는 사건이 발생했습니다.[19] '야후 저팬 옥션'에는 전국 각지의 고문헌이 대량으로 올라오기 때문에 저도 이 사이트를 종종 이용합니다. 간혹 보면, 지방의 어떤 집안이 몰락해서 그 집안이 소장한 고문헌들을 한 점 한 점 내놓아 서로 다른 사람에게 낙찰되어 흩어지는 경우가 있습니다. 누군가 공공기관이 소장한 고문헌이나 서적을 훔쳐서 출품했다가 발각된 적도 있습니다. 2019년 5월의 사건은 1872년에 호적 작성에 관여한 마을 촌장 집안에 남아 있던 문서를 후손이 별생각 없이 고물상에 가져가 판매를 위탁한 사건이라고 알려져 있습니다.

《일본인 이야기 1》에서도 이 〈슈몬아라타메초〉를 이용하여 에도 시대의 인구 변화를 연구하는 역사인구학을 소개한 바 있습니다. 조선 시대를 연구하는 분들의 연구 결과를 살피고 또 직접 말씀을 들은 바로는, 특히 조선 시대 후기의 지배 집단인 여러 양반 가문의 소속원들에 대해서는 어느 정도 역사인구학적 추적이 가능한 듯합니다. 하지만 조선 시대 인구의 대부분을 차지하는 중하층 집단은 워낙에 남은 자료가 많지 않아서 역사인구학적 추적이 어렵다는 인상을 받았습니다. 반면, 교회가 주민의 출생부터 사망에 이르는 삶의 궤적에 관여해서 기록을 남긴 유럽, 그리고 가톨릭교도를 색출하고 금지하기 위해 막부가 절에 주민 파악을 명령한 일본 등지에서는 역사책에 이름을 남긴 사람이 아닌 바로 우리와 같은 평범한 사람의 삶을 세밀하게 추적하는 작업이 이루어지고 있습니다.

일본에서 역사인구학 연구를 시작한 하야미 아키라 선생은 일본의 중앙 지대인 미노 지역 안파치군 니시조 마을에서 태어난 농민 남성 야시로弥四郎와 농민 여성 스미すみ의 삶을 재현해보인 바 있습니다.[20] 역사인구학을 이용해서 어느 수준까지 평범한 사람의 삶을 재현할 수 있는지 보여주는 흥미로운 사례이므로 소개합니다.

우선 야시로. 1818년에 미노 지역의 마을 촌장 곤자에몬(權左衛門, 46세)과 어머니(30세) 사이에서 여섯째 자녀로 태어난 남성 야시로는 1835년에 이웃 동네의 의사 곤도 리안近藤里庵의 제자가 되고, 1839년에는 교토로 옮겨가 의사 고야마 게이스케小山敬助의 제자가 됩니다. 1841년에 고향으로 돌아온 야시로는 호안甫安으로 이름을 바꾸고 의사로 개업합니다. 17세기에는 의사를 찾아보기 어렵던 시골 농촌이 19세기 중기에 이르자 의사가 개업해서 먹고살 수 있을 정도로 경제력이 향상하고 의료에 대한 주민들의 요구가 높아졌음을 보여주는 사례입니다. 또한 그의 첫 스승인 곤도 리안의 이름에 들어 있는 암庵, 그가 개명한 이름에 들어 있는 보甫 등은 에도 시대 의사 이름에 흔히 들어가는 글자입니다. 야시로(호안)는 28세 되는 1845년에 이웃 동네 출신의 17세 여성과 결혼해서 분가分家합니다. 32세 되는 1849년에 아내가 21세로 사망하자, 34세 되는 1851년에 아내의 21세 되는 동생과 재혼해서 세 명의 딸을 얻은 후, 메이지 유신 5년 전인 1863년에 46세로 사망합니다. 아내가 죽자 그 여동생과 재혼한 점이 눈에 띕니다.

다음으로 스미. 1772년에 야지로弥次郎 부부에게서 태어난 스미는 14세와 19세에 이웃 마을로 봉공奉公, 즉 취업하며, 24세 되는 1795년에 다지마야田島屋라는 상인 집안에 시집갑니다. 13년 뒤인 1808년에 남편이 사망하자 아들과 함께 귀향하고, 44세 되는 1815년에 이웃마을로 봉공하러 가서 66세 되는 1837년에 그곳에서 사망합니다. 에도시대 농촌 여성은 결혼하기 전에 여러 차례 도회지로 봉공하러 나가는 경우가 많았는데, 스미는 인생의 후반부 20여 년 동안 이웃 농촌 마을에서 봉공하며 재혼하지 않았다는 점이 눈에 띕니다.

이 두 사람이 태어난 마을에는 100년간의 〈슈몬아라타메초〉가 완벽하게 남아 있었기 때문에 이처럼 평범한 남녀 농민 두 사람의 일생을 구체적으로 그려낼 수 있었습니다. 하야미 선생에 따르면, 이 지역의 〈슈몬아라타메초〉에 한 번이라도 등장하는 사람은 1,886명이라고 합니다. 또한 그의 연구 동료인 사사키 요이치로佐佐木陽一郎는 마찬가지 방법을 이용해서 〈슈몬아라타메초〉가 가장 완벽하게 남아 있는 곳 중 하나인 히다 다카야마 지역의 에도 시대 일본인 4만 명의 삶을 추적했습니다.

하야미 아키라의 지도를 받아 역사인구학 연구자가 된 기토 히로시鬼頭宏 선생도 같은 연구를 진행했는데, 그가 조사한 덴지로傳二郎의 결혼 이력은 아내가 죽자 그녀의 여동생과 재혼한 야시로의 사례보다 더 복잡합니다.[21] 야시로와 출생지가 같은 미노 지역의 유부네자와촌이라는 곳에서 출생한 덴지로는 21세 되는 1739년에 같은 마을의 시와しわ라는 15세 여성과 결혼했다가 이듬해 이혼합니다. 시와는 그다음 해인 1741년에 같은 마을의 다른 남성과 재혼합니다. 덴지로는 23세 되는 1742년에 이웃 마을의 19세 여성과 결혼했다가 1744년에 다시 이혼하고, 요헤이與兵衛로 이름을 바꿉니다. 그리고 32세 되는 1751년에 같은 마을의 18세 여성 다케たけ와 세 번째로 결혼합니다.

다케는 아들 요토지與藤次를 낳은 뒤, 1757년에 이혼하면서 아들을 남편에게 남겨두고, 1758년에 이웃 마을의 남성과 결혼합니다. 덴지로(요헤이)도 1758년에 이웃 마을의 26세 여성과 결혼했다가 이듬해 또다시 이혼하는데, 세 번째 부인에게서 태어난 아들 요토지도 이 해에 4세로 사망합니다. 에도 시대에는 8세 이전에 사망하는 영유아가 흔했습니다. 덴지로(요헤이)는 41세 되는 1759년에 이웃 마을의 26세 여성과 결혼하여 둘 사이에서 아들 주타로十太郎를 얻었으나 1765년에 이혼합니다. 덴지로는 마지막이자 여섯 번째로 49세 되는 1767년에

34세 되는 여성과 결혼해서 15년간 혼인 생활을 이어갔고, 64세 되는 1782년에 사망합니다.

18세기에 일본 중부 지역에서 살아간 농민 덴지로의 결혼력은 이처럼 복잡했습니다. 어떤 독자분들은 그의 궤적을 보면서 "역시 일본인은 성적으로 개방되어 있고 결혼에 대한 감각이 한국인과 다르다"라고 생각하실지도 모르겠습니다. 하지만 박의훤이라는 조선 시대의 아전이 1602년에 남긴 분재기分財記, 즉 유산 분배 문서를 보면 그 생각은 편견임을 아시게 될 터입니다. 고문서학연구자 전경목 선생이 소개한 박의훤의 분재기에는 다섯 명의 아내가 낳은 여덟 명의 자녀에게 재산을 나누어주기에 앞서, "다섯 아내 중 네 명이 저지른 죄를 소상히 드러내 기록해두려고 한다"라고 하며 현재의 아내에 앞서 함께 살았던 아내들을 비방하는 내용이 실려 있습니다. 전경목 선생에 따르면, 박의훤은 이들 여성과 "잠간", "통간", "상간", "화간"했다고 하니 정식 결혼은 하지 않았던 듯합니다. 이 분재기는 "조선 후기 평민과 천민은 지나칠 정도로 성생활이 자유로웠고, 이혼과 재혼은 상상조차 못 한 당시의 양반과 매우 대조적인 삶을 살았음"을 보여줍니다.[22]

현재 한국인들이 알고 있다고 믿는 조선 시대 사람의 삶이란 일부 양반 집안사람의 삶일 뿐이며, 조선 시대 인구의 대부분을 차지한, 따라서 현대 한국인 대부분의 조상이었던 중하층 사람들이 살아간 모습은 그와 크게 달랐음을 알 수 있습니다. 현재 많은 한국인은 각자의 집안에 있는 족보가 사실을 담고 있으며, 광산김씨니 경주이씨니 하는 본관이 있으면 양반 집안이라고 믿는 듯합니다만, 사실은 그렇지 않습니다. 이 문제에 관심이 있는 분은 이기백 선생[23]과 박홍갑 선생[24]의 책을 보시라고 권합니다.

하야미 아키라, 기토 히로시 선생 등에 이어 일본의 역사인구학 연구를 이끌어온 하마노 기요시浜野潔 선생은 역사인구학이 우리에게 전해주는 의의를 다음과 같이 설명합니다.

일본에서 역사인구학이 시작된 지 반세기를 맞이했지만, 그 연구 재료인 〈슈몬아라타메초〉 안에서 역사에 흔적을 남긴 사람의 이름을 발견하는 일은 거의 없다. 내가 아는 범위 안에서는 교토의 〈슈몬아라타메초〉에서 재벌 미쓰이三井 가문의 종손인 미쓰이 하치로에몬三井八郎右衛門의 이름을 찾은 정도인데, 이조차도 그가 실제로 거주하는 곳이 아닌, 이름만 걸어놓은 주소지였음이 확인되었다. 이 세상에는 역사에 이름을 남기지 않는 사람이 훨씬 많고, 실제 대부분의 역사를 짊어져온 것은 이런 보통 사람들이었다는 사실을 절감한다.[25]

역사에 이름을 남긴 사람들은 정치, 경제, 문화 등의 각종 분야에서 1, 2등을 다툰 사람이거나, 글을 쓸 줄 알아서 자기 생각과 주장을 후세 사람들이 읽을 수 있도록 문헌을 남긴 사람입니다. 하지만 지금까지 소개해드린 야시로나 스미, 덴지로 같은 농민들은 각자가 살았던 시대에 다른 이가 그들의 존재를 알아채서 기록을 남길 만하지도, 스스로 기록을 남기지도 않았습니다. 야시로는 의사였으니 글을 읽고 쓸 줄은 알았겠지만, 19세기 중기에 시골 농촌에서 활동했던 고만고만한 의사에게 주목했던 사람도 없는 듯하고, 자신의 삶과 생각을 기록으로 남길 만하다고 판단하지 않았을 터입니다. 이제까지는 이런 사람들을 제대로 포착할 수가 없었기 때문에 정치·제도·경제 분야에서 그들의 존재와 입장이 다루어지지 않았지만, 역사인구학, 미시사, 구술사 등에서 그들을 포착하는 방법을 개발해낸 이제는 평범한 사람들의 이야기를 역사의 중심으로 끌어올릴 수 있게 되었습니다. 이《일본인 이야기 2》도 그런 목적을 달성하기 위한 작은 시도입니다.

여담이지만, 하마노 기요시 선생과는 소셜 미디어를 통해 교류해왔는데, 어느 순간부터 연락이 끊겼습니다. 후에 알게 된 사실이지만, 2013년에 교토에서 열린 마라톤 대회에 참가했다가 급서하셨다고 합니다. 제 책이 일본에서 출간되어《교토신문》에 서평이 실렸을 때는 그 서평의 사진을 찍어서 보내주시기도 했는데, 이제는 은혜를 갚을 길이 없어져 버렸습니다. 이 이야기를 여기에 소개하는 이유는 한국·일본·타이완·중화인민공화국·북한 등의 동북아시아 국가들이 국가 차원에서는 앞으로도 수십 년 혹은 수백 년 이상 으르렁거리겠지만, 국가들 간의 관계와는 무관하게 각국의 개인들끼리는 우호 관계를 맺을 수 있고, 이것만이 이 지역에 평화를 가져올 유일한 방법이라고 절감하기 때문입니다. "한 명이라도 외국인 친구가 있다면 국수주의자가 될 수 없다"라는 말이 있습니다. 저는 더 많은 한국 시민이 더 많이 해외에 여행·연수·유학을 가서 더 많이 해외를 보고 느끼고 친구를 사귀기를 바라고 있습니다. 그것만이 동북아시아 국가들의 지배 집단이 일부러 국가 간의 갈등을 조장해서 자신들의 이득을 챙기는 현재의 구도를 깰 수 있는 유일한 방법이라고 믿습니다.

# 과거제 없는
# 에도 시대

　　　　에도 시대 일본이 같은 시기의 조선과 명나라, 대청제국 등과 달랐던 부분은 과거 제도라는 관료 선발시험 제도가 없었다는 점입니다. 일본에도 덴노와 귀족이 정치의 중심에 있었던 헤이안 시대(平安時代, 794~1185)에는 중앙 교육기관인 대학료(大學寮, 다이가쿠료)를 설치했고, 관료가 되려는 사람은 대학료를 졸업한 뒤에 중국 당나라의 과거 제도를 본떠 만든 공거貢舉라는 임관시험에 응시했습니다. 이사야마노 후미쓰구(勇山文繼, 773~828)나 스가와라노 미치자네(菅原道眞, 845~903) 같은 사람들은 신분이 낮은데도 이 시험에 합격해서 고위 관직에 오른 사례입니다.

　　하지만 이 제도를 시행했던 당시에도 고위 귀족의 자녀들은 조상의 위계를 물려받는 '음위蔭位' 제도가 있어서 과거 시험을 통해 관직에 오른 하층 귀족들에 대한 우위를 지킬 수 있었습니다. 신라에서도 비슷한 시기에 독서삼품과讀書三品科라는 일종의 과거 제도를 운영했지만, 일본과 마찬가지로 진골 귀족들의 방해를 받아서 실효를 거두지 못했습니다. 고려 광종 때도 과거제와 병행해서 고위 귀족들의 자제를 시험 없이 등용하는 음서蔭敍 제도가 운영되었는데, 이 상황은 헤이안 시대와 비슷합니다.

　　한반도에서 과거 제도는 신라와 고려에서 불완전하나마 유지되었다가 조선 시대 들어 전면적으로 도입되었습니다. 조선 시대 말기에 유명무실해지기는 했지만, 그래도 이 제도는 왕조가 망할 때까지 관료를 선발하는 기본 방식으로 기능했습니다. 하지만 일본에서는 헤이안 시대 후기에 덴노의 권력을 약화한 귀족 집안들이 서로 대립하면서 무사 집단을 정치의 무대로 끌어들인 결과, 율령제가 붕괴하고 무사들이 정치를 주도하는 무가武家 정권이 12세기에 나타났습니다. 무가 정권은 과거제가 필요하지 않았기 때문에 관료 양성 기관이던 대학료는 존재의 의의를 상실하고 1177년에 소멸합니다.[26] 이리하여 메이지 정부가 1887년에 고등문관시험高等文官試驗을 시행할 때까지 거의 천 년간 일본에서는 과거 제도가 사라집니다.

과거 제도가 없는 에도 시대 일본에서는 조선에 비하면 상대적으로 자유롭게 공부할 수가 있었습니다. 국가가 관료 선발시험을 주관하면 국가의 방침에 맞추어 시험을 준비하려는 경향이 나타납니다. 한국에서는 흔히 시험공부를 공부라고 생각하고, 수험생이 시험을 준비하는 데 필요한 교과서가 아닌 딴 책을 읽으면 부모가 혼내고는 합니다. 저는 각종 고시나 자격증 시험을 준비해본 적이 없어서 잘 모르겠습니다만, 긱긱의 시험마다 저명한 저자가 쓴 필수 교재가 있다고 알고 있습니다. 민법民法 시험을 준비하려면 어떤 교수의 어떤 책을 보아야 한다는 식으로 말입니다. 거칠게 말하자면 주희가 쓴 《사서집주四書集注》가 조선 시대 과거 제도의 필수 서적에 해당할 것입니다.

에도 시대 일본의 관점에서 보자면, 조선의 학자들은 주희 선생의 관점을 따르며 관료 시험 준비를 한 것이지, 자기 생각을 심화하고 펼치는 진짜 공부를 한 것이 아닙니다. 오늘날에도 많은 한국인은 사회적 지위를 결정하는 대학입시와 각종 고시 준비를 '공부'라고 말하면서 진짜 공부에 대해서는 쓸데없는 일이라고 생각합니다. 에도 시대 일본의 글 다루는 사람들은 국가가 주관하는 관료 선발시험이 없었기 때문에 비교적 자유롭게 공부했고, 그 대가는 배고픔이었습니다. 무사들은 글자를 다루는 지식인 계급을 낮게 취급해서 간혹 막부나 번에 취직한 학자들의 대우는 무사들보다 상대적으로 좋지 않았습니다. 한국에서는 대학교수들이 시국 선언을 하는 일이 종종 있고, 시민들은 목소리에 귀 기울이는 척이라도 합니다. 반면, 일본에는 그런 분위기가 거의 없는데, 이는 귀족 집단이나 무사 집단보다 지식인 집단의 존재 의미가 희롯했던 데서 비롯한 현상입니다. 고려 시대 후기의 무신 정권 시기에 문인 관료들이 정치적으로 무력해졌던 상황을 떠올리시면 되겠습니다.

공부와 학문에 대한 인식이 이렇다 보니, 에도 시대 일본에서는 자기 앞가림만 할 수 있다면 공부하겠다고 마음먹기가 비교적 쉬웠습니다. 이렇게 공부하는 사람들의 목적도 역시 사회적으로 성공하겠다는 것이었는데, 에도 시대 일본에서는 공부해서 성공하고 싶은 사람이 택할 수 있는 길이 여럿 있었습니다. 능력 있는 사람들이 자신들의 재능을 여러 갈래로 분산할 수 있었던 것입니다.

그런데 만약 에도 시대 일본에 과거 제도가 있었다면 조선과 명나라, 대청제국과 마찬가지로 지식인 계급은 주희의 관점이 강하게 반영된 주자학을 널리 받아들였을 터입니다. 도쿠가와 막부의 직할 학교인 쇼헤이자카 학문소昌平坂學問所에서도 주자학을 권장했고, 쇼헤이자카 학문소에서는 주자학만 교육해야 한다는 '간세이 이학의 금寬政異學の 禁'이라는 명령을 1790년에 발표하기도 했습니다.

에도 시대에 과거 제도는 없었지만, 공자(孔子)를 모시는 사당은 있었다. 5대 쇼군인 도쿠가와 쓰나요시가 세운 이 유시마 성당(湯島聖堂)은 훗날 1790년에 '간세이 이학의 금(寬政異學の禁)'이라는 명령이 내려진 뒤 쇼헤이자카 학문소(昌平坂學問所)라는 막부 소속 학교가 되었다.

하지만 이것은 어디까지나 쇼헤이자카 학문소 내부의 교육 방침에 대한 지시였고, 자기 돈으로 생계를 꾸리면서 공부하는 사람들에게까지 그 명령이 강하게 미치는 일은 없었습니다. 무사 집단이 보기에 글자를 다루는 사람은 어차피 위협이 되는 존재가 아니었고, 사상적으로 통제하는 것이 그들에게는 큰 의미가 없었습니다. 따라서 나뭇잎에 '주초위왕走肖爲王'이라는 글자를 새겨서 조광조(趙光祖, 1482-1519) 일파를 숙청한 1519년의 기묘사화己卯士禍나, 글자·문장을 트집 잡아 대청제국 정부가 지식인을 탄압한 문자옥文字獄 같은 사건이 에도 시대 일본에서는 거의 일어나지 않았습니다.

그 대신, 지방에서 농민들이 가혹한 통치에 견디다 못해 봉기한 사건 이야기를 사람들에게 돈을 받고 들려주거나, 일본군과 러시아군이 오호츠크해에서 충돌한 사건을 소설로 쓰는 등 지식인 집단이 정치 문제에 참견하고 나설 때는 막부가 즉시 반응했습니다. 요는 글 다루는 사람들은 정치에 끼지 말라는 것입니다.

글 다루는 사람들에 대한 사회 분위기가 이렇다 보니 에도 시대 일본에서 공부가 하고 싶은 사람은 학문으로 이름을 날려 막부에서 한 자리를 차지했던 하야시 라잔(林羅山, 1583~1657)이나 아라이 하쿠세키(新井白石, 1657~1725) 같은 몇몇 사람을 제외하면, 의사가 되거나 개인 학원을 차려서 치료비·수업료를 받아 생계를 꾸리는 것이 일반적이었습니다. 주자학을 비판하고 자신의 관점으로 중국 유학 고전을 해석하는 소라이학祖徠學을 시작한 오규 소라이는 학원을 차려서 명성을 날리던 끝에 막부에 고용되었는데, 그가 주자학을 비판했다는 사실은 중요하지 않았습니다.

한편, 오규 소라이보다 이른 시기에 고의학古義學을 제창하여 주자학을 비판한 이토 진사이 같은 사람은 관직에 오르지 않고 학원 선생으로 평생을 살았습니다. 이토 진사이는 지금도 일본의 글쟁이들에게 인격자이자 훌륭한 학자로 숭앙받고 있습니다. 조선의 정약용과 비슷한 대우라고 하겠습니다.

한문학자 정민 선생은 정약용의 농민 제자 황상(黃裳, 1788~1863)의 삶을 자신의 저서 《삶을 바꾼 만남 – 스승 정약용과 제자 황상》(문학동네, 2011)에서 자세히 소개한 바 있습니다. 저는 이 책에서 소개한 황상의 삶과 학문을 보면서 그가 에도 시대 일본에서 공부하던 사람들과 똑같다고 느꼈습니다. 황상이 살던 시절에 과거 제도는 이미 유명무실해졌고, 그나마 황상 같은 신분의 사람에게는 애초에 과거 제도가 의미 없었습니다. 또, 최근 한국 고전 학계에서 유명해진 심대윤(沈大允, 1806~1872)도 과거 제도에서 벗어난 조선 시대 글쟁이들이 어떤 학문 세계를 열어낼 수 있었는지를 보여주는 귀중한 사례입니다. 그는 생계를 꾸리기 위해 소반을 만들다 깨달은 내용으로 중국 유학 경전을 해석하여 〈소반을 만들며治木盤記〉라는 글을 썼고,[27] 《대순신서大順新書》와 같은 군사학 이론 서적도 집필했습니다.[28] 조선 시대에는 황상이나 심대윤 같은 사람이 특이한 삶과 학문의 양상을 띠었을지도 모르겠습니다만, 에도 시대 일본에서는 이런 모습이 일반적이었습니다.

여담이지만, 시민 강의를 하다 보면 정말 열심히 공부하시는 분들을 만나게 됩니다. 어렸을 때 하고 싶은 공부가 있었으나 집안이 가난해서, 또는 집안에서 반대해서 하지 못하고 수십 년을 살아왔는데, 이제는 삶이 안정되었으니 더 늦기 전에 정말 하고 싶은 공부를 하고 싶다고들 말씀하십니다. 그런 모습을 볼 때마다 저는 이것이 바로 에도 시대 일본의 공부하는 생활인들의 모습이라고 느낍니다. 이런 분들이 사이비 역사서인《환단고기》같은 책을 읽고 국수주의에 빠지거나, 출토문헌出土文獻 연구에 근거하지 않은 역학 공부에 빠져서 열정과 재산을 쏟아붓는 경우를 볼 때면 마음이 아픕니다. 이분들께 체계적으로 공부하는 방법과 순서를 알려드릴 지식인 집단이 존재하지 않기 때문에 이런 일이 일어납니다.

일본은 에도 시대 이래로 국가가 전국의 학문을 통제하는 전통이 없었고, 메이지 시대의 고등문관시험도 전 국민을 대상으로 한 것이

교토 가미교구의 이토 진사이 자택 터.

아니다 보니, 국가의 녹을 받아야만 공부할 수 있다고 생각하지 않고 처음부터 시민을 상대로 글 쓰고 강연하면서 생계를 꾸리는 지식인 집단이 많이 존재합니다. 이들 지식인 집단과 시민들이 지속해서 만나면서 일으키는 선순환이 일본 출판계의 번성을 이끌어내는 원동력이기도 합니다. 저는 민간 부문의 경제력이 정부 부문을 능가하게 된 한국에도 이런 중간 지점의 지식인 집단이 나타나기를 바라고 있습니다.

에도 시대에 공부를 업으로 삼고 싶은 사람이 택할 수 있는 가장 좋은 직업은 의사였습니다. 장사를 해도 좋았지만, 아무래도 시간적 여유가 생기는 직업은 상인보다는 의사였기 때문입니다. 의사로 생계를 꾸리면서 유학을 공부하는 사람을 유의儒醫라고 합니다. 유학자이자 의사라는 의미입니다. 앞서 소개한 이토 진사이,[29] 그리고 오규 소라이의 제자인 저명한 유학자 다자이 슌다이(太宰春臺, 1680~1747)[30] 등은 유의를 비난했지만, 자기가 돈 벌어서 하고 싶은 공부를 하겠다는데 누가 말리겠습니까.

한편, 유학이 아닌 국학國學, 즉 화학和學이라 불리는 일본 중심의 세계관을 연구하는 학문을 일으킨 모토오리 노리나가(本居宣長, 1730~1801)도 "의사는 남자가 진정으로 할 일은 아니다"[31]라는 말을 남기기는 했지만, 평생 소아과 의사로 활동했습니다. 그는 대표작인《고사기전古事記傳》을 35년(1764~1798)에 걸쳐 썼는데, 한참 집필 중이던 1781년 무렵에는 전염병을 치료하느라 시간이 없어서 집필이 늦어진다고 한탄한 바 있습니다. 말년에는 국학자로서 활동이 많아져 의사 활동이 줄기는 했지만, 임종 열흘 전까지도 진료를 베풀었을 정도로 그는 소아과 의사라는 정체성을 간직하고 있었습니다.[32] 노리나가의

모토오리 노리나가. 후지나미 고이치
(藤浪剛一) 편《의가선철초상집(醫家先
哲肖像集)》(刀江書院, 1936) 수록.

이세 마쓰자카에 있는 모토오리 노리나
가의 집.

제자뻘인 히라타 아쓰타네(平田篤胤, 1776~1843)도 국학자이자 의사였습
니다. 네덜란드어 통역관으로 나가사키에서 근무하다가 네덜란드 의
사들에게서 수업을 듣고 난의학 의사가 된 니시 겐포(西玄甫, ?~1684)와
요시오 고규(吉雄耕牛, 1724~1800) 같은 사람도 있었습니다.

　오규 소라이는 유의를 비난했지만, 난학자 스기타 겐파쿠는 오규
소라이의 군사학 이론서인《금록외서 鈐錄外書》에 나오는 "진정한 전투
는 요즘의 군사학자들이 가르치는 것과 다르다. 험한 땅과 평탄한 땅
이 있고, 강한 병사와 약한 병사가 있다. 언제 어디서나 똑같이 진영을
짜서 미리 승패를 결정한 뒤에 논하면 안 된다"라는 구절을 읽은 뒤,
군사학과 의학이 비슷하다는 깨달음을 얻었다고 말합니다. '세상 사람
들은 의사라는 직업을 비천하다고 여기지만, 사실 의학은 에도 시대의

근본 학문인 군사학과 대등하며 의사는 무사만큼이나 귀한 직업'이라고 말입니다. 이는 그가 1802년에 쓴《형영야화形影夜話》라는 책에 나오는 구절입니다.

비유하자면 환자의 상태는 적국敵國의 지리와 같다. 즉, 산과 강에 험하고 평탄하고 높고 낮은 지점이 있는 것과 마찬가지다. 이는 땅이 그렇게 되어 있는 것이다. 그런데 그 땅에서 평소와 다른 모습이 확인된다면, 그것은 적이 그곳에 계략을 꾸며두었기 때문이다. 사람의 몸에도 정해진 부위가 있는데, 그 부위에서 평소와 다른 점이 확인된다면, 그것은 필시 아픈 부분이 있다는 징후다.[33]

또한, 의술로 이름을 얻기만 하면 농민이나 상인 출신이라도 막부나 번에 고용되어 관리가 될 수 있었습니다. 하고 싶은 공부를 할 수 있는 생존 조건으로 의사가 되는 것이 아니라, 의사라는 직업을 통해 신분 상승을 꾀하는 것입니다. 앞서 역사인구학에 관해 말씀드릴 때, 미노 지역 안파치군 니시조 마을의 촌장집 아들로 태어난 야시로가 이웃 동네를 거쳐 교토로 유학을 가서 의사가 된 뒤, 고향으로 돌아와 개업했다는 사실을 언급했습니다. 아무리 촌장 집안이라고 해도 집안의 여섯째 아들로 태어나서는 고향에서 잘살 방법이 별로 없었습니다. 그가 출세할 수 있는 길은 아무튼 도시로 나가서 상인이 되거나 전문직이 되는 것이었습니다. 야시로는 의사가 되는 길을 택했습니다. 농민에서 의사가 된 것은 어느 정도 삶의 안정을 찾았음을 뜻합니다.

야시로는 고향으로 금의환향하고 싶었거나, 혹은 교토나 그 주변

대도시에서 다른 의사들과 경쟁하기 버겁다고 생각한 것 같습니다만, 야시로보다 야심이 더 있었던 의사들은 조금 다른 길을 택하곤 했습니다. 농민 출신으로 저명한 산과 의사가 된 가가와 겐에쓰(賀川玄悅, 1700~1777), 역시 농민 출신으로 도시에서 의사, 즉 마치이町醫로 활동하다가 능력을 인정받아 막부·번 소속 의사가 된 이토 겐보쿠(伊東玄朴, 1800~1871), 가사하라 료사쿠(笠原良策, 1809~1880), 세키 간사이(關寬齋, 1830~1913) 등의 사례가 농민 출신 의사 야시로가 좀 더 야망이 크고 능력이 있었다면 걸어갈 수 있었던 또 다른 삶의 궤적을 보여줍니다.

에도 시대는 도쿠가와 막부의 정책에 따라 유럽으로부터 고립되었고, 도쿠가와 가문과 각지의 다이묘들이 영원히 일본을 지배할 수 있도록 사회적으로 변화를 거부하는 시스템을 강제한 시대였습니다. 피지배민, 특히 농민들은 과중한 세금을 지배 집단으로부터 요구받으며 힘든 삶을 살았습니다. 하지만 그런 중에도 피지배민들은 능동적·수동적 방법으로 자기 자신과 집안의 생존을 꾀했고, 희미하게 열려 있는 사회적 신분 상승의 기회를 잡기 위해 최선을 다했습니다. 앞으로 그들의 분투하는 모습을 자세히 보여드리겠습니다.

# 1장

# 백성들의 이야기

3백여 개의 국가가 공존하는 세계

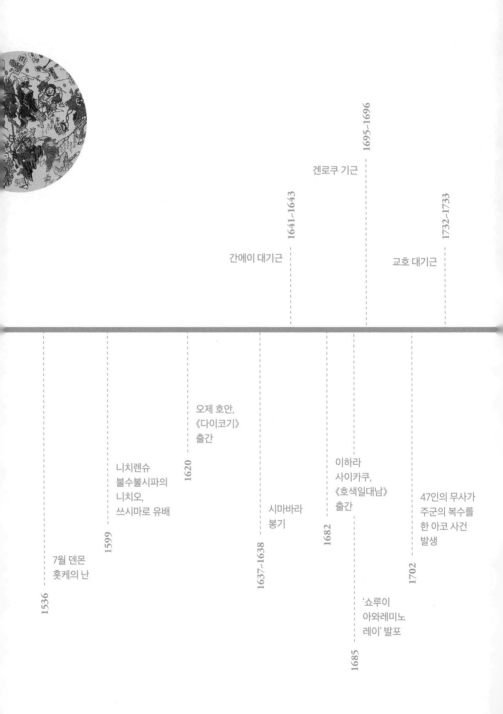

1695~1696

겐로쿠 기근

1641~1643

간에이 대기근

1732~1733

교호 대기근

오제 호안,
《다이코기》
출간

1620

니치렌슈
불수불시파의
니치오,
쓰시마로 유배

1599

시마바라
봉기

1637~1638

이하라
사이카쿠,
《호색일대남》
출간

1682

47인의 무사가
주군의 복수를
한 아코 사건
발생

7월 덴몬
홋케의 난

1536

'쇼루이
아와레미노
레이' 발포

1685

1702

1833~1839

1755~1756

덴포 대기근

호레키 기근

1783-1788

덴메이 대기근

안도 쇼에키,
《자연진영도》
완성/
다케베 세이안,
《민간비황록》
작성

아시 도잔,
《아시 도잔
상서》 작성

1754

1755

구조 잇키
사건을 강석한
바바 분코 처형

가가와 겐에쓰,
《자현자산론》
출간

오시오
헤이하치로의
난

1758

1765

1837

구조 잇키 사건
발생

1754~1758

# 1

## 다시 닫힌 세계,
## 죽어가는 백성들

# 다시 한 번,
# 시마바라 봉기

  잠시 기억을《일본인 이야기 1》로 되돌려주
시면 좋겠습니다. 1권의 마지막 부분에서 1637~1638년에 오늘날의
규슈 나가사키현長崎縣 미나미시마바라시南島原市 미나미아리마초南有馬
町의 하라성原城을 중심으로 가톨릭교도 농민들이 일으킨 시마바라 봉
기島原の亂에 관해 말씀드렸습니다. 도쿠가와 막부가 일본군을 총동원
하고 프로테스탄트를 믿는 네덜란드의 도움을 받아 이 봉기를 진압하
면서 일본의 가톨릭 세력은 최종적으로 와해되었고, 여전히 가톨릭을
믿었던 일부 백성은 규슈 서쪽의 외딴 섬들로 숨어들어 19세기 중기
까지 자신들의 신앙을 지켰습니다. 이들을 가쿠레키리시탄隠れキリシタ
ン, 즉 숨은 기독교도라고 부릅니다. 이들 가쿠레키리시탄의 존재는 가
톨릭 신부가 포교하러 오지 않았는데도 성경과 교리 서적만 읽고 자발
적으로 신자가 된 조선 시대의 가톨릭교도들과 함께 가톨릭계에서 기

가쿠레키리시탄들이 불교의 석등
에 새겨서 몰래 신앙하던 예수상.
키리시탄등롱(キリシタン燈籠)이라고
부른다. 도쿄 메구로와 규슈 사가
소재.

적적인 사건으로 간주되고 있습니다.

　생각해보면 시마바라에서 봉기를 일으킨 일본 농민들은 참으로 기이한 존재들입니다. 포르투갈과 에스파냐, 이탈리아 출신의 예수회 선교사들은 처음에 일본의 지배층을 가톨릭교도로 개종시키려 했습니다. 상층부가 가톨릭을 믿으면 피지배민은 지배자들을 따라 자연히 가톨릭교도가 된다는 생각에서였습니다. 그래서 포교 초기인 16세기 후기에 규슈 곳곳에서는 가톨릭 다이묘들이 절과 신사神社를 파괴하고 불교 승려들을 탄압하는 바람에 사회 문제가 되기도 했습니다. 도요토미 히데요시(豊臣秀吉, 1537~1598)는 모든 전쟁을 중지하라는 자신의 명령을 거부하고 규슈에서 계속 세력을 넓히던 시마즈 가문을 격퇴하기

다시 문헌 세계, 죽어가는 백성들

1548년에 제작된 누에바 에스파냐 지도.

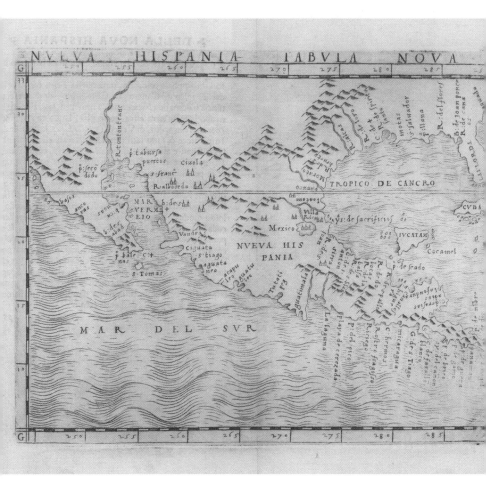

위해 1586~1587년에 규슈에서 전쟁을 벌였습니다. 이때 그는 가톨릭
화된 규슈 일부 지역의 현실에 충격을 받았고, 전쟁이 끝난 뒤 가톨릭
신부 추방령을 발표했습니다. 오다 노부나가(織田信長, 1534~1582) 때까
지 일본 최상층의 적극적인 보호하에 세력을 넓히던 가톨릭은 이 추방
령을 계기로 탄압받기 시작했습니다. 한때는 30~40만 명에 달한다고
로마에 보고되기도 했던 일본의 가톨릭교도는 그 후 반세기에 걸친 탄
압 끝에 거의 소멸하게 됩니다.

　도요토미 히데요시와 도쿠가와 이에야스는 서로 다른 부분이 많았
지만, 일본에서 가톨릭 세력을 없애야 한다는 점에서는 생각이 같았습
니다. 유럽이라는 거대한 배후가 있는 가톨릭이 일본에서 계속 세력
을 유지하는 한 자신들이 꿈꾸고 있는 일본 통일의 꿈은 언제 무너질
지 몰랐기 때문입니다. 당시 일본인들은 무역하러 일본에 오는 유럽인
들이 데려온 흑인 노예도 보았고, 에스파냐가 아스테카 제국을 무너뜨
리고 북·중앙아메리카의 상당 부분을 '누에바 에스파냐Nueva España'
라는 이름의 식민지로 만든 사실도 알았습니다. 센다이번의 지배자인
다테 마사무네가 유럽과 독자적인 무역 루트를 개척하려고 원양 항해
가 가능한 배를 건조해서 로마로 파견한 하세쿠라 쓰네나가(支倉常長,
1571~1622) 사절단이 누에바 에스파냐를 통과해서 유럽으로 갈 정도였
으므로 당연히 이 지역의 현실을 알고 있었습니다.

　도쿠가와 이에야스의 통치가 확고해진 1620년대에 출판된 의사이
자 주자학자인 오제 호안(小瀬甫庵, 1564~1640)의 군담 소설《다이코기太
閤記》서문에는 누에바 에스파냐가 에스파냐의 식민지가 되었듯이 일
본도 유럽의 식민지가 될 위험이 있었고, 그 앞잡이가 가톨릭교도였으

므로 도쿠가와 이에야스가 이들을 퇴치하는 정책을 펼친 것은 현명했다며 막부를 칭송하는 내용이 적혀 있습니다. 후지와라 세이카, 하야시 라잔 등과 함께 일본에서 가장 이른 시기에 주자학자로 활동한 오제 호안은 한 세대 앞의 일본 상황을 주자학과 가톨릭의 종교 전쟁, 그리고 유럽 세력에 맞서 일본의 독립을 지키는 전쟁으로 느꼈습니다.

주자학과 가톨릭의 종교 전쟁 구도는 그로부터 2백 년 뒤 한반도에도 나타납니다. 1801년에 황사영(黃嗣永, 1775~1801)이 로마 교황에게 편지를 보내서 조선을 공격하여 조선의 가톨릭교도들을 해방해달라고 요청하려다 발각된 사건이 있었습니다. 도쿠가와 이에야스 때의 일본과 순조 때의 조선에서 지배 집단은 가톨릭교도에 대해 기본적으로 동일한 문제의식을 느꼈으며, 이 두 지배 집단의 가톨릭 탄압은 자신들로서는 지극히 정당한 권력 유지 노력이었습니다. 물론 두 나라의 가톨릭교도들이 자신들의 지배 집단보다 바다 건너의 동료 가톨릭교도들에게 더 큰 동질감을 느꼈다는 점 역시 개인의 신념이 국가와 민족보다 중요하다는 관점에서 보자면 지극히 당연한 일이었습니다.

조선에서도 처음에는 지배 집단이 가톨릭을 믿기 시작했지만, 국가의 탄압이 커지자 양반은 대거 떨어져 나가고 중하층 신자들은 믿음을 지켰다는 보고가 많습니다. 1812년에 조선의 가톨릭교도들이 베이징의 피레스 주교에게 보낸 편지에는 다음과 같은 구절이 있습니다. "대감집 양반이나 고관의 자손이나 혹은 현재 관직에 있는 분 중에도 천주교에 호감을 가진 사람을 얼마간 만날 수 있나이다. 그러나 (중략) 천주교 쪽으로 돌아서서 정의를 찾는 사람은 가난과 곤궁에 찍어 눌리고, 아무 재원이 없는 사람들 중에 있나이다."[34]

이와 마찬가지 상황이 2백 년 전 서부 일본에서도 있었습니다. 처음에는 다이묘가 가톨릭교도가 된 뒤에 피지배민들에게도 가톨릭을 믿으라고 했지만, 히데요시와 이에야스 정권이 가톨릭을 탄압하기로 하자 지배층은 대부분 쉽게 가톨릭 신앙을 버렸습니다. 그들 중 많은 수는 가톨릭 국가와 무역 관계를 맺기 위해 형식적으로 가톨릭을 믿었으므로, 현실 정치 논리에 따라 신앙을 버리기가 쉬웠습니다. 처음에 가톨릭을 믿으라고 했던 다이묘가 신앙을 버리고 탄압하거나, 가톨릭 다이묘가 추방된 자리에 불교·신도神道를 열성적으로 믿는 다이묘가 들어와서 탄압하기 시작했습니다.

물론 지배층의 강요에 반발했던 피지배민도 많았으므로, 지배층이 가톨릭을 버리자 자신들도 쉽게 가톨릭을 버리고 주변의 가톨릭교도들에게 적개심을 표출하는 경우도 많았습니다. 17세기 초 가톨릭교도들이 박해받는 장면을 일본으로부터 보고받아 유럽에서 그린 순교도殉敎圖가 많이 남아 있는데, 십자가에 못 박혀 있거나 화산 구덩이에 던져지거나 땅 속에 목만 내밀고 파묻혀 있거나 바다 위에 세운 말뚝 위에 매달려 있는 가톨릭교도들 주변으로 구경꾼이 많이 그려져 있습니다. 이 그림들에서 보이는 구경꾼들이 단순히 유럽 화가들의 상상으로 그려진 것 같지는 않고, 순교자들을 구경하고 조롱하는 일본인이 많았다는 일본 현지의 보고에 따라 그렸다고 생각합니다.

이처럼 대부분의 일본인은 쉽게 가톨릭을 버렸지만, 몇몇 가톨릭 거점에서는 상황이 달랐습니다. 처음에는 윗사람이 믿으라고 해서 가톨릭교도가 된 백성이 이제는 가톨릭 신앙을 내세워 주군에게 맞서 적극적으로 저항하거나, 겉으로는 신앙을 포기한 듯이 행동하면서도 가톨릭교도의 처형을 구경하는 사람들.

실제로는 신앙을 유지하며 소극적으로 저항하는 피지배민들이 일본 곳곳에서 나타났습니다. 소극적 저항으로 유명한 이들이 규슈 서쪽 외딴 섬들, 그리고 저명한 가톨릭 다이묘였던 다카야마 우콘(高山右近, 1552~1614)의 옛 영지인 오늘날의 오사카부 이바라키시 등지에 숨어서 2백여 년간 가톨릭 신앙을 지킨 가쿠레키리시탄들입니다. 한편, 적극적 저항이 최대 규모로 폭발한 사건이 규슈 섬 중서부에서 일어난 시마바라의 봉기였습니다. 이것은 종교 전쟁과 동시에 계급 전쟁이었습니다. 그리고 이 봉기가 좌절되면서 센고쿠 시대 일본에서 피지배민은 최종적으로 지배층에 저항하는 데 필요한 세계관, 즉 이론을 빼앗겼습니다.

# 권력에 저항한
# 불교 종파들

　　　　　　　지배 집단에 맞서 싸우려면 피지배 집단을
하나로 묶을 수 있는 반란의 논리가 필요합니다. 전근대에는 종교가
가장 유용한 반란의 논리였습니다. 센고쿠 시대 백 년 동안 일본의 피
지배민들은 각종 신앙을 내세워 무사 집단에 맞서고 자신들끼리도 종
교 전쟁을 벌였습니다. 불교의 조도신슈浄土眞宗 교도들은 잇코잇키一向
一揆라 부르는 봉기를 잇달아 일으켰고 가가加賀 지역을 백 년 간 자치自
治 지역으로 만들기도 했습니다. 이 세력을 꺾기 위해 오다 노부나가는
그들의 본거지인 오사카의 이시야마혼간지石山本願寺라는 절을 공격하
여 11년 만에 격파하는 데 성공했습니다.

　같은 불교도이지만 일신교 신앙에 가까운 독특한 교리를 믿던 니
치렌슈日蓮宗는 잇코잇키 세력과 충돌해서 교토와 그 인근을 폐허로
만들기도 했습니다. 결국 이들은 1536년 7월에 다른 불교 종파의 공
격을 받아 교토에서 추방당합니다. 이를 '덴몬 홋케의 난天文法華の亂'
이라고 합니다.

　이처럼 백성들이 종교를 내세워 무사 집단이나 다른 종파와 무력으
로 충돌하고 자치를 꾀하는 움직임은 센고쿠 시대 일본의 정치 구도를
복잡하게 만들었습니다. 오다 노부나가, 도요토미 히데요시, 도쿠가와
이에야스는 무사 집단들과 투쟁하는 동시에 이들 피지배민의 저항을
진압하여 위계질서를 확립하려 노력했습니다. 이처럼 피지배민들이

'덴몬 홋케의 난' 당시 전쟁터가 된 교토 혼노지 절. 1582년에 오다 노부나가가 부하 아케치 미쓰히데에게 공격당해 자살한 곳으로 유명하다.

종교를 내세워 무사 집단에 저항하는 전통의 마지막에 놓인 것이 시마바라 봉기라고 이해할 수 있습니다.

센고쿠 시대를 끝낸 세 명의 장군이 각기 싸운 종교 세력을 정리하자면 다음과 같습니다. 오다 노부나가는 교토 동북쪽 히에이산比叡山의 불교 집단과 조도신슈의 중심인 이시야마혼간지를 진압했습니다. 도요토미 히데요시는 신곤슈眞言宗의 거점인 네고로데라根來寺라는 절을 진압했고, 가톨릭 세력을 탄압하는 단초를 제공했습니다. 도쿠가와 이에야스는 시마바라 봉기에서 가톨릭 세력을 진압했고, 니치렌슈 가운데 세속 권력과 타협을 거부하는 일파인 불수불시파不受不施派를 탄압했습니다.

조도신슈와 가톨릭, 니치렌슈는 종교적으로 비슷한 점이 있습니다. 조도신슈는 아미타불이 중생을 구하겠다는 바람, 즉 본원本願을 세웠으므로 중생은 구원받을 수 있으며, 신자들은 그저 염불을 외워서 아미타불이 자신들을 극락으로 왕생해주기만을 바라야 한다는 믿음을 지니고 있습니다. 이를 타력他力이라고 하는데 타자, 즉 아미타불의 힘으로써만 구원을 얻을 수 있다는 뜻입니다. 신이 사람을 불쌍히 여겨 구원해주었으니 늘 참회하고 기도해야 한다는 기독교 신앙과 맥이 닿습니다.

니치렌슈를 개창한 승려 니치렌(日蓮, 1222~1282)은 모든 불경 가운데 《묘법연화경妙法蓮華經》이 가장 중요하며, 이 불경과 니치렌의 가르침에 따라 일본을 니치렌슈 국가로 만들어야 한다고 주장했습니다. 그리고 1274년과 1281년에 몽골·고려·남송 연합군이 일본을 침략했다가 실패한 것은 니치렌 자신의 덕분이라고 강조했습니다. 일본이라는 국가보다 《묘법연화경》이라는 경전과 니치렌이라는 사람에 대한 신앙이 더욱 중요하다는 니치렌슈의 입장 역시 기독교와 상통하는 부분이 있습니다. 그렇기 때문에 이들 세 종파는 센고쿠 시대부터 에도 시대, 나아가 근대 이후까지도 일본 국가와 대립하고 탄압받은 역사를 공유합니다.

시마즈 가문이 지배하는 사쓰마번을 중심으로 한 규슈 일부 지역에서는 16세기 중기부터 조도신슈 신앙을 금지하여 이 지역 신도들은 탄압 속에서 남들의 눈에 띄지 않게 신앙을 지켰습니다. 이들을 가쿠레넨부쓰隱れ念佛, 즉 숨어서 염불을 읊는 사람들이라고 부릅니다. 이들 가쿠레넨부쓰 가운데 일부는 오늘날까지도 가야카베교カヤカベ教 신도로서 존재하고 있습니다. 제2차 세계대전이 끝난 뒤 일부 학생이 학교 급식으로 나온 우유를 마시지 않아서 이유를 묻자, 자신들의 종파에서

는 우유를 마시지 않는 날이 정해져 있다고 답했다고 합니다. 이로써 3
백 년 만에 세상에 정체를 드러낸 가야카베교 신자들은 형식적으로만
신도를 믿는 가쿠레넨부쓰의 일파였습니다.[35] 이들이 대외적으로는
공인된 신앙을 믿는 척하면서 비밀리에 조도신슈의 염불을 읊는 것은
가쿠레키리시탄의 행동과 동일한 방식입니다.

니치렌슈 가운데 니치오(日奧, 1565~1630)의 불수불시파는 설사 불교
도라고 해도 니치렌슈를 믿지 않는 사람에게는 보시普施를 하지 않고
받지도 않는다는 입장을 보였습니다. 그래서 니치오는 히데요시와 이
에야스가 자신들을 위해 공양을 올려달라고 요구했을 때 거부했고, 그
결과 1599년에 이에야스의 명령에 따라 쓰시마로 유배됩니다. 이에야
스는 공양이 중요했던 것이 아니라, 일본을 통일한 자신의 명령에 거

불수불시를 주장하며 도쿠가와 정
권에 저항한 니치오.

역하는 종교 집단이 있다는 사실을 사회 불안 요인으로 간주했습니다. 그리하여 1605년에 도쿠가와 막부는 니치렌슈 불수불시파를 금지했고, 불수불시파 신도들은 겉으로는 일반적인 니치렌슈나 천태종天臺宗, 선종禪宗 등을 믿는 척 가장하며 비밀리에 신앙 생활을 하게 됩니다. 이들에 대한 탄압이 해제된 때는 1876년이니, 1873년에 금지령이 해제된 가쿠레키리시탄보다 3년 더 길게 일본 지배자들의 탄압을 받았습니다.

이처럼 도쿠가와 이에야스는 단순히 가톨릭만 탄압하지 않았고, 도쿠가와 막부라는 현실의 지배 체제보다 종교를 우위에 두는 모든 종교 체제를 탄압했습니다. 《일본인 이야기 1》에서 말씀드렸듯이 그는 처음에 에스파냐와 포르투갈과 관계를 유지할 생각이었습니다. 이들 국가가 종교와 무역을 병행하겠다는 입장을 포기하지 않았기 때문에 최종적으로 단교하고, 네덜란드와 영국이라는 프로테스탄트 국가들과 새로이 관계를 맺었습니다. 그가 경계한 바는 피지배민들이 종교를 무기 삼아 저항하는 상황이었습니다. 이렇게 조도신슈, 가톨릭, 니치렌슈 불수불시파라는 불안 요소가 최종적으로 진압되면서 에도 시대가 시작됩니다.

# 정치 실패의 결과로
# 찾아온 기근

　　　　　　　　　도쿠가와 막부로 상징되는 무사 집단은 농민과 산민, 어민, 도시민 등 일본의 여러 지역에 거주하는 피지배민을 각각 다른 방식으로 지배하는 체제를 확립했습니다. 이들 가운데 특히 곤란을 겪은 부류는 농민이었습니다. 이들은 지진이나 화산 폭발, 냉해, 가뭄 등과 같은 자연재해나 막부·번의 정책 실패라는 인재人災 때마다 수만 명에서 수십만 명 단위로 죽었습니다.

　중세와 달리 에도 시대에는 굶주림이 일상에서 비일상으로, 하루 두 끼 먹던 생활이 세 끼 먹는 생활로 바뀐 시기였지만, 기근이 닥치면 이러한 일상은 쉽게 무너졌습니다. 무사 집단은 기근이 들어도 쓰라부치(面扶持, 멘부치라고도 읽음)라고 해서 가족 머릿수대로 일정량의 쌀을 배급받았기 때문에 굶지 않았습니다. 일본의 각종 사전류에는 이 쓰라부치를 기근 때는 계급과 무관하게 배급했다고 되어 있지만, 일본의 민중사 연구자인 기쿠치 이사오菊地勇夫 선생은 실제로 쓰라부치는 무사 계급에만 배급했다고 설명합니다.[36] 다만, 상업경제가 발달했던 에도 시대에 교토 같은 도시는 기근에도 견딜 수 있는 자금을 확보하고 있었고, 막부도 자신들의 도시인 에도에 쌀을 안정적으로 공급하여 정치적으로 문제가 발생하지 않는 것을 최우선시했습니다. 그러니 이들 대도시에 거주하면 빈민 구제 시스템에 포함되어 살아남을 가능성이 조금이라도 있었습니다.

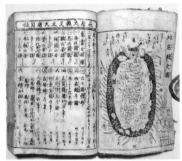

근대 이전의 일본인들은 거대한 메기가 일본을 감싸고 있다가 한 번씩 몸을 흔들면 지진이 난다고 믿었다. 그래서 신성한 돌(要石, 가나메이시)을 메기의 머리 위에 두어 지진이 일어나지 않게 했다. 그 돌이 놓여 있는 곳이 오늘날의 이바라키현에 자리한 가시마진구(鹿島神宮)이다.

문제는 농민이었습니다. 쌀을 만드는 농민이 기근 때 가장 많이 굶어 죽었고, 굶어 죽지 않기 위해 농민들은 도시로 흘러들어가 빈민층을 형성했습니다. 막부는 농촌에서 이주한 이 도시 빈민층을 돌려보내서 농촌 인구를 유지하려 했습니다. 이를 '규리키노레이舊里歸農令'나 '히토가에시노호人返しの法', 즉 사람 되돌려 보내기 정책이라고 부릅니다.[37] 하지만 이미 농촌 사회 구석구석까지 상품 화폐 경제가 깊숙이 침투해 있었고, 농민 간의 빈부 차가 심해져서 가난한 농민은 이제 농촌에서 삶을 꾸릴 수 없는 지경에 이르렀습니다.

그러하니 막부가 아무리 농민들을 농촌으로 돌려보내서 소농小農 경제를 유지하려 해도 이들은 자꾸만 도시로 되돌아왔습니다. 1783년부터 시라카와번白河藩의 번주였고 1787~1793년에는 도쿠가와 쇼군 가문을 보좌하는 막부 내 최고 직책인 로주老中로 활약했던 마쓰다이라 사다노부(松平定信, 1758~1829)는 자서전《우게노히토코토宇下人言》에 한창 귀농 정책을 펴던 중에 에도의 〈슈몬아라타메초宗門改帳〉를 들춰보았는데, 오히려 인구가 늘었다며 정책에 효과가 없었다고 적었습니다. "에도에서 사람이 줄었나 싶어 슈몬닌베쓰초를 보았는데, 1787년 무렵보다 사람이 3~4만 명이나 늘어 있었다. 무사 집안에서 봉공奉公하는 사람은 거의 없었고, 귀농하겠다고 신고한 사람은 더 적었다. 봉공하거나 농사짓는 것보다 도시에서 장사하는 게 더 낫다는 말이겠지."[38]

역사인구학자 하야미 아키라 선생에 따르면, "공업화 이전의 도시 생활은 비위생적이고 유행병과 기아의 영향을 받기 쉬워서 장기적으로는 사망률이 출생률을 웃돌게 되므로, 늘 농촌에서 인구 유입이 필

도쿄 고토쿠에 있는 마쓰다이라 사다노부의 무덤.

요했다"라고[39] 합니다. 일본의 역사인구학에서는 이러한 현상을 도시가 "개미지옥"과 같은 상태였다고 표현합니다. 개미가 개미지옥에 빨려 들어가면 죽듯이 농민이 도시로 들어가면 일찍 죽는다는 비유입니다. 코로나19가 유행하는 2020년에도 과도한 도시화가 코로나19의 전 세계적 유행을 초래했다는 비판의 소리를 듣곤 합니다. 하지만 정말로 에도 시대의 도시가 위생적으로 취약해서 도시민의 평균 사망률이 출생률보다 현저히 높았는지에 대해서는 최근 반론이 제기되기도 했습니다. 가게들의 점원 고용 형태가 장기고용에서 단기고용 방식으로 사회의 관습이 바뀌면서, 이들 농민이 비위생적인 도시에서 일찍 죽은 것이 아니라, 도시에 정착하지 않고 금방 떠났을 뿐이라는 주장입니다.[40] 어찌 되었든 농촌의 농민이 도시 하층민으로 편입하는 변화는 농촌이 일방적으로 도시에 의존해서가 아니라, 도시에서 농촌이 필요해서 일어난 현상이 틀림없습니다. 이리하여 소규모 자영농이 쌀농사를 지어 무사 집단에 공물을 바치는 시스템에 기반한 도쿠가와 막부는 기초부터 붕괴하기에 이릅니다.

기근 때 먹을 수 있는 식량으로는 무엇이 있는지를 널리 알리기 위해 에도 시대에 출판된 구황서救荒書 가운데 가장 높은 평가를 받는《구황편람救荒便覽》(1833~1838년 출판)을 쓴 엔도 다이쓰遠藤泰通는 기근 때 농민은 굶어 죽고 도시민은 굶어 죽지 않는 현상에 대해 다음과 같이 논평합니다.

곡식을 만드는 백성이 굶어 죽는데 곡식을 만들지 않는 도시민(町人, 조닌)이 굶지 않는 것은 이상하다. 도시민은 이익을 밝히고 계산을 잘하기 때문에 사士·농農·공工이 그들과 장사하면서 이익을 빼앗기기 때문일 것이다. 하지만 장사를 무조건 나쁘다고 할 일은 아니다. 상인이 이익을 얻기 위해 물건 값이 쌀 때 샀다가 비쌀 때 팔아서 이익을 얻고 풍족하게 생활하는 것은 평상시라면 굳이 무어라 할 일이 아니다. 하지만 기근 때는 욕심을 부려서 이익을 얻으려고 생각하면 안 된다. 남이 굶어 죽는 것을 살피지 않고 막대한 이익을 얻으려는 자는 사람도 아니다. 그는 하늘과 신과 부처가 내리는 벌을 피할 수 없다. 높은 이자를 받아먹는 자는 남들이 그의 집을 부숴버려서 큰 손해를 보고 치욕을 당할 것이다. 여분의 곡

식이 있다면 남들에게 베풀어야 한다.[41]

앞의 글에서 엔도는 농민은 물론 무사 계급까지도 상인에게 이익을 빼앗기고 있다고 주장합니다. 에도 시대에 무사 집단은 농민에게 쌀로 세금을 받은 뒤, 그 쌀을 상인에게 팔아서 구한 화폐로 필요한 물건을 구매했습니다. 그런데 쌀값은 지속해서 떨어졌고 무사 집단의 구매력도 계속 떨어지기만 했습니다. 엔도는 이를 상인의 장난 때문이라고 주장했지만, 사실은 에도 시대를 통틀어 장기적으로 발생했던 경제적 현상이었습니다.

그렇다면 다이묘들이 농민들로부터 쌀이 아닌 다른 물건이나 화폐로 세금을 받으면 된다고 생각할 수도 있지만, 에도 시대에는 이러한 변화가 불가능했습니다. 쌀로 세금을 걷고, 영지領地에서 쌀이 얼마나 생산되는가로 다이묘들의 위계가 높고 낮음을 정하는 것이 도쿠가와 막부의 근본적인 원리였기 때문입니다. 이러한 원리는 쌀을 생산하는 농민이 사회의 근본에 있어야 한다는 주자학적 세계관에 기반합니다. 이런 부분에서는 에도 시대 일본 역시 조선과 마찬가지로 주자학의 세계관으로 운영하는 국가였습니다.

하지만 일본을 방문한 조선의 통신사들이 공통적으로 감탄했듯이 조선에 비해 일본은 상대적으로 물자가 풍부하고 인구가 많은 나라였기 때문에, 아무리 무사 집단이 독재를 하더라도 피지배층의 역량이, 특히 상인의 역량이 커지는 추세를 막을 수는 없었습니다. 또한 인용문에서 '도시민'과 '상인'이라는 단어를 뒤섞어서 썼다는 점에도 주목해야 합니다. 에도 시대 일본에서 도시민은 곧 상인이라고 인식했음을 알 수 있습니다.

　에도 시대에 기근이 발생할 때마다 농민이 수만 명에서 수십만 명 단위로 굶어 죽은 가장 큰 원인은 상인의 욕심이 아니라 에도 시대의 구조적 특성 때문입니다. 당시 일본의 지배층은 무사 집단이었고, 에도 시대가 아무리 평화로웠다고 해도 기본적으로는 군사 독재 시대였습니다. 그들은 외적外敵이나 반란으로부터 생명과 재산을 지켜준다는 명목으로 피지배민 위에 군림했습니다. 그래서 19세기 전기부터 러시아와 미국, 영국 등의 서구 국가들이 군사력을 동원해서 일본에 문호를 개방하라고 요구했을 때 이를 물리치지 못했던 도쿠가와 막부는 존재 의미를 상실하고 무너집니다. 도쿠가와 막부가 망하고 메이지 유신이 일어난 데는 당연히 복잡한 이유와 과정이 존재하지만, 무사가 무사로서 할 일을 하지 못했기 때문에 지배 집단의 위치에서 밀려났다는 것이 핵심입니다.

　군사 독재 정권의 성격을 띠고 출발한 에도 시대 초기에는 막부와 각 번이 군사 목적으로 곡물을 비축하는 것이 일반적이었습니다. 이러한 군량미를 가코이코쿠囲穀, 시로즈메마이城詰米 등으로 부릅니다. 이렇게 군사 목적으로 모은 쌀을 기근 때 방출해서 굶주린 사람들을 구휼하는 목적으로 활용했습니다. 그런데 앞에서 말씀드렸듯이 에도 시대에는 지속해서 쌀값이 떨어졌기 때문에, 세금으로 받은 쌀을 오사카의 미곡상에 팔아서 현금을 확보하곤 했던 각지의 번들은 계속해서 재정 적자 문제에 봉착했습니다. 전쟁을 대비한다는 명목으로 에도 시대 초기의 방대한 가신단家臣團 규모를 그대로 유지한데다 평화가 지속하면서 씀씀이가 커진 것도 적자의 원인이었습니다.[42]

사정이 이러하자 각 번은 농민들에게 연공미를 앞당겨서 미리 바치라고 부탁하기도 했습니다. 1804년에 오쿠보 진에몬大久保甚右衛門이라는 하타모토旗本 신분의 무사는 자기가 다스리는 지역의 농민들에게 이런 명령을 내립니다. "2년 전에 당신들로부터 선불로 연공미를 받았는데 1년 전에 당신들이 보내온 연공미를 보니 2년 전의 선불만큼을 빼고 보냈다. 그렇게 해서는 우리 가문의 재정이 꾸려지지 않는다. 2년 전에 선불로 받은 연공미는 앞으로 7년간 이자까지 붙여서 갚을 터이니 올해 정해진 연공미는 조금도 빼지 말고 바치기 바란다"라고 말입니다. 농민들은 어쩔 수 없이 이를 받아들였는데, 3년 뒤인 1807년에 또다시 금화 25냥을 빌려달라는 요구가 내려왔습니다. 그러자 마을 관리들은 연명連名으로 탄원서를 제출해서 "25냥을 다 바칠 수는 없고 일부만 드리겠다, 만약 안 된다고 하면 우리는 모두 마을 관리직을 내려놓을 수밖에 없다"라고 항의했습니다.[43] 자신들의 지배자인 오쿠보 진에몬이 선불로 받은 연공미를 갚지 않으리라는 것을 깨달은 농민들 사이에서 불온한 분위기가 형성되었음을 짐작케 합니다.

이렇게 농민을 쥐어짜는 데 한계를 느낀 상급 무사들은 유사시를 대비해 영지 내에 쌓아둔 쌀을 가격이 좋을 때 오사카에 판매해서 차익을 확보하려 했습니다. 이런 현상에 대해 센다이번의 유학자인 아시 도잔(蘆東山, 1696~1776)은 1754년에 작성한《아시 도잔 상서蘆東山上書》에서 이렇게 비판합니다. 이제까지는 번의 곳곳에 군량미를 비축해두었고 번의 가을 농사 상황이 풍년이면 남는 쌀을 대도시로 보내서 판매했는데, 최근에는 군량미까지 손을 대서 대도시로 보내니 문제라고 말입니다.[44]

아시 도잔은 센다이번이 설립한 학교의 규모가 너무 작다는 등의 문제를 제기했다가 43세 되는 1738년에 번에게 견책을 받고 1761년까지 24년간 유폐생활을 했습니다. 그는 유폐 중에도 위와 같은 상소문을 올렸고, 그 이듬해인 1755년에는 역대 중화왕조와 일본 정권의 형벌 제도를 정리하여 근대 일본 형법 이론서의 선구적인 존재로 평가받는《무형록無刑錄》을 완성하기도 했습니다.[45] 이처럼 제도의 문제에 예민했던 사람이다 보니 번 내의 식량 유통 및 비축 문제에 관해서도 관심을 가졌던 것 같습니다.

과연 그의 예측대로 상소를 올린 이듬해인 1755년, 일본 연호로는 호레키寶曆 5년에 센다이번에서 대기근이 발생합니다. 이 호레키 기근은 1783~1788년의 덴메이天明 기근, 1833~1839년의 덴포天保 기근과 함께 에도 시대 센다이번의 3대 기근으로 일컫습니다.

센다이번의 아시 도잔이 예측한 호레키 기근에 대해 센다이번의 위쪽에 자리한 모리오카번의 역사학자 호시카와 세이호(星川正甫, 1805~1880)는 다음과 같이 발생 원인을 지적합니다. 번이 비축했던 쌀에다 농민들이 그 전해에 수확한 쌀까지 전부 대도시로 보내어 팔아버렸기 때문에, 그 이듬해에 기근이 발생했을 때 구호식량을 방출할 수 없었다는 것입니다.[46] 예전 같으면 기근이 들어도 번 내에 쌀이 남아 있어서 어느 정도 대응할 수 있었는데, 일본 각지의 번들이 오사카나 에도와 같은 대도시가 주축이 된 상업 경제에 편입된 지금은 번 내에 남는 쌀이 없어서 기근에 대응이 불가능해졌다는 이야기입니다.

많은 한국인에게 '일본'이라는 나라는 굉장히 단일한 성격을 띤 하나의 국가라는 이미지이지만, 에도 시대 일본은 3백여 개의 국가가 공존하는 하나의 '세계'였습니다. 마치 오늘날 지구상의 2백여 개 국가가 국제무역을 하듯이, 이 '에도 시대 일본'이라는 하나의 세계에서도 3백여 개의 국가 사이에 국제무역이 이루어지고 있었습니다. 지금의 국제연합UN보다 강력하기는 했지만, 도쿠가와 막부도 3백여 개의 번藩이라는 국가를 일일이 통제하고 중재할 수는 없었고, 그럴 의지도 없었습니다. 그러다 보니 오늘날 서방 국가들에는 식량이 남아돌아도 제3세계에서는 굶어 죽는 사람들이 속출하는 것과 똑같은 일이 에도 시대 일본에서도 지속해서 발생했습니다.

이런 상황에서 각각의 번은 서로 독립적으로 번 내의 기근을 해결하기 위해 고심했습니다. 그 대표적인 사례가 요네자와번의 우에스기 요잔(上杉鷹山, 1751~1822)이 시행한 소나에모미구라備糒藏라는 비축미 계획입니다. 호레키 기근 때 요네자와번에는 1만 명에 가까운 사망자가 발생했지만, 덴메이 기근 때는 이 비축미를 방출하여 사망자를 절

요네자와번의 개혁적 번주였던 우에
스기 요잔의 초상.

반 정도로 줄일 수 있었습니다.

우에스기 요잔의 명성은 메이지 시대에 교육자 니토베 이나조(新渡 戶稻造, 1862~1933)의 《무사도(武士道, Bushido: The Soul of Japan)》나 기독교 사상가 우치무라 간조(内村鑑三, 1861~1930)의 《대표적 일본인(代表的日本 人, Representative Men of Japan)》과 같은 영어책을 통해 미국에 알려져서, 제26대 미국 대통령 시어도어 루즈벨트(Theodore Roosevelt, 1858~1919) 가 우에스기 요잔을 존경한다는 말을 하기도 했습니다.[47] 일본에서 는 제35대 미국 대통령 존 피츠제럴드 케네디(John Fitzgerald Kennedy, 1917~1963)가 이 말을 했다고 알려져 있는데, 마치 도고 헤이하치로(東 鄕平八郎, 1848~1934) 제독이 자신을 영국의 넬슨 제독과는 비교할 수는 있어도 감히 이순신과는 비교할 수 없다는 말을 했다는 낭설[48]처럼 근 거가 없는 이야기로 보입니다.

다만, 우에스기 요잔의 정책은 어디까지나 요네자와번만을 위한 것 이었고 일본 전체를 대상으로 할 생각은 애초에 없었습니다. 민중사 연구자 기쿠치 이사오 선생은 요잔의 정책이 지니는 근본적인 한계를 다음과 같이 지적합니다. 에도 시대 일본은 단일한 국가라기보다는 하 나의 세계였으므로, 번의 다이묘는 근본적으로 자기 번에 대해서만 고 민했습니다. "에도 시대에는 번 단위로 기근 대책을 취해서 대흉작이 되면 모든 번은 '고쿠도메穀留'라고 하여 곡물이 자기 영지 바깥으로 나 가는 것을 금지했다. 막부도 기근이 든 번을 구제하기보다는 에도나 오사카 같은 직할 도시의 식량 확보를 우선시했다. 또한 에도 시대에 곡물은 연안 항해를 통한 가이센回船으로 수송해서, 겨울에 도호쿠東北 지역으로 식량을 운반하기가 어려웠다. 이 때문에 열도 전체가 기근을

덴메이 연간의 기근으로 굶어 죽은 사람들의 영혼을 위로하기 위해 오늘날의 아오모리현에 세워진 공양비.

넘길 수 있을 만큼 곡물이 있었다고 해도 한 지역에 쏠려 있어서 지역별로 극단적인 곡물 결핍 상태가 발생했다."[49]

하지만 우에스기 요잔의 기근 대비 비축미 계획은 그 후로 전국의 여러 번이 받아들였고, 이윽고 막부에서도 이를 채택하게 됩니다. 마쓰다이라 사다노부는 막부 직할지와 오사카, 교토, 에도 등의 대도시에 비축미를 마련하는 정책을 펼쳤습니다. 에도 시대 초기에는 3백여 개 국가로 이루어진 일본 전체에 정책을 적용할 수가 없었지만, 이후 막부가 장악한 일본 열도의 절반 정도에 공공 사회 정책을 펼칠 수 있는 정도까지 영토적 단일성이 강화되었기 때문입니다. 이로부터 반세기 후에는 정부의 장악력이 일본 열도 전체에 미치는 근대 메이지 국가가 탄생합니다. 이런 맥락에서 기쿠치 이사오 선생은 마쓰다이라 사다노부의 비축미 정책을 근대로 이어지는 공공 사회 정책의 선구적인 시도라고 평가합니다.[50]

한편, 기근이 들면 각 번은 그때까지 보수파의 반대로 실행하지 못했던 각종 개혁 정책을 추진할 명분을 얻게 됩니다. 영지 내의 백성들이 굶어 죽고 있는데 뭐라도 해야 하지 않느냐는 뜻입니다. 그리하여 개혁이 성공하면 우에스기 요잔이나 마쓰다이라 사다노부와 같이 명군名君으로 후세에 칭송받았습니다. 굶주린 부모가 자녀의 양육을 포기하지 않도록 양육 보조 정책을 취하고, 인구가 줄어서 결혼 적령기의 남녀가 배우자를 찾지 못하면 이웃 번에서 신랑·신붓감을 찾아와서 소개해주고, 농민들이 소득을 올릴 수 있도록 식산흥업 정책을 펼치는 등 이들 명군名君이 펼친 개혁 정책은 다양했습니다.

이와 반대로, 번을 잘못 운영해서 기근을 초래한 번에서는 여러 형태로 백성들의 분노가 폭발했습니다. 막부가 기근 발생의 책임을 물어서 도호쿠 지역의 다이묘들이 할복했다는 루머가 퍼졌고,[51] 센다이번에서는 번의 쌀을 오사카로 보내어 판매하던 일을 담당한 아베 세이에몬安倍淸右衛門이라는 관리가 굶주린 민중의 공격을 받는 일이 1783년에 발생했습니다. 이 아베 세이에몬은 원래 상인 출신으로 돈을 주고 무사가 된 가네아게자무라이金上侍였습니다. 어쩌면 센다이번의 백성들은 자신들과 같은 신분이었던 아베가 무사 계급과 결탁해 자신들을 괴롭힌다고 생각해서 분노했는지도 모릅니다. 도호쿠의 북쪽 끝에 자리한 히로사키번에서도 쌀을 오사카로 보내기를 반대하는 민중의 폭동이 1783년 7월에 발생합니다. 하지만 번은 끝내 쌀을 실은 배 두 척을 출항시켰고, 히로사키번은 특히 비참한 기근 상태에 빠집니다.

이처럼 쌀을 둘러싸고 지배층인 무사 집단과 피지배민은 첨예한 계급적 갈등 상태에 빠져 있었습니다. 하지만 피지배층이 체제에 저항할 수 있는 이론적 근거를 제공해주는 종교를 빼앗긴 상태에서 자연발생적으로 이따금씩 터져나오는 피지배민의 봉기·폭동은 언제나 무사 집단이 양보하는 척을 하다가 피지배민 측의 지도급 인사들을 처형하면 흐지부지 소멸하는 패턴을 그렸습니다. 이는 오다 노부나가, 도요토미 히데요시, 도쿠가와 이에야스가 3대에 걸쳐 완성한 통치술이었습니다. 조선에서도 마찬가지로 가톨릭과 동학東學이라는 종교가 이론적 바탕이 되어 민중의 물리적 저항이 일어났고, 조선이라는 국가를 무너뜨리기 직전까지 갔던 사실을 생각해보시면 지배 계급에 이러한 통치술이 필요했던 이유를 쉽게 이해하실 수 있습니다. 다만, 조선의 지배자들은 자신들이 통치해온 피지배민을 진압할 군사력이 없어서 대청제국에 군사 원조를 요청했고, 센고쿠 시대 일본의 지배자들은 자신들의 힘으로 피지배층을 진압함과 동시에 외세를 등에 업은 가톨릭 세력도 몰아냈다는 차이가 있습니다만.

# 피지배민들은 어떻게
# 정치 세력화했는가


　　　　　　　　센고쿠 시대와 에도 시대 초기 150여 년간 불교와 가톨릭의 거대한 흥망성쇠를 겪은 일본인들은 일종의 허무감에 빠져 있었던 것 같습니다. 격정이 휘몰아치던 센고쿠 시대가 정리되자, 혼란기에 여러 번 주군을 갈아타며 행운을 찾아다니던 떠돌이 무사 로닌浪人들도 더는 자신들의 운을 시험할 기회를 얻지 못하게 되었습니다. 그런 로닌들을 마지막으로 대규모로 모아서 세상을 뒤집어보려 한 것이 1614~1615년에 도요토미 히데요시의 아내 요도도노(淀殿, 1567~1615)와 아들 도요토미 히데요리(豊臣秀頼, 1593~1615)가 일으킨 오사카 겨울 · 여름 전투입니다.

　한편, 가톨릭 다이묘들이 처형되거나 필리핀 루손으로 추방되면서 주군을 잃은 무사들은 농민들과 결탁하여 십자가를 앞세워 시마바라에서 봉기했다가 진압되었습니다. 가톨릭과 함께 민중에게 지배층에 저항할 수 있는 이론과 집단의 힘을 제공하던 불교도 이제는 가톨릭교도를 색출하고 주민을 관리하는 주민센터 역할을 하라는 막부의 지시에 따르게 되었습니다. 앞으로 일본에는 변동이 일어나지 않으리라는 점이 일본인 모두의 눈에 명백했습니다.

　이렇게 가톨릭 세력이 철저히 탄압받던 도쿠가와 막부 초기인 1603년에 십자가를 목에 걸고 남자 옷을 입고 춤추는 무녀巫女 이즈모노오쿠니出雲阿國가 혜성과 같이 교토에 나타나자 시민들은 열광했습니다.

교토에 세워진 이즈모노오쿠니 동상과, 오쿠니 가부키의 발상지를 알리는 교토 미나미자(南座) 극장 정문의 비석.

그의 춤에서 여성이 단체로 춤추고 노래하는 가부키歌舞伎라는 장르가 탄생합니다. 또한 이즈모노오쿠니와는 취향이 다르지만, 현란하게 옷을 차려입고 시내를 휩쓸고 다니는 청년들이 나타나기도 했습니다. 이들을 가부키모노傾奇者라고 합니다. 가부키라는 말은 일본어의 가부쿠かぶく라는 단어에서 왔는데, 이 동사는 '이상한 짓을 하다'라는 뜻입니다. 혼란스럽지만 가능성이 넘쳤고, 사람의 목숨이 별것 아니었지만 내세를 보장하는 종교를 신앙하던 시대는 이런 희한한 사람들의 춤과 함께 마무리되었습니다.

여담이지만, 이즈모노오쿠니로부터 시작된 여성 가부키는 나중에 풍속을 문란하게 한다는 이유로 젊은 남성들이 하는 가부키로 바뀌었다가, 동성애를 조장한다는 이유로 다시 성인 남성들로 바뀌어 오늘날에 이릅니다. 물론 이 공연의 동성애적 경향은 사라지지 않았습니다. 중세 이래로 일본 문화 속에서 동성애 코드는 결코 이상한 취향이나 소수의 취향으로 간주되지 않았기 때문입니다.

중세 이래 동성애는 슈도衆道라 불리며 공인된 연애의 형태로 일본 사회에 받아들여졌습니다. 절에서 주지스님이 동자승을 사랑하다가 그 동자승이 죽자 슬퍼한 나머지 그 시체를 먹고 괴물이 되었다는 우에다 아키나리(上田秋成, 1734~1809)의 괴담 소설 《우게쓰 이야기雨月物語》속 〈청두건青頭巾〉이라는 에피소드는 남성의 동성애가 주로 절에서 이루어졌다는 시대적 배경을 바탕으로 하고 있습니다.

그보다 반세기 전에 활동했던 소설가 이하라 사이카쿠(井原西鶴, 1642~1693)는 1687년에 동성애를 전면에 내세운 소설 《남색대감男色大鑑》을 출판했고, 1682년에 출판한 데뷔작 《호색일대남好色一代男》의 서두에서는 평생 잠자리만을 추구한 남자 주인공 요노스케世之介가 "60세까지 사랑을 나누었던 여자의 숫자가 3,742명, 남색 상대가 725명이었다"[52]라고 선언합니다. 여자에 비해 남자의 숫자가 한 자리 적기는 하지만, 상대가 여자든 남자든 그 수를 감추지 않고 동등하게 당당히 적은 것이 에도 시대의 성 관념을 보여줍니다.

한편, 에도 시대 풍속화인 우키요에浮世繪 장르에서 유명한 스즈키 하루노부(鈴木春信, 1725-1770)는 어린 유녀 두 사람이 연애하는 장면을 자주 그렸습니다. 스즈키 하루노부가 완성한 여성 동성애의 묘사 방식은 손을 잡고 나란히 서 있는 조선의 기생 두 사람을 찍은 식민지 시대

두 명의 게이샤가 동성애적인 분위기를 드러내고 있는 스즈키 하루노부의 우키요에.

의 사진엽서로 계승됩니다.

본론으로 돌아가겠습니다. 피지배민이 저항할 가능성을 봉쇄한 무사 집단은 이제 거칠 것 없이 수탈을 시작합니다. 이들의 수탈은 주로 농촌으로 향했습니다. 무사 집단은 자신들의 정치적 거점인 3대 도시 에도 · 오사카 · 교토나 각 번의 중심 도시에는 상대적으로 온건한 정책을 펼쳤고, 기근 때도 도시민이 굶어 죽지 않을 정도의 정책을 베풀었습니다. 반면, 쌀을 생산하는 농민들은 평상시에도 굶어 죽지 않을 정도의 식량만을 남기고 모두 세금으로 바쳐야 했기에 쌀을 비축해둘 여유가 많지 않았습니다.

역사인구학자 하야미 아키라 선생에 따르면, 농민은 자신이 생산하는 쌀 가운데 3분의 1을 연공, 즉 세금으로 영주에게 바치고, 3분의 1은 소작료로 바쳤으므로 자신을 위해 쓸 수 있는 쌀은 생산한 양의 3분의 1 정도였다고 추정합니다. 에도 시대의 연공 부담은 농민 생활을 완전히 파괴할 정도로 높았다고는 할 수 없지만, "모든 계층의 농민에게 부담이 가벼웠다는 의미"[53]는 아니었습니다. 3대 도시를 중심으로 한 상업경제가 일본 전체를 포섭하는 에도 시대 후기가 되면, 농민들도 쌀농사 이외에 돈이 되는 농사를 지어서 조금씩 삶의 여유를 찾게 됩니다. 하지만 에도 시대 전기는 아직 그런 상황이 시작되지 않은 상태였습니다. 그러므로 기근이 일어나면 수많은 농민이 굶어 죽거나 도시로 흘러들어갔습니다. 특히 한랭한 기후의 도호쿠 지역 농민들이 가혹한 삶을 살아야 했습니다.

지배 집단에게 세계관과 이론을 박탈당한 시대에 피지배민은 어떻게 정치 세력화할 수 있는가? 공산주의 혁명운동가 김산을 취재

한 헬렌 포스터 스노(Helen Foster Snow, 1907~1997), 필명 님 웨일즈Nym Wales가 쓴 《아리랑의 노래Song of Ariran: A Korean Communist in the Chinese Revolution》(New York: The John Day Company, 1941)에는 이런 대목이 나옵니다. "민중은 깊고 어두우며 행동에 들어가기 전까지는 단 한 마디도 말을 않기 때문이다. (중략) 진실은 아주 작은 목소리로 이야기하지 큰 소리로 이야기하지 않는다. 하지만 민중은 이 작은 목소리를 듣고서 자신의 총을 손에 쥔다. 마을 노파 한 사람의 긴박한 속삭임만으로도 충분하다."[54] 이 말처럼 민중은 꾹꾹 참다가 봉기를 일으킬 수 있지만, 지도자가 없는 민중의 봉기는 대체로 좌절되고 더 큰 탄압을 부릅니다. 지도자가 있다 해도 대안代案이 될 세계관과 이론이 없는 봉기는 뚜렷한 목적을 이루지 못하고 백성들의 목숨만 잃게 합니다.

에도 시대는 그런 봉기와 좌절을 되풀이한 시대였습니다. 민중 봉기의 지도자는 대체로 농촌이나 도시의 촌장이나 무리의 우두머리격에 해당하는 사람이었지만, 일부 지식인 집단이 종교가 아닌 사상으로 민중 봉기에 이론을 제공하고 사람들을 조직했던 사례도 있었습니다. 농민의 봉기를 도시민들에게 전해주다가 처형된 바바 분코(馬場文耕, 1718~1759), 그리고 도시민들을 조직해서 무장 봉기를 일으켰다가 진압된 양명학자 관료 오시오 헤이하치로(大鹽平八郎, 1793~1837)입니다. 이제부터는 에도 시대 농촌과 도시에서 피지배민이 일으킨 봉기에 관해 설명드린 뒤, 바바 분코와 오시오 헤이하치로가 각각 어떤 역할을 했는지 살펴보겠습니다.

# 예의 바른
# 농민 봉기

우선 농촌의 상황부터 설명드리겠습니다. 에도 시대에 농촌에서 피지배층이 상층부에 대해 일으킨 반대 움직임은 크게 두 가지로 나눌 수 있습니다. 농민들이 영지를 지배하는 무사 집단에 맞서서 일으킨 봉기를 '햐쿠쇼잇키百姓一揆'라고 하고, 농촌 내부에서 하층 농민들이 마을 지도층에게 개혁을 요구하는 움직임을 '무라카타소도村方騷動'라고 합니다.《브리태니커 국제대백과사전》일본어판에 따르면, 에도 시대에 햐쿠쇼잇키는 2,809건이 발생했고 무라카타소도는 654건이 발생했습니다.⁵⁵ 햐쿠쇼잇키는 대체로 진압되었지만, 무라카타소도는 목적을 달성한 경우가 많았습니다.

햐쿠쇼잇키는 에도 시대 초기와 그 이후의 성격이 서로 다릅니다. 중세까지 자율성을 인정받던 각지의 토호土豪들은 센고쿠 시대부터 에도 시대 초기에 걸쳐 무사 집단에게 권리가 박탈되고, 농촌의 상층 지도부라는 피지배민의 성격을 부여받게 됩니다. 고려 시대까지는 양반 관료층과 차별이 크지 않던 서리胥吏 집단이 조선 시대 들어 신분이 엄격히 구분되어 중인 집단을 형성한 것과 비슷한 방향성이라고 할 수 있습니다. 그리고 이러한 차별에 반발한 농촌 토호 층이 무사 집단을 향해 일으킨 사건이 에도 시대 초기의 햐쿠쇼잇키입니다. 시간이 지날수록 무사 집단 대 토호의 대립보다는 무사 집단 대 농민 집단이라는 계급적 갈등의 측면이 강화되면서 햐쿠쇼잇키는 '농민 봉기'라는 성격을 띠게 됩니다. 그러나 결국 명확한 계급 투쟁이라는 자각을 못한 채 에도 시대가 끝나버리고, 농민을 포함한 일본 전체의 피지배민은 '국민'으로 국가에 종속되기에 이릅니다.[56]

한편, 에도 시대 중기 이후 농촌이 상업경제 시스템에 편입되면서 경제력에 따라 분화한 상층 농민과 하층 농민이 대립 구도를 이루었습니다. 여기서 말하는 상층 농민은 흔히 무라카타 산야쿠村方三役라 부르는 촌장격의 나누시名主·쇼야庄屋·기모이리肝煎, 촌장을 보좌하는 구미가시라組頭·도시요리年寄·와키뱌쿠쇼脇百姓, 일반 농민의 대표로 나누시와 구미가시라를 감시하는 햐쿠쇼다이百姓代·오사햐쿠쇼長百姓를 가리킵니다. 이들 무라카타 산야쿠의 호칭은 지역마다 다르기는 합니다만, 역할은 대체로 같습니다.

오늘날의 야마나시현에서 발생한 무라카타소도의 사례를 예로 들면, 1742년에 고마에뱌쿠쇼小前百姓라 부르는 일반 농민들이 대표 24명을 뽑은 뒤, 마을 지도자층에게 마을 운영 개선 방안을 담은 15개조의 요구서를 제출한 일이 있었습니다. 이 15개조의 내용은 다음과 같습니다. 하층 농민 집단이 마을 운영상의 불만 사항을 상세히 정리해서 상층부에 들이미는 모습이 인상적입니다. 또한 정해진 것 이상으로 휴일을 늘리지 말아달라는 요구도 인상적입니다. 마을 상층부가 이런 요구를 받아들이지 않으면 무력 충돌이 일어나곤 했습니다.

1. 영주가 마을에 부과하는 부역夫役을 주민에게 할당할 때 우리와도 상담할 것.

2. 이제까지는 일반 농민들과 상담해서 감시역의 오사햐쿠쇼를 선발했

지만, 이번에 긴베이金兵衛 님을 뽑을 때는 우리에게 알리지 않고 정했다

3. 지난 해 연공年貢을 정하는 문제로 고로베이五郎兵衛 님을 에도로 보내 소송을 벌였다고 하는데, 이런 사안이 우리에게는 알려지지 않았다. 이 출장·소송 비용은 일부 사람만 지불할 성질의 것이 아니다.

4. 지난 해 우리 마을에 할당된 연공을 마을 주민들이 각각 어떻게 분담하기로 정했는지를 우리에게 보여주지 않았다.

5. 현재의 나누시를 교체하자고 영주에게 탄원하는 탄원서에 햐쿠쇼다이 고헤이지小平治의 도장을 찍지 않았는데, 앞으로도 햐쿠쇼다이의 도장은 찍지 않기로 정한 것인지 알고 싶다.

6. 요즘 들어 나누시·오사뱌쿠쇼가 출장에 일반 농민을 대신 파견하곤 하는데, 앞으로는 그런 일이 없기를 바란다.

7. 연공을 납입하지 않은 사람의 미납분을 이제까지는 마을 사람들이 공동 부담했는데, 앞으로는 미납한 사람에게만 부담시켜야 한다.

8. 연공 부담을 할당하기 위해 모이는 자리에는 앞으로 일반 농민 가운데 두세 명을 입회시켜주기 바란다. 이제까지도 햐쿠쇼다이 한 사람이 매년 교대해서 입회해왔지만, 그 사람이 문맹이다 보니 상세한 결정 내용이 우리에게 전달되지 않았다.

9. 앞으로 연공 할당 목록과 한 해 두 차례 발급받는 부역 할당 목록의 사본을 우리에게도 제공해달라.

10. 요즘 공동 작업(日役, 히야쿠)이 늘어나고 있는데, 공동 작업을 하기로 정해진 사람(定夫, 아리키)에게만 일을 시키기 바란다.

11. 절과 관련된 토지를 소유한 사람은 이제까지는 연공 할당을 받을 때

상대적으로 적은 부담을 져 왔지만, 앞으로는 일반 농민과 마찬가지 정도로 부담을 지게 해주기 바란다.

12. 우리 마을은 이제까지 정해진 휴일 외에는 별도로 휴일을 설정하지 않았는데, 최근 몇 년 사이에 휴일이 늘어나고 있어서 곤란하다. 정해진 휴일 외의 별도로 마련되는 휴일은 앞으로 인정하지 않을 것이며, 마쓰리(祭り, 마을 축제) 등을 위해 휴일을 늘릴 경우에는 우리와도 상담한 뒤에 정하기 바란다.

13. 법령은 1~2년에 한 번씩 우리에게 낭독해주기 바란다.

14. 연공 납부 전에 영주께서 마을에 파견하시는 감독관을 맞이하기 위해 다리를 수리할 때는 동쪽 마을과 서쪽 마을이 번갈아 담당하게 해달라.

15. 연공미를 실어나르기 위해 포구로 가져가는 일은 정해진 부역자에게만 시키기 바란다.[57]


그렇다면 농민들을 바라보는 무사 집단, 그리고 지식인 집단의 시선은 어떠했을까요? 에도 시대를 사상의 르네상스라 말하기도 하고 백가쟁명의 시대라고 말하기도 합니다. 하지만 그리스의 민주주의가 노예제에 기반하고 전근대 조선의 양반 체제가 노비제에 기반하듯이, 그리고 한국을 비롯한 선진국의 민주주의가 자국의 하층민과 가난한 나라들에 대한 착취에 기반하듯이, 에도 시대 일본 사회는 농민에 대한 착취에 기반했습니다. 비효율과 사치로 만성적인 재정 적자에 시달리던 무사 집단은 농민들에게 근면함을 요구하는 모순된 모습을 보였습니다. 그들은 농민이 생계를 꾸리고 '잘살기 위해 하는 모든 행동'을

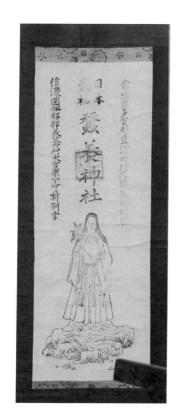

오늘날의 사이타마현 일대에 배포된 양잠 신사(養蠶神社)의 부적. 에도 시대 농민들은 잘살기 위해 농업과 특용작물 재배에 힘썼다. 그들의 세계관에서 자신들이 행복하게 살기 위해서는 신들의 도움이 필수적이었다.

'사치'라고 이해했습니다. 가임기 여성들이 사치를 하고 편하게 살려고 아기를 많이 낳아 기르지 않는다는 비판을 하기도 했습니다.[58] 지배집단 남성들은 아기를 낳고 기르지 않으니까 이렇게 편한 소리를 했음이 틀림없지만, 농촌 인구가 줄고 있다는 위기감이 그들을 사로잡은 것도 사실입니다.

그렇게 위기감을 느꼈으면 가임기 여성이 편하게 출산과 육아를 할 수 있는 환경을 만들어주면 될 텐데, 에도 시대 일본이나 현대 한국의 장년·노년의 남성들은 자신들보다 나이 어린 사람들에게 효도·충성을 하라고 강요할 뿐, 사회 분위기를 바꾸기 위해 나서서 무언가를 해야 한다는 생각은 하지 않습니다. 에도 시대에 여성들이 육아를 부담스러워 한 이유는 가난한 소가족 농경 시스템에서 농사를 짓고 부모를 봉양하느라 바빴기 때문입니다.[59] 그러니 자신들이 받아야 한다고 간주하는 연공과 효도를 조금 줄이고, 직접 농사일과 집안일에 조금 더 나서면 해결될 수도 있는 문제였습니다. 하지만 그들은 산아제한을 하는 가난한 농촌 집안, 특히 그 집안의 가임기 여성들을 사치스럽다고 비난하기만 했습니다.[60] 언제나 마을이나 가족의 권력 관계에서 상층에 있었던 중장년 남성들은 자아성찰하는 능력이 부족합니다.

아무튼 농촌 인구가 줄고 있다는 위기감은 이들 농촌 지도층 남성들만 느낀 것이 아닙니다. 앞에서 소개한 바 있는 센다이번의 유학자 아시 도잔은 1754년의 《아시 도잔 상서》에서 17세기까지 5~8명의 자녀를 낳아 기르던 농민들이 18세기 들어서는 한두 명만 남기고 모두 낳자마자 마비키(間引き, 영아 살해)를 행하는 이유가 '사치'스러운 마음 때문이라고 비판합니다. 빈곤층 농민뿐 아니라, 부유층 농민도 영유아를 기르는 수고를 덜기 위해 서너 명만 남기고 마비키를 한다고 그는 비난합니다.[61] 이 문제에 대해서는 뒤에서 자세히 살펴려 합니다만, 농민들의 마비키는 기근 등의 비상시를 대비한 일종의 자발적인 인구 조절이자 집안의 생활을 향상하기 위한 냉혹한 전략이었습니다.

중세에서 근세로 넘어가면서 일본의 가족 구성원 수는 현저히 줄어들었습니다. 중세까지 많은 수의 노비를 거느리던 토호들도 근세에는 노비를 해방하는 경향을 보입니다. 이처럼 소가족 농경 시스템에서는 자녀가 많으면 농사를 지어야 하는 여성 인력을 육아에 빼앗기게 됩니다. 따라서 농민들은 "생산과 '재생산'을 위한 노력의 균형을 취하기 위한 조절 능력을 높일 필요"가 있었습니다. "나아가 '마비키는 농민 여성들이 사치할 여유를 갖고 싶어 하기 때문'이라는 주장이 보여주듯이 생산과 소비의 균형(따라서 생산인구와 소비인구의 균형)에 대해서도 새로운 질적 전환이 필요"[62]했습니다.

이와 반대로, 지배 집단은 그저 연공미만 많이 걷으면 농민들이 죽든 말든 상관하지 않았고, 농민이 많으면 많을수록 걷을 수 있는 연공미가 늘어나리라고 생각했습니다. 기근이 들 때마다, 또는 더 나은 직업을 찾아 자기 영지의 농민들이 도시로 빠져나가면서 영지 내 농민 인구가 줄어드는 상황은 농촌에 거점을 둔 지배 집단에 위협적이었으니 말입니다.

이처럼 이해가 서로 다른 무사 집단과 농민들 사이에서는 때로 충돌이 발생했습니다. 그것이 앞에서 말씀드렸던 햐쿠쇼잇키입니다. 에도 시대에 일어난 2천여 건의 햐쿠쇼잇키 가운데 특히 유명한 사건이 오늘날의 기후현에 있었던 구조번에서 1754~1758년에 발생한 구조잇키郡上一揆입니다. 번 측이 연공미를 늘리려 하자 이에 반발한 농민들이 약 5년에 걸쳐 번에 맞서 무장 투쟁을 벌인 결과, 농민 봉기군의 상층부가 처형된 것은 물론, 구조번의 영주인 가나모리 요리카네(金森賴錦, 1713~1763)가 영지를 몰수당하고 이 사건과 관련이 있는 막부 고위

1754~1758년 사이에 오늘날의 기후현에 있던 구조번에서 발생한 구조 잇키의 참여자들을 기념하는 '구조의 의로운 백성들을 현창하는 비석(郡上義民顕彰碑).' 비석 왼쪽의 동그란 형상은 반란을 주도한 사람이 누구인지 알 수 없도록 사람들의 이름을 둥글게 돌려가면서 쓴 연판장(連判狀)을 나타낸다.

관리들도 처벌받았습니다. 에도 시대에 일어난 햐쿠쇼잇키 가운데 가장 장기간에 걸쳐 진행되었고 농민, 영주, 막부 관리까지 모두 처벌받은 유일한 사건으로 유명합니다.

이렇게 역사적인 봉기를 일으켰다가 진압된 농민 지도자들은 "막부를 두려워하지 않는다公儀を恐れず"라고 말했고, 이는 막부 측을 더 분노하게 했다고 합니다. 1853년에 다른 지역에서 처형당한 농민 지도자가 "뭇사람을 위해 죽는 일은 원래 각오했는데, 이제 와서 새삼 목숨이 아깝겠소?"[63]라고 유언을 남기며 끝까지 체제에 저항하는 자세를 관철했던 일과도 상통하는 발언입니다.

그런데 구조 잇키의 관련자들에 대한 판결이 끝난 1758년에 바바 분코라는 사람이 에도의 도시민에게 사건의 전모를 알리는 강석講釋, 즉 대중 강연을 하고《히라가나모리노 시즈쿠平假名森の雫》라는 책자를 나누어준 혐의로 체포되어 고즈캇파라小塚原에서 처형되는 사건이 발생합니다.

앞에서 말씀드렸듯이 에도 시대에 글을 쓰고 강연을 하는 지식인 집단은 결코 사회의 핵심 인물이 아니었습니다. 지식인 집단 대부분은 시중에서 도시민이나 농민을 상대로 의료 행위를 하거나 서당寺小屋 훈장 노릇을 하면서 삶을 영위했고, 막부나 번에 발탁된다고 해도 대부분이 무사 계급의 비서 격으로 일하는 데 그쳤습니다. 그래서 지식인이 집필·강연하는 내용이 문제가 되더라도 수갑을 채워서 집필 활동을 못 하게 하거나 칩거를 명하거나 에도 등에서 추방하는 정도에 그쳤고, 처형하는 일은 좀처럼 없었습니다. 그렇게 드물었던 처형을 받은 몇 안 되는 지식인 가운데 하나가 바바 분코였으니, 구조 잇키가 도쿠가와 막부 체제에 얼마나 정치적으로 심각한 위기를 가져다주었고, 민감한 정치 문제를 피지배민들이 함부로 왈가왈부하는 데 무사 집단이 얼마나 공포를 느꼈는지 짐작할 수 있습니다.

바바 분코는 강석을 대중화한 인물로 유명하기 때문에, 그가 단순히 강석할 이야깃거리를 찾다가 구조 잇키를 다루게 되었다는 설명도 가능하기는 합니다. 하지만 에도 시대에 농민 봉기에 관해 강석하고 출판하는 행위가 정치적으로 위험하다는 사실을 바바 분코가 몰랐을

오늘날의 도쿄 아라카와구에 있던 고즈캇파라 처형장의 옛 터에 모셔져 있는 목잘린 지장보살(首切地藏).

리는 없으므로, 그가 무사 계급에 맞서 봉기한 농민들을 동정했거나, 더 나아가 농민 봉기의 소식을 도시 중하층민들에게 확산하려는 정치적 의도가 있었다고 이해할 수 있습니다. 바바 분코의 동기에 대해 윌리엄 J. 파지William J. Farge라는 연구자는 그가 가쿠레키리시탄 무사로서 도쿠가와 막부에 반감을 품고 이런 활동을 했다고 주장한 바 있습니다.[64] 윌리엄 파지의 가설에 대해서는 근거가 빈약하다는 비판이 있고[65] 저 역시 이 비판에 동의하는 입장입니다만, 이런 대담한 가설이 나온다는 사실은 에도 시대의 맥락에서 보았을 때 바바 분코의 행동이 얼마나 이례적인 행동이었는지를 보여줍니다.

그렇다면 바바 분코의 강석을 경청한 대도시의 중하층 시민들은 어떤 상황에 처해 있었을까요? 도쿠가와 막부의 제8대 쇼군인 도쿠가와 요시무네(德川吉宗, 1684~1751)는 '쌀 쇼군米將軍'이라는 별명으로 불렸습니다.[66] 그만큼 그가 쌀값 안정을 위해 노력했음을 보여주는 별명입니다. 요시무네뿐 아니라 도쿠가와 막부의 쇼군들은 대대로 자신들이 지배하는 영지와 막부의 정치적 거점인 에도 등 대도시의 쌀값 안정에 큰 관심을 기울였습니다. 막부·다이묘들의 정책적 배려로 에도 시대에 도시 지역 쌀값은 대체로 안정되어 있었고, 이는 쌀을 생산하지 않는 도시 시민의 수를 늘리는 데 기여했습니다.

하지만 한 번씩 전국적인 규모로 기근이 발생해서 도시에서도 쌀값이 오르면, 지방에 영지가 있는 다이묘들은 자기 지역의 쌀을 대도시로 수출해서 차익을 실현하려 했습니다. 그러면 쌀을 생산하는 지방에서 정작 비축미가 부족한 상황이 반복되었고, 그러다가 자연재해가 발생하면 대기근이 일어나서 농민들이 대량으로 굶어 죽었습니다.

농촌에 비하면 도시에서는 기근 때 사망자가 적기는 했지만, 그래도 쌀값이 급등하면 도시 하층민들이 쌀을 매점매석한 상인을 습격하는 우치코와시打ち壞し가 발생했습니다. 에도 시대에 도시에서 발생한 우치코와시는 약 5백 건인데, 특히 1787년에는 가장 많은 횟수인 53건이나 발생했습니다. 그 가운데 35건은 그해 5월에 전국 주요 도시에서 동시에 일어났고, 에도에서는 5천 명이 5월의 우치코와시에 참가했다고 추정됩니다. 그러다보니 막부의 고위급 관료, 즉 하타모토旗本였던 모리야마 다카모리(森山孝盛, 1738~1815)는 "동시에 전국에서 소동이 발생하다니, 수상하다"[67]라고 일기에 적기도 했습니다. 거대한 정치적 음모가 배후에 도사리고 있지 않은지 의심한 것입니다. 물론 그런 거대한 음모를 꾸미는 프리메이슨 같은 조직은 예나 지금이나 세상에 없습니다.

농촌에서 발생하는 햐쿠쇼잇키든 도시에서 발생하는 우치코와시든 피지배민의 이런 행동은 아직 해당 지역이 기근 상태에 본격적으로 돌입하기 전이라는 뜻입니다. 농민이나 도시의 민중이 이렇게 행동으로 나서는 이유는 "기근이 발생하지 않도록 상인들에게 사회적 제재를 가하는 것이자, 번에 정치적 요구를 하는 것"이었습니다. 기근을 예방하기 위한 노력이 실패하여 기근이 일어난 뒤에 발생하는 "도적질이나 방화를 주로 하는 도당"과는 그 성격이 분명히 달랐습니다.[68] 그러므로 우치코와시를 일으키는 사람들은 쌀을 매점매석하는 상인을 공격한다는 목적을 정확히 달성하기 위해 노력했습니다.

1811년의 《쓰다 노부히로 견문 속집부록津田信弘見聞續集附錄》이라는 기록은 에도에서 우치코와시를 일으킨 도시 중하층민들이 "참으로 정중하고 예의 바르게 행패를 부렸다"[69]라고 묘사합니다. 정말 절묘한 표현입니다. 막부에서도 이들이 우치코와시를 일으킨 원래의 목적을 참작해서 처형 판결을 내리는 일은 없었습니다. 이들에 대한 처벌 이유는 상인이 매점매석한 쌀을 훔치려 한 행동 때문이 아니라 "막부의 거점에서 쇼군을 두려워하지 않고 이러한 행위를 해서 괘씸하다"[70]라는 것이었습니다. 도시 하층민들이 식량 부족 때문에 어쩔 수 없이 우치코와시를 일으켰음을 어느 정도 감안한 판결이라 하겠습니다. 그래서 우치코와시의 애당초 목적에 충실하게 행동하다가 체포된 사람은 그냥 처벌했지만, 절도 행위를 하다가 체포되면 몸에 문신을 새겨 처벌함으로써 두 부류를 엄격히 구분했습니다.

다만, 그 당시에는 인권이라는 개념이 없다 보니 수사 과정에서 사망하는 사람이 속출했습니다. 1787년에 에도에서 우치코와시를 일으켰다가 체포되어 조사받던 7명은 조사를 받던 중에 사망했습니다. 이들의 기록에는 '병사病死'했다고 적혀 있지만, 당시의 형사 조사 상황을 고려하면 고문을 받았다고 추측됩니다.[71]

여기까지 살펴본 우치코와시는 굶어 죽기 전에 매점매석하는 상인을 사적으로 징벌하고 식량을 입수하겠다는 의도에서 발생했으며, 도시 하층민으로 구성된 지도자들에게서도 지배 계급에 저항하겠다는 정치적 의도는 확인되지 않습니다.

그런데 1837년에 오사카에서 근무하던 막부 관리 오시오 헤이하치로가 일으킨 '오시오 헤이하치로의 난大鹽平八郎の亂'은 우치코와시와는 성격이 다른, 명백히 조직적인 봉기였습니다. 그는 1830년에 38세로 요리키與力라는 하급 관직에서 물러나기까지 가톨릭교도 노파를

체포하고, 간악한 관리를 규탄하고, 파계승을 유배 보내는 3대 공적을 세워 인망을 쌓았습니다. 가톨릭교도 노파를 체포했다는 것은 마테오 리치의 《천주실의天主實義》 등을 읽고 천제여래天帝如來의 신앙을 설파한 미즈노 군키(水野軍記, ?~1825)라는 사람의 제자 도요타 미쓰기(豊田貢, 1774~1829)라는 여성을 체포한 사건을 가리킵니다.

《천주실의》처럼 중국어로 적힌 가톨릭 교리서를 읽고 자생적인 가톨릭 조직이 발생한 현상은 같은 시기 조선에서 일어난 일과 비슷해서 주목해볼 만합니다. 도요타 미쓰기가 가르침을 전수한 제자가 다른 사건으로 체포되면서 이 조직의 존재가 발각되자 막부는 관련자 6명을 책형磔刑에 처했습니다. 오사카의 난학자인 하시모토 소키치(橋本宗吉, 1763~1836)는 제자가 이 사건에 연루되어 체포되자 지방으로 도피하여 불행한 말년을 보냈고, 그 후로 오사카에서는 난학이 쇠퇴했다고 합니다. 난학과 썩 좋은 관계가 아닌 유학을 신봉하던 오시오 헤이하치로는 사상 경찰의 역할을 잘해냈다고 할 수 있겠습니다.

이렇듯 사상적으로 뚜렷한 입장을 견지한 오시오 헤이하치로는 관직에서 은퇴한 뒤, 자신이 개설한 학원 세심동洗心洞에서 양명학을 연구하고 오사카 및 인근 농촌에서 지도자급들을 교육하며 지냈습니다. 그러다가 1836년에 대기근이 발생하여 오사카 시내에서 굶어 죽는 사람이 다수 생겨나자, 그는 이 세상의 모든 존재는 근원이 같다는 양명학의 '만물일체의 인萬物一體之仁'이라는 입장에서 이들을 구제해달라고 오사카 당국에 요청합니다. 하지만 당시 당국자는 이 상소를 거부했을 뿐 아니라, 이듬해로 예정된 새로운 쇼군의 취임을 위해 오사카의 쌀을 에도로 보내라는 막부의 명령에 따르면서 오사카 시민들의 굶주림

오시오 헤이하치로의 초상화와 오시오 헤이하치로의 봉기에 참가했다가
전사한 사람들의 영혼을 위로하는 공양비. 오사카 조쇼지 절(成正寺)에 있다.

은 더욱 심해집니다. 오시오 헤이하치로는 부유한 상인들이 숨겨놓은 쌀과 돈을 빈민들에게 나누어주기 위해 봉기하기로 결심하고는 자신의 책을 팔아 얻은 돈을 주민들에게 나누어주며 포섭하는 한편, 무기를 구입해서 제자들에게 군사훈련을 시킵니다.

1837년 2월 19일, 그는 막부를 비판하는 격문檄文을 발표하고 "백성을 구한다"는 뜻의 "구민救民"이라는 글자를 적은 깃발을 내걸고 봉기합니다. 그가 배포한 격문에는 "최근 쌀값이 올랐는데도 오사카의 부교奉行를 비롯한 관리들은 만물일체의 인을 잊고 포악한 정치를 한다"[72]라고 적혀 있어, 그가 명백히 양명학이라는 이념에 근거하여 봉기를 일으켰음을 드러내고 있습니다. 하지만 그의 예상과 달리 결집한 사람은 3백 명 정도에 지나지 않았기 때문에 막부군과의 싸움에서 하루 만에 패했습니다. 오시오 헤이하치로와 그의 아들은 40일 정도 오사카 시내에 숨어 있다가 발각되자 자살했습니다. 이렇게 오시오 헤이하치로의 봉기는 허무하게 끝나버렸고, 그의 취지를 이어받은 사람들이 여러 곳에서 산발적으로 봉기했지만, 이 역시 모두 진압되었습니다.

오시오 헤이하치로의 난은 유학의 일파인 양명학에 입각해서 일어난 에도 시대 봉기라는 점에서 센고쿠 시대에 종교가 하던 역할을 사상이 대신할 수 있음을 보여주었습니다. 또한 오사카와 주변 농촌 지역의 도시민과 농민을 결합했다는 점에서도 도시와 농촌이 단일 목적을 위해 함께 행동할 수 있음을 보여준 사건이었습니다. 오시오 헤이하치로의 난은 그 자체로는 허무하게 끝나버렸지만, 에도 시대 말기에 유학과 국학이라는 사상으로 무장한 하급 무사와 초망지사草莽の志士,

즉 풀뿌리 지사라 불린 민중이 외국의 침략을 물리치고 막부를 무너뜨린 존왕양이운동尊王攘夷運動과 토막운동討幕運動 등에 참여하는 움직임의 초기 형태를 보여주었다는 점에서 중요합니다. 이에 관해서는 일본사 연구자 박훈 선생이 자세히 설명한 바 있습니다.[73]

# 기근의 참상과
# 살기 위한 식인 행위


에도 시대의 주요 기근은 1641~1643년의 간에이寬永 기근, 1695~1696년의 겐로쿠元祿 기근, 1732~1733년의 교호享保 기근, 1755~1756년의 호레키寶曆 기근, 1783~1784년의 덴메이天明 기근, 1833~1839년의 덴포天保 기근 등입니다. 그리고 에도 시대 기근의 특징으로는 한번 기근이 발생하면 아사자가 많이 발생했다는 사실을 지적할 수 있습니다. 도호쿠 지역에서는 한 번에 수만~십만 이상, 덴메이 기근 때는 최소 30만의 희생자가 발생했습니다.[74] 또한 기아자가 발생하기 시작하는 때는 한겨울이었지만, 실제로 사망자 수가 정점에 달하는 때는 봄과 여름 사이의 장마철이었습니다. 영양실조 상태라 면역력이 떨어져서 전염병에 걸리면 쉽게 사망할 수밖에 없었습니다. 즉, 기근이 들면 그해보다 이듬해가 더 큰일이었습니다.[75]

기근이 발생하는 시기와 원인에는 지역별로 차이가 있었습니다. 겐로쿠 · 호레키 · 덴메이 · 덴포 기근 때는 냉해 때문에 고위도 지역인 도호쿠 지역의 피해가 컸습니다. 교호 기근 때는 멸구가 이상 발생한 서일본의 피해가 컸지만, 그 후 서일본에는 기근 피해가 별로 없었습니다. 이는 에도 시대에 일본이 소빙기小氷期에 접어들었기 때문으로 보입니다.[76]

에도 시대의 농촌 지역에서는 자녀를 낳을 청장년 인구가 도시로 빠져나가는 바람에 영유아부터 장년까지의 인구가 줄고, 상대적으로

헤이안 시대 말기인 12세기 작품인 《아귀초지(餓鬼草紙)》에는 근대 이전의 일본인들이 자연재해 및 인재로 인해 겪은 참상이 생생하게 그려져 있다. 이 그림이 그려진 지 4백 년 뒤인 에도 시대에 농촌, 특히 도호쿠 지역에서는 재해가 발생할 때마다 이 그림을 연상시키는 참상이 벌어졌다.

노인 인구가 급증했습니다.[77] 그런데 예외적으로 간토關東 북부 지역은 주변에 도시가 없는데도 농촌 인구가 늘지 않는 현상이 확인됩니다.[78] 이곳에서는 순전히 가혹한 자연환경 때문에 농민들이 생존에 곤란을 겪었기 때문입니다. 역사인구학자 하야미 아키라 선생은 이러한 자연적인 이유로 에도 시대 후기에는 도호쿠에 많은 영지를 보유했던 막부의 재정이 악화하고 에도·오사카의 경제 활동도 저하한 반면, 서남부의 여러 번이 경제 성장을 달성했다고 지적합니다.[79] 어쩌면 일본 서남부의 사쓰마薩摩·조슈長州·도사土佐·히젠肥前 등의 이른바

교호 기근 때 피해가 컸던 서일본에서 굶어 죽은 사람들의 영혼을 위로하기 위해 세워진 '가와바타 우에닌 지조(川端飢人地藏)'. 서일본 규슈 후쿠오카 소재.

웅번雄藩들이 도쿠가와 막부를 무너뜨리고 메이지 유신에 성공한 배경이 이것일지도 모르겠습니다.

기근의 원인 가운데 하나는 동물들이었습니다. 오늘날에도 마찬가지이지만, 산에서 나무를 베어 새로운 농경지를 개간하면 그곳에 자기 영역이 있었던 동물들이 논밭에 나타나 농작물을 헤쳐놓습니다. 도호쿠에서는 고대부터 말을 길러서 중앙으로 보냈는데, 말을 노리는 늑대를 죽이니 멧돼지가 기승을 부리게 되었습니다. 또한 오사카 등 일본 내의 다른 지역으로 수출할 콩을 생산하기 위해 산을 불태워 화전

火田을 만든 뒤, 지력地力을 회복하도록 몇 년 묵히면 그곳에 칡과 고사리가 자라나서 멧돼지가 살기 좋은 환경이 되었습니다. 즉, 도호쿠 지역의 여러 번이 상업 작물인 콩을 기른 탓에 기근이 발생한 셈입니다. 5대 쇼군인 도쿠가와 쓰나요시(德川綱吉, 1646~1709)는 평소에는 물론이거니와 기근 때도 일체의 동물을 죽여서 먹으면 안 된다는 '쇼루이 아와레미노 레이生類憐れみの令'라는 특이한 명령을 내린 것으로 유명한데, 그런 그도 멧돼지를 퇴치하는 목적으로는 조총, 일본어로는 철포(鉄砲, 뎃포)의 이용을 허가할 정도로 농촌과 산촌에서 멧돼지에 의한 피해는 심각했습니다.[80]

이처럼 농업에 거점을 둔 번들이 자급자족 상태에서 전국적 규모의 상업경제 체제로 편입되어 쌀을 수출하고 돈이 되는 작물을 기르면서 기근은 더 빈번해지고 심각해진 측면이 있습니다. 그래서 도호쿠 북쪽의 하치노헤번八戸藩에서 정신병리학 의사[81]로 활동하며 독자적인 철학 체계를 수립한 안도 쇼에키(安藤昌益, 1703?~?)는 중국의 성인들이나 인도의 석가모니 등이 술수를 부려 농사짓지 않고도 농민들에게 공짜로 밥을 얻어먹으면서부터 농민의 고통이 시작되었으며, 상인은 농사짓지 않고 이득을 취하는 가장 나쁜 부류의 인간이라고 비난했습니다. 안도 쇼에키는 그의 고향 농민들로부터 수농태신守農太神, 즉 농사를 지키는 위대한 신으로 칭송되었습니다.[82]

안도 쇼에키는 하치노헤에 고립되어 살아간 터라, 그가 1755년 무렵에 완성한 101권 93책의 방대한 사상서 《자연진영도自然眞營道》도 에도 시대에는 거의 알려지지 않았습니다. 1899년 무렵에 교육자이자 사상가 가노 고키치(狩野亨吉, 1865~1942)가 이 책을 입수해서 1923년에 도쿄대학 도서관에 소장했지만, 같은 해에 간토 대지진이 일어나는 바람에 대부분 불타서 없어져버렸습니다. 조선의《조선왕조실록》오대산사고본五臺山史庫本, 유구(오키나와) 왕국의 내정內政 기록인《유구왕국평정소 기록琉球王國評定所記錄》과 외교문서집《역대보안歷代寶案》등도 이때 대부분 소실되었습니다.《조선왕조실록》은 한국에 다른 판본이 있지만, 유구 왕국의 기록들은 지구상에서 유일한 것들이었습니다.《자연진영도》역시 마찬가지였습니다.

안도 쇼에키보다 반세기 뒤에 태어나 도호쿠 일대를 방랑한 여행작가 스가에 마스미(菅江眞澄, 1754~1829)는 도호쿠의 북쪽 끝 쓰가루津輕 지역을 여행하면서 확인한 1783~1784년 덴메이 대기근 당시의 참상을《소토가하마카제外ヵ浜風》에 기록했습니다. 1785년 8월에 남쪽 지역으로부터 쓰가루 지역으로 들어선 그가 본 것은 쌓였던 눈이 일부 녹으면서 군데군데 남은 듯이 풀숲 이곳저곳에 가득 쌓인 백골이었습니다. 지나가던 사람은 그에게 이 해골들은 1783년 겨울부터 1784년 봄 사이에 눈 속을 헤매다 죽은 사람들이라고 말해줍니다.

당시 쓰가루 사람들은 살아 있는 말을 대들보에 매달거나 귀에 끓는 물을 부어 죽여서는 풀뿌리와 함께 구워 먹었고, 들판에 풀려 있는 닭과 개도 잡아먹었습니다. 더는 잡아먹을 동물이 없어지자, 병에 걸린 자기 자녀·형제·친구를 칼로 찔러 죽이고는 가슴팍부터 잘라 먹었습니다. 기근이 발생한 지역에서 떨어진 곳에 살았던 딸이 어머니의 안부를 확인하러 방문하니, 그 어머니는 "너는 살이 쪄서 잡아먹으면 맛있겠구나"라고 농담했습니다. 그 말을 들은 딸은 겁에 질려서 그날 밤 어머니가 잠든 틈에 도망쳤다고 합니다. 사람을 잡아먹은 사람의 눈은 늑대처럼 번쩍였고, 말을 잡아먹은 사람의 눈은 검게 변했습니다. 쓰가루번에서는 사람을 잡아먹은 자를 처형했지만, 처형을 피한 자들이 이 기근을 견뎌내고 지금도 마을에 살고 있다고 했습니다.[83]

스가에 마스미는 덴메이의 대기근을 살아 넘긴 사람의 증언을 이렇게 전했는데, 실제로 기근을 겪은 현지인이 남긴 기록들도 이와 다르지 않습니다. 센다이번 덴포 대기근을 기록한《덴포 모사이카가미天保耗歲鑑》에 따르면, 이 지역에서는 흉년이 들면 "기병飢病" 즉 굶주림 병이 유행했다고 합니다. 평소에 많이 먹던 사람이 처음에 몸이 부풀어 올랐다가 조금 뒤에는 뼈와 가죽만 남고, 끝내는 무슨 병인지도 모른

덴포 연간의 기근 당시 굶주린 백성들을 수용하던 에도 이타바시의 조렌지 절(乘蓮寺)의 주지 스님이, 1838년에 굶어 죽은 423명의 이름을 적어 이들을 위령한 공양탑.

채 풀썩 쓰러져 죽었다는 것입니다. 불교에서는 이런 병이 육도六道, 즉 지옥도地獄道 · 아귀도餓鬼道 · 축생도畜生道 · 아수라도阿修羅道 · 인간도人間道 · 천상도天上道 가운데 아귀도에 해당한다고 합니다. 결국 굶어서 몸의 상태가 망가지는 병을 말할 터입니다. 또한 기근이 들면 기병 이외에 상한병傷寒病이라 불리던 장티푸스 · 발진티푸스 · 풍진 등 전염성 열병에 의한 사망자도 많이 발생했습니다.[84]

하치노헤번 측에서 기록한 《덴메이 우타쓰야나天明卯辰梁》에도 덴메이 대기근 때 이 기병飢病으로 죽은 사람의 이야기가 실려 있습니다. 부부와 자녀 하나, 남편으로 구성된 4인 가족 중 남편이 기병에 걸렸습니다. 마침 어머니가 피 · 조를 가지고 있었기에 남편은 어머니에게 자기도 먹게 해달라고 간청했지만, 어머니는 이를 거절했고, 남편은 그대로 굶어 죽었습니다. 그 어머니는 화장실에 갈 때도 피 · 조를 넣은 주머니를 들고 다녔고, 작은 냄비에 이 곡식들을 끓여서는 자기만 먹었습니다. 남편을 잃은 아내는 아이가 배고프다고 울어도 먹을 것을 줄 수가 없어서 살해하고는 그 시체를 먹었습니다. 그 어머니, 즉 아내의 시어머니는 마을 관리들에게 며느리가 사람을 잡아먹었다고 고발했고, 관리들은 이 아내를 강에 던져 죽였습니다. 이렇게 자기 아들과 며느리를 죽게 한 어머니는 가지고 있던 피 · 조가 다 떨어지자 근처의 아이들을 잡아먹으려다가 이웃 사람들에게 붙잡혀서는 목 졸려 살해되었다고 합니다.[85]

이 이야기는 스토리 라인이 너무 튼튼해서 무언가의 사실이 전설로 정착되었다고 생각합니다. 그렇다고 해서 이 이야기의 가치가 떨어진다는 말은 아닙니다. '미녀와 야수' 같은 몇몇 구전 설화는 수천 년 전의 특정한 사실들을 여전히 포함하고 있기도 합니다.[86] 그러므로 구전 설화의 연구는 직접 문자 기록을 남기지 않은 과거의 문맹 대중이 어떻게 살았고 무슨 생각을 했는지 알 수 있는 효과적인 방법입니다.[87]

이 이야기에서 흥미로운 부분은 사람을 잡아먹었다고 전해진 이들이 가난한 여성들이라는 점입니다. 기근이 닥쳐 사람이 사람을 잡아먹는다는 이야기에서는 계급이 빈민이고 성이 여성인 사람을 주인공으로 설정하는 경우가 많습니다. 1969년부터 서울시의 빈민들을 지금의 경기도 성남시 북부 지역으로 강제 이주시켜 조성한 광주대단지에서도 이주한 지역에 일자리가 없어서 남편이 멀리 서울 강북으로 일하러 간 사이에 굶주린 "산모가 아기를 삶아먹었다"[88]라는 소문이 돌았습니다. 사실 에도 시대 기근 때는 2~7세 정도의 어린아이를 강에 던져 죽이는 경우가 많았다고 합니다.[89] 이 이야기는 곧 어떻게든 아이를 길러보려고 했지만, 기근이 너무 심해서 육아가 불가능하여 어쩔 수 없이 아이를 죽였다는 뜻입니다.

한편, 위의 설화 속에서는 어머니가 자기만 살아남으려고 씨앗 주머니를 가지고 다녔다고 했는데, 어쩌면 이것은 집안의 맏어른인 어머니가 파종할 씨앗을 지키려 했던 행동이 악의적으로 와전되었는지도 모릅니다. 에도 시대 일본에서는 굶주려도 파종할 씨앗을 먹지 않고 주머니를 끌어 안은 채로 굶어 죽은 사람들의 이야기가 곳곳에서 전해지고 있습니다. 에히메현에는 보리 씨앗을 먹지 않고 주머니에 넣은 채로 굶어 죽은 농부 사쿠베이作兵衛를 모시는 의농신사義農神社가 있습니다. 그가 굶어 죽으면서도 지킨 씨앗을 이듬해 마을 사람들이 파종해서 살아남았기 때문입니다.

소련의 식물학자 니콜라이 바빌로프(Николай Иванович Вавилов, 1887~ 1943)는 레닌그라드(오늘날의 상트페테르부르크)에 니콜라이 바빌로프 기념 전 러시아 식물재배연구소(Всероссийский институт растениеводства им. Н. И. Вавилова)를 세우고, 자신이 수집한 전 세계의 씨앗을 모아두었습니다. 나치 독일이 레닌그라드를 포위했을 때, 연구소의 연구원들은 에도 시대의 농부 사쿠베이와 마찬가지로 연구소의 씨앗들을 지키면서 굶어 죽고 포탄에 맞아 죽고 시궁쥐에 쏠려 죽었습니다. 씨감자를 지키던 바딤 레흐노비치는 굶주리면서도 씨앗을 먹지 않기가 힘들지 않았느냐는 질문을 받고 이렇게 답했습니다. "씨앗을 먹지 않고 견디는 일은 하나도 힘들지 않았어요. 그걸 먹는다니, 상상도 할 수 없는

의농 사쿠베이를 모신 에히메현의 의농신자.

일이죠. 씨앗에는 나와 내 동지들이 살아가는 이유가 들어 있었으니까요."[90]

의농 사쿠베이는 메이지 시대에 충군애국의 상징으로 기려졌습니다만,[91] 에도 시대에는 피지배민이 일본이라는 국가와 덴노, 쇼군이라는 존재를 상상한다는 것은 흔치 않은 일이었으니, 그는 아마도 백성들을 굶어 죽게 내버려둔 영주를 저주하며 죽었을 터입니다.

# 굶어 죽는
# 가족들

앞에서 살펴보았듯이 기근이 발생한 지역에 머물러 있으면 죽음이 기다릴 뿐이었습니다. 번이나 마을의 관료들은 인륜을 어긴 자를 처벌할 능력은 있었지만, 굶주린 자를 구휼할 능력은 없었습니다. 피지배민들은 그곳에 머물다 굶어 죽기보다는 다른 지역으로 스며 들어가서 살길을 모색하는 쪽을 택했습니다. 하지만 다른 지역에 간다고 해도 배불리 먹으리라는 보장은 없었습니다.

가키자키 야자에몬柿崎弥左衛門이라는 아키타 지역의 마을 촌장은 《덴포넨추 미노아레 시손덴天保年中巳荒子孫傳》이라는 기록을 통해 1837년 10월에 겪은 일을 전하고 있습니다.[92] 인근의 어느 온천에 갔는데, 거적을 걸친 열한두 살 정도 되는 여자아이가 자신의 숙소 처마 아래에 서 있었다고 합니다. 그래서 주먹밥을 하나 주고 사정을 물어보니, 지난 해의 덴포 대기근 때 센다이에 살던 5인 가족 가운데 오빠 하나가 먼저 죽었고, 아키타에 가면 먹을 것을 얻을 수 있다는 소문을 듣고 지난 해 8월에 이곳으로 흘러들어왔다고 답했습니다. 하지만 여기도 거지가 많아서 거의 아무것도 얻어먹지 못한 채 올해 3월에 아버지가, 8월에 어머니가 굶어 죽었고, 어쩔 수가 없어서 고향으로 돌아가던 중에 나머지 한 오빠가 인신매매범에게 납치되어 자기만 남았다는 것입니다. 이를 불쌍히 여긴 가키자키 야자에몬은 여자아이를 고향으로 돌려보내주었다고 합니다.

어떤 지역에서는 사람들이 굶어 죽고 떠돌고 있는데, 인근 지역에서는 온천욕을 즐기는 사람들이 있는 풍경, 3백여 개의 번이라는 국가들이 합쳐져 이루어진 에도 시대 일본의 본질이 이것입니다. 한국에는 비만으로 고민하는 사람들이 있는데, 예멘에서는 사람들이 굶어 죽어가는 현실과 근본적으로 동일한 원리가 하나의 세계인 에도 시대 일본에서도 작동하고 있었습니다.

이처럼 떠돌이들 가운데에는 부모가 죽어서 아이들만 남은 경우도 있었지만, 한 집안의 가장이 자기가 먹을 식량을 가족의 몫으로 돌리기 위해 가출한 경우도 있었습니다. 1834년에 작성된 기근 기록인 《기킨 고요飢饉御用》에 실린 53세의 마타에몬又右衛門의 증언을 보겠습니다. 그는 칠漆 장인으로 생계를 꾸려왔으나 점점 빚이 늘어난 데다 일가족이 모두 병에 걸렸습니다. 쓰루오카번에서 구호미를 받기는 했지만 턱없이 부족한 양이었고, 병에 걸려 체력이 부족해서 산과 들의 구황식물을 뜯어먹을 수도 없었습니다. 결국 그는 집안의 입을 하나라도 덜기 위해 가출해서 쓰루오카성 주변 마을을 떠돌다 관리들의 단속에 걸렸습니다.[93] 단속에 걸린 까닭은 번에서 구호미를 지급했는데도 구걸하러 나선 것은 번의 은혜를 모르는 행동이라는 점 때문이었습니다. 섬세하지 못한 빈민 정책을 펴고는 빈민의 도덕심을 탓하는 정부의 이런 행태는 오늘날에도 흔히 볼 수 있습니다.

마타에몬을 체포한 떠돌이 단속반을 '가와하라노 모노川原の者', 즉 강변에 무리 짓는 거지들을 단속하는 자들이라 불렀습니다. 이들 단속반은 유리걸식하는 무리를 보이는 대로 체포해서 즉시 고향으로 돌려보내기도 했고, '오스쿠이고야御救小屋'라 부르는 임시 수용소를 만들어

오늘날의 도쿄 시나가와에 살던 거지 헤이조(平藏)는 어느 날 큰돈을 주웠지만 정직하게 주인을 찾아서 돌려주었고, 사례금도 거절했다. 이 사실을 안 동료 거지들이 자신들의 움막에서 그를 쫓아냈고, 그는 한겨울에 바깥에서 얼어 죽었다. 그러자 돈의 주인이었던 젊은 무사가 헤이조의 시체를 거두어 장례를 지내고 지장보살을 세웠다. 그 지장보살은 오늘날 가이운지 절(海雲寺)에 모셔져 있다.

덴포 연간의 기근으로 굶어 죽은 사람들의 영혼을 위로하기 위해 오늘날의 아오모리현에 세워진 공양비.

서 머물게 하다가 세상이 안정되고 나서 돌려보내기도 했습니다. 하지만 빈민들이 밀집 수용된 이 임시 수용소에서도 충분한 식량을 얻지 못하거나, 전염병이 도는 바람에 죽는 경우가 빈번했습니다.

오늘날의 모리오카현 지역에 있는 호온지報恩寺라는 절의 주지는 1836년에 임시 수용소를 만들어서 떠돌이들을 수용하라는 번의 요청을 받았습니다. 그는 1833년에 임시 수용소를 만들어서 6백 명 이상을 수용했는데 결국 살아남은 사람은 50명도 안 되었다면서, 사람을 구할 수 없는데 만들어서 무엇을 하겠느냐며 이를 거절했습니다.[94] 호온지를 비롯하여 오늘날 일본 곳곳에는 에도 시대에 굶어 죽은 백성들을 공양하는 기근공양비飢饉供養碑, 기근공양탑, 기인지장飢人地藏 등이 많이 남아 있습니다.

근대 이후, 특히 쇼와 시대 초기인 1920년대 후반 이후 조선과 타이완에서 대량의 쌀이 일본 본토로 들어오면서부터 대부분의 일본인은 굶지 않게 되었습니다. 하지만 에도 시대에 자기 지역의 쌀이 오사카·에도 등으로 수출되는 바람에 기근 때마다 굶어 죽었던 도호쿠 지역의 농민들은 이번에는 외국의 쌀과 경쟁해야 하다 보니 풍년이 들어도 빈곤에서 벗어나지 못하고 흉년이 들어도 곤란한 상태에 빠져야 했습니다. 그러다 보니 이들은 일본 정부가 사할린·만주 등지로 보내는 이민단의 선봉에 서게 되었습니다. 이들을 개척단으로 외국에 보낸 일본 정부와 군대, 남만주철도주식회사 등은 전쟁에서 지자 이들을 그곳에 버려두고 자신들만 돌아왔습니다. 제국주의 일본의 지배 집단은 자국 국민에게도 무책임하고 무자비했습니다.

메이지 유신 때 메이지 정부군에 맞서 마지막까지 도쿠가와 막부에 충성을 바친 대가로 근대에 차별받은 도호쿠 지역은 일본의 제국주의 시기에는 대륙 침략의 발판이 되었고, 현대에 들어서는 빈곤을 해결하기 위해 도쿄 시민들이 쓸 전기를 생산할 핵발전소를 유치했다가 2011년 3월 11일의 동일본 대지진과 도쿄전력 핵발전소 폭발 사고로 또다시 고통받고 있습니다. 민중사 연구자 기쿠치 이사오 선생은 "피폐한 농촌이 대외 침략과 군국주의에 이용되었거나, 또는 이와 영합한 역사를 아직 우리는 완전히 검토하고 정리하지 못한 상태이다"[95]라며 일본 시민들에게 반성을 촉구하고 있습니다.

# 소나무껍질떡과
## 짚떡

에도 시대에 기근이 들면 굶주린 농민들이 각 번의 정치적 거점이 되는 성 주변 마을이나 도시로 향하는 경향은 사실 무로마치 시대인 15세기에 처음 나타났습니다. 중세 때는 절이 이들을 구제했으며, 절 대신 부자가 이들을 구제한 것은 1626년부터입니다.[96] 이때부터 도시민은 기근 때 도시 하층민과 농민을 구제하는 주체가 되었습니다. 1837년에 오시오 헤이하치로가 오사카에서 일으킨 봉기는 부유한 오사카 상인들이 이러한 의무를 게을리한 데 대한 사회적 제재였습니다.

물론 막부나 번이 기근에 대비한 정책이나 대책을 농민이나 상인 개개인에게 전가하고 전혀 아무런 일을 하지 않았다는 뜻은 아닙니다. 도호쿠 이치노세키번에서는 1837년에 전염병이 돌자 이를 막기 위한 약의 제조법을 백성들이 쉽게 알 수 있도록 한자가 아니라 히라가나로 적어서 배포했습니다. 1733년의 대기근 때에는 쇼군인 도쿠가와 요시무네가 서일본의 쌀을 동쪽으로 보내서 굶주리는 사람들에게 먹이고, 막부의 한방 의사인 모치즈키 산에이(望月三英, 1697~1769)와 저명한 본초학자 니와 쇼하쿠(丹羽正伯, 1700~1752)가 제작한 제약서製藥書를 막부의 영지에 널리 배포했습니다. 이 제약서에는 검은콩과 우엉, 소금, 밀가루 등과 같이 주변에서 쉽게 구할 수 있는 재료로 전염병과 식중독 치료 약품을 만드는 법이 실려 있었습니다.

오늘날에는 향토음식으로 판매되고 있는 소나무껍질떡.

　이 두 의사가 작성한 제약서는 1784년과 1837년 기근 때는 막부 영지 이외의 여러 번에도 배포되었는데, 이는 3백여 개의 국가가 개별적으로 존재하는 세계였던 일본이 점차 단일 국가가 되어가고 있음을 보여주는 사례입니다. 평소에는 개별적으로 보건 정책을 시행하던 나라들이 코로나19와 같은 전 세계적 규모의 전염병에 맞서 긴밀하게 공동 대응하고 있는 2020년 현재의 모습과 비교해보시면 이해가 빠르실 터입니다.[97]

　백성들의 굶주림을 막기 위해 나선 이들은 막부에 소속된 의사들만이 아니었습니다. 이치노세키번의 의사였던 다케베 세이안(建部清庵, 1712~1782)은 1755년 5월에 냉해가 들어 자기 번과 이웃 번들에서 굶고 병들어 죽는 사람이 속출하자, 구황식물 먹는 법과 식중독 해독법을 적은《민간비황록民間備荒錄》이라는 문서를 12월에 작성해 번에 바쳤습니다.

이치노세키번은 이 문서를 필사해서 영지 안에 널리 퍼뜨렸는데, 그 필사본 가운데 하나가 에도의 출판인인 스와라야 이치베이須原屋市兵衛에게 닿았습니다. 훗날 《해체신서》를 비롯한 난학서들을 출판하기도 하는 그는 지방 문화에 관한 책을 출판하는 데도 관심이 있던 차에 이 《민간비황록》을 보고는 꼭 출판하고 싶다고 다케베 세이안에게 부탁했습니다. 처음에 그는 "이 문서는 출판하려고 쓴 게 아니다"라며 이 요청을 거부했지만, 자신의 제자로서 막부 소속 의사에게 안과학眼科學을 배우고 있던 기누도메 호켄(衣關甫軒, 1748~1807)의 설득에 고집을 꺾고 출판을 허락합니다.

1771년에 출판된 《민간비황록》의 서문에서 막부 소속 의사 다치바나 주코쿠橘壽國는 "이 나라 의학의 본질이 세이안에게 있다"[98]라고 하

다케베 세이안. 후지나미 고이치(藤浪剛一) 편
《의가선철초상집(醫家先哲肖像集)》(刀江書院, 1936) 수록.

며 다케베 세이안의 업적을 극찬합니다. 의학의 본질은 널리 사람을 살리는 것입니다. 한의학이든 난의학이든 이러한 본질에 변함은 없습니다. 다케베 세이안은 누구나 읽을 수 있고 구황식물을 얻어서 굶어 죽지 않도록 히라가나로 책을 썼지만, 글자를 전혀 읽을 줄 모르는 백성도 많았기에 그림만으로 이루어진《비황초목도備荒草木圖》를 1771년에 추가로 집필했습니다. 이 책은 훗날 1833년에 기근이 발생하자 출판 · 보급됩니다.[99]

한편, 도호쿠 지역의 여러 번은 어떤 쌀을 심고 어떤 쌀을 심지 말아야 하는지를 놓고 농부들과 갈등을 빚었습니다. 벼는 성숙하는 시기에 따라 조도早稲 · 중도中稲 · 만도晚稲로 나뉘는데, 여러 번은 농부들에게 가급적 조도벼를 많이 심고 만도벼는 심지 말라는 명령을 거듭 내렸습니다. 그해의 작황이 어떻게 될지 모르기 때문에 가급적이면 조도벼를 심게 해서 연공을 일찍 거두어들이자는 뜻이었습니다. 또한 냉해가 닥치면 만도벼는 수확할 수 없어 기근의 피해가 커지기 때문이기도 했습니다.

이러한 번들의 의도와는 반대로 도호쿠의 농부들은 분고豊後 · 이와카嚴川와 같은 만도벼를 많이 심었습니다.[100] 특히 분고 품종이 인기 있었습니다. 만도벼의 인기가 높았던 이유는 ① 문제없이 추수할 수만 있다면 조도 · 중도보다 수확량이 두 배나 많았고, ② 우수한 조도 품종이 당시 도호쿠에 없었으며, ③ 봄의 평균기온이 낮은 도호쿠에서는 조도벼를 심는다고 해도 결국은 파종 시기가 늦어서 별 의미가 없었기 때문이었습니다.[101] 농부들이 만도벼를 많이 심은 이유가 농사가 성공하기만 하면 경제적으로 큰 이익을 얻기 때문이라는 점은 쉽게 알 수 있습니다. 벼의 다양성을 유지하기 위해서였다는 점도 짐작할 수 있습니다.

또한 농민들 사이에서는 기근에 대비하여 조, 피, 칡, 고사리, 도코로마 같은 곡물·식물들을 기르고 먹는 문화가 생겨났습니다. 벼가 잘 자라지 않는 한랭지의 논에는 피를 심었는데, 피는 벼보다 보존 기간이 길어서 기근을 대비할 수 있었습니다. 그래서 에도 시대 말기에 두각을 나타낸 미토번 번주 도쿠가와 나리아키(德川齊昭, 1800~1860)는 마을마다 피를 비축해두라고 명하기도 했습니다.[102]

정말 먹을 것이 없을 때는 소나무껍질이나 짚을 먹기도 했습니다. 상인이었다가 번에 헌금하고 무사가 된 센다이번의 사토 스케고로佐藤助五郎와 상인 이토 고조伊藤幸藏는 1836년 흉작 때 소나무껍질로 떡을 만들어 배포하는 관청을 만들자고 번에 건의하여 하루 5개씩 사람들에게 나누어주었습니다. 이 소나무껍질떡 덕분에 굶어 죽지 않게 된 사람들은 사토 스케고로를 "스케님お助け樣"이라 부르며 존경을 표했다고 합니다.

한편, 1783년 9월에 막부는 짚으로 떡 만드는 법을 여러 곳에 게시했습니다. 짚떡을 먹은 도호쿠의 어느 농민은 그 식감을 "끈적하게 입 안에 달라붙어서 고생했다"라고 표현했으니, 그다지 맛이 있지는 않았던 듯합니다. 하지만 굶어 죽느니 짚떡이라도 먹고 살아야 했던 농민들은 짚떡을 어떻게든 먹을 만한 음식으로 만들어보려고 궁리했고, 1836년 흉작 때 센다이번의 농민 젠에몬善右衛門은 아직 푸른 기운이 도는 상태의 짚으로 떡 만드는 법을 고안해 번에 상신하고 여러 마을에 전파하게 했다고 합니다.[103]

쌀에서 피, 고사리, 소나무껍질을 거쳐 짚까지, 에도 시대의 농민들은 살아남기 위해 무엇이든 먹었습니다. 에도 시대는 초반에 약간의 경기 저하를 거친 뒤, 18세기 중반부터는 전반적으로 성장하기 시작했습니다. 다만, 이러한 성장에서 예외가 되는 곳은 도호쿠 지역이었고, 따라서 이 지역의 농민들은 여전히 기근에 취약한 모습을 보였습니다.[104] 《민간비황록》을 쓴 다케베 세이안도, 소나무껍질떡을 먹을 만한 음식으로 개량한 사토 스케고로도 모두 도호쿠 지역의 하급 관료였습니다.

도호쿠 지역의 이러한 재난은 기본적으로 이 지역이 고위도에 있다는 데서 비롯한 자연재해였지만, 번들이 지역의 기후적 특성을 무시하고 쌀이나 콩과 같은 곡물을 오사카 등의 대도시로 무리하게 판매하는 바람에 비상시에 피해가 커졌다는 점에서는 번이 일으킨 인재人災이기도 했습니다. 나아가 센다이번의 다테 마사무네(伊達政宗, 1567~1636)가 유럽과 무역해서 상업의 활로를 찾으려던 시도를 도쿠가와 막부가 꺾은 데서 알 수 있듯이, 궁극적으로는 막부의 쇄국정책이 일으킨 인재였습니다.

# 막부가 자초한
## 인재

　　　　　　　　도쿠가와 막부가 다테 마사무네와 유럽 간의
직접 무역을 막은 데서 크게 두 가지 문제를 확인할 수 있습니다. 한 가
지는 가톨릭 국가들과의 무역에서 오는 상업적 이익을 여러 번이 취
하지 못하게 하고, 유일한 유럽 교역국인 네덜란드와의 무역에서 오는
이익은 대부분 막부가 차지했다는 점입니다. 쌀농사에 전적으로 의존
하기보다는 상업적 이익이 큰 다양한 곡물과 식물을 기르는 한편으로,
국제무역을 통해 활로를 모색하는 편이 도호쿠 지역 주민들의 생존에
도움이 됩니다.

　그러나 막부는 도호쿠 지역의 국제무역을 막는 한편으로, 전국 다
이묘들의 격格을 벼 수확량으로 측정함으로써 도호쿠 지역의 번들이
쌀농사 이외에 다른 선택을 할 여지를 근본적으로 없앴습니다. 한국보
다 위도가 높은 북한 지역을 통치한 김일성이 북한 지역의 자연적 특
성을 무시하고 주체농법을 주장한 결과, 다각적 영농에서 벼농사 위주
의 영농으로 바뀌어 농업생산력이 저하된 것과도 비슷한 상황이었다
고 하겠습니다.[105]

　또 한 가지 문제는 16~17세기까지 태평양과 대서양을 항해할 수 있
는 대형 선박을 자체 건조했던 일본이 막부의 원양 항해 금지 정책으
로 말미암아 그 능력을 상실했다는 점입니다. 중세에는 비단 다테 마
사무네의 센다이번뿐 아니라 전국이 태평양·동중국해·남중국해 등

도쿠가와 막부가 유럽에 대한 쇄국 정책을 펼치기 전까지 일본 상인들이 타고 다니던 원양 항해선, 그리고 쇄국 이후에 연안 항해를 위해 타고 다니던 배. 미에현립박물관.

의 원양을 항해하는 배를 만들 능력을 갖추고 있었습니다. 하지만 막부는 1635년에 반포한 두 번째 법령인 '무가제법도 · 간에이령(武家諸法度 · 寬永令)'[106]에서 "5백 석 이상을 실을 수 있는 배는 만들지 말라"라고 명령하는 등 여러 차례에 걸쳐 대형 선박을 건조하면 안 된다고 명했습니다.

이리하여 도쿠가와 막부에게 원양 항해용 배를 건조할 능력을 빼앗긴 선원들은 근해 항해만 할 수 있는 중소형 선박을 이용해서 사할린부터 오키나와에 이르는 해역을 운항해야 했습니다. 그리고 기후가 조금만 나빠지면 배가 난파하거나 태평양 북쪽 캄차카반도, 알래스카까지 표류하곤 했습니다. 이는 명백히 도쿠가와 막부가 백성들을 바다에 떠밀어 죽게 만든 짓입니다.

오늘날의 시즈오카현 서부 도토미遠江 지역의 선원이었던 진파치甚八 · 진자부로仁三郎 · 헤이사부로平三郎 등은 도호쿠로 항해를 갔다가 고향으로 돌아가던 중 배가 난파해서 1720년에 태평양 북서쪽의 무인도 도리시마鳥島 섬에 표착합니다. 이곳에서 20년간 신천옹 새를 잡아서 고기는 먹고 깃털로는 옷을 만들고 새의 알로는 빗물을 받아 마시며 견딘 끝에 또 다른 배가 섬에 표착한 것을 수리해서 1739년에 함께 뭍으로 돌아왔습니다.[107] 구글 지도에서 찾아보시면 쉽게 아시겠지만, 망망대해에 떠 있는 도리시마 섬은 도저히 인간이 살 수 없는 곳이었습니다. 도쿠가와 막부가 유럽을 향해 쇄국 정책을 펼친 결과가 이것입니다. 앞서 언급했던 에도 시대 중기의 실권자 마쓰다이라 사다노부는 1796~1803년 사이에 집필한 수필《가게쓰소시花月草紙》에서 이 문제에 대해 다음과 같이 말하고 있습니다.

해마다 오랑캐 땅으로 표류하는 선원들 가운데 목숨을 부지하여 돌아오는 자들도 있다. 20~30명이 출항하면 대부분 죽고, 살아 돌아오는 자는 두세 명에 지나지 않는다. 우선 높은 파도를 보고 놀라거나 먹을 것이 부족하다는 사실을 확인하고 마음 아파하는 자들은 대부분 죽는다고 한다. 운 좋게 무인도에 도착한다 해도 이름도 모르는 나무의 껍질을 벗겨 먹고, 알지 못하는 새를 잡아서 껍질을 벗겨 몸에 걸치고 고기를 말려서 먹는다고 한다. 매사에 마음의 흔들림이 없고 언제나 절제할 줄 아는 자는 외국 사람을 만나도 속지 않고 마침내 목숨을 부지하여 돌아온다고 한다. 배 한 척 안에 반드시 살아남는 영웅이 있는 것이다.[108]

마쓰다이라 사다노부는 선원들 개개인의 도량이 크고 작은 데에 따라서 죽음과 삶이 갈라진다고 말하고 있지만, 애초에 원양 항해할 배를 백성들에게 만들 수 있게 했다면 선원들이 조난당할 확률은 훨씬 줄어들었을 것입니다. 같은 시기 유럽인들은 원양 항해할 수 있는 배를 만들어서 전 세계를 누비고 있었습니다. 비록 그들 가운데 일부도 표류하기는 했지만, 에도 시대에 조난당한 일본인에 비하면 횟수나 희생된 사람의 수는 비할 것이 못 됩니다. 일본이 애초에 능력이 없는 나라였다면 이러한 비교가 무의미하지만, 한때 원양 항해할 수 있는 배를 만들 줄 알았던 나라가 이 지경이 된 것은 정치의 실패라고밖에는 할 수 없습니다. 그래서 저는 에도 시대 일본은 센고쿠 시대에 선택할 수 있던 길을 접고, 도쿠가와 막부와 무사 집단의 정치적 독점을 위해 군사·과학의 발전을 포기한 퇴보의 시기였다고 판단합니다.

# 2

# 떠도는 사람들

## 실직한
## 무사와 닌자

에도 시대 이전의 일본에는 수많은 사람이 떠돌아다니고 있었습니다. 바다에는 왜구로 상징되는 무장 해적 집단과 원양 항해를 하는 어민들이 있었고, 뭍에서는 수많은 피지배민이 장사하러, 종교 활동을 위해, 그리고 거지가 되어 떠돌아다녔습니다. 이들이 떠돌아다닌 큰 원인은 무사들이 일으킨 전투였습니다. 끊임없이 이어지는 전투 속에서 무사들도 훈공動功을 쌓으며 더 높이 평가해 주는 주군을 찾아 일본 곳곳을 떠돌아 다녔습니다. 물론 조선인과 한인漢人, 동남아시아인, 유럽인, 아프리카 노예들도 떠돌아다니는 무리에 섞여 있었습니다.

전투의 연속이었던 센고쿠 시대를 끝낸 도쿠가와 막부는 이렇게 떠돌아다니는 사람을 모두 땅 위에 붙잡아 매어두는 시스템을 만들었습니다. 사람들을 일정한 장소에 정착시켜야 세금을 매기고 노역에 동원할 수 있었기 때문입니다. 피지배민들 입장에서 보면 전쟁을 피해 떠돌아다니지 않게 되어 반가운 측면도 있었습니다.

그러나 여러 번 주군을 갈아타며 자신의 운을 시험하던 무사들이나 센고쿠 시대의 이합집산 속에 주군을 잃어버린 무사들은 새로운 삶의 방식을 개척할 필요가 있었습니다. 또한 서일본의 모리毛利 가문이나 도호쿠의 우에스기上杉 가문처럼 주군 집안이 살아남기는 했어도 도쿠가와 이에야스에 맞선 탓에 영지가 대폭 축소되거나 옮겨진 경우 역시 대규모의 무사가 실직하게 되었습니다.

에도 시대 초기에 실직하고 살길을 모색한 무사의 전형은 오제 호안입니다. 그는 일본 최초의 주자학자인 후지와라 세이카에게 주자학을 배운 한편으로 의료 기술도 지니고 있어서, 임진왜란 직전에 일본 통치를 위임받은 도요토미 히데요시의 조카인 도요토미 히데쓰구(豊臣秀次, 1568~1595)의 비서이자 주치의로 임용되었습니다. 그의 이름에 들어 있는 '보甫', '암庵'은 전근대 일본의 의사 이름에 흔히 집어넣던 글자들입니다. 그런데 아들 히데요리가 태어나자 히데요시는 조카 히데쓰구가 아들의 미래에 방해가 된다고 생각하여 1595년에 그를 모반죄로 몰아 할복하게 하고 일족을 모두 교토의 강가에서 처형했습니다.

오제 호안은 이때 함께 할복하거나 처벌받지는 않았지만, 최종적으로 1624년에 오늘날의 가나자와현에 해당하는 가가번의 마에다 도시쓰네(前田利常, 1593?~1658)의 가신이 될 때까지 여러 차례 주군을 바꾸거나 교토에서 로닌으로 생활했습니다. 교토에서는 임진왜란 때 조선에서 일본으로 소개된 활자 인쇄 기술을 이용해서 고활자판古活字板이

라 부르는 에도 시대 초기의 출판을 주도하기도 했습니다. 그의 저작
및 출판 상황을 보면, 의학 분야에서는《구민묘약救民妙藥》,《십사경발
휘十四經發揮》,《신편의학정전新編醫學正傳》,《동원선생십서東垣先生十書》등
을 집필하거나 고활자판으로 출판했고, 주자학 분야에서는《동몽선습
童蒙先習》,《명의보감明意寶鑑》,《보주몽구補註蒙求》등을 집필하거나 출판
했습니다.

특히 주자학 분야에서는 임진왜란 때 포로가 되어 일본에 건너간
것으로 보이는 이문장李文長 및 그의 제자에 해당하는 아사야마 이린안
(朝山意林庵, 1589~1664)[109]과 함께 작업했습니다. 이문장은 특히《주역》
점을 잘 본 것으로 유명한데, 중세부터 일본에서는 무사 집단이 전투

규슈 사가 아미다데라 절(阿彌陀寺)의 홍호연 무덤과 교토 롯카쿠도(六角堂)의 홍호연 필적.

를 치를 때 점술을 중시했기 때문에 《주역》 점을 잘 본 이문장은 일본에서 환영받았던 듯합니다. 같은 임진왜란 시기에 조선 측의 총사령관 격으로 활동한 류성룡도 전쟁 기간에 중요한 때마다 《주역》으로 점을 쳐서 미래를 예측하고는 했습니다.

임진왜란 당시 일본으로 끌려간 포로 가운데에는 강항처럼 귀국한 사람도 있었고, 이문장이나 홍호연, 여대남, 김여철, 그리고 규슈 지역의 도공들처럼 귀국을 거부하거나 귀국하지 못한 사람도 있었습니다. 이문장은 그 후로 행적이 끊겼지만, 소년 시절에 포로가 되어 끌려갔다가 자신들을 끌고 갔던 무사들의 후원으로 학자가 된 홍호연洪浩然, 여대남餘大男, 김여철金如鐵 등은 자신들이 정착한 사가 · 구마모토 · 가가번에서 깊은 영향을 남겼습니다.

이처럼 유학(특히 주자학)과 의학을 겸하는 유의儒醫였던 오제 호안은 가가번에 취직한 뒤, 오다 노부나가의 일대기인 《신초기信長記》와 도요토미 히데요시의 일대기인 《다이코기》를 집필하여 후세에 큰 영향을 미칩니다. 이 두 권의 일대기이자 군담 소설은 주자학적 관점에서 오다 노부나가를 주자학적인 군주로, 도요토미 히데요시를 주군의 권력을 찬탈한 사람으로 각각 설정하고 있습니다. 오제 호안은 이러한 주자학적 세계관을 관철하기 위해 실제 역사와는 다른 내용을 이 두 권에 많이 담았습니다. 그래서 지금까지도 오다 노부나가와 도요토미 히데요시에 관해 사실과는 다른 주장들이 세상에 돌아다니는 결과를 낳았습니다. 이념을 위해서는 역사적 사실을 왜곡해도 된다는 주자학자 오제 호안의 입장은 한반도에서도 낯설지 않습니다. 의학과 저술 · 출판으로 생계를 꾸리면서 학문을 닦아 당대의 권력자들에게 어필하고

구직하는 오제 호안의 삶은 과거제 없는 에도 시대 일본에서 지식인이 생계를 꾸리는 초기 모델이었습니다.

여담이지만, 그가 쓴《다이코기》에는 임진왜란 당시의 행주산성 전투에서 닌자들이 활동하는 대목이 나옵니다. 권율 장군이 이끄는 조선군이 1593년 음력 2월 12일에 한양 서북부 행주산성에서 일본군의 공격에 잘 버틴 결과, 평양 전투에서의 패배와 벽제관 전투에서의 승리를 겪으면서 한양에 모여 있던 일본군이 한반도 남부로 후퇴하게 되었습니다. 조선이나 현대 한국에서는 이날 벌어진 조선군의 행주산성 방어전을 주로 이야기하는데, 오제 호안의《다이코기》에는 이 다음 날 아침에 일본군이 이가 지역 출신의 닌자(伊賀の忍び, 이가노 시노비)를 보내서 성 안에 아직 적군이 있는지를 확인했는데 이미 모두 도망쳤다는 구절이 있습니다.[110] 오제 호안이 자기 주장을 정당화하기 위해 역사적 사실을 편리하게 왜곡, 일본 학계에서 말하는 식으로는 개변改變했다는 사실은 이미 잘 알려져 있어서《다이코기》의 이 구절을 행주산성 전투에 관한 연구에 이용하는 것은 크게 의미가 없습니다.

다만, 여기서 흥미로운 점은 도쿠가와 이에야스의 충신으로 유명한 닌자 대장 핫토리 한조(服部半藏, 1542~1596)와 오늘날 일본에 단 한 명 남아 있는 닌자인 가와카미 진이치川上仁一 선생의 출신지인 이가 지역의 닌자를 오제 호안은 센고쿠 시대의 닌자를 대표하는 존재로 인식하고 있었다는 사실입니다.

최근 미에현 이가시가 '닌자의 고향'을 내세우면서 일본 전역에 닌자 붐을 일으켰고, 2018년 2월 17~18일에는 국제닌자학회가 이가시에서 창립대회를 가졌습니다. 저도 이 대회에서 기조연설을 하고 왔는

미에대학(三重大學)이 이가시에 설치한 국제닌자연구센터(國際忍者者研究センター)의 전시물들.

데 그 자리에도 미에현 지사, 이가 시장 및 여러 시의원이 참석했고, 일본 닌자협의회日本忍者協議會와 닌자 국회의원 연맹忍者NINJA議員連盟도 결성되는 등 후속 움직임이 잇따르고 있습니다. 닌자를 연구하는 학자들에 따르면, 두건을 쓰고 비밀리에 움직이는 통속적인 닌자의 이미지는 근대 이후에 생겼으며,[111] 앞에서 언급한 핫토리 한조는 오늘날 닌자의 대명사로 알려져 있지만, 사실 그는 닌자가 아니었다고 합니다. 오다 노부나가가 1578년과 1579년 두 차례에 걸쳐 이가 지역의 반란을 진압한 덴쇼 이가의 난天正伊賀の亂 이후에 이가 지역의 닌자들이 핫토리 한조의 휘하로 들어가면서 그 역시도 닌자였다는 이미지가 만들어졌다고 합니다.[112] 2003~2004년에 개봉한 쿠엔틴 타란티노 감독의 액션 영화《킬 빌Kill Bill》에서는 주인공이 핫토리 한조의 칼을 받아서 복수의 길에 나서는 스토리 라인이 전개됩니다. 핫토리 한조가 닌자라는 통설만 알고 있는 사람에게는 이러한 설정이 이상하게 여겨졌겠지만, 핫토리 한조가 닌자가 아닌 무사였다는 사실을 알고 보면 이 영화의 스토리라인은 의외로 역사적 상황과 일치합니다.

한편, 닌자들은 에도 시대가 되면 이제 더는 떠돌아다니며 정보 수집을 하지 않고, 도쿠가와 막부 및 여러 다이묘의 정식 가신으로 정착하여 근무했다고 합니다.[113] 일본 역사의 정치적 중심지인 중부 일본의 인근에 자리한 이가 분지의 자치적 성격을 지키기 위해 지역 주민들이 무장하면서 탄생한 이가 닌자는 오다 노부나가에 의해 정치적 자립성을 부정당하고, 도쿠가와 이에야스에 의해 이동적 성격에서 정착적 성격으로 바뀌어갔습니다.

# 47인의
# 사무라이

막부가 로닌, 즉 떠돌이 무사들을 경계한 데
에는 이유가 있었습니다. 센고쿠 시대 말기에 대량으로 발생한 로닌들
은 1614~1615년의 오사카 겨울·여름 전투와 1637~1638년의 시마
바라 봉기 때 막부의 반대편에 대거 가담했습니다. 또한 도쿠가와 막
부는 집권 초기에 온갖 이유를 들어서 여러 다이묘의 가문을 단절하거
나 다른 지역으로 영지를 옮기는 정책을 취했습니다. 그 결과로 수많
은 로닌이 양산되었고, 불만을 가진 이들의 신망을 모은 로닌 군사학
자 유이 쇼세쓰(由井正雪, ?~1651)가 막부를 전복하려다가 발각되어 처
형되는 사건이 일어나기도 했습니다. 유이 쇼세쓰는 전국을 다니며 무
사 수행을 했고, 시마바라 봉기 때는 현지로 가서 모리 소이켄森宗意軒
이라는 사람에게 키리시탄의 마법, 즉 유럽의 마술을 배웠다는 설도
있습니다.[114] 시마바라 봉기에 막부가 얼마나 예민하게 반응했는지를
떠올린다면, 이 사건과 연결된 유이 쇼세쓰라는 인물이 모반을 꾸몄다
는 사실에 막부가 얼마나 충격을 받았을지는 넉넉히 짐작이 갑니다.

하지만 로닌들이 사회 정세를 어지럽힌 최대 사건은 1702년에 발생
한 아코 사건赤穗事件, 즉 47인의 무사가 주군의 복수를 위해 적대자를
살해한 사건입니다.

지금의 효고현 아코 지역에 있던 아코번의 번주 아사노 나가노리
(淺野長矩, 1667~1701)는 교토의 조정에서 파견한 덴노의 칙사를 막부 측

에서 맞이하는 임무를 맡았습니다. 그래서 조정의 의례에 정통한 기라 요시나카(吉良義央, 1641~1702)의 지도를 받아 접객 준비를 하게 되었는데, 둘 사이에 다툼이 생겨서 1701년 음력 3월 14일에 아사노가 기라에게 칼을 휘두르는 사건이 발생합니다. 이때 기라는 칼을 뽑아 응전하지 않았기 때문에 막부에서는 아사노에게만 할복 처분을 내립니다. 그리고 아코번의 아사노 가문을 단절하고 아코성을 점령했습니다.

이때 백여 명의 아코번 무사는 다른 번에 취직하지 않고 로닌이 되어 오이시 요시오(大石良雄, 1659~1703)의 영도하에 주군의 복수를 꾀했고, 약 1년 뒤인 1702년 음력 12월 15일 새벽에 기라의 저택을 습격해서 목을 베는 데 성공합니다. 군사 독재 시기였던 에도 시대 일본에서는 밤에 통금령을 내렸고, 야경꾼과 소방수만 밤에 다닐 수 있었기 때문에 이들은 소방수로 변장하고 있었습니다.

일본 역사에서 유명한 일화 가운데 하나인 이 사건에서 특히 주목할 만한 점은 47인의 무사가 복수를 준비하는 1년여 동안 전혀 비밀이 새어나가지 않았다는 점입니다. 이는 이들의 복수가 정당했다고 받아들여졌기 때문입니다. 그리고 막부가 처벌한 사안에 불만을 품고 사사로이 복수를 한 이들을 어떻게 처벌할지를 둘러싸고도 여러 논의가 오고갑니다. 결국 막부의 뜻을 어긴 점은 처벌받을 죄이지만, 주군과 신하 사이의 의리를 지킨 부분에서 참작할 점이 있으므로, 무사의 체면을 지켜주는 할복 처분을 내려야 한다는 고학자 오규 소라이의 의견이 받아들여져 1703년 음력 2월 4일에 이들은 모두 할복합니다.[115] 이 사건을 전후하여 에도에 와 있던 데지마의 네덜란드 동인도회사 일행도 소문을 듣고 보고서를 작성해서 네덜란드 본국으로 보냈다는데, 유감

스럽게도 그 보고서는 현재 남아 있지 않습니다.[116]

이 사건을 다룬 의사극義士劇, 즉 아코 로닌들을 다룬 연극 가운데 가장 히트한 작품은 1748년에 상연된 《가나데혼 주신구라假名手本忠臣藏》라는 제목의 인형극입니다. 연극 제목은 일본어를 표기하는 글자인 히라가나가 47개이듯이 '47명의 충신이 가득한 창고'라는 뜻입니다. 이들은 막부의 명을 어겼다는 점에서는 불충을 저질렀지만, 중세 이래의 주군과 신하 간의 의리에서 보자면 충신이라는 말입니다. 마치 중세 유럽의 신성로마제국에서 충성할 대상이 교황과 황제, 두 명이었던 것처럼 에도 시대 일본인에게는 교토의 덴노, 에도의 쇼군, 자기 지역의 영주 등 충성할 대상이 여럿이었습니다. 이렇게 분열된 충성의 방향을 쇼군 한 사람에게 집중하게 하지 못하고 덴노라는 또다른 충성의 대상을 남겨둔 것이 메이지 유신을 촉발한 원인이기도 합니다.

한편, 《가나데혼 주신구라》에는 실존 인물이기는 한데 아코 사건과는 무관한 아마가와야 기헤이天河屋義平라는 상인이 등장합니다. 수많은 무사가 주군의 복수를 포기하는 가운데, 무사가 아닌 상인이 무사보다 더 의리를 지켜서 복수하는 데 지원했고, 그래서인지 이름에 '의義'가 들어가 있습니다. 그 은혜를 잊지 않기 위해 47인의 무사는 그의 이름에서 한 글자씩 따서 "아마天"라고 하면 "가와河"라고 답한다는 암호를 설정합니다. 이러한 설정은 에도 시대 피지배민이 지배 집단에게 보여주는 작은 저항입니다. 너희 무사들은 무사답지 않아서 주군을 배신하고, 무사가 아닌 우리 피지배민이 더 무사다운 의리를 지킨다는 항변입니다. 무사답지 않은 너희가 우리를 지배하는 근거가 도대체 무엇이냐는 물음이나 다름없습니다.

아코 사건의 관련자들을 모셔놓은 도쿄 시나가와의 센가쿠지 절. 아사노 나가노리 및 그 아내와 로닌 47인의 무덤, 아코 로닌들이 기라 요시나카의 목을 베어와서는 씻었다고 하는 우물. 사건을 주도한 오이시 요시오의 무덤과 동상 등이 세워져 있다. 절 앞에는 '의사당(義士堂)'이라는 말을 붙인 가게가 영업 중이어서, 오늘날까지도 아코 로닌들이 '의로운 사무라이'로 존경받고 있음을 알 수 있다. 한편, 센가쿠지 절에는 의로운 상인(義商) 아마노야 리헤이(天野屋利兵衛)의 추모비도 세워져 있다. 하지만 이 아마노야 리헤이는 실제로는《가나데혼 주신구라》속의 아마가와야 기헤이(天河屋義平)와는 달리 아코 사건에 관여하지 않았던 것으로 보인다. 또한 아코 사건을 다룬 연극《가나데혼 주신구라》는 수없이 많은 소설과 팸플릿, 우키요에로도 제작되어 에도 사람들에게 시각적으로 즐거움을 주었다.

평화가 길어지면서 막부와 번에서는 전투 능력보다 행정 능력이 좋은 무사를 선호하는 경향이 생겨나고 있었습니다. 이러한 변화를 피지배민들은 예민하게 감지했습니다. 그래서 이하라 사이카쿠는 1687년에 《무도전래기武道傳來記》라는 소설을 써서 무사의 본질이 훼손되고 있다고 비판했고, 극작가들은 무사보다 더 무사다운 상인이 등장하는 극본을 썼습니다. 에도 시대에 지배 집단의 압박에 저항할 만한 세계관이나 이론을 지니지 못한 피지배민들은 쉽게 꺾일 햐쿠쇼잇키를 일으키거나, 바바 분코 사건에서 보았듯이 문학을 이용해서 지배 체계에 저항했습니다. 이렇듯 일본인들은 문학으로 사상을 합니다.

# 무사라면
# 개죽음이다

피지배민들이 아코 사건에서 느낀 심정이 통쾌함이었다면, 지배 집단이 느낀 심정은 당혹감과 분노였습니다. 그런데 서일본 사가번에서 활동하면서 《하가쿠레葉隱》라는 책을 쓴 야마모토 쓰네토모(山本常朝, 1659~1719)는 아코 로닌들이 제대로 복수하지 않았다고 비난했습니다. 양력으로 1701년 1월에 나가사키에서 두 무사 집단이 옷에 흙을 튀겼다는 이유로 충돌한 후카보리 사건(深堀事件, 일명 나가사키 사건)처럼 명예를 훼손당해서 목숨을 걸 일이 있으면, 이리저리 계산할 것 없이 칼을 휘두르는 것이 무사의 본분이라는 주장입니다.

> 아사노 님의 로닌들이 야습한 뒤에 센가쿠지 절에서 할복하지 않고 막부가 처분을 내릴 때까지 살아 있었던 것은 잘못이다. 또한 주인을 죽게 한 적을 공격하는 일도 너무 지체했다. 만약 복수를 준비하는 사이에 기라 님이 병사했다면 유감천만이지 않았겠는가. 도읍 사람들은 잔꾀만 많아서 남들에게 칭찬받을 수 있도록 행동하는 데 능하고, 나가사키 사건 때처럼 앞뒤 가리지 않고 행동하는 일이 없다.[117]

야마모토 쓰네토모는 1700년에 주군 나베시마 미쓰시게(鍋島光茂, 1632~1700)가 사망하자 할복해서 순사殉死하려 했으나, 막부가 1663

가토 기요마사가 사망하자 뒤따라 순사한 조선 포로 출신의 김관의 묘. 그리고 승려로서 자살하지 못하는 여대남 니치요 스님이 가토 기요마사의 명복을 빌기 위해 1621년 윤10월 24일 하룻밤만에 베낀《묘법연화경》.

년에 순사를 금지하는 명령을 내렸기 때문에 이를 어길 수 없어서 대신 출가했습니다. 에도 시대 전기에는 당대의 영주가 죽고 어린 영주가 대를 이을 때마다 유능한 신하들이 이전 영주를 따라 순사해버리는 바람에 번의 안정이 흔들리는 일이 많았습니다. 가토 기요마사(加藤

淸正, 1562~1611)가 임진왜란 때 납치해온 두 명의 포로 가운데 김관金官도 가토가 죽었을 때 관례에 따라 순사했습니다. 여대남, 즉 니치요쇼닌日遙上人은 불교도라 자살하지 못하는 대신, 가토가 죽은 지 1년이 되었을 때 《묘법연화경》의 69,384자를 하룻밤 만에 사경寫經하는 돈사회頓寫會를 열었습니다. 이는 오늘날까지 이어져서 2020년 7월 23일에는 제409회 돈사회가 열렸습니다.

막부가 번들의 안정을 위해 명한 순사 금지령은 야마모토 쓰네토모에게는 무사로서 해야 할 일을 하지 못했다는 죄책감에 평생을 시달리게 했습니다. 그가 쓴 《하가쿠레》의 서두에는 다음과 같은 유명한 말이 실려 있습니다. 야마모토 쓰네토모는 매일 아침에 일어나면서 죽음을 생각했습니다.

무사도란 죽는 것임을 깨달았다. 죽느냐 사느냐의 지점에서는 빨리 죽는 쪽을 택할 뿐이다. 다른 생각할 것 없다. 각오하고 진격한다. 목표를 이루지 못하면 개죽음이라는 말은 도읍의 번드르르한 무사도일 뿐이다.[118]

야마모토 쓰네토모가 내세운 이 "무사도"라는 단어와 개념은 메이지 시대에 교육가 니토베 이나조의 《무사도: 일본의 영혼》(1900)을 통해 전 세계로 퍼져나갔고, 이 책이 일본어로 번역되면서 일본인들도 무사도라고 하면 야마모토 쓰네토모에서 출발해 니토베 이나조를 거쳐 만들어진 개념을 떠올리게 되었습니다. 그리고 일본군이 두 사람의 무사도 개념을 교육받으면서 가미카제, 사이판 섬의 반자이 클리프(만세 절벽), 포로가 되면 옥쇄玉碎하라는 《전진훈戰陣訓》 등의 비극이 탄생하게 됩니다. 2003년에 공개된 에드워드 즈윅 감독의 영화《라스트 사무라이The Last Samurai》역시 니토베 이나조가 이해한 야마모토 쓰네토모의 무사도에 기반한 영화라고 할 수 있겠습니다.

니토베 이나조는 메이지 초기에 일신교를 믿고 교육하는 유럽인과는 달리 일본인은 일신교에 해당하는 종교를 믿거나 교육하지 않는다는 말을 유럽인에게 들었답니다. 이 말에 충격을 받은 니토베 이나조는 '일본에 일신교적인 믿음 체계가 있는가'라는 문제의식을 품게 되었는데, 그러던 와중에 야마모토 쓰네토모를 발견한 것입니다.

최근에는 니토베 이나조가 야마모토 쓰네토모의 주장을 제대로 이해하지 못했다는 비판도 있고, 한편으로는 야마모토 쓰네토모가 주장하는 무사도 역시 중세 이래로 일본에서 구현해온 무사도와는 거리가 먼 이단적인 개념이라는 비판이 설득력을 얻고 있습니다.[119] 중세 이래로 일본의 유명한 무사들이 보여온 행동은 '목적을 위해서라면 수단과 방법을 가리지 않는다'였습니다. 하지만 죽을 줄 알면서도 앞뒤 가리지 않고 달려드는 것은 어리석은 짓일 뿐입니다. 중세의 무사 윤리를 따라 주군이 죽을 때 순사하고 싶었지만, 새로운 질서인 막부의 명에 따라 죽지 못한 야마모토 쓰네토모, 그의 눈에는 막부의 명을 무시하고 대담하게 중세의 무사 윤리를 따른 아코 로닌들이 부러워 보였는지도 모르겠습니다. 그래서 자신이 하지 못한 일을 해낸 47인의 무사를 그토록 비난했는지도 모를 일입니다.[120]

# 앞 못 보는 무사
## 자토이치

　　　　　여담이지만, 떠돌이 무사라고 하면 기타노
다케시北野武 감독의 2003년 영화《자토이치座頭市》가 가장 먼저 떠오릅
니다. "자토座頭"란 원래 에도 시대에 시각장애인에게 주었던 계급이
고, 그 후로 널리 시각장애인 안마사나 침구사 등을 가리키는 말이 되
었습니다. 영화에서는 이치市라는 이름의 시각장애인 무사가 떠돌아
다니다가 우연히 들른 마을에서 억울한 사연이 있는 백성들의 이야기
를 듣고는 그들의 복수를 거들어준다는 설정입니다. 기타노 다케시의

각종 자토이치 시리즈의 포스터와 표지들.

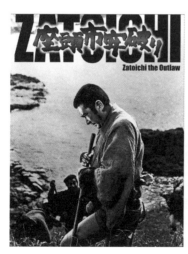

《자토이치》는 소설가 시모자와 간(子母澤寬, 1892~1968)이 쓴 짧은 단편 《자토이치 이야기座頭市物語》의 내용을 거의 전부 바꾼 것입니다.

시모자와 간은 에도 시대 말기의 협객 이오카 스케고로(飯岡助五郎, 1792~1859)에 관한 이야기를 취재하러 도쿄 동쪽 지바 지역에 갔다가 어느 노년 여성에게 그 지역에서 전해져 오는 시각장애인 무사 이치에 얽힌 이야기를 듣고 이 단편을 썼다고 합니다. 이 시각장애인 무사의 이름이 아베 쓰네에몬阿部常[右]衛門이라는 설도 있지만, 정확한 사정은 알 수 없습니다. 다만, 그가 널리 일본을 떠돌아다닌 검술에 능통한 협객이었다는 이야기만 전해집니다.

자토이치의 이야기는 전설에서 소설을 거쳐 영화에 이르면서 실제 역사와는 무관한 세계를 형성해버렸지만, 한 치 앞도 보이지 않는 사람이 세상을 떠돌아다니며 희로애락을 느끼고 불의를 처단한다는 내용은 사실 여부와 관계없이 현대 일본인들의 마음을 사로잡았습니다.

# 이 세상은 한 치 앞도
# 보이지 않아서 재미있다

그런데 한 치 앞도 보이지 않는 떠돌이라고
하면, 에도 시대 일본 문화에서 빼놓을 수 없는 소설 주인공이 한 사람
있습니다. 무사 출신으로 로닌이 되었다가 출가하여 승려가 되었고,
생계도 유지할 겸 사람들에게 포교도 할 겸 숱한 책을 출판한 아사이
료이(淺井了意, ?~1691)가 1664~1665년경에 출판한 히라가나 소설《뜬
세상 이야기浮世物語》의 주인공 우키요보浮世房입니다. '방房'이라는 글
자가 이름 속에 있으니 승려임을 알 수 있습니다. 이 소설의 저자인 아
사이 료이의 정체는 잘 알려져 있지 않지만, 세상을 떠돌아다니며 온
갖 코믹한 사고를 치는 우키요보의 모습에는 저자의 떠돌이 시절 삶이
반영되어 있을지도 모릅니다.

이 작품은 에도 시대에 처음으로 출판된 소설로 잘 알려져 있습니
다. 떠돌이 주인공이 에도 시대 소설 문학의 출발을 알린 셈입니다. 다
음에 인용한 소설 첫 구절은 염세적인 중세가 끝나고 천하가 태평한
시대가 시작되었음을 선언하는 내용으로 유명합니다. 에도 시대의 개
막을 가장 잘 보여주는 글이 철학자의 논문이 아니라 소설이라니, 역
시 문학으로 사상하는 일본입니다.

【뜬세상이란】
이제는 옛날이야기.

"이상한 물건이로구나, 마음이라는 것은. 내 것이지만 내 맘대로 안 되니" 라는 일본어 노래를 귀한 사람도 천한 사람도 남자도 여자도 늙은이도 젊은이도 모두 불렀다. "뜻한 바를 이룰 수 없으니 슬픈 세상(うき世, 憂世, 우키요)이로다"라는 노래도 있었다. 만사가 생각한 대로 이루어지지 않고 뜻대로 되지 않으니 뜬세상(浮世, 우키요)이라고 하는 것이리라. 신발을 신고 발바닥을 긁어보았자 가려운 곳에 손이 닿지 않는 것처럼 닿을 것 같으면서 닿지 않아 울적한 심정에 내 몸도 마음도 뜻대로 되지 않으니 이상한 물건이로다. 하물며 세상사 단 하나도 내 뜻대로 되는 것이 없다. 그래서 슬픈 세상うき世이로다"라고 누가 말했다.

그러자 어떤 사람이 말했다. "아냐, 그런 이치가 아냐. 이 세상 살다보면 만사 좋고 나쁜 것을 보고 듣게 되니 재미있지. 한 치 앞은 어둠이니 무슨 일이 생길지 조금도 걱정하지 말고, 마음에 품은 걱정은 그 자리에서 풀어버리고, 달과 눈과 꽃과 낙엽을 바라보며 술 마시고 노래하고 신나게 즐겨서 재산 다 날려도 괜찮으니 울적해하지 말고, 물에 떠다니는 표주박처럼 살아서 뜬세상浮世이라고 하는 거야."

이 말을 들은 사람들은 정말 그 말이 맞다며 감탄했다.[121]


《뜬세상 이야기》가 보여주는 이와 같은 낙천적 세계관의 배경에는 전쟁이 그치고 굶주림이 늘상 겪는 일에서 특별한 재난 때만 겪는 일로 바뀌어가던 에도 시대 초기 중앙 지역의 상황이 반영된 듯합니다.

역사인구학자 기토 히로시 선생은 14~19세기 사이에 사망률이 가장 높은 달이 언제였는지 조사했습니다. 에도 시대가 시작되기 전인 15세기에는 봄에서 초여름 사이, 즉 이전 해에 수확한 쌀이 다 떨어졌으나 아직 다음 추수가 시작되지 않은 시기에 사망률이 가장 높았습니다. 하지만 16세기 이후 이모작으로 여름보리 재배가 보급되면서 5월 사망률이 떨어지기 시작하여, 19세기가 되면 5월을 중심으로 한 봄부터 초여름 사이에 가장 낮아지고, 8월을 중심으로 한 여름철에 정점을 지나게 됩니다. 8월에 사망률이 높았던 이유는 "물과 음식물을 매개로 감염되는 소화기계 질환, 특히 장티푸스, 콜레라, 이질" 때문이었습니다.[122] 이러한 질병이 유행했던 원인은 사람들이 도시에 밀집하고, 공업화에 따라 물이 오염되고, 콜레라 같은 전염병이 외국에서 들어왔기 때문입니다.

《뜬세상 이야기》는 병에 걸려 죽을지언정 최소한 굶어 죽지는 않는다는 안도감이 에도 시대 초기에 최소한 일본 중앙 지역에서는 공유되고 있었음을 보여줍니다. 계속 '일본 중앙 지역'이라는 말을 쓰는 이유는 도호쿠 지역은 에도 시대 말기까지 언제나 기근과 아사餓死의 위협에 시달렸기 때문입니다. 일본은 길게 위아래로 뻗은 나라이다 보니 지역에 따라 자연환경이 크게 다르고 경제적·정치적 사정도 다릅니다. 그래서 "일본은 이렇다"라고 한마디로 말할 수 없습니다.

《뜬세상 이야기》에서 우키요보라는 떠돌이 승려는 떡집에 가서 떡을 주문해 먹고는 돈 안 내고 나오려다 봉변을 당하기도 하고, 하여간 온갖 소동을 일으키면서 일본을 떠돌아다닙니다만, 가끔은 그럴듯한 소리도 합니다. "잘난 척하는 사람은 하수다. 사사건건 잘난 척하는 것은 미련하기 때문이다. 무엇인가에 능통하게 되면 자만은 조금도 하지 않게 되는 법이다. 이 넓은 천하에 나보다 고수인 사람은 얼마든지 있다."[123]

정치적으로 불안정한 시절에는 모든 사람이 떠돌아 다녔지만, 에도 시대에 떠돌아다니는 사람들은 무언가 특이한 기술이 있는 경우가 일반적이었습니다. 우키요보처럼 그럴듯한 설법을 해서 마을에서 시주를 받거나, 의술을 익혀서 치료를 해주며 생계를 꾸렸습니다. 그러다가 마을사람들이 환영해주면 눌러앉아서 동네 의사로 활동을 시작하게 됩니다만, 그 가운데에는 돌팔이 의사도 많았을 터입니다. 1610~1620년경에 출판된 소설《지쿠사이竹齋》는 돌팔이 의사 지쿠사이가 부하 니라미노스케にらみの介를 데리고 교토에서 에도로 향하면서 온갖 우스운 짓을 벌인다는 내용의 작품입니다. 지쿠사이는 에도로 가다가 중간에 있는 나고야에서 의사 개업을 하기도 하고, 여로 중간의 명소에서 흥에 취하기도 합니다.

로닌 중에는 다케다 집안이나 호조 집안 같은 다이묘 집안을 섬기다가 농촌 마을에 정착하는 경우도 있었습니다. 이들 중에는 농촌의 토호로 자리 잡는 이도 있었고,[124] 전쟁터에서 갈고 닦은 의술을 이용해서 마을 의사가 되는 이도 있었습니다. 이렇듯 에도 시대 초기는 떠돌던 사람들이 대부분 다시 땅에 뿌리를 내리기 시작한 시대였습니다.

# 정치 전략과
# 참배와 댄싱 매니아

물론 여러 가지 사정으로 떠도는 생활을 할 수밖에 없는 사람들도 여전히 있었습니다. 에도 시대에 떠돌았던 사람들은 두 부류로 나눌 수 있을 것 같습니다.

하나는 막부의 명령에 따라 자신의 영지와 에도를 정기적으로 오가야 했던 각지의 다이묘들과 가신들입니다. 참근교대(參勤交代, 산킨코타이)라 부르는 이 제도를 막부가 다이묘들에게 강제했던 이유로는 여러 가지 추정이 가능합니다. 다이묘들이 가신단을 이끌고 정기적으로 도쿠가와 막부를 찾아가는 것은 일종의 군사적 의무 이행으로 간주했고, 정실부인과 당시 세자世子라고 부르던 각 번의 후계자들을 에도에 인질로 붙잡아두는 것은 반란을 막기 위해서였습니다. 또한 다이묘들이 자기 영지와 에도를 정기적으로 왕복하다 보면 경제적 부담이 커져서 반란을 일으킬 여력이 없어진다는 효과를 노렸다는 설도 있습니다.

하지만 이러한 설을 따르자면, 막부가 1635년에 반포한 〈무가제법도 · 간에이령武家諸法度 · 寬永令〉의 다음 구절을 어떻게 해석해야 할지 곤란해집니다. "대 · 소 다이묘들이 에도로 오고 가는 것은 정해진 사항이며, 매해 음력 4월의 여름에 참근해야 한다. 다만, 참근 때의 종자들 수가 최근 너무 많아졌다. 이는 영지의 자원을 낭비하고 인민을 수고롭게 하므로 적절히 줄이도록 하라."[125] 여러 다이묘가 경쟁적으로 가신단의 규모를 키워서 영지의 인민들이 고통을 겪지 않도록 적절한

오카게마이리를 그린 우키요에.

규모를 유지하라는 이 명령을 고려한다면 참근교대는 다이묘들을 경제적으로 곤란하게 만들겠다는 목적보다는 정기적으로 군사를 동원하고 인질을 에도에 잡아둔다는 정치적 목적을 더 중시했다고 이해해야 맞겠습니다. 에도 시대에 무사 집단은 대체로 경제적 문제보다는 정치적 목적을 우선시했습니다. 그러니 250년간 계속 쌀값이 떨어져도 쌀을 기본으로 하는 경제 체제를 유지했고, 그 결과는 몰락이었습니다.

피지배민이 떠도는 경우는 여러 가지가 있었습니다. 우선 종교적 이유에서 이세진구伊勢神宮나 후지산富士山을 참배하기 위해 여행하는 경우입니다. 일반적으로는 소속된 지역 당국에 허가를 받고 공인된 관광을 다녀오는데, 60년에 한 번 정도 각지에 갑자기 이세진구에 아마테라스 오미카미天照大神의 부적이 쏟아졌다는 소문이 돌면서 허가를 받지 않은 수십만 명이 무작정 이세진구로 참배를 가는 '오카게마이리お蔭参り' 현상이 발생했습니다. 오카게마이리란 이세진구에서 모시는 아마테라스 오미카미가 농업 풍작과 상업 번창을 지켜주기 때문에 그 은혜(오카게)를 갚기 위해 참배(마이리)한다는 뜻입니다. 이들은 가족이나 주군, 지역 당국의 허가도 받지 않고 여행 때 쓸 돈도 거의 챙기지 않고 길을 떠났지만, 이들이 이동하는 경로에 있던 주민들은 종교적 신심에서 이들을 먹여주고 재워주었습니다.

오카게마이리가 각지에서 이세진구로 향하는 것이었다면, 메이지 유신 1년 전인 1867년에 발생한 '에에자나이카ええじゃないか 운동' 때는 신의 부적이 이세진구가 아니라 전국 각지에 떨어졌다면서 사람들이 광적으로 춤을 추었습니다. "좋잖아, 괜찮잖아(에에자나이카)"라고 소리에에자나이카를 그린 우키요에.

치면서 말입니다. 오카게마이리와 에에자나이카는 에도 시대에 억압받던 피지배민들이 억눌렸던 감정을 한꺼번에 표출하는 현상으로 이해하면 되고, 특히 에에자나이카는 도쿠가와 막부의 멸망을 예언한 현상으로 언급되기도 합니다.

시대는 앞서지만 중세 유럽에서도 댄싱 매니아Dancing mania, 춤 전염병dancing plague이라는 현상이 주기적으로 일어났습니다. 갑자기 사람들이 아무것도 먹지 않고 춤추면서 종교적 성지로 이동하다가 죽어버리는 일을 말합니다. 특히 유명한 사례는 1237년에 어린아이들이 대규모로 뛰고 춤추며 에르푸르트Erfurt에서 아른슈타트Arnstadt까지 20km가량 이동한 사건입니다. 하멜른의 피리 부는 사나이 전설도 이 시기에 형성되었다고 알려져 있습니다.

# 도시의 공기는
# 사람을 자유롭게 한다


오카게마이리가 수십 년에 한 번씩 떠돌이들을 발생시켰다면, 에도 시대의 농촌 주민들은 기본적으로 자기 고향과 이웃 마을 또는 대·소도시 사이를 오가며 살았습니다. 역사인구학자 하야미 아키라 선생이 일본 중부의 노비 지역을 연구한 바에 따르면, "한 마을에서 태어나 11세까지 자란 남녀의 60%가 최소 한 번은 다른 마을로 이동했고, 그중 약 3분의 2는 도시생활을 경험"했으며, 다시 그중 "절반은 도시에 정착하거나 도시에서 사망"[126]했습니다.

앞에서 미노 지역 안파치군 니시조 마을에서 태어난 농민 여성 스미의 삶을 역사인구학을 통해 복원한 결과를 말씀드렸는데, 1772년에 태어난 스미는 14세와 19세 때 두 차례 이웃 마을로 봉공을 갔고, 44세 되는 1815년에 이웃 마을로 봉공을 가서 66세 되는 1837년에 그곳에서 사망했습니다. 스미는 이웃 농촌 마을로 봉공을 갔지만, 훨씬 많은 사람이 도시로 가서 단기·장기적으로 일자리를 찾았습니다. 그리고 상당수가 "개미지옥"이라 부르는 도시에서 삶을 마쳤습니다. 위생 문제가 해결되기 전까지는 도시 주민의 평균 수명이 길지 않았기 때문에 도시가 정상적으로 기능하기 위해서는 언제나 농촌 지역에서 인구가 유입될 필요가 있었습니다. 그래서 도시와 농촌 사이의 이러한 일방적 인구 이동 관계를 역사인구학에서 "개미지옥"이라 부른다는 말씀은 앞에서 드렸습니다.

에도 시대 도시 주민의 평균 수명 이야기가 나온 김에 에도 시대 사람 전체의 평균 수명에 관해 살펴보겠습니다. 에도 시대에는 태어난 아이가 5~6살이 될 수만 있다면, 그때부터는 50세 이상 사는 것이 거의 확실했고, 70세 이상 사는 사람도 드물지 않았습니다.[127] 일본 중부 미노 지역 니시조 마을의 평균 수명은 30세 중반이지만, 성인이 된 이후의 평균은 60세입니다. 평균 수명이 낮게 잡힌 이유는 10세까지의 사망 비율이 약 37%에 달하기 때문입니다.[128] 특히 한 살까지의 영유아가 제일 위험했습니다.

영유아의 사망에서는 세 가지 특성이 발견됩니다. 우선 에도 시대의 대표적 경제 지표인 나고야의 쌀값은 남자아이에게는 영향을 미치지 않고 여자아이에게는 1년 차이를 두고 유의미하게 영향을 미칩니다. 쌀값이 올라서 식량이 귀해지면 남자아이에게 먼저 몫이 돌아갔다는 뜻입니다. 두 번째로, 가족의 수가 늘어나면 남자아이의 사망률이 높아집니다. 여자아이보다 남자아이가 성인으로부터 감염에 취약했던 것으로 보입니다. 세 번째로, 누나·언니가 있으면 동생들의 생존율이 높아집니다. 일본에는 "이치히메 니타로一姫二太郎"라고 해서 첫째가 여자아이이고 둘째가 남자아이면 좋다는 속담이 있는데, 이와 그대로 맞아떨어집니다.

2세에서 14세 사이 사망률에서는 나고야의 쌀값과 가족의 숫자는 남녀 모두에 영향을 미치지만, 부모가 있고 없고는 남자에게만 영향을 미칩니다. 여자는 부모로부터 자립하는 경향이 있어서 그런 듯합니다. 남자는 아버지가 사망해서 가장이 되면 사망률이 더 높아집니다. 집안에 성인 남성이 없다 보니 책임감이 커지고 스트레스가 높아져서 그렇게 되는 듯 보입니다.

15~54세 사이에서는 나고야 쌀값이 남자에게 그해에 영향을 미쳤지만, 여자에게는 영향이 없었습니다. 에도 시대 몇몇 지역을 조사한 결과, 기근이 들면 특히 남성 가장이 자기 몫을 덜 먹거나 아예 집에서 나가서 나머지 가족의 생존을 도모하다 보니 사망률이 높아진다고 알려져 있습니다. 여성의 경우에는 시어머니와 동거하면 사망률이 높아집니다. 이에 관해서는 굳이 설명이 필요하지 않겠습니다.

55~74세 사이에서는 남녀 모두 1년 뒤에 나고야 쌀값에 영향을 받지만, 여성은 그해에도 일정 정도 영향을 받습니다. 집안의 재산이 적을수록 여성의 사망률이 높아집니다. 남성보다 여성이 경제적 요인의 영향을 크게 받는 것으로 보입니다. 또한 남녀 모두 배우자가 있는 사람보다 독신이 사망률이 높았습니다. 결혼에는 사망률을 낮추는 효과가 있어 보입니다. 딸과 동거하는 남성 부모의 사망률이 며느리와 동거하는 남성 부모의 사망률보다 낮습니다. 시부모들도 며느리보다는 딸이 같이 지내기에 마음 편했나 봅니다.[129]

앞에서 기근 때마다 농민들이 도시로 스며들어와 도시의 빈민층을 형성한다고 했을 때, 마쓰다이라 사다노부가 농민들을 고향으로 되돌려보내는 정책을 취했는데도 돌아가지 않았다고 말씀드렸습니다. 사다노부는 한창 귀농 정책을 펴던 시점에 에도의 인구를 조사했다가, 줄기는커녕 오히려 3~4만 명 늘었다는 것을 알고 한탄하기도 했습니다.

그런데 이 한탄에 대해 고문서학자 모리 야스히코 선생은 막부가 농민을 도시에서 고향으로 되돌려보내려 하면서, 다른 한편으로는 그들이 도시에 남아 무사 집안에서 봉공하기를 바라는 모순된 정책을 취했으니 인구가 줄 리 없었다고 지적합니다. 13대 서울시장이었던 윤치영은 서울시가 도시계획을 해서 살기 좋은 도시가 되면 전국에서 사람들이 몰려들 터이니, "서울에 도시계획을 하지 않고 방치해두는 것은 바로 서울 인구 집중을 방지하는 한 방안"[130]이라고 말했습니다. 이렇게 시장이 나서서 지방 인구 유입을 막아도 사람들은 서울로 몰려드는데, 에도라는 도시는 화재가 날 때마다 도시계획을 새로이 짜서 점점 살기 쾌적해지고, 당시 사회를 지배하던 무사 집단이 농촌 주민들을 하인으로 부리고 싶어 했으니, 에도 등의 도시 인구가 늘어나는 것은 당연한 결과였습니다.

또한 이미 전국적인 상업망이 갖추어졌고, 쌀을 중심으로 한 물물 경제가 아닌 현금 경제가 일본 구석구석까지 영향력을 미치고 있던 18~19세기의 전환기에 한번 도시로 들어온 하층 일본인들은 일용직으로 일하더라도 매일 현금을 확보해서 농촌에서보다 더 즐거운 삶을 살 수 있는 도시를 떠나려 하지 않았습니다.[131] "도시의 공기는 사람을 자유롭게 해준다Stadtluft macht frei"라는 중세 독일의 격언처럼 에도 시대에도 도시의 공기는 사람을 자유롭게 만들었습니다. 그 자유의 대가는 위생적으로 문제가 있는 도시에서 건강을 잃는 것이었지만, 많은 피지배민은 가문과 마을의 전통에 얽매이며 농촌에 살기보다 건강을 잃더라도 도시에서 자유롭게 사는 쪽을 택했습니다.

# 팔려가는
# 여성들

에도 시대의 농민, 특히 여성이 도시로 이주하여 봉공하는 문제는 현대 한국에서 농촌 여성이 도시로 이주하여 공장에서 일하거나 식모·가정부로 일하던 것과도 비교할 수 있습니다. 농촌 주민이 도시로 이동해서 도시 빈민층이 되는 현상은 식민지 시대에도 이미 확인된 바 있습니다. 도시 외곽에 땅을 파고 거적을 쳐서 살던 이들 농촌 출신 도시 빈민층은 토막민土幕民이라 불렀습니다. 육이오 전쟁 이후에는 농촌을 떠나 도시로 이주하는 이촌향도離村向都 현상의 규모가 점점 커졌습니다. 무작정 도시로 흘러들어온 농민 여성이 처음에 택할 수 있는 직업 가운데 하나가 식모였습니다. 특히 서울에는 "춘궁기와 여름철이면" 무작정 농촌을 떠나온 여성이 많이 몰려들어서, 정부 당국은 이들에게 "식모 자리 같은 불안정한 직업을 알선해 주거나 되돌려보냈습니다."[132]

이는 마쓰다이라 사다노부가 한탄했던 에도의 상황과 똑같습니다. 다만, 에도 시대 일본의 농촌 여성이 도시로 봉공을 나간 것과 현대 한국의 농촌 여성이 도시로 이주해서 직업을 찾던 것이 완전히 똑같지는 않습니다. 에도 시대 일본의 농민 여성들은 도시에서 식모로 일하거나 남의 가게나 가내수공업의 보조로 근무하는 데에 별 차이를 두지 않았던 것 같습니다. 농촌에서 도시로 나가면 도회물이 든다고 걱정하는 일은 물론 있었습니다만. 반면, 현대 한국에서는 농촌 여성이 공장이나 남의 가게에서 일하는 데 대한 반감과 우려가 있었습니다. "남성과의 접촉이 잦은 공장에서 일하거나 점원 등으로 근무하다 보면 도덕적 타락"이 있을 수 있다는 의미였습니다. 식모로 보내면 "어린 소녀를 보호하고 미래에 그 소녀가 가정에서 할 역할을 수행하는 데 도움이 된다고"[133] 기대했습니다.

한편, 타의로 떠도는 대표적인 사례는 인신매매였습니다. 일본에서 인신매매는 특히 중세부터 심각해졌고, 어린이도 납치와 인신매매의 대상에서 예외는 아니었습니다. 일본의 유명한 전설 가운데에는 누나 안주히메安壽姬와 남동생 즈시오廚子王가 부모를 잃고 떠돌다 납치되어 서일본의 부자 산쇼다유山椒太夫에게 팔려갔다가, 누나가 남동생을 탈출시키고 자신은 고문받아 죽어서 신이 되어 산쇼다유를 벌준다는 이야기도 있습니다. 이는 중세에 이 같은 고난을 겪은 어린이가 많았다는 사실을 상징하는 전설이라고 이해할 수 있습니다.

교토를 중심으로 무사들이 두 패로 나뉘어 싸운 오닌의 난(應仁の亂, 1467~1477) 이후 일본은 서서히 무한 전쟁의 시대로 빠져들었습니다. 교토에서 시작된 전쟁은 규슈 등 일부 지역을 제외한 전국에서 벌어졌고, 교토의 귀족들 및 문화인들이 난리를 피해 일본 열도 각지로 피난하면서 교토의 문화가 지방으로 확산하는 계기가 됩니다.

근대 언론인이자 동양사 연구자 나이토 고난(內藤湖南, 1866~1934)은 〈오닌의 난에 대하여應仁の亂に就て〉라는 글에서 다음과 같이 주장합니다. "대체로 현재의 일본을 알기 위해 일본 역사를 공부할 때, 고대 역사를 연구할 필요는 거의 없습니다. 오닌의 난 이후의 역사를 알고 있으면 충분합니다. 그 이전의 일은 외국 역사와 같은 정도로만 느껴지

지만, 오닌의 난 이후는 우리의 진정한 신체골육과 직접 닿아 있는 역사여서, 이것을 정말로 알고 있으면 그것으로 일본 역사는 충분하다고 말해도 좋습니다."[134] 즉, 오닌의 난은 이를 기준으로 일본의 역사가 둘로 나뉠 정도로 중요한 사건이었다는 이야기입니다. 한국 역사에서 본다면 임진왜란과 육이오 전쟁에 해당한다고 하겠습니다.

오닌의 난에서 시작된 센고쿠 시대의 장군들은 상대편의 영지를 정복하고 나면, 그곳에 살던 수많은 사람을 죽이고 노예로 잡았습니다. 승리한 장군들은 이들 노예를 일본 국내는 물론 해외에도 팔았고, 임진왜란을 전후해서는 조선인 포로도 이 노예 거래 흐름에 추가되었습니다. 센고쿠 시대에 승자가 패자의 영지에 살던 피지배민을 노예로 유럽인 노예 상인들에게 판매한 것은 아프리카에서 부족 간 전쟁의 결과로 발생한 포로를 유럽인 노예 상인들에게 판매한 것과 비슷한 구조였습니다. 조선인 노예는 임진왜란이 끝난 뒤로 더는 공급되지 않았지만, 일본인 노예는 그 후로도 계속 생겨나서 17세기 말까지도 인도 고아, 포르투갈 리스몬, 남아메리카 리마에서는 일본인 노예의 흔적이 확인됩니다.[135]

센고쿠 시대가 끝나고 에도 시대가 되어도 막부는 기근이 들 때마다 한시적으로 노예 거래를 허용했습니다.[136] 에도 시대 초기까지는 농촌의 토호들이 조선의 노비와 비슷한 예속민과 대가족을 거느리고 대농장을 경영하는 방식이 일반적이었기 때문에 예속민에 대한 수요가 지속해서 존재했습니다. 히코베이彦兵衛라는 남자가 딸 센せん을 1672~1678년, 즉 6년간 봉공하게 하는 대신 금화 1냥을 빌렸다는 문서가 남아 있는데,[137] 센은 평생 예속민이 되지는 않았지만, 에도 시대

후기의 봉공 기간이 몇 개월에서 1~2년 정도의 단기인 것과 비교하면, 센의 기간은 상당히 길게 설정되었음을 알 수 있습니다.

히코베이는 돈을 빌리기 위해 딸을 봉공하게 했지만, 조선 시대에는 남자가 아내나 딸을 아예 노비로 팔기도 했습니다. 에도 시대 일본의 봉공과 비교하면 조선의 노비는 훨씬 더 예속성이 강합니다. 또한 조선에서는 기근이 들면 '자매문기自賣文記'라는 문서에 의한 인신매매가 이루어졌습니다. '자기를 스스로 파는 문서'라는 뜻의 자매문기는 기근이 들어서 굶주려 떠돌던 사람들이 자기 자신 또는 가족을 노비로 팔 때 작성했던 문서입니다. 1832년 9월에 노비 정정옥은 약간의 돈과 쌀을 받고 아내 업이와 자식을 홍주서 댁에 파는 자매문기를 작성했습니다.[138] 당시 조선의 중하층 대부분은 이두가 섞인 한문으로 문서를 작성할 줄 몰랐으니 당연히 자기가 직접 작성했을 리는 없습니다. 자매 알선자, 즉 인신매매범이 대신 작성해주었다고 추정합니다. 자매 알선자가 받는 수수료는 매매할 대상의 몸값 중 절반에서 4분의 1 정도였습니다.[139]

중세까지는 대가족과 예속민이 넓은 농지를 경영했지만, 에도 시대가 되면 소가족이 자신의 좁은 농지를 근면하게 경작하는 방식으로 농업의 성격이 바뀝니다. 자발적으로 일할 이유가 거의 없는 예속민을 이용해서 넓은 토지를 경작하기보다 좁은 토지라도 소규모의 가족이 근면하게 일하는 쪽이 더 효율이 높았기 때문입니다. 이리하여 1700~1750년 사이에 일본 전국에서는 예속민에 의한 농업이 사라지고 사회 시스템이 완전히 소농 체제로 바뀌었다고 봅니다.[140]

나코名子, 히칸被官, 가도야門屋, 마에치前地 등으로 불리던 예속민이

혼뱌쿠쇼本百姓라 불리는 일반 농민으로 신분을 바꿀 때는 막부와 마을의 규칙을 지키겠다는 서약 문서를 그의 옛 주인이 관청에 제출했습니다. 1712년에 16명의 예속민이 혼뱌쿠쇼로 신분을 바꾸면서 옛 주인이 제출한 문서가 현재 도쿄 세타가야 구립향토자료관에 소장되어 있습니다. 예속민이 해방되는 과정을 전하는 문서는 이것 외에는 거의 남아 있지 않기 때문에 참으로 귀중한 자료라고 하겠습니다.[141]

조선에서도 노비를 이용한 농업의 비효율 문제가 마찬가지로 확인됩니다. 오희문(吳希文, 1539~1613)이라는 사람이 임진왜란 때 피난살이하면서 남긴《쇄미록瑣尾錄》에는 자신의 토지에서 자기 대신 농사를 지어주는 노비들이 게으름을 피운다는 말이 거듭 적혀 있습니다. 오희문은 노비를 사람으로 보지 않고 농사짓는 기계로 간주했겠지만, 노비도 인간인 이상 아무런 동기부여가 되지 않는 주인 땅을 열심히 갈아줄 이유가 없습니다.

태업을 저지르는 노비에게 소유주인 양반은 매질로 답했습니다. 약 3백 명의 노비를 거느리고 농장을 경영한 것으로 보이는 조선 전기의 이황(李滉, 1502-1571)은 매질 40~50대 정도는 "간단한 경고"[142]로 여겼습니다. 그 정도 매질을 해야 간신히 움직일 정도로 노비는 주인 집안의 농사를 지어주는 데 소극적이었습니다. 이 세상에 주인의식을 갖고 근무하는 직원은 없고, 직원을 가족처럼 대해주는 사장도 없는 법입니다. 일본에서도 중세까지는 예속민에 대한 채찍질이 일반적이었습니다. 예속민은 "거의 가축과 마찬가지의 취급"[143]을 받았습니다. 그러다 보니 중세까지 일본에서 노동·근로란 "어쩔 수 없이 해야 하는 고역"[144]이었습니다.

오늘날 전 세계 사람이 일본인이라고 하면 떠올리는 '근면'이라는 미덕은 에도 시대에 비로소 탄생했습니다.[145] 농민들은 좁은 농토에서 생산성을 최대한 올리기 위해 책을 쓰고(농서), 농업을 학문의 레벨로 끌어올리고(농학), 경영장부와 농사일지를 기록했습니다(기록의 민족 탄생). 근면함을 학문과 종교의 차원으로 승화한 이런 농민들을 독농篤農, 즉 독실한 농민이라고 불렀습니다.[146] 지난 2019년에 울산의 농민 김홍섭 선생이 1955년부터 64년간 기록한 일기를 울산박물관에 기증해서 화제가 되었습니다. 그는 "농사일을 제대로 배우지 못해 농사 경험을 기록으로 남겨야겠다"라고 생각했고, "기록으로 남기면 영농하는 데 도움이 될 것"[147]이라고 생각했다고 합니다. 전쟁으로 폐허가 된 한국, 보릿고개를 극복했던 1970년대까지는 아직 십여 년이 남아 있던 시절, 그는 어떻게든 잘살기 위해 농사를 연구했습니다. 독농의 태도란 바로 이런 모습을 가리킵니다.

다만, 독농이라는 말로 대표되던 일본인의 근면함은 21세기에 들어선 현재, 4백여 년 만에 다시 사라지는 중입니다. "장시간 노동에 대한 비판이 고조되고 사회복지국가로의 방향이 보이게 되자, 일본인은 점차 특별히 근면하지는 않게"[148] 되었습니다. 어떤 사람들은 '근면'이 일본인의 '민족성'이라느니 'DNA에 타고 전해지느니' 하는 식의 말을 하는데, 일본인이 근면을 미덕이라고 여긴 시간은 겨우 4백여 년 정도에 지나지 않고, 이제는 "근면 시대의 종말을 맞이"[149]하고 있습니다. 걸핏하면 '민족성'이니 'DNA'이니 운운하는 사람들의 거짓말은 이런 데서 쉽게 들통납니다. 이 이야기는 한국인에 대해서도 마찬가지로 적용됩니다. 한국인은 성실하고 똑똑한 민족성을 지녀서 세계 10대 강국을 만들어냈다는 주장은 허무맹랑합니다.

이렇듯 예속민을 이용한 농업의 한계가 뚜렷하다 보니 조선에서도 "17세기에 노비를 이용한 양반의 직영지가 급속히 감소"[150]하게 됩니다. 물론 그 정도는 일본과 달랐습니다. 일본에서는 에도 시대 초기에 인구조사에 흔히 나타나던 예속민이 중후기 들어서는 거의 사라져 보이지 않게 되지만, 조선은 독자 여러분께서 더 잘 아시다시피 멸망 직전까지 노비 제도를 포기하지 못했습니다. 1886년에 노비세습제를 폐지하고 나서도 양반들은 여전히 상민 · 노비를 차별했고, 자위단 · 양반단 등을 조직해서 물리적으로 테러를 가하기도 했습니다.[151]

1925년에는 도산서원 측이 소작료를 늦게 낸다는 이유로 소작인들을 형틀에 묶어서 매를 때리는 일이 발생했습니다. 전국에서 항의가 빗발치자 도산서원의 원장 등은 사임하면서 "양반이 농노에게 태형笞刑을 가함은 예사인데, 신성한 묘당廟堂에 소위 경고문이 내도함은 언어도단의 괴이한 일"[152]이라고 주장했고, 이에 도산서원 폐지운동이 벌어지기도 했습니다. 그리하여 한국사 연구자 박찬승 선생은 노비 문제를 비롯한 수많은 갈등을 한반도 사람들이 현명하게 해결하지 못한 결과가 육이오 전쟁 당시의 "격렬한 충돌과 반복적인 학살로 나타났다"[153]라고 결론 내립니다. 심지어 현대 한국 농촌에도 여전히 '노비'에서 발음이 바뀐 '놉'이라는 이름으로 불리는 사람들이 있습니다. 노비 제도의 흔적이 여전히 남아 있다는 뜻입니다.[154] 그리고 조선 시대의 노비와 현대 한국의 놉을 대신해 권리도 제대로 보장받지 못하고 열악한 환경에서 일하고 있는 이들이 농업 분야의 외국인 노동자들입니다.

에도 시대 일본을 떠돌던 사람들의 이야기로 돌아가겠습니다. 사실

그들 가운데 가장 끔찍한 케이스는 제겐女衒이라 불리던 인신매매꾼에게 속아서 유곽, 즉 성매매업소에 팔려가는 경우였습니다. 지금의 시마네현 하마다라는 곳에 살던 기누きぬ라는 21세 여성의 길고 긴 방랑과 고난의 이야기를 들려드리겠습니다.

기누는 1806년에 자기 동네에 나타난 도쿠베이德兵衛라는 목공인木工人과 눈이 맞아 야반도주를 했습니다. 처음에는 오사카에 가서 결혼하자고 약속했는데, 막상 가서 보니 도쿠베이에게는 아내가 있었고, 도쿠베이는 기누를 금화 5냥에 오사카의 유곽에 팔아버렸습니다. 그렇게 반년이 흐른 뒤, 도쿠베이가 기누를 오사카의 유곽에서 빼내서는 금화 30냥에 에도의 유곽에 넘겼습니다. 그렇게 해서 이번에는 에도의 유곽에서 성매매를 강요받던 중, 고지마야 신베이小嶋屋新兵衛라는 남성이 금화 40냥을 유곽에 주고 기누를 데려와 결혼했습니다.

에도 시대에는 남성이 마음에 드는 유녀를 유곽에서 빼내어 결혼하는 경우가 흔히 있었습니다. 전당포집 아들로 태어나 당대 제일의 소설가로 이름을 날렸던 산토 교덴(山東京傳, 1761~1816)도 젊은 시절부터 드나들던 에도의 유곽에서 만난 기쿠조노菊園라는 유녀를 아내로 맞았고, 기쿠조노가 2년 만에 사망하자 다시 유녀 다마노이玉の井와 결혼했습니다. 특히 다마노이와 결혼한 뒤에는 젊은 시절 그렇게 드나들던 유곽에도 발길을 끊었다고 합니다.[155]

다마노이와 마찬가지로 기누도 드디어 믿을 만한 남자를 만났다고 생각했을 터입니다만, 7년 뒤에 낳은 아이가 요절하고 남편도 1812년에 사망했습니다. 낯선 타향인 에도에 마음 둘 곳이 없어진 기누는 시댁의 허락을 얻어 자기 고향을 다스리는 영주가 참근교대를 위해 에도

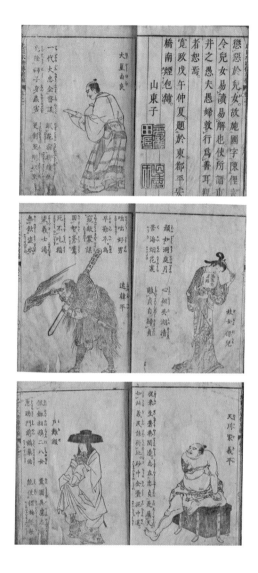

산토 교덴이 1799년과 1801년에 출판한 소설《충신수호전(忠臣水滸傳)》. 아코 사건을 테마로 한 일본의 연극《가나데혼 주신구라》와 중화권의 걸작 소설《수호전》의 내용을 결합한 독특한 내용이다. 이 작품 이후로 비슷한 방식의 소설이 많이 만들어진다. 일본인들이 한인(漢人)풍으로 그려져 있음에 주목할 것.

에 설치한 저택을 찾아갔습니다. 오카다岡田라는 무사가 하마다로 귀국한다고 하기에 함께 데려가달라고 해서 길을 나섰는데, 오카다는 이세진구에 참배를 간다고 해서 도중에 갈라지고 기누는 오사카로 갔습니다.

그런데 오사카에서 덜컥 도쿠베이와 다시 맞닥뜨렸지 뭡니까. 도쿠베이는 하여간 일단 자기 집으로 가자고 하며 기누를 끌고 갔습니다. 일단 도쿠베이의 집에서 하룻밤을 보내게 된 기누는 이제까지 당한 일이 있기 때문에 그날 밤 자지 않고 도쿠베이 부부가 하는 이야기를 엿들었습니다. 이들 부부는 기누가 이제 나이가 들어서 대도시의 유곽에는 팔아도 크게 돈이 되지 않지만, 고향으로 데려다준다고 하고 중간에 오노미치나 사누키 같은 지방 도시에 팔아넘기면 조금은 돈이 될거라는 이야기를 나누었습니다. 도쿠베이의 속셈을 알게 된 기누는 오사카를 떠나 서쪽 아카시明石에서 일단 도망쳤다가, 결국 붙잡혀서는 얻어맞고 자상도 입어 일단 탈출을 포기합니다.

그리하여 아카시에서부터 배를 타고 서쪽으로 떠난 두 사람은 오노미치에 이르렀습니다. 도쿠베이가 근처에서 내려 이 지역의 큰 신사인 곤피라金比羅 신사에 참배하러 가자고 꼬셨지만, 기누는 절대로 배에서 내리지 않았습니다. 오노미치에서 기누를 유곽에 팔려던 계획이 틀어진 도쿠베이는 기누의 고향 하마다로 가면 자신의 그간 행적이 드러나서 곤란하니 지금의 야마구치현에 해당하는 조슈에서 둘이 새살림을 차리자고 꼬시기 시작합니다. 조슈 시모노세키의 유곽에 자기를 팔려는 속셈이 틀림없음을 알아챈 기누는 시모노세키에 꼭 가고 싶기는 한데, 일단 고향에 가서 어머니에게 여행 경비를 빌린 뒤에 가자고 도

에도 시대에 슈쿠바(宿場), 조선의 역참(驛站)에 해당하는 곳에서 인신매매되어 성매매를 강요당하던, 메시모리온나(飯盛女)라 불리던 여성들을 추모하는 비석. 에도 시대에는 이들을 '어린이(子供, 고도모)'라고도 불렀기 때문에, 이 비석을 '어린이를 함께 묻고 위로하는 비석(子供相埋碑, 고도모고마이히)'이라고 부른다. 도쿄 신주쿠 소재.

쿠베이를 구슬렀습니다. 도쿠베이가 기누의 꾀에 속아서 1813년 10월 14일에 기누의 고향 마을에 도착하자, 기누는 그날 밤 몰래 숙소에서 빠져나가서 친척에게 도망쳤습니다. 그러고는 도쿠베이를 쫓아내고, 허가 없이 동네를 빠져나간 죄를 용서해달라는 청원서를 지역 관리에게 제출했습니다.[156] 서일본의 시골 마을에서 출발해서 오사카, 에도, 혼슈 서쪽 끝까지 헤맨 끝에 8년 만에 귀향한 대하 서사시 같은 이야기였습니다.

민중사 연구자 기쿠치 이사오 선생은 에도 시대에 유곽에 팔려갔다 탈출한 여자아이 두 명의 사례를 소개합니다. 인신매매범에게 팔려서 유곽으로 가던 길에 탈출한 두 사람은 각각 조밭과 콩밭에 숨어 있다가 인근 마을에 도망쳐서는 고향에 가봤자 이미 부모의 목숨이 오늘

내일 하기 때문에 이 마을에 머물러 있게 해달라고 간청했다고 합니다.[157] 기사부로丙三郎라는 사람은 오스기ホ杉라는 여성을 부잣집에 양녀로 보내주겠다고 그녀의 부모를 속이고는 이자와 시치다유伊澤七太夫에게 하녀로 팔아버렸는데, 오스기가 이자와의 집에서 탈출했다가 또다른 인신매매범에게 속아 그의 집에서 성매매를 강요받은 일이 1674년 11월에 있었습니다.[158] 오스기의 부모가 과연 인신매매범 기사부로에게 속았는지, 알면서도 보냈는지는 모르겠습니다만, 에도 시대부터근대에 걸쳐 부모가 돈을 받고 딸을 유곽에 파는 사례는 적잖이 발생했습니다.

한편, 에도 시대에는 범죄로서의 인신매매와는 다르게 피지배민, 특히 여성이 거래될 때가 있었습니다. 기근 등의 재난으로 황폐해진영지를 부흥시키기 위해 번이 이웃 번의 주민을 대량으로 이주하게하거나, 이웃 번의 여성들을 자기 번으로 데려와 총각들과 결혼시키는 것입니다. 도호쿠의 나카무라번은 덴메이 대기근 때 영지의 인구48,000여 명 가운데 16,000여 명이 사망하자 다른 지역에서 들어오는이민 정책을 추진했고, 1834년에는 이웃 번의 여자를 사오는(女買入, 온나카이이레) 정책을 펼쳤습니다. 이 정책을 전하는 문서에 따르면, 그전에도 다른 번의 여성들을 자기 번으로 사와서 미혼 남성들과 결혼시켜 농업을 활성화하려 했지만, 몸값이 너무 비싸서 사올 수 없었는데, 1833년에 큰 흉작이 들어서 여성들의 몸값이 떨어져 드디어 성사되었다고 합니다. 구입해올 여성의 나이는 14~5세 이상이어야 하지만, 경우에 따라서는 12~3세도 가능했습니다. 여성의 몸값은 그 여성과 결혼할 남성이 전액 지불해야 하지만, 그것이 불가능하면 우선 3분의 2

든 3분의 1이든 내고 나머지 금액은 나중에 갚게 하겠다고 나와 있습니다. 구입해올 여성의 수는 60명 이상으로 계획했습니다.[159] 이 계획이 실행되었는지는 확인되지 않지만, 지금까지 몇 번이나 등장한 마쓰다이라 사다노부가 시라카와번의 번주였던 시기에 중북부 일본의 에치고 지역에서 수백 명의 여성을 구입해 번 내의 미혼 남성들과 결혼시켰음[160]을 고려하면 결코 황당무계한 계획이 아니었음을 알 수 있습니다.

2020년 6월초 러시아 연방 서남부의 체첸 공화국을 다스리는 람잔 카디로프Рамзан А. Кадыров는 이슬람법에 따라 코로나19의 유행으로 신부 구입할 자금이 부족해진 미혼 남성들을 후원하기 위해 1천만 루블을 모금하겠다는 계획을 발표했습니다. 미혼 남성이 있는 207개 가구에 각각 5만 루블씩 주겠다는 것입니다.[161] 체첸 공화국은 원체 척박한 기후에 보수적인 풍토인데다가, 두 차례의 체첸 전쟁과 이후 이어진 게릴라전 때문에 더욱더 여성이 살기 힘든 곳이 되다 보니 괴짜 독재자로 평가받는 카디로프가 이런 발상을 한 것 같습니다. 하기는 동남아시아의 여성들을 사실상 구매해와서 온갖 고생을 시키고 끝내 살인까지 저지르는 사건이 끊이지 않고 있는 한국[162]이라는 나라에 사는 사람들이 카디로프를 비웃을 일은 아닙니다.

# 3

# 낙태, 영아 살해,
# 아이 버리기

## 모두가 결혼하는 사회는
## 언제 시작되었나

　　　　　　　　중세까지 일본에서는 결혼해서 가정을 이루
지 않고 평생 독신으로 살다 죽는 사람이 인구의 상당수에 달했습니
다. 특히 예속민은 "겨우 끼니를 잇는 수준"[163]으로 삶을 이어나갔기
때문에 이들이 결혼해서 가족을 꾸리기는 불가능했습니다. 하야미 아
키라 선생이 지금의 고쿠라 지역에서 1622년에 작성한 인구조사 문
서를 분석한 결과에 따르면, 16~50세의 예속민 여성 가운데 결혼한
사람은 전체의 8.7%에 지나지 않았습니다. 에도 시대 초기까지 예속
민 여성 10명 가운데 채 1명도 결혼하지 못한 셈입니다. 조선에서도
1630년 경상도 산음현 호적에 따르면 상민 가운데 27.3%가 1인 가족
이었고, 천민 가운데 32.8%가 1인 가족이었습니다. "신분이 낮아 결혼
할 수 없는 사람이 많았던" 것입니다.[164] 이렇듯 혼자 사는 예속민들이

신분 해방이 되어 점점 더 많이 결혼하게 되면서 출생률이 늘어나는 현상을 역사인구학에서는 '개혼사회皆婚社會'라고 부릅니다.[165]

이리하여 소규모 경작지를 소규모 가족이 경작하는 소농小農 사회가 탄생하면서, 소나 말 대신 온 가족이 쟁기를 끌고 땅을 깊이 파서 비료를 대량으로 투입하며 토지 생산력을 최대한 높이는 경향이 나타났습니다. "융통성 없는 우마의 노동에 의존하기보다는 가족의 아낌없는 노동에 기대하는 쪽이 벼농사에 유리"[166]했기 때문입니다. 물론 "뼈 빠지게" 일해야 했기에 "에도 시대 남자 성년의 평균 수명은 수명이 늘어난 여자나 저연령 계층과는 달리 오히려 정체 양상"[167]을 보였습니다. 물론 "여성의 수명이 뚜렷하게 늘어난"[168] 덕분에 에도 시대 농민은 평균적으로 5~10년 정도 더 오래 살았다고 합니다.

농민들이 이렇게 고되고 근면하게 노동한 결과, 에도 시대에는 경지 면적이 2배로 증가했고, 생산량은 4배 이상 증가했습니다. 이를 종합하면 "농민 1인당 생산량은 어느 정도 증대"[169]했음을 알 수 있습니다. 이러한 생산량의 증가가 산업혁명 이전에 영국에서 나타난 농업혁명과 정반대 방향에서 달성된 성과였고, 그러므로 에도 시대 일본에서 산업혁명은 자생적으로 탄생할 수 없었음을 밝힌 것이 역사인구학자 하야미 아키라 선생의 근면혁명론입니다. 에도 시대에 농촌의 토지 생산력은 높아졌고, 오사카와 에도를 중심으로 한 상업적 발전은 일본 전국 구석구석까지 영향을 미쳤으므로 "외부로부터 자극이 주어지면 공업화가 시작될 수 있는"[170] 시대였기는 했지만, 그렇다고 해서 에도 시대에 자생적으로 영국식의 산업혁명이 나타나지는 않았습니다. 물론 전 세계의 모든 지역 주민이 영국식 산업혁명을 만들어내기 위해 살아온 것은 아닙니다. 지역마다 각 지역의 특성에 맞는 최적의 생산 방식을 고안해냈습니다. 그 가운데 일본의 에도 시대 농민들이 도달한 해답은 소농 가족이었다고 해야 합니다.

최대한 토지 생산성을 높이기 위해 농민들은 효율적으로 농사짓고 집안을 이을 수 있는 최적의 가족 조합을 만들어내고자 했습니다. 이를 위한 전략이 마비키間引き, 낙태, 아이 버리기棄兒였습니다. 이 세 가지 방법은 모두 인위적으로 가족 구성원을 조절하는 방법이었지만, 그 의미는 서로 달랐습니다.

가장 먼저 문제가 되었던 방법은 마비키였습니다. 이는 곡물이나 과실수가 너무 빽빽하게 자라지 않도록 중간 중간 솎아내서 공간을 띄운다는 농업용어에서 온 말입니다. 글자 그대로 '사이間 띄우기引き'입니다. 마비키는 아기를 일단 낳은 뒤에 남자인지 여자인지, 건강한지 허약한지 등을 점검하고 나서, 가족의 미래에 도움이 될 것 같으면 살리고, 그렇지 않으면 바로 죽이는 행위입니다. 명백한 살인이지만, 마비키가 아니었더라도 워낙 영유아 사망률이 높아서 에도 시대 전기에 농촌 지역에서는 큰 죄책감 없이 이루어졌습니다. 그래서 에도 시대 중기인 18세기 중반까지 각종 출산·육아 관련 공문서나 책에는 주로 마비키를 비판하고 금지하는 내용이 실려 있었습니다.

하지만 시간이 지나면서 전반적으로 영양 상태가 좋아지고 위생·예방의학 수준이 올라가면서 인간의 평균 수명이 길어진 것은 물론, 특히 영유아가 태어나서 7~8세가 될 때까지 살아남을 확률이 높아졌습니다. 이러한 이유에서 일단 태어난 아이를 죽이는 데 대한 죄책감과 거부감이 사회 전반적으로 커졌습니다.

19세기가 되면 지역적으로 편차는 있지만 마비키는 전반적으로 줄어들고, 아기가 태어나기 전에 산모의 배 안에서 '처리하는' 낙태, 그리고 일단 키워 보다가 여러 사정으로 도저히 불가능해졌을 때 아이를 버리는 행위가 늘어나게 됩니다.[171] 이 가운데 낙태는 기술적인 문제 때문에 상대적으로 적게 이루어졌으므로, 에도 시대를 관통하는 두 가지 인구 조절 방법은 마비키와 아이 버리기였다고 할 수 있습니다. 그리고 사회의 관심은 마비키 규제에서 아이 버리기 규제 쪽으로 이동했습니다.

# 태어난 아이를 죽이는
# 마비키

마비키는 임신을 조절하는 방법도 모르고, 낙태의 기술도 부족하며, 어린이가 될 때까지 키울 경제적 능력도 없는 시절에 흔히 선택했던 방식이었습니다. 마비키를 엄격하게 금지하는 불교 종파인 조도신슈浄土眞宗가 세력을 떨치고 있던 중부 일본의 호쿠리쿠 지역[172]을 제외한 일본 각지에서는 입에서 입으로 마비키 풍습에 관한 전설이 전해져 내려왔고, 역사인구학적으로도 이 풍습이 실행되었다고 추정할 수 있습니다. 하지만 에도 시대에 이미 마비키에 대한 반대 의견이 있었고,[173] 제도적으로 인정되지도 않아서 마비키 관습이 정말로 있었는지 확인하기는 쉬운 일이 아니었습니다.

마비키 관습이 정말로 있었다는 사실을 증명한 문서는 도호쿠 미나미아이즈 지역의[174] 쓰노다 도자에몬角田藤左衛門이 1683~1735년 사이에 온갖 사안을 기록한 《만사각서장萬事覺書帳》이었습니다. 이 문서에는 쓰노다 도자에몬이 10명의 아이 가운데 3명을 태어나자마자 "눌러서 되돌렸다押返し"라는 기록이 아무렇지도 않다는 뉘앙스로 적혀 있습니다. 이는 아이가 태어나기 전에 속해 있던 신과 부처의 세계로 다시 보냈다는 뜻으로, 죽였다는 말입니다. 마비키 행위를 부끄러워해서 감추려는 생각 없이 당연히 할 일을 했다는 식으로 무심하게 기록한 이것이야말로 마비키 행위가 역사의 한 시기에 존재했음을 보여주는 강력한 증거입니다.

다만, 도자에몬은 《만사각서장》에서 자기 아기를 "눌러서 되돌려보냈다"라든지 "아기를 되돌려보냈다子返し"라고 적어서 아무 문제 의식을 드러내지 않았지만, 하녀, 즉 자신의 재산인 요네よね가 아기들을 마비키했을 때는 "죽이다ころす,なくす"라고 표현하고 있습니다. 그러므로 그가 정말로 마비키를 살인이 아니라고 생각했는지, 아니면 자기가 하는 것은 괜찮아도 하녀가 하는 것은 용서할 수 없다고 생각했는지는 알 수 없습니다.

도자에몬은 하녀 요네가 마비키를 한 사실을 알고는 요네의 아버지이자 자신의 노비인 헤이스케平助에게 연락해서 항의합니다. 헤이스케가 자기 딸의 마비키를 사과하자, 그때서야 도자에몬은 "사과를 받았으니 참겠다"라고 답합니다. 왜 이런 대화가 오갔는가 하면, 자기 노비의 딸인 요네가 낳은 아기도 장차 자신의 노비가 될 것이기 때문입니다. 즉, 도자에몬은 하녀 요네의 마비키를 도덕적으로 비난한 것이 아니라, 자신의 재산인 노비가 될 아기를 하녀가 죽여서 재산상 손실을 입었다고 생각했습니다. 반면, 요네는 아기를 자기 소유로 생각하여 주인의 허락을 받지 않고 마비키한 것입니다.[175] 이렇게 예속민에 대한 소유권 문제가 흔들린 것이 도자에몬이 《만사각서장》을 남긴 17~18세기 전환기의 상황이기도 합니다.

한국사 연구자 김건태 선생에 따르면, 조선 시대 양반들은 재산 관리, 특히 "노비 규모를 늘리는 데" 적지 않은 관심을 보였습니다. 조선 시대 중기의 이황은 자기 노비를 양인良人과 결혼시키는 데 적극적이었는데, 양천교혼良賤交婚 제도에 따라 노비와 양인 사이에서 태어난 자식은 법적으로 노비가 되므로 자기 재산이 늘어나기 때문이었습니다.[176] 조선은 이 제도 때문에 노비가 크게 증가해서 인구의 30~40%[177], 많이 잡으면 절반 이상으로[178] 늘어나는 결과를 낳았습니다.

현대의 한국인은 거의 대부분 족보를 가지고 있고 스스로 양반의 후예라고 생각하지만, 실상은 크게 다릅니다. 한때 인구의 절반에 달했던 노비들이 한반도를 떠나 어딘가로 집단이주하지 않은 이상, 현대 한국인 누군가의 조상이 되었을 것입니다. 좀 더 정확히 말하자면, 이 책을 쓴 저와 많은 독자분의 핏속에는 양반과 중인과 상민과 노비와 백정의 피가 골고루 섞여 있을 터입니다. 이 여러 계급의 조상들 가운데 가장 그럴듯한 양반을 택해서 그들만이 본인의 조상이라고 생각하고 계신 분이 많은 것입니다. 또는 다른 집안의 족보를 사서는, 남의 조상을 자기 조상이라고 믿고 있을 수도 있습니다.

한편, 하녀 요네는 마비키를 한 뒤에 주변에는 "아기가 죽어서 태어났다死産"라고 말했던 것 같습니다. 하지만 도자에몬은 요네가 자신의 아기들을 "눌러서 되돌렸다押かえ"라고 적었습니다. 에도 시대 후기의 기록에서는 종종 아기를 마비키하고 나서 사산했다고 거짓말을 했다는 내용이 보이는데, 요네도 그랬습니다. 그러나 요네의 이 거짓말에 속지 않은 도자에몬은 자신의 재산이 되었을 터인 아기의 사망 정황을 조사한 뒤 "눌러서" 마비키했다고 표현했습니다. 도자에몬은 아내가 자신의 아기를 낳았을 때도 똑같이 했습니다. 마비키할 때는 눌러서 죽이는 것이 일반적이었음을 알 수 있습니다.[179]

16세기 중기에 일본에 와 있던 포르투갈인 예수회 선교사 루이스 프로이스(Luís Fróis, 1532~1597)는 1567년의 기록에 당시 일본에서 성행하던 마비키에 관해 다음과 같은 글을 남겼습니다. "어떤 사람은 태어난 후 아이 목에 발을 올려 질식시켜 아이를 죽였고, 또 어떤 사람은 낙태가 되게 하는 약초를 먹기도 했다.”[180] 이처럼 마비키에 관한 기록이 일찍부터 남아 있고, 에도 시대에 전국적으로 성행한 관습이다 보니, 이를 일본적인 현상으로 이해하는 경향이 있습니다. 미국에서는 ‘마비키’라는 일본어를 제목으로 내건 연구서가 나오기도 했습니다.[181]

## 그들은 왜
## 되돌아가야만 했는가

마비키는 에도 시대 일본에서만 일어났던 일이 아니라, 전근대 사회에서 흔히 일어나던 일이었습니다. 역사학자 로버트 단턴은 유명한 《고양이 대학살》에서 18세기 프랑스의 농민들이 취했던 마비키 전략을 생생하게 그려내고 있습니다. 17세기 프랑스 일부 지역에서는 출생한 아기 1천 명 가운데 236명이 한 살 전에 죽었고, 18세기 프랑스에서는 인구의 45%가 10세 전에 죽었습니다. 이들 가운데에는 자연사도 있겠지만, 명백한 마비키도 늘상 이루어졌습니다. 한 살 이전의 아기를 부모 사이에 놓고 재우면 안 된다는 교회의 칙령이 있었던 것으로 보아, 부모가 아기를 재운다는 명목으로 자신들 사이에 놓고는 질식사시키는 경우가 많았던 듯합니다.[182]

한반도에서는 《삼국유사三國遺事》에 있는 〈손순이 아이를 묻다孫順埋兒〉라는 전설이 이른 시기의 마비키 행태를 보여줍니다. 워낙 유명한 이야기이니 전체 줄거리를 말씀드릴 필요는 없겠습니다. 요는 경상도 경주의 가난한 집에서 손주 아기가 할머니가 먹을 식량까지 먹어치우자 둘 사이에 낀 아버지이자 아들인 손순이 아기를 땅에 묻으려 했다는 내용입니다.

《한국민족문화대백과사전》에서는 이 행위에 대해 다음과 같이 적고 있습니다. "부모를 봉양하기 위해 자기 자식을 직접 희생시키려 하는 행동은 현실성이 의심되고 윤리성도 문제가 된다."[183] 하지만 키워

보았자 7~8세 이후까지 살아남을지 어쩔지 알 수 없는 아이보다 살면서 겪을 기근과 각종 재난에서 살아남은 성인을 먼저 살리는 일은 전근대 사회에서는 흔히 있었습니다. 그러므로 손순이 아이를 묻으려 한 일의 개연성은 의심스럽지 않습니다. 또한 방금 설명드린 이유에서 손순은 스스로 윤리적으로 문제가 되는 행위를 하지 않았다고 생각했거나 최소한 어쩔 수 없는 선택이라는 자기 합리화를 할 수 있는 상황에 처해 있었습니다.

이 전설은 아기를 묻으려고 땅을 팠더니 돌종이 나왔고, 그 종소리가 궁궐의 임금에게까지 들려서 손순 가족에게 상을 주었다는 결말로 끝납니다. 임금은 손순에게 상을 주기에 앞서, 애초에 아기를 땅에 묻지 않아도 될 정치·경제적 상황을 만들었어야 합니다. 이런 의미에서 손순이 아기를 묻으려 한 일은 단순히 가난이나 기근과 같은 자연재해에 의한 비극일 뿐만이 아니라, 지배 집단에 의한 인재人災이기도 합니다. 에도 시대에 마비키를 하지 말자고 홍보하는 윤리서나 남성 농촌 지도자가 작성한 농서農書에는 시어머니가 자신에게 돌아올 몫을 늘리고 손주 돌보는 괴로움을 회피하기 위해 손주를 죽인다는 비판이 흔히 보입니다. 하지만 진짜 문제는 할머니와 손주를 경쟁하게 만드는 사회 시스템과 가난이었습니다.[184]

조선 시대가 되어도 마비키 풍습은 한반도 북부에서 여전히 이어졌습니다. 《선조실록》 1601년 8월 18일 자에는 윤황이라는 사람이 북쪽에서 관찰한 마비키 풍습이 실려 있습니다. 먹고살기는 힘든데 나라에서 요구하는 바가 많으니, 가족의 머릿수라도 줄여야 나라에서 덜 뜯기고 한 입이라도 줄일 수 있다는 것입니다.

북방에서는 부역이 번거롭고 무거워 백성들이 살아갈 수 없으므로 자식을 낳으면 묻어버립니다. 이는 비록 고달픔을 견디지 못해 그러는 것이지만, 강상과 관계되는 것인데도 괴이하게 여기지 않으니, 보기에 매우 참혹하고 불쌍합니다.

이 말을 들은 국왕 선조와 신하들의 대화가 가관입니다. 선조는 "예전부터 그런 일이 있었는가?"라고 묻습니다. 자기가 다스리는 나라의 변방에서 무슨 일이 벌어지는지 모른다는 뜻입니다. 이 질문에 어떤 신하가 이렇게 답합니다. "북쪽 변방은 오랑캐와 가까워 왕화王化가 미치지 못하기 때문에, 그들의 습속에 물들어 이런 일이 있게 된 것입니다. 비록 예전부터 있어 왔지만 지금은 더욱 심하다고 합니다." 그러니까 북쪽 지역은 만주와 가까워서 사람들이 오랑캐처럼 살다보니 원래부터 그런 야만적인 행위를 했고, 요즘 들어 더욱 심해졌다고 하는 소리입니다. 자신들 정부 관료에게는 책임이 없다는 얘기입니다.

이 말에 대해 다른 신하는 임진왜란을 겪은 뒤에도 나라가 백성에게 요구하는 부역과 세금이 줄지 않아서 그렇다고 정론을 펼칩니다. 선조 때 사람인 유몽인(柳夢寅, 1559~1623)의 글을 모은《어우집於于集》에도 "북쪽 사람들은 군역 의무 지는 것을 싫어해서 남자아이가 태어나면 거두지 않으니, 그 아기가 아침에는 앵앵 울다가 해 질 녘이 되면 조용해진다. 그래서 확인해보면 이미 땅에 묻은 것이다"라고 하여, 여자아이가 태어나면 기르지만, 남자아이가 태어나면 죽인다고 적혀 있습니다. 일본의 도호쿠 지역처럼 아버지가 아기의 목을 눌러서 숨을 끊었는지, 신라의 손순처럼 그냥 땅을 파고 집어넣었는지는 모르겠습니다. 유몽인은 이러한 상황에 대해 주민들이 오랑캐 같아서 인정을 모른다고 비판하지 않고, 정치가 잘못되었다고 지적합니다. "어미 소가 송아지를 아끼는 것과 사람이 자기 아이를 사랑하는 마음은 똑같다. 그런데 자기 아기를 죽이는 짓은 차마 그럴 수 없는 일을 참고 그렇게 하는 것이니, 이는 가혹한 정치가 그렇게 만들었다."[185]

임진왜란으로부터 60년 정도가 흐른 뒤에 기록된 《효종실록》 1658년 8월 19일 자 기사에는 북부의 마비키·아이 버리기 상황이 국왕 효종의 입을 통해 더욱 구체적으로 설명되어 있습니다.

> 북변에는 도망간 백성을 쇄환하는 법이 있으나, 마을이 반이나 비었으므로 남은 백성들이 부역을 견디지 못해 사내아이를 낳으면 심지어는 젖을 주지 않고 버린다고 한다. 아, 세상에 어찌 이런 일이 있을 수 있겠는가. 아버지와 아들 사이의 자애로운 정은 어리석은 자나 지혜로운 자나 똑같은데 사랑을 끊어서 버리고 돌아보지 않으니, 이 어찌 백성들의 본마음이겠는가. 이는 필시 절박한 근심이 몸에 다가와 보호할 수 없어서 이런 변이 있었을 것이다. 백성의 부모가 되어 은혜를 아래에까지 입히지 못하여 우리 백성들을 이러한 지경까지 이르게 하였다.

앞서 선조와 신하들은 북부 지역의 상황을 제대로 파악하지 못했고, 만주 여진족과 가까이 지내다보니 오랑캐의 풍습을 따라한다며 그곳의 주민들을 비난했습니다. 그에 비하면 효종은 이러한 상황이 정치를 잘하지 못하는 자신의 탓이라고 말하고 있으니 선조보다는 효종이 낫다고 하겠습니다. 하지만 반성만 하면 뭐합니까. 조선 시대 정

낙태, 영아 살해, 아이 버리기

치의 목표가 백성들을 골고루 잘살게 하자는 것이 아니었는데.

효종의 말이 있고 백 년 뒤에 기록된 《영조실록》 1768년 8월 27일 자에는 북방 지역 주민들이 굶주린 끝에 "목을 매고 자식을 묻는다"[186]라는 보고가 조정에 올라와서 영조가 한탄했다는 기록이 실려 있습니다. 그나마 삼국 시대나 고려 시대의 경주에서는 아기 한 명만 죽이면 나머지 가족이 살 수 있었는데, 조선 시대의 함경도에서는 전쟁통이 아닌데도 온 가족이 집단 자살하는 상황이 벌어지고 있었습니다.

나아가 육이오 전쟁이 끝나고 아직 연합군이 인천에 주둔하던 시절, 인천 만석부두의 바다에는 '양색시', 즉 미군 위안부 여성이 낳은 혼혈 아기의 시체가 늘상 버려지곤 했습니다. 그 지역에 오래 사신 어떤 분은 바다에 버려진 아기들의 시체가 물에 불어 떠다니다가, 축대 틈에 끼여 '개구락지'[187]처럼 말라붙은 모습을 회상합니다.

여기까지 살펴본 것처럼 한반도의 문헌에서 확인되는 마비키는 대체로 기근과 자연재해, 가혹한 정치와 전쟁이라는 인재人災로부터 살아남기 위해, 또 가혹한 지배 집단으로부터 덜 뜯기기 위해 가족 수를 줄이려는 노력에서 비롯한 전략이었습니다. 중화왕조들의 경우에는 대청제국 시절에 인구를 늘리기 위해 여자아이에 대한 마비키를 금지하고, 세계 최초로 천연두 접종을 시행했습니다. 그 결과, 제국 내의 여성 인구 비율이 높아지면서 결혼율과 출산율이 높아졌고, 이렇게 태어난 아이들은 천연두 접종을 통해 생존 확률이 높아졌습니다.[188] 이처럼 한반도와 중국에서의 마비키는 기본적으로 자연재해와 인재로부터 최소한의 생존을 확보하기 위한 전략이었습니다.

이에 비해 에도 시대 일본에서 확인되는 마비키는 굶주림으로부터 벗어나는 노력에서 한 발짝 더 나아가서, 이제까지보다 더 잘살기 위해 선택하는 전략인 경우가 많았습니다. 그래서 당시 각지의 다이묘들이나 지식인들은 농민들이 사치를 위해 마비키를 한다며 비판했고, 더 많은 아이를 낳아 길러서 더 많은 쌀을 생산하라고 다그쳤습니다. 물론 농민들이 그렇게 생산한 쌀은 영주들에게 바쳐지고, 잉여 집단인 무사나 지식인의 사치스러운 생활을 위해 돈과 바꾸어졌을 것입니다.

센다이번의 유학자 아시 도잔은 1754년에 작성한 《아시 도잔 상서》에 50~60년 전, 즉 1600년대 말쯤까지는 집마다 자녀를 5~8명은 낳아 길렀는데 요즘에는 "한두 명만 남기고 나머지는 기르지 않습니다. '되돌린다'고 표현하면서 낳자마자 그 부모가 잔혹하게 처리합니다"라고 적었습니다. 그리고 처음에는 중하층 농민들만 이런 풍습을 행했는데, 요즘에는 부유한 주민들도 "기르는 괴로움이 없도록 아이를 적게 낳는 게 낫다"라며 3~4명만 기른다고 했습니다.

아시 도잔과 마찬가지로 센다이번에서 고리부교郡奉行라는 관료로 근무했던 오와다 곤베이大和田權兵衛도 《관견록管見錄》이라는 기록에서 똑같은 지적을 하고 있습니다. 옛날에는 농민들이 2~5명의 남자아이를 길렀기 때문에 번에 일이 있으면 백성들을 쉽게 동원할 수 있었는데, 자신이 태어난 18세기 중후반에는 중간 계층의 농민들이 자녀를 2, 3명밖에 기르지 않게 되었다고 한탄합니다.[189]

번으로서는 군사적 목적이나 각종 공사에 동원하고 세금을 걷을 백성의 수가 줄어드니 한탄할 만했습니다. 하지만 백성들로서는 가족 수를 줄여서 번에 시달릴 일을 줄이는 것도 지배 집단에 대한 소극적 저항이었습니다. 이런 점에서는 조선 시대 북부 지역에서 부역 · 군역에

가쓰키 규잔. 후지나미 고이치(藤浪剛一) 편 《의가선철초상집(醫家先哲肖像集)》(刀江書院, 1936) 수록.

끌려갈 상황을 걱정해 남자아이를 마비키했던 것과 목적이 똑같습니다.

중부 일본의 미노 지역 나카하라 마을의 출생 패턴을 연구한 미국의 토머스 스미스Thomas C. Smith[190]는 아시 도잔과 오와다 곤베이가 센다이번의 출생 패턴에 대해 주장한 바와 마찬가지로 에도 시대의 나카하라 마을에서도 농촌의 상층부터 하층까지, 그리고 흉년이든 풍년이든 마비키를 행했다고 보고합니다. 이들 농민은 미래의 생활 수준을 유지하고 향상하기 위해 농지 규모와 가족 규모, 남녀 수의 균형, 출생 간격 등을 치밀하게 계산했습니다.[191]

또한 오늘날의 기준으로는 받아들이기 힘들지만, 에도 시대의 문헌에서는 기형아와 미숙아가 마비키되기 쉬웠다는 증거들이 보입니다. 에도 시대 최고의 부인과·소아과 의사인 가쓰키 규잔(香月牛山, 1656~1740)은 1703년에 쓴 산과서·육아서《소아필용양육초小兒必用養育草》(1703년 서문)에 "도저히 말로 표현할 수 없이 생긴 불구 아기가 태어날 경우가 있다. 자라난 뒤에도 남 앞에 내놓기 어려운 종류의 아이를 어떻게 처리할지는 부모의 뜻에 맡겨야 한다"[192]라고 적었습니다. 장애인의 권리를 주장하기 전 시대의 일입니다. 또한 쌍둥이나 일본에서 사람들에게 정해져 있다는 불운의 해 액년厄年에 태어난 아이들도 마비키될 가능성이 컸습니다. 물론 액년 운운하는 것은 마비키를 하기 위한 핑계였고, 살려두고 싶을 때는 주술적으로 해결하는 방법을 동원했습니다.[193]

가쓰키 규잔이 집필한 휴대용 의학 서적《권회식경(卷懷食鏡)》(1766년 출판). 담배가 어느 지역에서부터 일본에 들어왔는지 설명하는 과정에서 이익의《성호사설》을 인용하고 있는 등, 저자는 조선의 각종 서적을 널리 살폈다.

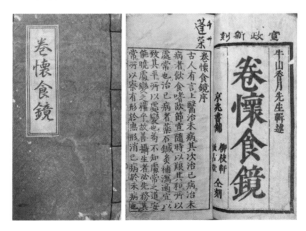

# 에도 시대의
# 출산 장려 정책

이처럼 에도 시대 농민들에게 마비키는 자신
과 집안의 생존과 번영을 위한 전략이었습니다. 마비키를 함으로써 에
도 시대 후기에 일본 전체의 일인당 소득 수준은 향상될 수 있었고,[194]
무조건 많은 아이를 낳아 가난하게 기르기보다는 적은 수의 아이만
잘 먹이고 잘 입혀 기르자는 분위기가 만들어졌습니다. 여기서 말하는
'잘 입힌다'는 집에서 직접 만든 옷이 아니라 상업 거점에서 수입한 상
품 의류를 입힌다는 뜻입니다.[195]

지배 집단은 교토의 전통 있는 옷가게에서 만든 옷을 입으면서 농
민이 이렇게 상품으로 파는 옷을 사서 입는 꼴은 못 견뎌 했습니다.
왜, 현대 한국이나 북한에서도 국민들에게는 국산품을 애용하라고
하고 고관대작들은 미제·일제 제품을 밀수해서 쓰는 일이 흔했지
않았습니까.

가난한 사람에게 자녀가 많은 것은 삶에 족쇄가 된다는 "고후벤子不
便"[196]이라는 말이 동일본과 도호쿠 사이에서 널리 입에 오르내리고,
마비키라는 형태의 산아 제한을 통해 생활을 향상할 수 있는데도 자녀
를 많이 낳는 가족은 마을 사람들에게 비난받는 분위기까지 형성되었
습니다. 소가족이 최대한 근면하게 농사일을 하기 위해서는 집안의 여
성도 총동원해야 하는데, 필요 이상으로 아이를 낳아서 육아에 엄마가
시간을 빼앗기면 농사일을 전반적으로 망친다는 논리였습니다. 그래

서 소아과 의사 가쓰키 규잔은 《소아필용양육초》에서 비윤리적인 마비키 관습을 없애면서도 가임기 여성의 사망률을 낮출 수 있는 방법으로 모유 수유를 권장하기도 했습니다. 산모가 젖엄마를 쓰지 말고 직접 모유를 먹여서 아이를 기르면 다음 임신까지 3~4년의 시간 여유가 생기므로 산모도 건강해진다고 적었습니다. 그렇지 않고 젖엄마에게 아이의 수유를 맡기면 매년 임신하게 되어 산모의 건강이 나빠지고 아이들도 허약하게 태어난다는 뜻입니다.[197]

사정이 이렇다 보니, 19세기가 되면 여러 번들은 농민들에게 아이를 많이 낳아 기르라고 협박하고 꾸짖기만 해서는 문제가 해결되지 않는다는 사실을 받아들입니다. 시라카와번의 번주인 마쓰다이라 사다노부는 강온 양면 전략을 펼친 대표적인 영주입니다. 무당에게 마을을 돌면서 죽은 아이들의 신이 들린 듯이 연기하게 하고, 불교의 지옥 그림을 인쇄해서 영지 내의 각 마을에 나누어주고는 마비키의 죄악상을 설교하게 한 것은 공포 전략입니다.

다른 한편으로 다섯 명 이상 아이를 낳은 사람에게는 매년 쌀 한가마니씩을 포상하고, 영지 내에서 태어난 아이들에게 일일이 이름을 지어주어 형식적으로나마 영주와 백성들이 아버지와 자식 관계를 맺게했습니다. 감히 영주가 이름 붙여준 아이를 죽이지는 않으리라는 계산이었습니다. 그리고 앞에서 말씀드렸듯이 기근이 든 이웃 마을의 여성들을 데려와서 영지 안의 미혼 남성들과 결혼시키는 등 그는 영지의 인구를 늘리기 위해 온갖 기발한 정책을 고안해냈습니다.[198]

아이즈번에서도 아이를 낳을 때마다 수당을 지급하는 정책을 취했습니다. 이렇게 육아 수당을 지급하는 정책을 '아카고 요이쿠 시호赤子

養育仕法'[199]라고 부릅니다. 아이가 네 명째 태어난 어떤 농민 집안이 원래는 돌려보냈어야 할 아기를 번의 정책을 믿고 살려두었다며 보육료 지급을 요청하는 문서가 남아 있는 것을 보면, 이 정책은 실제로 효과가 있었던 듯합니다.

이 사람은 정말로 가난한 자로서, 남자아이와 손자를 합쳐 10살 미만의 아이가 네 번째 태어났음에 틀림이 없습니다. 영주님의 어진 정치의 취지에 따라 아기를 돌려보내지 않고 거두었는데 (중략) 많은 수의 아이를 양육하려니 여러 비용이 들 뿐 아니라, 아이들을 기른다고 농사일도 하지 못해 더욱 곤란에 처해 있으므로 원래 같으면 아기를 거두지 못할……[200]

이 문서는 아기를 마비키하려는 부모를 만류한 마을 관리가 번에 제출한 것입니다. 규슈의 구루메번에서는 경제적으로 어려운 가정에서 아이가 태어나면 생후 5년 동안 해마다 쌀 한 섬씩 양육수당을 준 것은 물론, 여성이 임신하면 마을 촌장이 임신 신고서를 제출하게 해서 함부로 마비키하지 못하게 했습니다.[201] 이런 임신 신고서를 '가이닌카키아케초懷妊書上帳'라고 불렀습니다. 에도 시대 사람들이 국가라고 여긴 조직인 번이 임신 단계부터 피지배민에게 간여하기 시작한 것입니다.[202] 그리하여 아기가 태어나면 산모가 있는 집에 양육수당을 주었지만, 이 수당은 너무 적은 금액이라 결국 인구 증가에 큰 도움은 되지 못했습니다.

오늘날의 후쿠시마현 미나미아이즈 지역에 있던 난잔오쿠라이리료에서는 양육수당 지급 기준을 두고 관료들과 농촌 지도자들의 의견이 충돌하기도 했습니다. 농촌 지도자들은 한 사람당 돌아가는 금액을 줄이더라도 가급적 많은 가족에게 양육수당을 주는 것이 좋다는 의견이었지만, 관료들은 다자녀 집안에 집중적으로 수당을 주는 것이 실제로 인구 증가에 효과가 있다는 입장이었습니다.

관료들의 입장에 대해 수당을 실제로 배분하는 실무를 맡고 있던 농촌 지도자들은 마비키는 가난한 집안에서 더 많이 일어나므로 이들에게도 골고루 수당이 돌아가야 마비키 행위가 줄어들어서 인구가 늘어난다고 주장했습니다. 관료들의 방식대로라면 이미 부자여서 마비키를 덜 하는 집안에 지원이 집중되는 부익부 빈익빈 현상이 발생한다는 논리였습니다. 농촌 지도자들은 현장에서 가난한 농민들의 상황을 실제로 살피고 있기에 이런 정책을 제안할 수 있었지만, 관료들은 빠른 시간 안에 성과를 올리기 위해 한정된 자원을 몇몇 집안에 집중적으로 투입하는 쪽을 선호했습니다.

2020년 현재 코로나19가 확산하면서 전 세계적으로 경제가 위축되고 위기에 몰리는 사람이 빠르게 늘고 있습니다. 이런 상황을 타개하기 위해 재난지원금을 국민에게 배포하려다가 일본과 한국의 정부가 공통적으로 지급 기준에 관한 고민에 빠졌습니다. 이 경우는 가난한 집안에 집중적으로 고액을 주어야 하느냐, 아니면 전 국민에게 골고루 지급해야 하느냐 하는 고민이었습니다.[203] 복지 정책은 언제나 비슷한 형태로 국민과 정부를 고민에 빠뜨린다는 생각이 듭니다.

# '첫째는 딸,
둘째는 아들'

앞에서 토머스 스미스는 중부 일본의 나카하라 마을에서 상하층 구분 없이 농민 모두가 마비키를 하고 있었다고 밝혔습니다. 이런 경향은 어디까지나 굶어 죽을 위험이 낮고 미래를 장기적으로 전망할 여유가 있었던 중부 일본에서만 확인됩니다.

서부·중부 일본에 비해 농사에 적대적인 기후였던 동부 일본에서의 마비키 경향은 이와 다릅니다. 역사인구학자 기토 히로시 선생은 19세기에 지금의 도쿄 근처에 있었던 가부토야마라는 마을에 거주했던 상층 농민 집안의 야하치弥八·데쓰てつ 부부와 하층 농민 집안의 기헤이喜兵衛·유후ゆふ 부부, 긴하치金八·소메そめ 부부가 각각 얼마나 많은 자녀를 어떤 간격으로 얻었는지 조사했습니다.

17세 되던 1827년에 야하치와 결혼한 데쓰는 18세 되는 1828년부터 44세 되는 1854년까지 9명의 자녀를 낳았습니다. 부유한 농민 집안의 여성인 데쓰는 10대 말부터 40대 전반까지 3년에 한 번씩 꾸준히 아이를 낳았습니다. 자연스러운 평균 출산 간격입니다.

반면, 하층 농민 집안의 유후는 17세 되는 1825년에 결혼한 뒤 3년 후인 20세 때 여자아이, 27세 때 여자아이, 37세 때 남자아이를 각각 낳았다고 기록되어 있습니다. 마찬가지로 소메는 19세 되는 1797년에 결혼해서 20, 25, 29, 44세 때 각각 남자아이를 얻었습니다. 이 두 여성은 평균적으로 상층 농민 집안의 데쓰보다 두 배 긴 약 6년에 한 번씩 아이를 얻었습니다. 또한 유후는 두 명의 여자아이를 낳은 뒤 10년 후에 남자아이를 출산했다고 기록되어 있고, 소메의 자식 네 명은 모두 남자아이였습니다.

이러한 조사 결과에 대해 기토 히로시 선생은 두 명의 하층 농민 여성이 상층 농민 여성보다 자녀를 덜 낳았다거나 우연히 남자아이만 태어난 것이 아니라, 두 여성의 집안에서 의도적으로 마비키를 행하고 관청에는 보고하지 않았으리라 추정합니다.[204] 한 집안의 구성원은 두 살이 되었을 때 〈슈몬아라타메초〉에 기록되며 그 이전에 죽은 영아는 기록되지 않습니다. 따라서 〈슈몬아라타메초〉만 가지고는 영아가 자연사망하거나 마비키되었다는 사실을 알아낼 수 없습니다.[205] 참고로 에도 시대 후반에는 태어난 아이의 20% 정도가 한 살 전에 사망한 것으로 추정됩니다. 이는 메이지 시대의 사망률과 비슷할 뿐 아니라, 산업혁명 이전의 영국과도 비슷하거나 조금 낮은 수준입니다.[206]

한편, 산모 중에서는 4분의 1 정도가 아이를 낳는 중에, 또는 낳고 난 뒤에 사망했습니다. 특히 결혼한 지 10년 이내의 젊은 산모일수록 이 확률이 높아져서, 산모의 54%가 아이의 출생과 같은 해에, 31%가 출생 다음 해에 사망했습니다.[207] 이처럼 산모의 사망률이 높다 보니 에도 시대에는 아기가 죽었어도 산모가 살아남으면 안산安産이라고 불렀습니다.[208] 그래서 이웃집 여성이 난산으로 고생하는 모습을 보고는 자기 가게의 고철로 분만용 겸자를 고안해서 무사히 아이를 받아낸 고물상 주인이자 안마사 가가와 겐에쓰를 저는 에도 시대의 가장 위대한 의사라고 생각합니다. 그가 발명한 겸자와 분만술이 수많은 여성과 아이를 살려냈기 때문입니다.

에도 시대부터 안산(安産)의 신으로서 널리 사랑받아온 도쿄 주오구(中央区)의 스이텐구(水天宮) 신사. 이 신사에서 방울을 울리기 위해 당기는 끈을 받아다가 산부의 배에 감으면 안산한다고 믿어졌다.

일본의 역사인구학 연구에 따라서 유후와 소메의 출생 패턴을 해석하면 이렇게 됩니다. 유후는 맏이로 여자아이를 낳은 뒤에 둘째로 남자아이를 낳으면 온 가족이 농사지을 때 맏이인 딸이 남동생을 돌볼 수 있으므로 20세에 낳은 첫 아이가 여자아이임을 확인하고 살려두었습니다. 그 뒤로 몇 번의 마비키가 있었을 터이고, 27세 때도 여자아이를 낳았지만 맏이와 나이 차가 많이 벌어져서 살려두었을 것입니다. 그 후로 다시 10년간 마비키하다가 드디어 37세 때 남자아이를 낳았을 것입니다. 에도 시대 일본에서도 얼마 전까지의 한반도에서와 마찬가지로 남자아이를 낳아야 가문의 대를 잇는다는 생각이 뿌리 깊게 남아 있었기 때문에, 유후는 남자아이를 낳아야 했습니다.

이리하여 두 명의 누나가 남동생을 돌보는 구조가 완성되었습니다. 이러한 성별 구성은 우연이 아닙니다. 월경 주기와 피임 기술이 지방 구석구석까지 알려져 있지 않은 시기였으므로 유후는 그 후에도 계속 아이를 낳았겠지만, 여자아이만 계속 태어났기 때문에 마비키했거나, 가난한 집안에서 대를 이을 아들은 한 명이면 된다는 계산으로 남녀 가리지 않고 마비키했을 가능성이 있습니다. 산부인과 의사 바바 준세이(馬場順誠, 1812~1886)가 "자녀는 신이 주는 것"이라는 미신을 타파하고, 여성의 월경 주기에 주목하여 피임 방법을 퍼뜨려서 마을 사람들에게 감사받은 것은 메이지 유신을 전후한 시기의 일입니다.[209]

아무튼 유일한 아들이 기근이나 전염병으로 사망해버리면 가문을 잇기 위한 유후 일족의 전략에 결정적인 차질이 생겼겠습니다만, 가난한 농촌 집안이라 더는 출산을 둘러싼 모험을 할 여력이 없었던 듯합니다. 이 아들이 살아남는다는 데 승부를 거는 확률 게임을 한 것이나 다름없습니다. 또 한 곳의 가난한 농촌 집안인 소메의 집안에서는 이 확률 게임의 승률을 높이기 위해 여자아이는 모조리 마비키하고 남자아이만 살려두었을 터입니다.

에도 시대 도호쿠 지역의 농민들은 여러 가지 상황에 따라 출생 순서와 기간, 남녀 성별 구성을 치밀하게 계산해서 실천했습니다.[210] 여기서 보듯이 에도 시대에는 남아선호사상이 강했습니다. 한국의 옛날 여성 이름 중에 말자, 말년, 막년이라는 이름이 많았던 것은 이 아이가 마지막 딸이고 다음에는 아들이 태어나기를 바란다는 기원에서였습니다. 마찬가지로 에도 시대 〈슈몬아라타메초〉에 실려 있는 여성 이름 가운데에서도 도메留나 스테捨라는 이름이 적잖이 보입니다. 딸이 태어나는 것이 그만 멈추면留 좋겠다거나 딸이 더 태어나면 버릴 것이다捨라는 주술적 의미가 담겨 있다고 봅니다.[211] 실제로 오카야마번의 조카마치城下町에서 1801~1860년 사이에 기록된 77명의 버려진 아이 가운데 여자아이가 48명, 남자아이는 29명으로 여자아이가 많았습니다.[212]

유후의 집안에서 남자아이를 더 확보하지 않은 점을 이상하게 여기실 수도 있겠습니다. 아무리 가난한 집안이어도 가문을 이어가는 일을 중대한 목표로 삼고 있는 에도 시대에 남자아이를 마비키했겠는가 하고 말입니다. 하지만 남아선호사상이 강했던 에도 시대 일본에서도 첫 아이가 남자아이면 마비키하는 경우가 있었고, 한국에도 반세기 전까지 남자아이가 태아인 채로 버려진 사례가 있었습니다. 1969년에 미국 인류학자인 빈센트 브란트Vincent S.R. Brandt 박사가 한국에 와서 판자촌을 조사할 때 보조한 현장 조교 가운데 한 사람이 쓴 조사보고서《판자촌 일기》의 5월 31일 자에 다음과 같은 내용이 나옵니다. 그는 "갓 태어나 탯줄을 달고 있는 남자아이"가 복개 전의 청계천변에 버려져 죽어 있는 것을 발견했습니다. 그가 파출소에 신고하자고 이웃 사람에게 말하자, 그 이웃 사람은 "이런 일은 이번 한 달 사이에 벌써 두 번째"[213]라며 아무렇지도 않게 넘어갔다고 합니다.

이 대화에서는 대학을 나오고 미국 유학을 다녀올 수 있는 신분과 청계천변에 사는 신분의 두 남자가 지닌 삶과 죽음에 대한 세계관이 서로 얼마나 달랐는지를 엿볼 수 있습니다. 서일본 하리마播磨 지역의 부유한 농민 나가토미 로쿠로베이 사다무라永富六郎兵衛定群 도 에도 시대 말기인 1829년부터 1861년까지 쓴 농사일기《다카세키도 일기高關堂日記》에서 자기 아이들의 이른 죽음에 대해 냉정한 태도를 유지하고 있습니다. 이 시기에는 이제 더는 마비키를 하지 않게 되었지만, 아이는 많이 태어나서 많이 죽는 법이라는 세계관이 피지배층에 여전히 자리 잡고 있었습니다. 같은 시기의 하급 무사들은 자녀의 요절에 대해 슬픔을 표하는 기록을 남기고 있으므로, 이는 시대적 특성이라기보다는 계급적 차이를 보여주는 사례입니다.[214]

비슷한 시기에 중부 일본 미노 지역 니시조 마을의 촌장이 남긴 일기에서는 아내가 낳은 아기가 금세 죽어버렸다는 기록이 보입니다. 하지만 이 촌장, 즉 아기의 아버지는 그다음 날이 되자 아무 일도 없었다는 듯이 장기 대회에 갔습니다. 19세기 전기까지도 농촌에서 아기의 생명이 지닌 무게는 겨우 이 정도밖에는 안 되었습니다.[215]

앞서 소개한 1969년 판자촌 조사 기록인《판자촌 일기》에서도 이와 비슷한 사례가 보입니다. 이 이야기에 등장하는 양씨라는 사람은 아기

낙태, 영아 살해, 아이 버리기

가 아프자 병원에 데려가기도 하고, 아기가 죽자 마을 사람들의 위로를 받기도 하는 등 니시조 마을 촌장보다는 조금 더 자기 아이의 죽음을 슬퍼하는 모습을 보입니다. 하지만 다음 날이 되자 "어제 죽은 아기를 완전히 잊은 듯한 모습"으로 구멍가게 주인에게 영화를 보러 가자고 권합니다.

6월 19일 (목요일) 양씨의 한 살 먹은 아기가 갑자기 아프다. 양씨는 급히 아기를 데리고 병원에 가서 치료를 받도록 했다. (중략) 얼마 후 그 아기는 세상을 떴다. 장씨와 동리의 젊은이 몇 명이 나서서 아기를 그들이 찾아낸 빈터에 묻고 왔다. 저녁 늦게 여러 사람이 소주병을 들고 양씨 집을 찾아와 늦게까지 앉아 위로의 잔을 나눴다.

6월 20일 (금요일) 오늘 양씨를 보니 어제 죽은 아기에 대해 완전히 잊은 듯한 모습이었다. 그는 아들을 장씨 가게로 데려와 과자와 사탕을 사 주고는 장씨 가게에 그동안 밀린 외상값도 갚았다. 그는 오랜 시간 가게에 앉아서 장씨와 이야기를 나눴다. 오후가 되자 양씨는 장씨 가게에 다시 나타나 장씨에게 영화나 보러 가자고 말했다.

《판자촌 일기》 77~78쪽.

《판자촌 일기》를 작성한 이 관찰자가 사실은 슬퍼하고 있던 양씨의 내심을 읽지 못했을 수도 있지만, 일본에서든 한국에서든 죽은 아이를 슬퍼하는 일은 어느 정도 경제적으로 안정된 사람들의 특권일 수도 있겠다는 생각이 들기도 합니다.

# 고물상,
## 출산을 돕는 기술을 개발하다

앞에서 가가와 겐에쓰라는 의사가 산부의 출산을 돕는 기술을 개발했다는 말씀을 드렸습니다. 그에 관한 이야기를 여기서 조금 더 자세히 해드리겠습니다.

겐에쓰는 중부 일본 히코네번에서 농민으로 태어났습니다. 하지만 농사일을 싫어한 그는 이웃한 대도시 교토로 나가서 고철 가게를 운영하고 안마 · 침 · 뜸을 놓으면서 생계를 꾸렸습니다 그러던 어느 날, 이웃집의 산부가 난산으로 고통받는다는 소식을 들은 그는 옆집으로 달려갔습니다. 가서 보니, 태아의 손이 산부의 배에서 나와 있고 산부는 금방이라도 사망할 것처럼 보였습니다. 뭐라도 해야겠다고 생각한 겐에쓰는 자기 가게에 있던 저울 끝의 갈고리로 아기를 꺼내고 산부도 살렸습니다. 이때부터 산과 의사가 되기로 결심한 그는 가난한 산부들을 자기 집에 머물게 하면서 연구를 거듭했습니다. 그리하여 마침내 겸자鉗子를 만들어 안전하게 태아를 꺼내는 방법을 완성했고, 전국에 명성을 떨쳤습니다. 가가와 겐에쓰 때부터 조산사 대신 의사가 출산에 입회하는 문화가 일본에서 시작되었습니다.

그는 산과 책을 쓰려고 했지만 무학無學이어서 한문으로 글을 쓸 수가 없었습니다. 그래서 유학자 미나가와 기엔(皆川淇園, 1735~1807)이 대신 글을 써주어 1765년에 《자현자산론子玄子産論》이라는 산과 서적을 출간했습니다. 이 책에서 그는 태아의 정상태위를 주장했습니다. 그때까지 한의학에서는 태아가 자궁 속에서 머리를 위로 하고 있다가 진통이 시작되면 머리를 아래로 돌린다고 믿고 있었습니다. 하지만 그는 오랜 임상 경험을 통해서 임신 중기부터 태아의 머리가 아래로 내려온다고 책에서 주장했습니다. 스코틀랜드의 산과 의사인 윌리엄 스멜리(William Smellie, 1697~1763)가 1754년에 《해부도보 A set of Anatomical Tables with Explanations and an Abridgment of the Practice of Midwifery》에서 태아의 정상태위를 주장했던 때부터 11년 뒤의 일이었습니다. 이처럼 겐에쓰의 정상태위론은 당시 세계적으로 선구적인 학설이었기 때문에, 한문으로 의학서도 쓸 줄 모르는 그의 주장을 일본의 다른 산과 의사들은 인정하지 않았습니다.

훗날 네덜란드어 의학서 《해체신서》를 번역한 스기타 겐파쿠는 《해체신서》의 태아 부분에 이런 말을 적었습니다. 겐에쓰의 정상태위론을 검증할 만한 네덜란드 책이 없었는데, 나중에 수입된 윌리엄 스멜리의 책을 보니 겐에쓰의 학설과 똑같아서 놀랐다는 이야기입니다.

내가 예전에 가가와 겐에쓰의 《자현자산론》을 읽어보니 (중략) 이는 예로부터 잉태孕胎의 상태에 관해 설명되어온 것과 달라서, 나는 이치상 어떻게 그럴 수 있는지 의심하였다. 이 때문에 네덜란드의 해부서적들을 읽어보았지만, 태아가 자리 잡고 있는 상태에 관해 설명하는 내용을 아직 보지 못하였다. (중략) 최근 통역관 나라바야시 주에몬이 소장한 영국의 산과서를 보았다. 그 말을 비록 이해할 수 없었지만, 그림을 보면 수태했을 때부터 분만에 이르기까지 태아가 거꾸로 있지 않은 것이 없었다. 거기에 없는 것은 모두 난산難産의 상태였다. 이는 네덜란드인이 아직 그 이치를

스기타 겐파쿠. 후지나미 고이치(藤浪剛一) 편《의가선철초상집(醫家先哲肖像集)》(刀江書院, 1936) 수록.

연구하지 못했기 때문에 설명하지 않았던 것들이었다. 이 영국인은 이미 그 이치를 연구했기 때문에 그림을 그린 것이 이처럼 상세하였다. 겐에쓰의 설명이 이것과 잘 들어맞는다. 이로써 살펴본다면, 내가 앞서 겐에쓰의 설명을 의심했던 것은 잘못이었다고 말할 수 있다. 지금 이 글을 쓰는 것은 겐에쓰가 산과에 공적이 있음을 칭송하기 위해서다. 학자는 자신이 보지 못하였기 때문에 의심해서는 안 된다고 말해 둔다.[216]

이처럼 가가와 겐에쓰가 임상과 이론 분야에서 이룩한 획기적인 성과는 훗날 지볼트에 의해 독일에 소개되었습니다. 훗날 당대를 대표하는 주자학자로 이름을 날리게 될 시바노 리쓰잔(柴野栗山, 1736~1807)

가가와 겐에쓰. 후지나미 고이치(藤浪剛一) 편 《의가선철초상집(醫家先哲肖像集)》(刀江書院, 1936) 수록.

은 겐에쓰의 아들이 쓴 책의 서문에 이렇게 썼습니다. "나는 의학책은 한 글자도 해독하지 못하지만, 가가와 선생의 인간됨을 생각하면 그가 거짓을 말하지 않았음을 믿는다." 겐에쓰의 유언은 "하늘과 땅이 주신 은혜에 합당한 나의 의술을 힘껏 배워 사람을 구하시오"였습니다.

농민 출신으로 의사가 되어 입신양명하면서 널리 사람의 목숨을 살려 오늘날까지도 일본인들의 존경을 받는 한편, 학자로서는 세계적으로 독보적인 임상과 이론을 구축한 가가와 겐에쓰는 에도 시대 그 자체였습니다.[217]

# 버려지는 아이들

마비키는 농민들의 생존 전략으로 에도 시대에 널리 행해진 관습이었지만, 호쿠리쿠처럼 조도신슈 종파가 세력을 떨친 지역에서는 신도들에게 마비키를 절대 금지했습니다. 또한 같은 농촌 지역에서도 부유층 농민들은 마비키를 행하지 않는 경우가 있었습니다. 에도 시대를 통틀어 의학의 혜택을 입을 기회가 늘어나고 경제력이 성장하면서 태어나는 아기들을 살릴 가능성이 커지자, 사람들은 서서히 마비키를 죄악으로 인식하기 시작합니다. 예전에는 어차피 키워봤자 전염병이나 기근으로 죽는다고 체념했는데, 이제는 성인까지 성장할 가능성이 충분히 커졌으므로 잘 키워보자는 의식이 생겨난 것입니다. 그러면서 마비키보다 아이를 버리는 방법이 죄가 가볍다는 의식도 생겨납니다.[218]

심지어 곡창지대인 서일본 도사번의 하급무사인 가와무라 겐센川村原泉은 《소학 권진첩小學勸仁牒》이라는 교훈서에서 여자아이를 마비키하기보다는 차라리 키워서 유녀로 파는 것이 낫다고 주장하기도 합니다. "태어난 아이를 죽이는 것과 길러서 유녀로 파는 것 가운데 어느 쪽을 더 부끄러워해야 할지, 생각이 있는 사람이라면 곰곰이 음미해보소서."[219] 겐센의 비유가 극단적이기는 하지만, 전체적으로 보아 간사이를 중심으로 겐센이 살던 지역까지 포함하는 서일본에서는 아이를 버리는 일이 상대적으로 일반적이었고, 동일본 지역에서는 마비키 관습이 상대적으로 늦게까지 남아 있었습니다.[220]

에도 시대는 문학으로 사상을 하는 시대였다고 말씀드렸습니다만, 에도 시대의 문학작품들은 당시 일본인들이 죽음과 삶을 어떻게 생각했는지를 보여주는 증거 자료도 풍부하게 제공합니다. 에도 시대 전기인 17세기를 살았던 하이카이俳諧 시인 마쓰오 바쇼(松尾芭蕉, 1644~1694)와 소설가 이하라 사이카쿠, 그리고 에도 시대 중기에서 후기에 걸쳐 살았던 소설가 산토 교덴의 작품들을 비교하면, 버려진 아이들에 대한 당시 사람들의 감각이 어떻게 바뀌었는지 잘 알 수 있습니다.

여행하는 시인으로 유명한 마쓰오 바쇼가 쓴《노자라시 기행野ざらし紀行》에는 그가 여행 중에 길가에 버려진 아이를 지나쳤다는 구절이 있습니다. 그는 그 아이에게 음식을 던져준 뒤, 멋들어지게 하이카이를 한 수 읊고 나서는 갈 길을 갔습니다.

후지카와 강 근처를 가고 있는데, 세 살 정도 되는 고아가 애처롭게 울고 있었다. 너의 부모는 너를 기를 수가 없었지만, 그렇다고 해서 이 급류에 너를 던져버릴 수도 없어서, 잠시 동안만이라도 살아 있으라고 너를 여기에 둔 것일 터. 어린 싸리꽃이 가을바람을 맞아 오늘 밤 꺾일지 내일 시들지 모르겠다 생각하여 소맷자락에서 음식을 꺼내 던져주었다. "새끼를 잃고 단장의 슬픔으로 우는 원숭이 소리를 듣는 사람들이여, 가을바람 사이로 들려오는 이 아이의 울음소리를 듣고 무슨 생각이 듭니까." 도대체 너는 아버지의 미움을 샀느냐, 어머니의 미움을 받았느냐. 아니다, 아버지는 너를 미워한 것이 아니다. 어머니가 너를 미워한 것이 아니다. 그저 하늘이 너에게 준 운명이 이리 박정함에 슬퍼하라.[221]

바쇼가 살던 시절에는 워낙 버려진 아이가 많았고, 또 세 살 정도까지 자라지 못하고 마비키되거나 기근 등으로 굶어 죽는 아이도 많았기 때문에, 바쇼는 특별히 아이를 구해야 한다는 의식 없이 본인의 갈 길을 갔을 것입니다. 심지어 자기는 아이에게 먹을 것도 주었다는 사실이 자랑스러웠기에 여행기에 이 에피소드를 넣었음이 분명합니다. 어떤 사람은 새끼 원숭이를 잃은 어미 원숭이의 내장이 산산이 끊어져 있었다는 단장斷腸이라는 고사성어를 기반으로 하여 만든 픽션이라고 말하기도 하지만, 아무튼 이 에피소드 때문에 바쇼는 지금까지도 매정한 사람이라는 평가를 받고 있기도 합니다. 하지만 둘 다 틀린 이야기

미에현 이가시에 있는 바쇼의 옛 집.

입니다. 당시에는 이렇게 버려진 아이가 흔했고 바쇼가 당시의 윤리관에 어긋나거나 특별히 못 할 일을 한 것도 아닙니다. 다만, 그때의 윤리관과 지금의 윤리관이 다를 뿐입니다.

바쇼와 비슷한 시기에 활동했던 사이카쿠도 버려진 아이를 소설의 주인공으로 삼았습니다. 다만, 감각이 조금 달라지고 있다는 점에 주목해주시기 바랍니다. 1682년에 출간한 《호색일대남》이라는 히트작에 등장하는 주인공 요노스케가 어떤 여자와의 사이에서 얻은 자식을 길가에 버렸는데, 개들이 그 아이를 잡아먹지 않아 살아남습니다. 이 아이가 1684년에 출간한 《호색이대남好色二代男》이라는 속편의 주인공이 됩니다. 약 150년쯤 뒤의 일이기는 하지만, 1837년 1월 15일 저녁에도 아사쿠사 절浅草寺의 경비원이 절 바깥의 땅에 난 구멍에 갓난아기가 버려져 있고 개들이 아기를 잡아먹고 있는 모습을 발견했다는 기록이 있습니다. 미숙아였고, 이미 반쯤 먹어치운 상태여서 성별은 알 수 없었다고 적혀 있습니다.[222]

《호색이대남》으로부터 2년 뒤인 1686년에 출간한 《호색일대녀好色一代女》에는 자기가 버린 수많은 아이의 영혼이 꿈속에 나타나 "잔인한 엄마"라고 외치는 소리에 시달리는 여주인공이 등장합니다. 사이카쿠 역시 아기들이 도처에 버려지던 시절에 살았지만, 그 아기들에 대한 감각은 바쇼와는 조금 달랐던 듯합니다. 아기들을 버린 여성이 나중에 죄책감에 시달렸다는 대목이 보이니 말입니다. 참고로 아버지에 해당하는 남성들의 죄책감에 대한 언급은 보이지 않습니다.

사이카쿠에게는 젊어서 죽은 아내와의 사이에서 태어난 시각장애인 딸이 있었습니다. 이 딸을 기르기 위해 죽을힘을 다해 집필 활동을 했다고 합니다. 1692년에 출간한 《세켄무나잔요世間胸算用》에는 헤어지는 남편에게 "아이를 버리는 것은 잔인한 일이니 제발 그러지 말아주세요"라고 눈물을 흘리며 부탁하는 아내가 등장하고, 1694년에 출간한 유작 《사이카쿠오리도메西鶴織留》에도 아내가 남편에게 "그 아이를 나라고 생각해서 제발 버리지 말아주세요"라고 부탁하며 죽는 대목이 나옵니다. 이 두 작품에 등장하는 아내들은 어쩌면 사이카쿠의 요절한 아내를 바탕으로 하고 있을지도 모르겠습니다. 그러다 보니 바쇼와 같은 시대를 살았어도 어린아이를 바라보는 눈길이 달랐을 수 있겠습니다. 또는 아직 살아가기에 척박한 동일본 에도에 거점을 둔 바쇼와 경제력이 날로 커지고 있던 서일본 오사카에 거점을 둔 사이카쿠 간의 차이일지도 모르겠습니다.

바쇼와 마찬가지로 에도에서 활동했지만, 유녀를 아내로 맞아 행복하게 열심히 살았던 소설가 산토 교덴의 작품에는 길가에 버려져 개에게 잡아먹히는 아기가 등장하지 않습니다. 그의 소설에 등장하는 버려진 아기들은 길가에서 그들을 주운 양부모들이 소중히 길렀습니다.[223]

산토 교덴의 소설이 보여주듯이 에도 시대 후기가 되면 도호쿠 등 척박한 일부 지역을 제외한 일본 대부분 지역에서 가급적 아이를 낳아서 길러보려는 분위기가 형성됩니다. 정말 가난해서 기를 수 없거나, 차별받는 집단인 히닌非人 부모가 자기 자식만은 높은 신분의 가족에게서 자라기를 바라는[224] 등의 피치 못할 이유로 버리는 경우는 있었습니다. 그래도 버릴 때는 아기의 이름이나 나이 등을 적은 메모를 강보에 넣고, 개에게 잡아먹히지 않을 만하면서도 인적이 완전히 끊기지 않아 누군가 발견할 가능성이 큰 오후 8~11시 사이[225]에 길가에 내놓고, 누군가 아기를 발견할 때까지 먼발치에서 지켜보는 스타일이 형성됩니다.

1801년 4월 23일, 서일본 오카야마의 부유한 상인 후지타 한주로藤田半十郎의 집 앞에 버려진 아기를 담은 주머니에는 다음과 같은 부모의 편지가 들어 있었습니다. 아기가 몇 년 몇 월 며칠에 태어났고 무엇을 좋아하는지까지 적어둔 데서 정말 버리고 싶지 않았다는 부모의 심정을 읽을 수 있습니다.

이 아이는 엄마가 오랫동안 병을 앓아서 점점 기르기 어려워졌기 때문에 어쩔 수 없이 이렇게 하게 되었습니다. 어르신을 의지하여 이렇게 버립니다. 부디 연민을 품어주신다면 감사하겠습니다. 이 딸아이가 성장하고 나서 어떤 일이 있더라도 저희가 아이의 부모라고 나서지 않겠습니다. 뒷날을 위한 서약으로서 이 글을 바칩니다. // 1801년 4월 12일 // 원숭이 띠(申) 6월 15일생 // 밥을 끓인 뒤 식혀서 주면 잘 먹습니다 // 오카야마 어르신께.[226]

# 쇼루이 아와레미노 레이

에도 시대 일본에서 아기를 버리는 사건을 본격적으로 기록하기 시작한 시기는 5대 쇼군 도쿠가와 쓰나요시가 '쇼루이 아와레미노 레이'라는 이름의 살생 금지령을 내리면서부터입니다. 쇼루이 아와레미노 레이라고 하면 떠돌이 개 수만 마리를 거두어서 기르는 바람에 사람이 먹을 양식까지 부족해졌다는 이야기가 유명합니다. 하지만 이 명령 중 버려진 아이를 반드시 거두고, 돌볼 사람 없는 노인을 챙기고, 일본의 백정이라고 할 수 있는 히닌非人에게 쌀을 나누어주고, 감옥에 갇힌 죄수의 복지를 향상하는 등의 정책이 유기견 보호 정책 이상으로 중요했습니다. 쓰나요시가 죽은 뒤에 유기견 보호 정책은 폐지되지만, 버려진 아이들을 거두는 보호 정책은 계승된 데서도 이러한 사실을 알 수 있습니다.[227]

쇼루이 아와레미노 레이, 생명들生類을 어여삐 여기는憐み 명령令에서 "생명들"이란 성인 남성이 바라보았을 때 보살핌을 받아야 하는 모든 생명을 가리킵니다. "생명들" 가운데에도 병든 사람, 버려진 아기, 죄수 등을 보살핌을 받아야 하는 대상으로 간주했습니다.[228] 특히 버려진 아기들에 대해서는 관련 상황을 자세히 보고하고 반드시 거두어 기르라는 명령을 내렸습니다. 그 이전에는 버려진 아기들을 거두어서 양육하지도 않았고 거두었다고 해도 기록하지 않았을 터이지만, 이 정책 이후로 버려진 아이의 방치는 사회적으로 용납되지 않는 일이 되었습니다.[229]

쇼루이 아와레미노 레이가 시행되던 시절에 유기견 수용시설이 설치되어 있던 오늘날의 도쿄 나카노구에 설치된 기념물.

쇼루이 아와레미노 레이를 시행한 이후로 수많은 버려진 아이의 사연이 기록되어 오늘날에 전해지고 있습니다. 그 가운데 제가 특히 인상적이라고 느꼈던 이야기를 한 가지 소개합니다. 1749년에 서일본 오카야마 지역의 가도타 마을 신사에 4~5세 되는 여자아이가 버려지는 일이 발생했습니다. 쇼루이 아와레미노 레이에 따라 마을이 공동으로 이 아이를 돌보던 중, 아이가 자기 입으로 이름을 말하는 바람에 이웃 다쓰미 마을에 사는 센せん이라는 여성의 딸 이치いち라는 사실을 알게 되었습니다. 4~5세면 자기 이름 정도는 얼마든지 말할 수 있는 나이입니다.

　사정을 알아보니, 센은 자기 땅이 없이 4~5일씩 남의 논밭을 갈아주는 품앗이로 먹고 사는 여성이었습니다. 요즘 식으로 말하면 미혼모였습니다. 어떻게든 딸아이를 데리고 살아보려고 4~5년 동안 길러보았지만, 남편 없이 품앗이를 하면서 아이를 기르기가 도저히 불가능한 상황이 되어 하는 수 없이 버리려 했다는 것입니다. 에도 시대에 버려지는 아기의 나이는 대체로 3살 정도까지였습니다. 그때까지는 젖을 먹여야 해서 기르기가 어렵고, 3살을 넘어가면 남의 집에 적응하기가 쉽지 않기 때문이었습니다. 센은 그 3살의 허들을 넘어서까지 딸 이치를 길렀지만, 한계에 부딪혔습니다. 그래서 딸아이를 마을 신사에 두면 마을에서 길러주리라고 생각해서 가져다두었다는 것입니다.[230] 미혼모의 악전고투와 처절한 심정을 느낄 수 있는 에피소드입니다.

## 고아원을 만들다

          마비키나 아이를 버리는 행동이 윤리적으로 문제라는 인식이 에도 시대에 점차 퍼지기 시작했지만, 센과 이치의 사례와 같이 한계 상황에 몰린 사람은 계속 존재했습니다. 그리하여 버려지는 아이들은 쇼루이 아와레미노 레이에 따라 마을 사람들이 공동으로 기르는 경우도 있었고, 마을의 부잣집 문간에 버려져서 양자로 받아들여지는 경우도 많았습니다.

    에도 동쪽 시모사 지역에서는 어떤 부유한 농부가 버려진 아이들을 집단으로 거두어서는 유모를 붙여 길러 성인으로 키운 뒤에 분가分家시킨 사례가 알려져 있고, 승려가 버려진 아이들을 거두어서는 절의 시주쌀로 기른 사례도 전국적으로 확인되고 있습니다.[231]

    또한 서일본 미마사카 지역 쓰야마번의 영주 마쓰다이라 나리타미(松平齊民, 1814~1891)는 서양 책에서 본 러시아의 고아원을 본떠 1831년에 영지 안에 고아원을 건설할 계획을 세웠습니다. 그가 보았다는 서양 책의 정체는 일본인 다이코쿠야 고다유(大黑屋光太夫, 1751~1828)와 쓰다유(津太夫, 1744?~?)가 표류해서 러시아에 도착한 뒤 경험했던 내용을 귀국 후에 정리한 《북사문략北槎聞略》(1794년)과 《환해이문環海異聞》(1807년)으로 추정됩니다. 러시아 관련 정보를 담은 이들 책에는 버려진 아이들을 공권력으로 양육하는 시설에 관한 설명이 실려 있습니다.[232]

    에도 시대 일본이 네덜란드어를 통해 유럽 정보를 입수했다는 사실은 잘 알려져 있습니다. 한편, 일본은 직접 러시아에 다녀온 고다유, 쓰다유 등의 일본인들, 그리고 1811~1813년 사이에 포로가 되어 하코다테에 잡혀 있던 러시아인 바실리 골로브닌(Василий М.Головнин, 1776~1831) 등을 통해 러시아라는 또 하나의 '유럽을 보는 창문'을 확보하게 됩니다.

이 세상에서 중화 세계만이 존중할 만한 문명이라고 생각하다가 유럽이라는 또 하나의 세계가 존재한다는 사실을 알게 된 16세기 중기에 일본인들의 세계관은 한 번 크게 변했습니다. 그 후 도쿠가와 막부의 대처 유럽 쇄국정책 때문에 유럽을 볼 수 있는 창문이 네덜란드 하나로 줄어들면서 일본인의 세계관은 다시 작아졌습니다. 그러다가 러시아가 북쪽에서 나타나 일본과의 교류를 요구하면서 일본인은 남쪽으로 열린 나가사키 데지마와 북쪽으로 열린 홋카이도라는 두 개의 창문을 통해 유럽을 볼 수 있게 되었습니다. 이는 일본이 유럽과 처음 만난 16세기 중기 이후에 2백 년 만에 찾아온 또 한 차례 변화의 계기였습니다.

일본이 네덜란드와 러시아라는 두 개의 창문을 확보하게 된 이야기는 《일본인 이야기 3》에서 말씀드리기로 하고, 지금부터 이 책의 후반부에서는 네덜란드를 통해 일본이 배운 난학, 특히 난의학에 관해 말씀드리겠습니다.

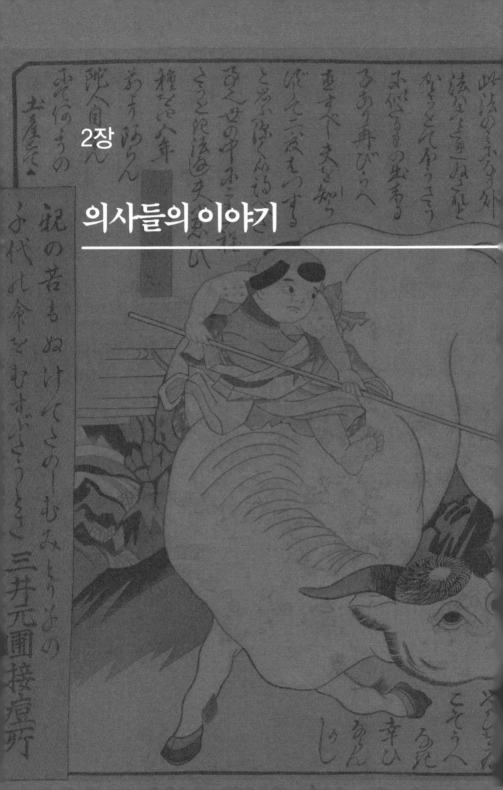

2장

# 의사들의 이야기

신분과 재산을 가리지 않고
환자의 생명을 구하는 것이 의사의 본질

가이바라
엣켄,
《양생훈》
출간

1712

마나세 겐사쿠,
《의학 덴쇼기》
출간

1663

야마와키 도요, 일본
최초의 해부학서
《장지》 출간

1759

의사 카스파르
샴베르거
일본에
도착

1649

나라바야시 진잔,
《홍이외과종전》
출간

1706

히라가 겐나이
《네나시구사》
출간

1763

엥겔베르트
캠퍼 일본
도착

1690

다무라 란스이,
《인삼경작기》
출간

1748

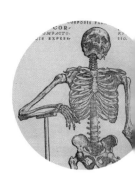

요시마스
도도,
《유취방》
출간

1765

스기타
겐파쿠 외,
《해체신서》
출간

1774

가와구치 신닌,
《해시편》출간

1772

오노 란잔,
《본초강목계몽》
완성

1803~1805

에드워드 제너,
천연두 백신
개발 성공

1798

가타쿠라 가쿠료,
《정검당치험》
출간

1818

이토 겐보쿠,
오타마가이케
종두소 설립에
공헌

1858

의사 지볼트,
일본 도착

1823

우다가와 겐신,
《만병치준》
완성

1826

# 1

## 가난한 백성들을 치료한 의사들

## 3백 년간의 퇴보와
## 난의학의 한계

      2장에서는 에도 시대 일본인들이, 특히 농민들이 어떻게 살았는지 말씀드렸습니다. 3장에서는 에도 시대 일본인들이 생존하는 데 큰 도움을 준 의사라는 직업에 관해 살피겠습니다. 어느 시대나 의사들은 대부분 자신을 희생해서라도 사람들을 고치려 했습니다. 이는 에도 시대에도 마찬가지였습니다. 또한 과거 제도가 없던 에도 시대에 똑똑하고 야심 있는 사람이 출세할 수 있는 길 가운데 하나 역시 의사가 되는 것이었습니다.

  어떤 분들은 제가 이 책에서 에도 시대의 정치 및 제도와 지배 집단 안에서 있었던 일, 그리고 오늘날까지 살아남은 대기업들의 조상뻘인 미쓰이三井니 미쓰비시三菱 같은 상인(町人, 조닌)들에 관해 왜 이야기하지 않는지 궁금해하실 수 있습니다.

그 이유를 말씀드리면, 우선 에도 시대 일본의 정치에 관해서는 좋은 개설서가 이미 많이 나와 있습니다. 이 책의 첫머리에서 저는 이 《일본인 이야기》 시리즈가 일본의 역사와 사회를 개설하는 책이 아니라 몇몇 중요한 쟁점을 파고들 책이라고 말씀드렸습니다. 한편, 에도 시대 인구의 대부분은 무사 집단이 아닌 피지배민이었고, 그 피지배민의 대부분은 농민이었습니다. 그렇기 때문에 에도 시대 일본인의 이야기를 한다면 그 누구보다도 먼저 농민의 이야기를 해야 합니다.

　　몇몇 정치인이 어떻게 대립하고 누구와 결혼했는지, 몇몇 대기업 회장들의 조상이 어떤 장사 수완으로 회사를 키웠는지를 호사가처럼 이야기하기는 쉽습니다. 하지만 에도 시대 일본인의 대부분을 차지하는 농민들이 어떤 노력을 해서 건강과 재산을 획득했는지 살피지 않는다면, 일본인이 에도 시대에 어떤 고난을 겪었고 어떤 성취를 이루었는지 파악할 수 없습니다.

　　물론 저는 민중이 역사의 법칙에 따라 이 세상을 움직이고, 영웅 개개인의 개성은 사회의 흐름에 영향을 미치지 못한다고 생각하지는 않습니다. 지배 집단을 이루는 개개인의 개별적인 세계관과 경험은 때로 역사와 사회가 나아갈 길을 결정하기도 합니다. 만약 가톨릭에 우호적인 노부나가가 일본 전국을 통일했다면, 그 후의 일본은 포르투갈의 식민지였던 브라질이나 에스파냐의 식민지였던 필리핀 루손처럼 가톨릭이 큰 세력을 지닌 나라가 되었을 것이고, 지금 우리가 알고 있는 것과는 대단히 다른 모습이 되었을 터입니다.

　　마누엘 다 노브레가(Manuel da Nóbrega, 1517~1570)는 1549년에 브라질에 최초로 도착한 예수회 신부로 선주민의 식인 풍습을 퇴치하려 했고, 바이아Bahia에 브라질의 첫 대학을 세웠습니다. [233] 그리고 똑같은 1549년에 프란시스코 하비에르(Francisco Xavier, 1506?~1552) 신부가 지구 반대편의 일본에 도착했습니다. 브라질과 일본의 기이한 평행 역사라고 할 수 있습니다. 이렇게 유럽과의 접촉이라는 점에서 동일한 스타트 라인에 섰던 브라질과 일본은 오다 노부나가가 요절하면서 다른 길을 가게 되었습니다.

지배 집단의 개성에 따라 해당 지역의 모습이 그때그때 크게 바뀌더라도 그 지역의 주민 대부분이 누리는 생존 조건들, 즉 먹을 것, 입을 것, 머물 곳, 그리고 의료醫療의 수준은 갑자기 크게 변하지 않습니다. 물론 포르투갈과 에스파냐의 의료인들이 사라지고 난 뒤의 에도 시대 일본, 육이오 전쟁 뒤의 한국, 이슬람 혁명 뒤의 이란과 아프가니스탄, 2007년의 전투와 봉쇄 이후의 가자 지구 등에서는 단기적으로 의식주와 의료 수준이 크게 하락했습니다. 하지만 장기적 관점에서 본다면, 에도 시대 일본과 현대 한국은 사건이 발생하기 전의 수준을 회복하고 능가했으며, 아직은 여러 가지로 곤란함을 겪고 있는 전 세계 다른 지역들도 마찬가지 경향을 보이리라 예상합니다. 저는 이런 관점에서 인간 세상이 과거에서 미래를 향해 가는 동안 조금씩 나아진다고 믿고 있습니다.

특히 일본의 역사를 전체적으로 조망한다면, 중화 세계와 동시대적으로 경제 성장과 인구 증가를 이룩하고 한의학을 발전시키던 일본인들은 16세기 전기에 에스파냐와 포르투갈 의학과 만나면서 이 두 가지 체계의 의학이 주는 혜택을 모두 누리게 됩니다. 남쪽 바다에서 왔다고 해서 남만의학南蠻醫學이라 불린 이들 이베리아 반도의 의학은 한

의학에 부족했던 해부학 지식과 외과 치료법, 그리고 한센병 치료 병동을 포함한 종합병원 및 고아원 등의 시스템을 일본에 제공했습니다. 이는 일본의 일반 백성들에게 직접적으로 혜택을 주었고, 이때 일본은 유럽과 동시대적으로 의료 및 복지 시스템을 경험했습니다. 만약 도쿠가와 막부가 이들 이베리아 세력을 추방하지 않고 교류를 계속했다면, 나아가 동남아시아에서 활동하던 일본인들과 관계를 끊지 않았다면, 일본은 수백 년의 단절을 겪지 않고 유럽과 동시대적으로 의학·복지 시스템을 계속 발전시킬 수 있었을 것입니다.

그러나 도쿠가와 막부는 백성을 골고루 행복하게 할 수 있었던 이런 흐름을 자신들이 영원히 일본을 지배하려면 유럽과 정치적 단절이 필요하다는 이유에서 끊어버립니다. 그 결과, 제8대 쇼군인 도쿠가와 요시무네가 1720년에 네덜란드어 책의 수입 규제를 완화할 때까지 대부분의 일본인은 모처럼 동시대적으로 경험했던 유럽 의학의 혜택을 빼앗기게 됩니다. 비유하자면, 1990년대에 탈레반이 아프가니스탄의 집권 세력이 되면서 순식간에 나라를 중세기 수준으로 되돌려버리고, 특히 과학을 포함한 첨단 분야에서 활동하던 여성들[234]을 모두 집 안으로 밀어 넣은 것과 마찬가지의 정치적 결정을 도쿠가와 막부가 내렸다고 할 수 있습니다.

탈레반 치하의 아프가니스탄과 마찬가지로 중세기까지 활발하게 사회 활동에 참여하던 일본의 여성들은 도쿠가와 막부가 집권하면서 공적 세계에서 완전히 배제됩니다.[235] 이 책의 첫머리에서도 말씀드렸지만, 사정이 이렇기 때문에 저는 에도 시대의 난학과 난의학, 즉 네덜란드학과 네덜란드 의학을 높이 평가할 수 없습니다. 이는 발전의 상징이 아니라 퇴보로부터의 불완전한 회복을 보여주는 희미한 불꽃이었을 뿐입니다.

16세기 전기에 루이스 드 알메이다 같은 유럽인 의사들이 직접 일본에서 외과 수술을 하던 상황은 1823년에 지볼트가 일본에 도착해서야 비로소 회복되었습니다. 그전까지 유럽인 의사들은 나가사키 데지마에서 주로 네덜란드 동인도 회사 직원들을 상대로 내과 치료와 외과 수술을 했고, 지볼트가 와서야 비로소 수백 년 만에 유럽 의사가 일반 일본인을 상대로 다시 수십 건의 내과 치료와 외과 수술을 집도했습니다. 3백 년에 걸친 퇴보 끝의 회복입니다.

흔히들 유럽의 해부학 서적을 번역한 《해체신서》의 출판을 에도 시대 난의학의 대단한 성과라고 평가합니다. 또 몇몇 난학자들이 네덜란드어를 번역한 임파선, 췌장, 쇄골, 인대, 신경, 동맥, 정맥, 정신착란, 혹성, 지평선, 원소, 수소, 탄소, 질소, 원소, 물질, 법칙, 시약, 용적, 연소, 산화, 환원, 온도, 결정, 증류, 여과, 포화, 장치 같은 한자어 단어를 오늘날까지도 쓰고 있다는 사실을 강조하기도 합니다.

이런 성과들은 일본 지식인들의 세계관에 충격을 주었다는 점에서는 물론 대단하지만, 해부학 서적을 번역하고 단어들을 만들어냈다고 해서 일본에서 갑자기 해부학 붐이 불고 일본 의사들이 새로운 단어로 부르게 된 신체 부위들의 수술을 능숙하게 해낼 수 있게 되지는 않았습니다. 백성들을 얼마나 이롭게 했는가 하는 관점에서 보았을 때, 저는 수많은 일본인에게 실질적으로 혜택을 준 네덜란드 의학은 냉정하게 말해서 천연두를 예방해준 우두법뿐이라고 생각합니다. 물론 우두법의 성과가 워낙 컸기 때문에 그 성과를 본 일본인들이 난의학을 진심으로 또 하나의 도움이 되는 의학 체계로 받아들이기 시작했지만, 그때는 이미 도쿠가와 막부가 멸망을 향해 치닫던 시기였습니다.

# 에도 시대의
# 한의학

에도 시대의 의학이라고 하면 흔히들 네덜란드 의학, 즉 난의학을 떠올립니다. 하지만 실제로 난의학이 에도 시대의 일본인을 널리 치료하지는 않았습니다. 난의학이라 부르는 유럽 의학을 실제로 일본에서 치료에 이용하려면 한의학과 전혀 다른 체계의 유럽 의학을 가르쳐줄 유럽인 스승이 필요했고, 약품과 수술 도구, 의학 서적도 필요했습니다. 하지만 이베리아 의학이 거의 사라진 뒤에 이러한 조건들이 다시 갖추어지기까지는 3백 년이 걸렸습니다. 그 사이에 일본인을 치료한 것은 당연히 한의학이었습니다. 그러므로 에도 시대의 의학을 이야기하려면 우선 한의학부터 살펴야 합니다.

어느 시대나 의학이 중요하지만, 특히 에도 시대에는 기존의 한의학에서 후세파와 더불어 고방파라는 오늘날까지 동아시아 한의학계에 큰 영향을 미치고 있는 한의학 유파가 탄생했고, 여기에 난의학까지 등장해서 후세파·고방파·난의학이 삼파전을 벌이는 양상을 보였습니다. 이는 에도 시대를 대표할 뿐만 아니라 현대 한국의 한의학에까지 큰 영향을 미치는 사건이었습니다.

명나라의 정치가 호종헌(胡宗憲, ?~1565)의 가신이었던 정약증(鄭若曾, 1503~1570)은 당시 명나라 남부를 괴롭히던 일본과 명, 포르투갈인 등의 다국적 상인 집단인 왜구倭寇를 물리치기 위한 연구서《주해도편籌海圖編》을 1562년에 펴냈습니다. 이 책의 제2권에는 당시 일본인들이 오래된 그림과 붓글씨와 함께 한의학의 약재藥材와 의학 서적을 좋아한다는 말이 쓰여 있습니다. 또한 일본인들은 한반도 국가들이 역대 중화 왕조에 사신을 보냈듯이 막부와 다이묘 차원에서 견명사遣明使[236]를 여러 차례 명나라에 파견했습니다. 정약증은 왜구 및 왜구의 포로가 되어 일본으로 건너갔거나, 일본 사정을 파악하기 위해 건너간 명나라 사람들, 견명사 일행 등으로부터 다각적으로 정보를 수집해서 《주해도편》을 편찬했습니다. 그러므로 16세기 중기의 일본인들이 의학을 좋아해서 명나라의 의학 서적을 보이는 대로 구입했다는 그의 말은 믿을 만합니다.

고서 · 오경 가운데에는 《서경》과 《예기》를 중요하게 여기고, 《주역》, 《시경》, 《춘추》는 소홀히 여긴다. 사서 가운데에는 《논어》, 《대학》, 《중용》을 중요하게 여기고 《맹자》를 싫어한다. 불경을 중요하게 여기며, 도교 경전은 없다. 옛 의학서는 보이는 대로 산다. 의학을 중요시하기 때문이다.[237]

일본에서 처음으로 출판된 의학 서적은 중부 일본의 국제무역항구이자 자치도시였던 사카이의 부유한 상인이자 의사였던 아사이노 소즈이(阿佐井野宗瑞, ?~1531,2)가 1528년에 출판한 명나라 웅종립熊宗立의 《명방류증 의서대전名方類証醫書大全》 복각판입니다. 웅종립은 유학자이자 의사이자 출판인이었습니다. 웅종립이 이 세 직업을 겸한다는 소식을 접한 일본의 아사이노 소즈이, 요시다 소준(吉田宗恂, 1558~1610), 마나세 겐사쿠(曲直瀨玄朔, 1549~1632?) 등의 명의名醫도 이를 본받아서 세 가지 활동을 겸했습니다.[238]

예수회 선교사들의 금속활자 인쇄법과 임진왜란 때 조선에서 약탈해온 금속활자에 영향을 받아 17세기 전반기 일본에 고활자판 인쇄 출판이 널리 이루어졌을 때, 그중 많은 수가 의학서였습니다. 최소한 2백 점 정도의 의학서가 인쇄되었다고 보는데, 초기에는 한반도의 의학서도 인쇄되었으나 대부분은 중화권에서 만든 의학서들이었습니다. 이는 고활자 인쇄 출판에 의사가 많이 개입했기 때문입니다.[239] 하지만 오늘날 일본에서 고활자 인쇄 출판을 이야기할 때는 문학 · 사상과 관련한 책을 주로 언급합니다. 고활자 인쇄 출판을 연구하는 사람들이 대부분 해당 분야 사람들이라 편향성이 생겨서입니다.

당시에는 의학이든 문학이든 사상이든 예술이든 간에 지적 활동을 하는 사람의 숫자가 절대적으로 적었고, 그들은 서로 가족 간이거나 친구이거나 스승 · 제자, 선배 · 후배 관계인 경우가 많았습니다. 예를 들어 일본의 셰익스피어라 부르는 극작가 지카마쓰 몬자에몬(近松門左衛門, 1653~1724)의 동생인 오카모토 잇포(岡本一抱, 1654~1716)는 중화권의 의학 서적에 관한 해설서 및 의학 입문서를 많이 써서 한의학의 일본화를 촉진했습니다.[240] 참고로 오카모토 잇포가 한의학 서적의 해설서를 쓴 일을 언해諺解 작업이라고 하는데, 조선에서 고전 한어古典漢語, 즉 한문 서적을 고전 한국어로 번역 · 해설하고 《○○언해》라고 제목을 붙인 데서 비롯한 용어입니다. 임진왜란 때 약탈한 책 가운데 언해본이 많았기 때문입니다.

## 하고 싶은 공부가 있어서
## 의사가 되다


문학 · 사상 분야에서 언해서를 많이 쓴 일본인은 일본 주자학의 선구자 후지와라 세이카의 제자인 하야시 라잔입니다.[241] 하야시 라잔은 과거 제도라는 이름의 문인 관료 선발 제도가 없었던 에도 시대 일본에서 똑똑한 야심가가 어떻게 출세할 수 있는지를 잘 보여주는 인물입니다. 그의 스승인 후지와라 세이카는 교토의 한 절의 승려로서 불교와 주자학을 공부하던 중에 주자학의 세계에 매혹됩니다. 하지만 당시 일본에는 주자학자가 없었고, 명나라에서 공부하기 위해 1596년에 규슈 서남쪽 사쓰마薩摩에서 배를 타고 명나라로 건너가려 했지만, 실패합니다. 명나라와 일본 사이에 왜구나 견명사가 활발하게 오가던 시절이 끝나고 한창 임진왜란이 진행 중이었기 때문에 애초에 무리한 계획이었습니다.

여담이지만, 세이카와 비슷한 시기의 조선에서도 송희갑宋希甲이라는 사람이 한시, 즉 중국어시를 제대로 짓는 법을 배우기 위해 명나라로 건너가려고 중국어를 배우고 바다에서 수영 연습을 하다가 바닷물의 소금기에 몸이 상해서 죽은 일이 있었습니다. 한문학자 정민 선생이 송희갑과 그의 스승인 권필(權韠, 1569~1612)의 에피소드를 베스트셀러《미쳐야 미친다》에서 소개하면서 유명해졌습니다.

자신을 찾아 강화도로 온 송희갑에게 권필은 이렇게 말했습니다. "사람이 천하를 널리 보지 못하면 시詩가 또한 편협해진다. 유감스럽게도 나는 이미 할 수 없지만, 너의 체력으로는 능히 이 일을 감당할 만하다. 다만, 압록강 북쪽은 관문의 방비가 매우 엄하니, 반드시 어두운 길에 숨어 엎드려 있다가 물 있는 곳을 만나거든 수영하여 몰래 건너야 도달할 수 있을 것이다. 너는 모름지기 중국말을 배우고 또 수영을 익히도록 해라."[242] 결국 송희갑은 이 말을 충실히 따르다 무리하는 바람에 죽었습니다. 국경을 넘어서라도 과거 공부, 즉 시험공부가 아니라 진짜 공부가 하고 싶었던 한 사람의 비극적 최후였습니다.

송희갑처럼 바닷물에 몸이 상해 죽지는 않았지만, 필시 크게 좌절했을 세이카에게 나타난 이가 전라도 영암의 주자학자 강항입니다. 그를 통해 본격적으로 주자학을 배운 세이카는 강항의 귀국을 도와주는

하야시 라잔과 그의 후손들이 묻힌 하야시 집안 묘지(林氏墓地), 도쿄 신주쿠 소재.

한편으로 자신도 환속還俗해서 일본 최초로 주자학자가 됩니다.

후지와라 세이카는 인격과 학문이 모두 훌륭했기 때문에 도쿠가와 이에야스가 그를 비서로 채용하려 했습니다. 당시 동중국해와 남중국해의 각지에는 명나라에서 빠져나와 살던 한인漢人들이 있었고, 이들은 한문, 즉 고전 한어古典漢語를 공용어로 사용하여 무역 활동을 했습니다. 또한, 각지의 승려들도 고전 한어를 공용어로 이용해서 외교문서를 주고받았습니다. 그래서 이에야스가 세이카에게 자신의 비서가 되어달라고 부탁했던 것입니다.

그러나 중세 이래로 승려만이 지배 집단인 무사의 비서가 될 수 있었고, 주자학자가 되기로 결심하고 환속한 세이카는 다시 승려가 될 생각이 없었습니다. 결국 세이카는 이 요청을 거부하고, 자기 대신 똘똘한 야심가인 제자 하야시 라잔을 비서 자리에 추천합니다. 이 제안을 냉큼 받아들인 라잔은 머리를 깎고 승복을 입고 불교식으로 도슌道春이라는 이름을 썼습니다.

한때 주자학자였다가 만년에 양명학자가 된 나카에 도주(中江藤樹, 1608~1648)는 라잔의 이런 변신에 대해 다음과 같이 유명한 비판을 했습니다.

하야시 도슌은 성격이 기민하고 박람강기하다. 하지만 입으로는 번드르르하게 유학자의 길을 말하면서도 망령되게 부처의 법을 본떠서 머리를 깎았으니, 유학의 인仁을 귀히 여기지 않았고 의義를 버렸다. 주자가 말한 것처럼 성인의 말을 따라할 줄만 아는 앵무새가 자신을 진짜 유학자라고 여긴 것이다.[243]

호리 교안. 후지나미 고이치(藤浪剛一) 편
《의가선철초상집(醫家先哲肖像集)》(刀江書院,
1936) 수록.

하야시 라잔은 과거 제도가 없는 에도 시대 일본에서 출세하기 위
해 이렇게 승려가 되었지만, 도쿠가와 이에야스의 비서가 된 뒤로도
계속해서 주자학자라고 자칭하면서 불교를 공격하는 태도를 유지하
여 비웃음을 샀습니다. 또한 권력에 가까이 가기 위해 신념을 버리고
도 자신을 스스로 진짜 유학자眞儒라고 칭하는 그를 당대와 후대의 일
본 학자들은 속유(俗儒, 비속한 유학자)라고 비난했습니다.

　사정이 이렇다 보니 일본에서 정말 학문을 하고 싶은 사람은 후지
와라 세이카의 길을 택하여 학원 선생이 되거나 의사가 되는 등 스
스로 밥벌이를 할 줄 아는 사람이 되고자 했습니다. 호리 교안(堀杏庵,

1585~1643)은 임진왜란에 관해 최초로 명나라의 정보를 활용해서 그
이후의 임진왜란 연구에 큰 영향을 미쳤습니다. 중화 세계와 한반도
에서 제작된 책에 보이는 일본에 관한 정보를 집대성한《이칭일본전異
稱日本傳》(1688년 완성)이라는 책을 낸 마쓰시타 겐린(松下見林, 1637~1703),
명나라의 백과사전《삼재도회三才圖會》를 대폭 수정·증보해《화한삼
재도회和漢三才圖會》(1712년 간행) 105권을 30년에 걸쳐 편찬한 데라시마
료안(寺島良安, 1654~?) 등도 의사로서 생계를 꾸리며 사고 싶은 책을 마
음껏 사고, 하고 싶은 공부를 하며, 자기가 내고 싶은 책을 내서 후세에
큰 영향을 끼친 사람들입니다.《이칭일본전》은 조선에 건너와서 한치
윤(韓致奫, 1765~1814)이《해동역사海東繹史》라는 역사책을 쓸 때 크게 이
용되었습니다. 중화 세계와 일본이라는 두 세계의 정보를 많이 담고

있고《삼재도회》보다 삽화도 더 좋은《화한삼재도회》는 특히 조선 시대 후기의 남인계 실학인들 사이에서 널리 읽혔습니다.[244] 의사가 학문을 하는 에도 시대의 사회 분위기가 조선까지 영향을 미친 사례들입니다.

조선 시대에는 이문건(李文楗, 1494~1567)[245]·이황[246]·유희춘(柳希春, 1513~1577)·류성룡[247]·정약용[248] 등과 같이 의학에 정통한 정치인·학자가 있었던 한편으로, 황윤석(黃胤錫, 1729~1791)의《이재난고頤齋亂藁》에서 자주 보이듯이 몰락한 양반이 의료 행위로 생계를 꾸리는 경우도 있었습니다.《이재난고》의 1772년 8월 21일 기사에는 김경간이라는 사대부 출신의 전업 의사가 등장합니다.[249] 16세기와 18세기 조선을 비교하면 "의약의 상업화" 현상이 두드러지는데, 이처럼 전문적인 의사와 약재 시장이 등장한 원인은 "초등교육 분야와 함께 의약 분야가 새로이 등장한 '몰락한 지식분자'를 흡수할 몇 안 되는 분야였기 때문"[250]이었습니다. 18세기 후반에 조선에 나타난 몰락 양반 출신 의사들은 에도 시대 일본의 유의와 비슷합니다.

# 아프면 의사를 찾는
## 습관의 시작

강원도 강릉에서는 1603년에 의원과 약국이 부족한 지역 현실을 타개하기 위해 양반들을 주축으로 강릉 약계를 결성했습니다. 이 조직은 19세기 전후로 유명무실해졌다가 1842년에 결국 폐지되었는데, 그 이유는 상업적인 약국이 늘어나고 그 운영자들이 양반이 아니어서 자신들의 행위가 "천한 사람의 농단"[251]처럼 취급받기를 꺼려해서입니다. 한편, 1779~1786년에 충청도 목천과 전의에서 수령으로 근무한 황윤석의 《이재난고》에 따르면, 이 시기에 전의에는 의원이 있었지만 목천에는 없었고, 약국은 두 지역에 모두 있었습니다. 목천의 약국은 그가 수령으로 재임하던 18세기 말에 생겼다고 합니다. 그 밖에 의객醫客, 즉 떠돌이 의사들이 지역을 돌아다녔고, 서울의 약을 가져다 파는 매약상도 활동했습니다.[252]

일본에서는 18세기 전반부터 약종상들이 지역 구석구석을 돌아다녔습니다. 이들은 농촌의 촌장집에 묵었는데, 촌장은 약종상이 두고 간 약을 주민에게 배포하는 역할도 하다 보니 자연히 의학 지식을 습득했습니다. 전염병이 유행할 때는 이를 예방하기 위한 각종 안내문도 촌장이 마을 사람들에게 알렸습니다. 당시 농촌에는 의사가 거의 없었기 때문에 이들 약종상과 촌장 또는 농민이 자발적으로 의사가 되는 경우가 늘어났습니다. 그 결과, 의료에 대한 농민들의 관념이 바뀌어, 무의촌無醫村에서 마을로 의사를 초빙하는 일이 많아졌습니다.

1823년에 중부 일본 시나노 지역 다카시마번에 속한 다카모리 마을은 "우리 마을에는 의사가 없어서 마을 사람이 갑자기 병이 나면 곤란"[253]하다며, 먼 지방 출신의 다메조爲三라는 의사를 마을에 머물게 해 달라는 청원서를 번에 제출했습니다. 이웃한 마쓰시로에서도 가세이 (化政, 1804~1830년) 연간부터 마을 의사가 늘어났습니다. 이 지역에서 1809년에 작성한 〈의사 및 의사가 되려는 사람들을 위한 문서 醫師ならびに醫業心掛けのものども名面書控え〉에 따르면, 의사가 되려는 자 중에는 의사 집안 출신자 외에도 농민, 떠돌이 무사인 로닌, 떠돌이 종교인인 슈겐 修驗, 신사를 관리하는 간누시神主 등이 있었습니다.

이 시기에 농촌에서 촌장급은 마을 유력자의 지위를 지키기 위해, 빈농층은 신분제의 제약을 뛰어넘어 경제적 향상을 꾀하기 위해 의사가 되려 했습니다. 이러한 상황을 감안해서 마쓰시로번에서는 검증을 거쳐 〈잇폰쇼몬一本証文〉이라는 의사 면허장을 이들에게 발급했습니다. 같은 시기 이웃 지역에 살던 나카조 다다시치로中條唯七郎는 저서 《견문집록見聞集錄》에 "옛날 덴메이(天明, 1781~1789) 연간에는 지역 거점인 마쓰시로 이외에 마을 열 곳당 한 명 비율로 의사가 있었지만, 지금(가세이 연간)은 마을마다 한 사람씩, 또는 한 마을에 두세 사람이 있기도 하다"라고 적었습니다.[254]

덴메이보다 70~80년 전인 1706년에 시나노 지역 우에다번 99개 마을을 조사해서 작성한 인구 통계서 《우에다번 마을 명세장上田藩村明細帳》에 따르면, 종교 관계자는 거의 모든 마을에 있었고, 말을 치료하는 마의馬醫가 12명, 마을 의사(村醫, 무라이)는 3명이었습니다. 지방 농촌 사람들은 아프면 의사가 아니라 종교인을 찾아서 주술에 의존했고, 사

혼고 야쿠시(本郷藥師) 1670년 에도에 정체불명의 전염병이 유행하자 사람들을 치료해주는 약사여래를 모셨다. 도쿄 혼고 소재. 이처럼 에도 시대에 살던 일본인들에게 질병, 특히 유행병은 피할 수 없는 재난이었고, 사람들은 부처와 신에게 의존할 수밖에 없었다.

오늘날에도 일본 곳곳에는 말을 비롯한 가축들의 안전을 지켜주는 마두관세음보살(馬頭觀世音菩薩) 비석이 남아 있다. 에도 시대 일본인들이 자신들의 건강 이상으로 가축들의 건강을 기원했음을 보여준다. 사진은 고즈캇파라와 함께 에도의 양대 처형장이었던 스즈가모리 처형장에 세워져 있는 마두관세음보살 비석.

람보다 말을 치료하는 쪽이 더 수요가 많았습니다.[255] 명의名醫로 유명한 고대 중화권의 편작扁鵲은 치료가 불가능한 여섯 부류의 환자 가운데 하나로 "무당을 믿고 의사를 믿지 않는 사람"[256]을 들었는데, 에도 시대 초기까지도 이런 사람이 지방에는 많았습니다. 하지만 이 사람들이라고 좋아서 그랬던 것이 아니었습니다. 의사가 주변에 없으니 어쩔 수 없는 일이었습니다.

《우에다번 마을 명세장》과《견문집록》을 함께 놓고 비교해보면, 1706년에는 마을 33개당 의사 1명이었는데, 1780년대에는 마을 10개당 의사 1명이 되었고, 19세기 전기에는 마을 하나당 의사 1명이 존재하게 되었음을 확인할 수 있습니다. 이리하여 18~19세기의 전환기부터 농민들은 병이 나면 그냥 아픈 대로 내버려두거나 주술에 의존하지 않고, 의사에게 진료를 받고 약을 구입하는 새로운 의료 습관을 자연스럽게 받아들이게 됩니다. 물론 도시 지역은 이보다 빨랐습니다.

# 사람은 죽지만
## 의학은 발전한다

지금까지 제가 살펴본 몇몇 조선 시대의 의학 관련 문헌에 따르면, 조선에서는 이황과 같은 주자학자가 의사를 직업으로 하지 않는데도 가족과 이웃을 치료해주었다면 유의儒醫라는 표현을 썼던 듯합니다.[257] 반면, 에도 시대 일본에서 유의儒醫란 본격적인 의료 행위로 생계를 꾸리는 학자를 지칭하는 말이었습니다. 그래서 이토 진사이 같은 유학자는 가난에 시달리는 가족들의 간청에도 불구하고 의료 활동을 하지 않았습니다. 그는 자신이 걷지 않은 유의라는 삶의 태도를 비난하는 〈유의변儒醫辨〉이라는 논문을 썼습니다. 이 글에서 진사이는 "의사이면서 유학자가 되려는 자는 자신의 직업이 잔기술이고 또 무당이나 천한 공인工人과 동급으로 취급 받기를 부끄러워하여, 유학자들 사이에 끼어서 이름을 드러내려는 것이다"[258]라며 유의를 비판합니다.

진사이에 이어 주자학에 반기를 든 유학자인 오규 소라이의 제자 다자이 슌다이도 〈유의론儒醫論〉이라는 글에서 "오늘날의 이른바 유의들은 의술로 이익을 구하고 유학으로 명성을 구한다"[259]라며 거세게 비난합니다. 에도 시대의 손꼽히는 괴짜 히라가 겐나이(平賀源內, 1728~1779)는 1763년에 출판한 소설 《네나시구사根南志具佐》에서 "요즘 의사들은 여기저기에서 짜깁기해서 시나 글을 쓰고, 대충 《상한론》을 읽고 나서는 고방파니 유의니 스스로 칭하지만, 병을 볼 줄 모르고 약

나카마루 세이주로(中丸精十郎, 1840~1895)가 그린 히라가 겐나이의 초상.

도 외우지 못해서 쓸데없이 《상한론》에 나오는 석고石膏 · 망초芒硝를 처방한다"[260]라고 유의를 비꼬기도 합니다. 유학자가 의사를 겸한다는 것은 이처럼 사회적으로 큰 비난을 받고, 돌팔이 의사라고 야유도 받는 행위였습니다.

에도 시대를 대표하는 외교관이자 주자학자였던 아메노모리 호슈(雨森芳洲, 1668~1755)는 교토 근처의 농촌에서 의사의 아들로 태어나서 가업家業을 잇기 위해 10대 초부터 의학을 공부하기 시작했습니다. 그러던 어느 날, 선생님이 송나라 소동파(蘇東坡, 1037~1101)의 "글을 배우는 자는 종이를 낭비하고 의학을 배우는 자는 사람을 낭비한다學書者紙費, 學醫者人費"라는 말을 들려주었습니다. 선생님은 의사라는 직업이 얼마나 어려운 길이고 얼마나 신중해야 하는지 설명하기 위해 이 말을

아메노모리 호슈.

인용했는데, 어린 소년 호슈는 이에 충격을 받고 의사가 되는 길을 포기한 뒤, 순수한 주자학자가 됩니다.

　나아가 의사라는 직업 자체를 비난하는 분위기도 있었습니다. 센고쿠 시대부터 에도 시대 초기에 걸쳐 활동한 조하(紹巴, 1525~1602)라는 시인은 마나세 도산(曲直瀨道三, 1507~1595)이 의학을 강의하는 모습을 참관하다 말고 갑자기 눈물을 흘리면서, "저 어린 사람들이 앞으로 얼마나 많은 사람에게 약을 처방해서 죽일지 생각하니 마음이 아파서 웁니다"라고 말했답니다. 이 에피소드는 유머집인《희언양기집戱言養氣集》, 그러니까 '농담으로 기운을 북돋우자'라는 제목의 책에 실려 있어서 신빙성은 의심스럽지만, 아무튼 당시 일본 사람들이 의사를 어떻게 생각했는지 엿보게 합니다. 또한 앞에서 소개한 괴짜 히라가 겐나이가 쓴 소설《네나시구사》에게는 "작은 재주가 있는 의사란 남을 죽이는 장사를 하는 사람이다"[261]라는 구절이 보이는 등 에도 시대에 의사에 대한 이미지는 반드시 좋지만은 않았습니다.

조선에서도 중종 때의 홍문관 부제학 유진동(柳辰仝, 1497~1561)이라는 사람이 다음과 같이 주장했습니다. "장군이 패전하는 경우가 있더라도 어찌 병서兵書를 사용하기 어렵다고 의심할 수 있겠으며, 의사가 사람을 죽이는 경우가 있더라도 의서醫書를 사용하기 어렵다고 의심할 수 있겠습니까?"[262] 유진동은《소학》을 숭앙하던 김종직과 제자들이 사화에 휘말린 뒤로 사람들이《소학》에는 감히 손도 대지 않게 된 세

마나세 도산.

태를 지적하기 위해 이 말을 했습니다. 그런 맥락에서 생각하면 "의사가 사람을 죽이더라도 의학을 아예 버릴 수는 없다"라는 취지로 이해해야 할 듯합니다.

의사를 천시하기는 해도 그렇다고 아예 무시할 수는 없는 필요악 정도로 보는 이러한 분위기는 고대 로마 사회의 분위기와도 상통합니다. 로마인은 의료 행위를 천시해서 노예들에게 이를 맡겼다고 합니다. 대大 플리니우스(Gaius Plinius Secundus, 23/24~79)는 의사에 대한 불신을 다음과 같이 표현했습니다. "의사의 무지에 관한 처벌이나 사형을 다룬 그 어떤 법률도 없다. 의사들은 우리의 위험과 위급함을 통해 배우며, 사람을 죽여가며 경험하며, 오직 그들만이 처벌받지 않고 사람을 죽일 수 있다."[263] 고대 로마의 대 플리니우스와 중세 중화권의 소동파가 똑같은 취지로 말했다는 점이 흥미롭습니다.

반면, 두 문화권 사이에 있었던 이슬람권에서는 의학을 높이 평가했습니다. 이슬람교를 시작한 무함마드의 "유용한 지식은 신앙과 몸에 관한 지식 두 가지뿐이다"[264]라는 발언이 이슬람권에서 의학 발전을 촉진했고, 이슬람권의 의학은 동서 두 세계에 모두 큰 영향을 미치게 됩니다.[265]

이상 살펴보았듯이 의사에 대한 비판은 꾸준히 있었고, 특히 에도 시대에는 유의에 대한 비판이 적지 않았습니다. 그러나 의사가 아닌 사람들의 반감과 비판에도 불구하고, 과거 제도가 없었던 에도 시대 일본에서 의사로 생계를 꾸리면서 자기 나름대로 공부를 계속하여 큰 성과를 거둔 사람은 계속해서 나타났습니다. 1777년에 후쿠오카번에 유의로 채용된 가메이 난메이(龜井南溟, 1743~1814) 같은 유의는 '공자의

규슈 후쿠오카의 조만지 절(淨滿寺)
에 있는 가메이 난메이의 무덤.

처방孔子の處方'을 내린다고 자부하기도 했습니다. '공자의 처방'이란
1589년에 명나라 공정현(龔廷賢, 1522~1619)이 출간한《만병회춘萬病回
春》에 실려 있는 노인병·소아신경질환에 대한 처방을 뜻합니다.[266]

　유의를 자처한 가메이 난메이는 번에서 설립한 의학교에서 수업을
받는 학생들에게 승려처럼 머리를 깎지 못하게 했습니다. 이것은 뒤에
서 말씀드릴 고방파 의사 고토 곤잔(後藤艮山, 1659~1733)이 처음 도입한
전통으로 불교에서 의학을 독립시키고 유학에 접근하기 위한 전략이
었습니다. 1797년에 이 학교에 입학한 이웃 오기번의 사노 다이안佐野
泰庵의 아들 사노 분추佐野文仲는 자기를 뺀 나머지 학생이 모두 머리를
기른 모습을 보고 놀라서 아버지에게 연락합니다. 아버지는 서둘러 번

에 이 사실을 보고했고, 수업을 받는 동안에는 머리를 길러도 좋다는 허가를 대신 받아 아들이 수업을 받을 수 있게 했습니다. 훗날 유학을 마치고 오기번으로 돌아가 번의가 된 사노 분추는 머리를 깎고 근무했지만, 1866년에 아들 사노 안세이佐野安靖가 나가사키로 유학갈 때, "머리를 깎으면 독일 의학을 배울 수 없다"라며 번에 미리 허가를 받아주었습니다.

이렇게 변화에 늦었던 오기번도 메이지 시대가 시작된 1868년에 이르러 문명 개화에 저항할 수 없음을 깨닫고는 번의가 머리를 기르는 것은 자유라는 방침을 하달했습니다. 폐번치현廢藩置縣 정책에 따라 오기번이 폐지되는 1871년으로부터 불과 3년 전이었습니다.[267] 그리고 조선의 김홍집 내각이 단발령斷髮令을 발표한 때는 오기번이 의사의 헤어스타일을 자율로 풀어준 때로부터 20여 년이 지난 1895년 12월 30일이었습니다.

일본에는 이처럼 유의의 전통이 뿌리 깊었기에 의사학 연구자이자 한의학의 대가인 안자이 야스치카(安西安周, 1889~1969)가 《일본 유의 연구日本儒醫研究》(竜吟社, 1943)라는 방대한 연구서를 쓸 수 있었습니다. 그런데 에도 시대 일본과는 반대의 의미로 유의라는 단어를 사용했던 조선[268]에서도 주자학자의 기반을 가지고 있는 양반이 의학을 본업으로 삼는 에도 시대 일본식의 유의가 18세기 말에 나타났습니다. 상업 경제가 발달하면서 양반 집단 안에서 경제적으로 몰락하는 집안이 생겨난 것과 과거 제도를 통해 정부 관료가 되어 안정된 수입을 올릴 수 있는 길이 점차 좁아진 것이 맞물려 이러한 사례가 생겨났습니다.[269]

# 후세방과
# 고의방

　　　　　　중화권과 일본에서 전해져 내려온 옛 책과
예의범절과 물건의 기원을 궁리하고 진짜인지 가짜인지를 판별하는
고증학考證學이라는 학문이 있습니다. 고증학은 대청제국과 에도 시대
일본에서 거의 동시에 탄생했는데, 일본에서는 특히 의학 분야의 연구
가 강세였습니다. 대청제국과 에도 시대 일본에서 지식인들이 권력과
재산을 얻을 수 있는 경로가 서로 달랐기 때문입니다. 대청제국에서는
과거 제도 때문에 일급 지식인이 의사가 되지 않았고, 의학을 공부하
는 사람은 대부분 과거 시험에 붙을 수 없는 사람이어서 학자로서는 2
류라고 간주되었습니다. "좋은 재상이 되어 나라를 치료할 수 없다면,
좋은 의사가 되어 백성을 고친다"라는 생각에 따라서, 정치권에 들어
가는 것이 의사가 되는 것보다 더 나은 선택지로 평가받았습니다.

　반면, 일본에서는 의사가 되어 명의名醫로 이름을 날리면 막부나 번
에 관료로 채용되는 일이 많았습니다. 막부나 번에 채용된 의사들은
대대로 의사 지위를 세습함으로써 안정적으로 옛 의학서를 연구할 경
제적·시간적 여유를 확보할 수 있었습니다. 일본에는 예전부터 중화
권에서 건너온 책이 많이 남아 있었고, 본토에서는 전쟁으로 인해 사
라져버린 책이 일본에 남아 있는 경우도 많았습니다. 그러다 보니 이
들 세습 의사들은 한의학 서적은 물론이고 중화 세계와 일본의 귀중한
책들을 고증학적으로 연구해서 속속 성과를 냈습니다.[270]

에도 시대 일본에서 출세하고 공부하는 방법은 무엇보다도 의사가 되는 것이니만큼 당시의 중요한 학술적 움직임은 어떤 형태로든 의학과 관련을 맺고 있었습니다. 주자의 해석을 뛰어넘어 자신만의 방법론으로 유학의 고전을 해석하자는 이토 진사이의 고의학古義學은 금원의 학金元醫學, 즉 금나라 · 몽골제국 시절에 수립된 의학 이론을 신봉하는 후세방後世方에 맞서 후한後漢 시절에 장중경張仲景이 쓴 《상한론傷寒論》, 《금궤요략金匱要略》 같은 옛 의학서를 연구해야 한다는 고의방古醫方 의사들에게 영향을 주었습니다.

또한 이토 진사이의 고의학이나 오규 소라이의 고문사학古文辭學에서 영향을 받아, 바다 건너 남의 나라인 중화 세계의 고전을 연구하기보다는 내 나라 일본의 고전을 연구하자는 주장을 펼친 국학자國學者 모토오리 노리나가와 히라타 아쓰타네는 둘 다 의사이기도 했습니다.

후세방과 고의방의 대립은 에도 시대 의사들 사이의 권력 투쟁이기도 했습니다. 금원사대가金元四大家라 불리는 이고李杲(이동원李東垣), 주진형朱震亨, 유완소劉完素, 장종정張從正 가운데 이동원과 주진형의 의학 이론을 묶어서 이주의학李朱醫學이라고 부르며 특히 높게 평가했는데, 이 이주의학을 일본에서 처음으로 받아들인 이는 다시로 산키(田代三喜, 1465~1537)였습니다. 그의 제자인 마나세 도산은 명의로 유명해서 덴노와 여러 쇼군을 치료하며 권력에 근접했고, 마나세 도산의 양아들인 마나세 겐사쿠가 도쿠가와 막부의 의사로 임명되면서 후세방은 막강한 권위를 지니게 됩니다.

이에 맞서 장중경의 이론이 진정한 의학이라고 주장했던 사람은 이토 진사이보다 1년 늦게 태어난 나고야 겐이(名古屋玄醫, 1628~1696)였습니다. 시민들을 상대로 활동하며 생계를 꾸리던 나고야 겐이와 이토 진사이가 고의방과 고의학이라는 새로운 학문을 내세운 것은 막부가 공인한 마나세 가문의 후세방과 하야시 라잔의 주자학에 도전장을 내민 행위였습니다. 고방파 의사인 고토 곤잔은 그전까지 의사가 승려처럼 외관을 꾸미던 관습을 꺼려하여 머리를 기르고 평복을 입었습니다. 이는 이제까지의 의학론에 반기를 들고 불교로부터 독립을 꾀한 것이었습니다. 주자학자라고 칭하면서 권력에 접근하기 위해 승려의 외관을 했던 하야시 라잔에서 비롯한 기존 문화 권력에 대한 도전 의식이 분명히 드러납니다.

다시로 산키. 후지나미 고이치(藤浪剛一) 편 《의가선철초상집(醫家先哲肖像集)》(刀江書院, 1936) 수록.

가가와 슈안. 후지나미 고이치
(藤浪剛一) 편《의가선철초상집
(醫家先哲肖像集)》(刀江書院, 1936)
수록.

또한 의사 고토 곤잔의 제자이면서 유학자 이토 진사이의 제자이기
도 했던 가가와 슈안(香川修庵, 1683~1755)은 이토 진사이의 방법론을 의
학에 적용하여 의학 고전을 전부 비판적으로 검토하자는 실증주의를
주장하는 한편, 의학을 추구하는 행위와 성현의 가르침을 따르는 유학
은 그 근본이 똑같다는 유의일본설儒醫一本說을 주장합니다. 그의 스승
인 이토 진사이는 유의를 비판했지만 가가와 슈안의 가까운 곳에는 늘
의사들이 존재했으며, 그들은 유의라는 존재의 시민권을 획득하고자
노력했습니다.[271]

이런 의미에서 유의는 자립하여 생활할 수 있는 기반을 마련함으
로써 권력에 기대지 않고 자유로운 공부를 하려 한 에도 시대 지식인
집단의 정체성 그 자체였습니다. 문자 그대로 시민 학계·의료계와
관제 학계·의료계의 대립이라고도 할 수 있겠습니다. 권력층에서 부

르면 즉시 달려가서 한자리 차지하고 곡학아세하기 바쁜 한국의 몇몇 시민 단체와는 달리, 일본의 시민 단체들이 쉽게 권력에 기대거나 투항하지 않고 굳건히 버틸 수 있는 근원에는 나고야 겐이와 이토 진사이, 고토 곤잔 같은 유의 정신을 지닌 선배들이 있었다고 해도 과언이 아닙니다.

여담이지만, 에도 시대 초기부터 의사는 주목받는 직종이었고, 그들은 예능인으로 대우받기도 했습니다. 그리고 의학 서적은 꼭 아픈 사람이 아니더라도 널리 읽혀서 일종의 문학 작품과 같은 취급을 받을 정도였습니다.[272] 특히 후세방과 고의방의 대립은 많은 사람의 관심을 모았고, 때로는 야유를 받기도 했습니다. 앞서 유의와 고방파를 야유했던 히라가 겐나이는 소변·대변을 테마로 한 단편소설 『방비론放屁論』에서 다음과 같이 후세파와 고방파의 대립을 야유합니다. "의사들은 고방파니 후세파니 하면서 남들 안 보는 곳에서 싸우기에 바쁘지만, 막상 병은 치료해도 고치지 못하고 유행처럼 사람들을 죽이기에 바쁘구나."[273]

# 중화권과는 같고
# 한반도와는 다르다


일본의 한의학이 중화권의 한의학과 공통되고 조선의 한의학과 달랐던 부분 가운데 하나가《상한론》에 대한 관심의 정도였습니다. 한의학에서는《신농본초경神農本草經》,《황제내경黃帝內經》,《장중경방張仲景方》을 3대 고전이라고 칭합니다. 이 가운데 장중경의 처방을 모은《장중경방》은 후세에《상한잡병론傷寒雜病論》이라 칭했고, 현재는《상한론》,《금궤요략》,《금궤옥함경金匱玉函經》으로 나뉘어서 전해지고 있습니다. 이 가운데 에도 시대의 고의방 의사들이 특히 많이 연구한 책은《상한론》이고, 오늘날 일본의 한의학계에서 여전히 가장 많이 쓰이는 처방전은《금궤요략》에 실려 있습니다.《상한론》의 처방은 '상한'이라는 급성 발열 전염병을 치료하기 위한 것이고,《금궤요략》의 처방은 그 밖의 여러 질병을 치료하기 위한 것입니다.

의사학 연구자인 마야나기 마코토 선생의 조사에 따르면 에도 시대 고의방 의사들이《상한론》에 관해 쓴 책은 503종,《금궤요략》은 110종으로 오늘날까지 전해지고 있습니다. 이는 본토인 중화권에 남아 있는 책의 양과 비슷한 수준입니다.[274] 에도 시대의 고방파 의사들은 원래 급성 감염병이라는 특수한 분야를 다루는《상한론》을 너무 숭앙하여, 나가토미 도쿠쇼안(永富獨嘯庵, 1732~1766) 같은 의사는 "상한에 만병이 있고, 만병에 상한이 있다"[275]는 말을 하기에 이르렀습니다. 이는 분명 무리한 해석이지만, 에도 시대 일본 의학계의 일각에서는 이 정도로《상한론》에 심취했으며, 이는 중화권 의학계의 동향과 상통합니다.

반면, 중화권·일본과는 달리 조선 시대 의학계는《상한론》에 무심한 태도를 보였습니다. 의사학 연구자 박훈평 선생은 이 문제에 대해 다음과 같이 설명합니다. "조선에서《상한론》의 지위나 역할은 이웃 중국, 일본과 비교하면 사뭇 다르다. (중략) 조선의 책판 목록과 기록을 보면《상한론》원본은 간행되지 않았고, 전문 연구서나 주해 주석서 자체도 매우 희소했다. 이 점은 당시대 다른 동아시아 국가의 의학과 조선 의학을 구분 지을 수 있는 독특한 모습이다."[276]

저는 평소에 현대 한국의 시민들이 "한국과 중국은 비슷하고 일본은 두 나라와 다르다"라고 말할 때마다 의아하다고 생각했습니다. 동아시아학을 연구하는 입장에서는 중화권과 일본이 비슷하고 한반도가 다른 부분이 적지 않게 확인되기 때문입니다. 예를 들어 백성들의 삶에 여유가 생겨야 소설이 많이 출판되고 연극이 많이 상연되는데, 중화권과 일본에서는 비슷한 시기에 새로운 문학·예술 장르가 탄생하거나 중화권의 소설·연극이 전근대 일본에 직접적으로 영향을 미쳐서 성행했습니다. 한반도에서 소설이 출판되어 독자들에게 판매되고 연극이 성행해서 연극 대본이 대량으로 정리되는 시기는 두 지역보다 늦습니다. 저의 연구 분야 가운데 하나가 전근대 동중국해 연안 지역의 출판 문화이다 보니 이 문제에 관해 할 말은 많지만, 독자분들께는 지루한 이야기일 터이므로 생략하겠습니다. 에도 시대에 3천 부가 팔려서 최초의 베스트셀러가 된 소설《기요미즈 이야기清水物語》가 출판된 해가 1638년이라는 사실만 말씀드리겠습니다. 이 소설은 교토의 기요미즈데라 절清水寺에 참배하러 왔다가 자리를 함께하게 된 주

에도 시대 초기의 베스트셀러 《기요미즈 이야기》의 무대인 기요미즈데라 절.

자학자와 승려가 논쟁을 벌인 끝에 주자학자가 이긴다는 내용의 소설입니다.

이런 책이 3천 부가 팔린 데는 이유가 있습니다. 당시 경제적으로 여유가 생긴 교토 · 오사카 등지의 시민들이 읽을거리를 갈구하다 보니 뭐든 찍어내면 잘 팔렸기 때문입니다. 이 시기에는 1592년 도요토미 히데요시가 임진왜란을 시작할 때 일본군이 어떻게 부대를 편성했는지를 쭉 나열한 기록물 같은 책도 출판되어 잘 팔릴 정도였습니다. 물론 그 편성 부대에 소속된 당사자나 가족, 부하들이 입수해서 과시하려는 목적도 있기는 했지만, 오늘날에 와서는 '왜 이런 것을 굳이 출판까지 해야 했나'라는 생각이 들 정도입니다. 이렇듯 정치적으로는 중요해도 읽을거리로는 솔직히 훌륭하다고 평가하기 어려운 책 또는 문서도 인쇄되어 팔리던 시절에 주자학이라는 당시 물 건너온 첨단 학술에 관해 꽤 그럴듯하게 대화체 소설 형식으로 만들어 출판했으니 당연히 인기가 있을 만했습니다.

워낙에 이 책이 널리 팔려서 영향력을 얻다 보니 불교 측에서도 이를 반박하기 위해 《기온 이야기祇園物語》라는 소설을 출판합니다. 《기요미즈 이야기》가 3천 부 팔렸다는 사실은 이 《기온 이야기》에 적혀 있습니다. 이처럼 주자학과 불교가 인쇄 매체를 이용해서 논쟁을 벌이는 모습은 근대 유럽에서 이익집단들이 팸플릿pamphlet을 찍어서 자신들의 정치적 · 종교적 주장을 선전했던 모습을 떠올리게 합니다. 유럽에서는 이런 움직임을 팸플릿 전쟁Pamphlet wars이라고 불렀는데, 에도 시대 초기인 17세기 일본에서도 팸플릿 전쟁이 일어났던 셈입니다.

이처럼 주자학이라는 학문이 사회적으로 주목받고 있었으니 도쿠

A

# SERMON

Preached at

Fort S^t. George,

On the Coast of

## CHORMANDEL

IN

## EAST-INDIA,

*February* 21. 1668.

By *William Thomson*, Miniſter of the Goſpel, being
under a very deſperate fit of Sickneſs, (which
made moſt, if not all, hopeleſs of his recovery)
eſpecially of a deep Conſumption.

_____

*L O N D O N*, Printed for *Robert Boulter*, and
are to be ſold at his Shop, at the Sign of the
*Turks Head* in *Cornbil*, over againſt the
*Royal Exchange*, 1 6 7 1.

근대 유럽의 팸플릿과, 팸플릿을 파는 여성을 그린 18세기 회화.

가와 이에야스는 주자학자를 비서로 두고 싶었을 터입니다. 이 요청에 응하지 않고 자립적으로 공부하는 길을 택한 스승 후지와라 세이카와 이 요청에 응하여 중립적 의미에서 어용학자御用學者가 된 제자 하야시 라잔은 과거 제도 없는 에도 시대에 학자가 택할 수 있었던 두 가지 길을 보여주었습니다.

　후지와라 세이카와 같은 선택을 한 사람들은 의사와 학자를 겸하는 경우가 많았고, 하야시 라잔을 비롯한 어용학자들도 의학에 대한 관심의 끈을 놓지 않았습니다. 1607년에 막부의 명령으로 나가사키에 간 하야시 라잔은 1596년에 명나라에서 출판된《본초강목本草綱目》(1578년경 완성, 1596년경 인쇄)을 구해옵니다. 그리고 이 책의 해설서를 여러 권 집필합니다.[277]

## 백성들이 읽을 수 있게
## 가나로 집필한 의학서

일본에서는 가나(가타카나와 히라가나)가 만들어진 뒤로 한문, 즉 고전 한어古典漢語로도 책을 쓰고 가나로도 책을 쓰는 문화가 이어졌습니다. 남성이 한문 일기를 썼다면 여성은 일본어 일기를 썼는데, 무사 정권이 들어선 뒤로 권력에서 밀려난 옛 귀족들은 일본어로 된 헤이안 시대의 문헌을 자신들의 보물로 여겨 소중히 전승했습니다. 남성 승려들은 한문으로 된 불경을 읽고 해설서를 쓰는 한편으로 백성들이 읽을 수 있도록 불교의 핵심을 일본어로 쉽게 써서 배포하곤 했습니다. 이를 가나법어假名法語라고 합니다. 일본어를 표기하는 문자인 가나假名를 이용한 불법이라는 뜻입니다.

또한 승려들은 민중을 위해 가나로 의학서를 썼습니다. 가마쿠라 시대의 승려인 가지와라 쇼젠(梶原性全, 1266~1337)은 민중 사이에서 널리 읽히도록 일본어로 《돈의초頓醫抄》(1302~1304) 50권을 쓰고, 자손과 제자들을 위해서는 한문으로 《만안방萬安方》 62권을 썼습니다. 중세 일본의 지식인 집단이 일본어와 고전 한어, 즉 한문을 어떻게 나누어 사용했는지 잘 보여주는 사례입니다. 가마쿠라 시대와 무로마치 시대의 사이에 낀 난보쿠초 시대南北朝時代에 활동한 유린(有林 · 有隣)도 14~15세기 사이에 《복전방福田方》 12권을 쉽고 간명한 일본어로 집필하여, 훗날 센고쿠 시대에 전쟁터에서 칼과 창으로 생긴 상처를 치료한 금창의金創醫들에게 영향을 미쳤습니다.[278]

이처럼 일본에는 중세부터 승려들이 백성들을 예상 독자로 설정하고 일본어로 의학서를 출판하는 전통이 있었습니다. 그리고 임진왜란 때 조선에서 약탈해온 언해본의 영향을 받아서 에도 시대 일본에서도 《○○언해》라는 책이 많이 출간되었는데, '언해'라는 단어를 책 이름에 붙이는 것이 마치 물 건너온 유행처럼 되었다고 생각합니다. 특히 주자학과 한의학 책 중에서 '언해'라는 단어가 들어간 제목을 많이 볼 수 있습니다. 조선에서도 한글이 발명되자 열성 전염병 치료법을 담은 《간이벽온방簡易辟瘟方》(1525년 간행), 구급의학서 《언해구급방諺解救急方》(1607년 간행), 산부인과 서적 《언해태산집요諺解胎産集要》(1608년 간행), 천연두 연구서 《언해두창집요諺解痘瘡集要》 등의 한국어 의학서가 지속적으로 출판됩니다.

에도 시대에 한의사는 의안醫案, 즉 처방전을 한문으로 써야 했습니다. 하지만 모든 의사가 어려운 한문으로 의안을 쓸 능력을 지니지는 못했습니다. 에도 시대 말기에 오쿠이시奧醫師, 즉 막부 소속 의사로 근무하던 다키 모토카타(多紀元堅, 1795~1857)는 최근 의사들의 책은 유명한 유학자가 대신 써주거나 문장을 첨삭·지도해주었고 의사들이 무식해서 큰일이라며 이렇게 한탄한 바 있습니다. "요즘 의사들의 저술 가운데에는 유명한 유학자들의 손을 빌린 것이 많다."[279]

농민 출신으로 고물상을 하다가 겸자를 개발해서 유명해진 산과 의사 가가와 겐에쓰는 한문을 쓸 줄 몰랐습니다. 그가 만년에 정리한 산과 교과서 《자현자산론》은 에도 시대 중기의 유명한 유학자인 미나가와 기엔이 대신 써주었다고 알려져 있습니다. 다키 모토카타는 이 《자현자산론》의 사례를 들어 한탄했던 것입니다. 미나가와 기엔은 한

문으로 글을 잘 쓸 줄 모르는 의사들을 도와주면서 느낀 바가 있었던
지, 의안에 자주 쓰이는 용어를 모아 놓은 용어집《의안류어<sup>醫案類語</sup>》를
1774년에 출간했습니다. 의료 실력은 좋아도 한문을 모른다는 이유로
고생하는 의사를 많이 접하면서 안타까움도 느꼈고, 이런 사람들을
위해 책을 만들어서 출판하면 수입이 짭짤하겠다는 생각도 했을 터입
니다.

다만, 용어집은 그래도 어느 정도 한문으로 글을 만들어낼 수 있는

다키 모토카타. 후지나미 고이치(藤浪剛一) 편《의가선철초상집(醫家先哲肖像集)》(刀江書院, 1936)
수록.

사람이어야 이용할 수 있습니다. 그래서 아예 한문으로 글쓰기가 불가능한 사람을 위해 완성된 의안의 문례집文例集, 즉 모범 답안지《의학하야갓텐醫學早合點》이라는 책도 1778년에 출판되었습니다. 완성된 의안의 곳곳에 구멍을 뚫어두어서 그때그때 환자의 나이, 증상 등만 구멍 속에 적어 넣으면 되는 형식입니다.

## 임상의 중요성과
## 일본 의학의 민중화

에도 시대에 한문으로 처방전과 진료 기록을 쓸 수 없었던 의사에 관해서는 다음과 같은 에피소드가 전해지고 있습니다. 에도 시대 후기의 산과 의사 가타쿠라 가쿠료(片倉鶴陵, 1751~1822)는 평민 출신으로 막부 의학관醫學館에서 한의학을 배운 뒤, 난의학의 대가인 마에노 료타쿠(前野良澤, 1732~1803)의 제자에게 난의학을, 교토에서 가가와 겐에쓰의 자손에게 산과학을 각각 배우고 에도에서 개업합니다. 그 실력을 인정받아 50세 때 쇼군의 아내가 거처하는 오오쿠大奧에서 난산으로 고통받던 여성을 진료합니다. 평민 출신의 마치이町醫가 오오쿠에서 진료한다는 것은 전례가 없는 일이었습니다. 에도 시대에 야심과 능력이 있는 평민 남성이 의학을 통해 출세를 꾀한 전형적인 사례입니다.

그는 자신의 의학론과 임상 경험을 담은 《청낭쇄탐靑囊瑣探》이라는 책을 1801년에 출판했습니다. 이 책에서 그는 다음과 같이 이론과 실전을 겸해야 한다는 주장을 펼칩니다. "의사는 책을 읽지 않으면 병을 치료할 수 없고, 병을 치료하지 않으면 책을 이해할 수 없다. 이 두 가지를 겸해야 비로소 진정한 의사라 할 수 있다." 이는 그가 막부 의학관에서 배운 "널리 문헌을 조사해서 좋은 부분을 택하라"라는 가르침을 충실히 따르면서도 임상의 중요성을 놓치지 않았기 때문에 가능했던 깨달음입니다.

가타쿠라 가쿠료. 후지나미 고이치(藤浪剛一) 편《의가선철초상집(醫家先哲肖像集)》(刀江書院, 1936) 수록.

어느 날 그는 난막에 감싸인 아기가 태어난 현장에 임하게 됩니다. 처음에 그 아기가 산모의 배에서 나왔을 때, 산파는 괴물이 태어났다며 얼른 버리라고 소리쳤다고 합니다. 하지만 그 후에 도착한 그가 자세히 보니 난막 안에 아기가 있어서, 난막을 찢고 무사히 남자 아기를 살렸습니다. 멀쩡한 아기를 괴물이라고 버리라 했던 산파는 죄송하다고 사과했지만, 그는 산파를 꾸짖지 않고 그저 아기가 들어 있던 난막을 자세히 관찰해서 그 구조를 기록으로 남겼습니다.

그리하여 명의로 이름을 날리며 65세가 된 1815년 어느 날, 면식이 없는 시골 의사에게서 편지가 도착했습니다. 보낸 사람은 동쪽 미토번의 오모리 겐코大森元昴라는 의사였습니다. 그 편지에는 다음과 같이 적혀 있었습니다. 의지할 스승이나 동료가 없는 시골에서 선생님 가쿠료의 저서들을 거듭 읽으며 직접 지도를 받는 것처럼 느끼고 있으며, 선생님께 보고하는 심정으로 자신이 진료한 사례들을 보내드리는데 한문을 쓸 줄 몰라 어쩔 수 없이 일본어로 진단서를 적었다는 내용이었습니다. 편지에도 가타카나와 한자가 섞여 있었습니다.[280] 시골이지만 환자가 적지 않다는 대목에서 19세기 초 일본은 지방에서도 의료 수요가 착실하게 늘어나고 있었음을 확인하게 됩니다.

저는 시골의 의사 집안에서 태어났는데, 어릴 때 부모님을 잃고 고향에는 좋은 스승과 친구가 없다 보니 뜻을 품고 에도에 올라와서 좋은 스승을 찾던 것도 잠시, 큰 화재를 만나서 간신히 탈출했습니다. 에도에는 의지할 친구 하나 없어 헛되이 고향으로 돌아가야만 하는 것이 안타까워 시외의 서점에 갔다가 대선생大先生님의 《미려신서黴癘新書》, 《산과발몽產科發蒙》, 《청낭쇄탐》 등의 저서가 눈에 띄어 구입해서 귀향했습니다.

밤낮으로 거듭 책을 읽으며 궁리하고 있자면 사탕수수를 씹는 것처럼 점점 더 묘미가 느껴져서, 마치 대선생님의 슬하에서 직접 훈도를 받는 듯합니다. 덕분에 치료를 의뢰받으면 좋은 효과를 거두는 경우가 많아서 시골 치고는 환자도 적지 않습니다.

지난 10년간 대선생님의 가르침과 큰 은혜를 한시도 잊은 적이 없습니다. 한번 에도로 상경해서 찾아뵙고 예의를 갖추어 제자들의 말석에 끼고 싶다는 바람을 품고 있지만, 가정 사정 때문에 어쩔 수 없이 그 뜻을 이루지 못하고 있어 안타깝습니다. 저는 29살의 젊은이일 뿐이지만, 대선생님의 저서에 적혀 있는 교훈을 받들어 이에 어긋나지 않도록 노력하고 있습니다. 특히 대선생님께서 경계하셨듯이 돌팔이 의사가 되면 안 된다고 깊이 명심하고 발분發奮하고 있습니다. 저는 문장의 기초를 충분히 배우지 않았으므로 대선생님처럼 한문을 쓰지는 못합니다. 어쩔 수 없이 우리나라 글자로 저의 치료 사례 가운데 백 분의 일을 기록하고 있습니다.

대선생님은 비웃으실지도 모르겠습니다만, 의사로서 저는 조금이라도 후세에 도움이 되어야 한다고 생각하고 있습니다. 즉, 사람을 구하고자 하시는 대선생님의 뜻을 조금이라도 이어받기 위해 전력하고, 조금이라도 큰 은혜를 보답하고자 하는 징표로 삼고자 합니다. 이에 저의 치료 사례 가운데 우선 아홉 건을 베껴 보내드리고, 또한 변변찮은 것입니다만, 저의 고향 미토의 종이 삼백 장과 메밀가루 한 주머니를 바칩니다.[281]

이 편지를 받고 감격한 가타쿠라 가쿠료는 본 적 없는 먼 곳의 제자에게 큰 감사의 뜻을 담은 답신을 썼습니다. 자신의 저서에 의지하여 환자를 치료하고, 그것이 효과를 거두고 있다는 사실이 그를 대단히 기쁘게 해서입니다.

오모리 님과는 일면식도 없으므로 사람됨을 알지 못합니다. 하지만 보내주신 편지와 치료 기록을 읽은 뒤, 평범한 분이 아니고 세상을 구하고자 하는 뜻이 두터우며, 의술에 대해서는 평소에 제가 생각하고 행해온 것과 조금도 다르지 않다는 점 등을 알 수 있었습니다. 또한 제가 책에 적은 내용을 신봉하는 뜻이 굳건하고 책에 적힌 처방을 좌우명으로 삼아 질병의 변화에 대응하니, 그 자질은 제가 미치지 못하는 바입니다. 백 년 뒤, 누군가 저의 책에 실린 처방을 시험하여 사람을 구한다면, 그야말로 저의 인술仁術이 조금이라도 후세에 도움을 주는 일이리라 생각하고 있었습니다. 그런데 아직 살아 있는 중에 오모리 님이 저의 저서에 의지하여 치료하고 종종 큰 효과를 거두었다는 편지를 받으니 이 기쁨을 그 무엇에 비하겠습니까![282]

이렇게 편지를 주고받고 3년 뒤, 가타쿠라 가쿠료는 일본어로 쓴 《정검당치험靜儉堂治驗》(1818)이라는 책을 출간했습니다. 이것은 자신의 수십 년간 임상 기록을 한문에서 일본어로 고쳐쓴 책입니다. 오모리 겐코의 편지를 받고 깨달은 바가 있었던 가쿠료는 비록 한문은 못 써도 환자를 치료할 의지가 있는 사람이라면 누구든 자신의 임상 경험을 공유할 수 있게 했습니다.[283] 그리고 이 책의 제2권에는 오모리 겐코가 자신에게 보낸 편지 본문과 진료 기록 8건을 실었습니다.[284]

오모리 겐코보다 250여 년 전에 프랑스에서 활동했던 외과 의사 앙브루아즈 파레는 전쟁터에서 총상을 입은 병사의 상처에 끓는 기름을 부어 피를 멎게 하는 지짐법cauterization 대신 계란 노른자, 장미유, 테레빈유를 혼합해서 바르고 혈관을 실로 묶는 묶음법ligation을 고안했습니다. 그가 이 발명을 《화승총이나 기타 총으로 인한 상처 치료법La Méthod de traicter les playes faites par les arquebuses et aultres bastons à feu》(1545)이라는 책자로 발표했을 때, 다른 의사들은 그를 비웃었습니다. 라틴어가 아니라 프랑스어로 썼기 때문입니다.[285] 오모리 겐코가 의사로 활동하면서 한문으로 치료 사례와 처방전을 쓰지 못해 겪었을 고통을 파레의 사례에서도 미루어 짐작할 수 있겠습니다. 그리고 가타쿠라 가쿠료와 같은 저명한 의사가 오모리 겐코와 같은 의사들의 처지를 배려하여 일본어로 의학 서적을 기록한 데서 에도 시대 의학이 민중화·일본화하는 모습을 아울러 살필 수 있습니다.

# 한문을 읽지 못하는
## 의사들에 대한 비판

한문으로 미리 처방전을 만들어놓고 필요한 부분에만 글자를 넣을 수 있게 만들어서 판매했던 의안 문례집은 그나마 최소한 한문을 읽을 줄 알아야 이용할 수 있는 책이었습니다. 하지만 에도 시대에는 한문을 읽기조차 힘들어하는 의사들도 있었습니다. 가타쿠라 가쿠료가 시골 의사 오모리 겐코의 일본어 처방전을 읽고는 충격을 받아 자신의 임상 경험을 일본어로 기록한 《정검당치험》을 출판한 이유는 오모리 역시 한문을 읽기조차 힘들어한다는 사실을 감지했기 때문입니다. 이렇게 한문으로 읽고 쓰기를 어려워하는 의사들이 나타난 이유는 누구나 의사가 되고 싶어 하다 보니 의사 지망생의 학력 수준이 천차만별이었기 때문입니다.

중부 일본의 시나노 지역에서 1760년에 작성된 가훈서인 《가훈전서 家訓全書》에는 이런 구절이 있습니다. "아들이 몇 명 있더라도 재산을 분할 상속하면 안 된다. 장남은 집안을 잇게 하고, 둘째부터는 그들이 희망하는 대로 (하급)무사, 의사, 승려가 되도록 가르쳐라."[286] 이 책의 앞부분에서 미노 지역 마을 촌장의 여섯째 아들인 야시로가 교토에서 의사 수업을 받고 고향으로 돌아와 개업한 사례를 소개해드렸습니다. 이렇게 고향에서 등 떠밀려서, 또는 야망을 품고 의사가 되고자 하는 청년들이 농촌에서 도시로 끝없이 몰려들다 보니, 이런 이들을 위해 《정검당치험》과 같이 처음부터 일본어로 쓴 의학서도 출판되었습니다.

독일인 의사 지볼트가 일본의 아리스토텔레스라 칭한[287] 저명한 주자학자 가이바라 엣켄(貝原益軒, 1630~1714)은 1712년에 출판한 《양생훈養生訓》의 제6권에서 의사 된 사람의 마음가짐과 기초 지식을 설명하던 중에 의사들이 한문으로 적은 의학서를 읽지 못하면서 의사로 활동하는 세태를 다음과 같이 한탄합니다.

> 특히 최근에는 가나로 쓴 의학서가 많이 출판되었다. 옛 학문 배우기를 좋아하지 않는 의생醫生들은 고전 한어로 적힌 책이 어렵기 때문에 싫어해서 읽지 않는다. 그 대신, 가나로 적은 책을 읽고 의사가 되면 이 정도로도 충분하다고 생각해서 옛 의사의 방식을 배우지 않는다. 이러한 현상은 일본의 의사들이 의사의 도리를 잘 모르고 실력이 부족하기 때문이다. 옛날에 가나가 만들어지는 바람에 이 세상이 전부 문맹이 되어버린 것 같다.[288]

여기서 흥미로운 점은 의사들의 한문 실력이 부족하다고 비판하는 가이바라 엣켄의 이 글이 히라가나와 한자를 섞은 일본어로 적혀 있다는 사실입니다. 가타카나와 한자로 글을 쓰는 것은 고대 때부터 남성들이 흔히 선택한 집필 방식입니다. 하지만 히라가나와 한자로 글을 쓴 의도는 정말로 평범한 사람들이 이 책을 읽어주면 좋겠다는 뜻입니다(또 그래야 더 많은 사람이 그 책을 읽어서 출판사와 저자에게 좋습니다. 거듭 말씀드리지만, 에도 시대에 책은 상품이었습니다). 엣켄은 백성들이 건강을 유지하면서 오래 살 방법을 알려주기 위해 이 《양생훈》을 썼고, 그의 뜻이 통하여 오늘날까지도 일본에서는 이 책이 많이 읽히고 있습니다.

규슈 후쿠오카 긴류지 절(金龍寺)에 모셔 놓은 '일본의 아리스토텔레스' 가이바라 엣켄 동상.

물론 엣켄은 의사들이 한의학 서적을 술술 읽지 못하는 현상을 비판했지, 의사가 환자와 백성들을 도외시하고 권위의식에 빠져 있으라고 말하지는 않았습니다.

도쿠가와 쇼군 가문을 치료하던 권위 있는 의사 마나세 겐사쿠 이래로 의사가 가나로 의학서를 쓰는 것은 전통이 되었습니다. 뒤에서 다시 말씀드리겠지만, 그는 1595년에 히데요시가 조카 히데쓰구를 처단할 때 휘말려서 간토 지역으로 귀양을 갔습니다. 겐사쿠가 히데쓰구의 시의侍醫였다는 점이 처벌 이유였습니다. 그가 그곳에서 본 것은 아무런 의학의 혜택을 보지 못하고 괴로워하다 일찍 죽는 백성들이었습니다. 그래서 겐사쿠는 그런 백성들도 읽을 수 있도록 히라가나를 이용한 일본어로 양생서《연수촬요延壽撮要》를 써서 1632년에 출판했습니다.[289] 이 책의 말미에 겐사쿠는 다음과 같이 적었습니다.

이 책은 내가 궁벽진 간토 지역에 가 있을 때 그곳 사람들이 양생법을 몰라서 불행히도 일찍 죽는 모습을 보고는 안타까운 마음이 들었기에 여러 양생서를 들추어서 핵심을 뽑아 만들었다. 편하게 보고 들을 수 있도록 가나로 썼다.[290]

이전까지 의약 혜택이 집중되어 있는 교토 주변에 살았던 마나세 겐사쿠는 당시 교토 사람들이 생각했던 일본의 땅끝 간토 지역에 가서 처음으로 농민들의 괴로움을 알게 되었습니다. 의사학 연구자 아오키 도시유키 선생은 "이 책은 실제로는 부유한 농민들 정도만 보았을 것"[291]이라며 실제 독자는 많지 않았다고 지적합니다. 하지만 센고쿠 시대부

마나세 겐사쿠. 후지나미 고이치
(藤浪剛一) 편《의가선철초상집(醫
家先哲肖像集)》(刀江書院, 1936) 수
록.

터 에도 시대 초기까지 농촌 지역의 의료 상황을 생각해보면, 이 책을
읽은 농촌 지도층이 주변 마을 사람들에게 의료 행위를 베풀었을 터입
니다. 그러므로 이 책을 한문이 아닌 일본어로 쓴 의의는 결코 작지 않
습니다.

　가이바라 엣켄도 마나세 겐사쿠의 전통을 이어받아《양생훈》을 히
라가나로 썼고, 그 결과《양생훈》은 21세기까지도 일본의 스테디셀러
로 남아 있습니다. 하지만 이렇게 백성을 위해 일본어로 양생서를 쓴
엣켄도 동료 학자들이나 의사들에게는 한문을 잘 읽고 써야 한다고 요
구했습니다. 가나를 이용한 일본어로 중요한 문헌을 기록하는 전통이

수백 년이나 되는 에도 시대 일본에서도 의학의 언어는 한문, 즉 고전한어古典漢語여야 한다는 대전제는 흔들리지 않았습니다. 그리하여 그는 사망하기 두 달 전에 《대의록大疑錄》(1714)을 한문으로 썼습니다. 주자학자로 남고 싶었으나 도저히 의심을 접을 수 없어서 고민한 결과를 담은 이 책을 한문으로 쓴 점은 주자학은 버릴 수 있어도 학문의 언어인 한문은 버릴 수 없었던 그의 입장을 잘 보여줍니다.

그는 주자학에 대한 고민을 친구에게 말했다가 친구로부터 "그렇다면 자네의 설은 교토 상인 출신의 가짜 학자 이토 진사이와 똑같지 않은가?"라는 말을 들었습니다. 이러한 비판에 대해 그는 주자의 말을 인용해서 반박합니다. "의심이 없는 자는 의심을 가져야 한다. 크게 의심하면 크게 전진할 수 있고, 작게 의심하면 작게 전진한다. 의심하지 않으면 전진할 수 없다"라고 말입니다.[292] 이러한 "큰 의심의 기록"을 한문으로 쓴 데서 학문의 언어는 한문이라는 사실에 한 치의 의심도 없었음을 엿볼 수 있습니다.

# 인기스타가 된
# 돌팔이 의사

에도 시대에는 의료 행위에 대한 수요가 많았고 그만큼 의사가 되고 싶어 하는 사람도 많아서 그들을 위한 처방전 문례집까지 나왔다는 말씀을 드렸습니다. 사정이 이렇다 보니 돌팔이 의사도 많이 나타났고, 앞서 말씀드렸듯이 돌팔이 의사를 주인공으로 하는 《지쿠사이竹齋》라는 소설이 에도 시대가 시작된 지 얼마 되지 않은 1610~1620년경에 출판되었습니다.

이 소설 속 주인공의 모델은 지금까지 몇 번이나 등장한 에도 시대 초기의 명의名醫 마나세 겐사쿠로 추정됩니다. 하지만 겐사쿠의 제자가 쓴 《지쿠사이》가 정말로 그를 공격할 리는 없습니다. 이 소설 속에서 지쿠사이는 미워할 수 없는 장난꾸러기 돌팔이 의사로 그려지고 있고, 정말로 공격을 받고 있는 인물은 겐사쿠와 경쟁 관계에 있는 의사 다케다 조카(竹田定加, 1546~1600)입니다.

겐사쿠가 자신의 진단 카르텔을 모아서 1663년에 출판한 《의학 덴쇼기醫學天正記》에는 다케다 조카가 진단을 잘못했다는 비판이 십여 차례나 실려 있습니다. 센고쿠 시대와 에도 시대 초기의 의사들 사이에서는 경쟁자들의 오진誤診을 비판하고 자신의 실력을 과시하기 위해 처방전의 출판이 유행했습니다. 마나세 겐사쿠는 그런 선전을 특히 잘했던 사람이었습니다.[293] 두 명의 덴노와 오다 노부나가, 도요토미 히데요시, 도쿠가와 이에야스 같은 당대의 최고 권력자부터 조닌町人에

이르기까지 이들의 345가지 치료 증례證例를 수록한《의학 덴쇼기》[294]
는 이런 차원에서 단순히 의학적 가치가 큰 책일 뿐 아니라, 에도 시대
의학계를 마나세 도산-겐사쿠 집안이 통일하겠다는 프로파간다 서적
이기도 합니다.

지쿠사이는 소설 속 주인공이니 돌팔이 의사여도 상관없지만, 실제
사회에서 실력 없는 의사가 오진을 하면 사람의 목숨이 위험해집니다.
그래서 여러 번에서는 의사 자격시험 제도를 도입했고, 번의 의사를
대도시로 유학을 보내거나 교육 목적으로 번 차원에서 의학교를 세우
기도 했습니다. 도호쿠의 아키타번은 번의 학교인 번교藩校 어학관御學
館에 의학교 양수국養壽局을 병설했고, 3년간 에도와 교토에 유학을 다
녀오도록 허가했습니다. 그리고 1807년에는 시중에서 의료 행위를 하
는 의사와 새로 개업하려는 의사, 16세 이상의 의사에게 본과本科 · 소
아과 · 외과 · 침과鍼科 · 금창金瘡 · 안과 및 유교 경전 해독 능력을 시
험치게 해서 자격증을 부여하는 제도를 시행했습니다.[295]

서일본의 기슈번은 1791년에 번의 의학교인 의학관醫學館을 개설했
습니다. 최근 들어 제대로 의학을 배워서 개업하는 의사가 없고 로닌
이나 농민이 의사가 되어 세상을 어지럽히고 있어서 의사의 질이 떨어
지고 있으므로, 번에서 근무하는 번의藩醫의 자제와 마을에서 활동하
는 마치이町醫 · 무라이村醫 모두에게 한의학을 가르치겠다는 취지였습
니다.[296] 18세기 말에 이르러 의료 행위에 대한 수요가 지배 집단 이외
에 시민들이나 농민들 사이에서도 커지고 있었음을 보여주는 움직임
이라고 하겠습니다.

구마모토번의 시각장애인 번의藩醫 무라이 겐보쿠(村井見朴, 1702~

1760)도 1756년에 개교한 번의 의학교 재춘관再春館에 신분이나 빈부에 관계없이 자격을 갖춘 사람이라면 누구나 입학할 수 있도록 했습니다.[297] 구마모토번의 8대 번주 호소카와 시게카타(細川重賢, 1721~1785)는 "어린 자식을 잃는 슬픔, 불치의 병에서 오는 고통으로부터 사람들을 구하기 위해" 이 의학교를 개설했습니다. 그리고 인술仁術을 베풀기로 유명했던 무라이 겐보쿠가 49세에 실명하여 먼 곳에 왕진을 갈 수 없게 되는 바람에 세상에 도움을 줄 수 없다며 슬퍼한다는 사실을 알고는 그에게 이 학교의 교육을 맡겼습니다.

그의 아들 무라이 긴잔(村井琴山, 1733~1815)도 아버지를 이어서 재춘관에서 강의했지만, 학교에 내분이 일어나서 쫓겨났습니다. 그러나 좌절하지 않고 교토로 가서 고방파 의사 야마와키 도요(山脇東洋, 1706~1762)와 요시마스 도도(吉益東洞, 1702~1773)에게 사사받았습니다. 그는 중간에 일단 한 번 귀향했다가 1769년에 다시 요시마스를 찾아갔는데, 다시 귀향할 때는 요시마스가 먼 데까지 환송을 나와서 그의 손을 잡고는 "교토 서쪽 지역은 자네에게 나의 길을 맡겼으니 불안함이 없다"라고 말했다 합니다. 고방파 의학은 이렇게 착착 지방으로 확산해갔습니다.[298]

아키타번·기슈번·구마모토번 등이 민간 의사를 교육하고 자격시험을 치르는 시스템을 만든 이유는 에도 시대 중기에 접어들면서 농촌 지역에서 의사로 개업하는 사람이 늘어났기 때문입니다. 국가 시스템 바깥에서 개업하는 의사가 일본에 처음 나타난 것은 가마쿠라 시대 중기 이후였습니다. 송나라로 유학을 다녀온 선종禪宗 승려들이 자선사업의 일환으로 활동을 시작한 것이 시초인데, 이러한 불교 측의 의료 활동은 의료의 민중화를 촉진했습니다.

이들 승려가 유학한 송나라에서는 의료의 민중화가 시작되어 각지의 유명한 의사나 유서 깊은 집안이 그때까지 감춰두었던 각종 처방을 칙명으로 수집하여 출판하는 일이 늘어났습니다. 그 대표적인 존재가 《태평혜민화제국방太平惠民和劑局方》이었으며, 이들 관찬 처방전을 금과옥조로 여기는 풍조를 국방의학局方醫學이라고 합니다. 국방의학國防醫學이 아닙니다. 군사 의료는 군진의학(軍陣醫學, Military medicine)이라고 합니다.

송대의 국방의학이 일본에 전해지면서 무로마치 시대부터 무사 집단과 교토의 귀족들 사이에 국방류 의서의 처방에 따라 배합한 약제를 상비하는 습관이 정착했습니다. 빈곤한 귀족들은 아르바이트로 약품을 제조하는 일이 많았습니다. 이윽고 센고쿠 시대가 시작되자 사찰세력은 새로운 수입원을 확보하고 당시의 유력 다이묘들이나 부유한 상인들에게 선물로 제공하기 위해, 또 서민층에 대한 자선사업 차원에서 약을 제조하여 배포하는 사업을 본격화합니다.[299] 후세파 의학을 확립한 다시로 산키와 마나세 도산 모두 몰락한 무사 집안 출신이면서 승려였는데, 이러한 이유에서였습니다. 고방파 의학을 추구한 고토 곤잔이 승려 복장을 버리고 머리를 길러 유학자의 모습을 하려 했던 것은 이러한 전통에 대한 반발이었습니다.

## 무사이자 승려이자
## 의사이자 떠돌이

에도 시대 전기까지는 여전히 승려나 로닌 무사가 전국을 떠돌아다니며 치료해주고 때로는 마을에 정착하는 사례가 많았고, 의사이면서 유학자이기를 추구한 고토 곤잔 류의 유의들이 나타날 때까지는 아직 좀 더 시간이 필요했습니다. 이익은 《성호사설星湖僿說》에서 "서울 사람들은 걸핏하면 달여 먹는 보약을 사들이지만, 저 먼 지방 두메산골에 사는 백성들은 의원과 약방이 어디에 있는 줄도 모르고, 병이 들면 누워서 앓기만 하다가 죽기도 하고 살기도 한다"라고[300] 지방의 의료 현실을 한탄한 바 있습니다. 에도 시대 전기까지의 일본도 마찬가지 상황이어서 마나세 가문과 다케다 가문이 의술을 겨루고 오제 호안 같은 로닌 의사들이 골목마다 자리하던 교토의 의료 상황은 지방의 현실과 천양지차였습니다. 이러한 지방의 의료 상황을 상징하는 인물이 16~17세기에 걸쳐 일본 곳곳을 떠돌아다니며 의료 활동을 했다고 전해지는 나가타 도쿠혼永田德本이라는 인물입니다.

전설에 따르면, 나카타 도쿠혼은 승려인 동시에 수험도修験道라는 산악 신앙의 수행자였습니다. 그는 일본 후세파 의학을 연 다시로 산키에게 가르침을 받은 뒤, 중부 일본 시나노·가이 지역을 방랑했습니다. 그러다가 이 지역의 맹주인 다케다 가문이 멸망하자 널리 중부 일본을 떠돌면서 가난한 사람들에게 무료로 약을 나누어주고 싼값에 진료를 해주었습니다. 전설에 따르면, 그는 목에 약주머니를 걸고는 소를 타고 전국을 돌아다니며 치료를 해주었고, 사례금으로는 16문文(대략 쌀 한 말 정도)이라는 적은 금액 이상은 절대 받지 않았다고 합니다. 또한 가이 지역에 포도 재배하는 법을 알려주어 포도 특산지가 되는 계기를 마련해주었다고 하는데, 이 지역에 해당하는 야마나시현은 오늘날에도 포도와 포도주의 특산지로 유명합니다.[301]

나가타 도쿠혼이라는 인물은 실존했다기보다는 센고쿠 시대 말기와 에도 시대 초기에 걸쳐 떠돌아다니며 농민들에게 의료 행위를 해주던 몇몇 의사의 전설이 합쳐졌다고 생각합니다. 그런데 나가타 도쿠혼의 전승을 찬찬히 들여다보면, 다케다 신겐(武田信玄, 1521~1573)과 다케다 가쓰요리(武田勝頼, 1546~1582)가 활동하던 시기에는 다케다 가문의 영역권을 돌아다녔고, 다케다 가문이 오다 노부나가에게 멸망한 뒤로는 활동 범위를 넓혔습니다. 나가타 도쿠혼이라는 사람이 실존 인물이라고는 할 수 없지만, 다케다 집안의 가신이었던 무사들이 주군 가문의 몰락과 함께 중부 일본을 떠돌면서 승려이자 의사로서 활동했다는 추정은 가능합니다.

나고야와 도쿄 사이의 넓은 지역에는 조상이 다케다 집안의 가신이었다가 주군 가문의 멸망과 함께 농촌에 토호로 정착했다는 전승을 지닌 마을 지도자가 적지 않습니다. 주군을 잃은 무사가 승려가 되었다면 사실상 주군과 함께 자신도 죽었다는 의사 표현이고, 무사가 의료활동을 할 수 있었던 까닭은 전쟁과 의학이 떼어놓을 수 없는 관계에 있기 때문입니다. 센고쿠 시대의 종말기에 프랑스에서 활동하면서 외과학을 확립한 앙브루아즈 파레도 군의관으로 근무하면서 많은 의학적 성과를 거두었고, 나폴레옹은 전 유럽을 대상으로 전쟁하는 과정에서 프랑스의 의학을 세계 최고 수준으로 끌어올렸습니다. "의학은 수많은 목숨을 희생해야 하는 전쟁을 치른 뒤 발전하기 마련"[302]이고, 이는 센고쿠 시대의 일본도 마찬가지였습니다.

# 전쟁과 의학의
# 깊은 상관관계

일본에서 전쟁과 의학의 관계를 보여주는 흥미로운 분야는 산과産科입니다. 센고쿠 시대에 칼과 창으로 생긴 상처를 치료하는 금창의金創醫 가운데에는 여성의 출산도 배에 상처를 입은 것과 마찬가지라고 여겨서 전투가 없을 때면 조산술助産術을 행하는 사람들이 있었습니다. 이들은 상처 치료약을 여성의 출산 전후에 사용했는데, 특히 유명했던 약은 센고쿠 시대에 활동했던 장군 마쓰나가 히사히데(松永久秀, 1510~1577)가 만들었다는 안영탕安榮湯이라는 탕약입니다.

마쓰나가 히사히데는 미요시 삼인방三好三人衆이 1565년에 무로마치 막부의 제13대 쇼군 아시카가 요시테루(足利義輝, 1536~1565)를 살해한 에이로쿠의 변永祿の變 사건의 주모자로 지목되었던 인물로, 일각에서는 센고쿠 시대 최대의 악당으로 평가하기도 합니다. 이와 동시에 마쓰나가 히사히데는 명의名醫 마나세 도산에게 양생술서이자 성생활 지침서인 《황소사론黃素妙論》을 받았다고 하며, 오다 노부나가에게 맞섰다가 패하여 할복하기 직전까지도 양생을 게을리하지 않았다고 할 정도로 의학과 양생술에 관심이 컸던 장군이었습니다. 전설에 따르면, 평소 중풍을 막기 위해 정수리의 백회百會에 뜸을 놓던 그는 할복 직전까지도 뜸을 놓을 준비를 했다고 합니다. 부하들이 할복할 때까지도 양생을 생각하느냐고 묻자, 그는 혹시라도 할복하다가 발작이 일어나서 몸이 움직이지 않게 되면 "할복을 두려워해서 저러는 것"이라고 남들이 말할까 봐 그랬다고 답했답니다.[303]

이렇게 의약에 관심이 많은 마쓰나가 히사히데가 만들었다는 약이니 사람들은 그 효험을 믿었습니다. 그래서 부인과 의사 가쓰키 규잔은 《후진 고토부키구사婦人壽草》라는 책에 "마쓰나가 단쇼 히사히데가 개발한 탕약은 출산 전후의 묘약이다. 안영탕 또는 장영탕이라고 부르며, 마쓰나가가 전쟁터에서 상비하며 상처를 치료한 처방이다"[304]라고 적었습니다. 마찬가지로 센고쿠 시대에 금창의를 겸했던 무사가 개발한 산부인과 약이 용왕탕龍王湯이고, 이 안영탕과 용왕탕의 계보를 이은 약이 에도 시대에 출산 전후의 여성들이 많이 복용했고, 오늘날까지도 판매되고 있는 스테디셀러 가정상비약 실모산實母散입니다. 또한 마나세 도산의 처방을 전해 받은 규슈 오토모 가문의 일족인 오쿠타니 이산奧溪以三의 집안도 교토에서 권력자들의 시의侍醫로 근무하며 소명산蘇命散이라는 출산 전후의 복용약을 판매했습니다.[305]

도쿠가와 이에야스도 그 시대의 다른 무사들과 마찬가지로 의학에 관심이 컸습니다. 중세부터 일본의 무사들은 기본적으로 의학에 관심이 있거나 직접 의료 행위를 할 수 있는 실력을 지녔습니다. 우수한 의료 스태프를 많이 거느리는 것은 센고쿠 시대의 유능한 장군이 필수적으로 갖추어야 할 요건이기도 했습니다. 임진왜란이 발발한 1592년에는 서일본의 센고쿠 다이묘 모리 데루모토(毛利輝元, 1553~1625)가 전쟁 중에 병에 걸리자 도요토미 히데요시가 모리를 치료하기 위해 마나세 겐사쿠를 조선으로 보내기도 했습니다.[306]

도쿠가와 이에야스는 명의 마나세 겐사쿠를 옆에 두고 있었을 뿐 아니라, 직접 약을 만들어 신하들에게 주기를 즐겼습니다. 도쿠가와 이에야스가 사망한 뒤 그를 모신 최초의 신사인 시즈오카현의 구노야마 도쇼구久能山東照宮에는 그가 이용했던 제약 도구와 직접 만든 약, 그리고 약을 만들기 위해 읽은《화제국방和劑局方》이 현재까지 전해지고 있습니다. 임진왜란 때 일본군이 조선에서 약탈해온 책이 이에야스에게 전해진 것입니다.[307]

이처럼 중세-근대 프랑스와 마찬가지로 센고쿠-에도 시대 일본에서도 전쟁과 의약은 깊은 관련을 맺었습니다.

실모산의 포장지.

# 모든 백성에게
# 동등한 치료를!

센고쿠 시대가 끝나고 각지를 떠돌던 의사들은 도시와 농촌에 정착하기 시작합니다. 이에 따라 특히 농촌 지역에서 의료에 대한 수요가 늘어나는 한편, 집안을 물려받을 수 없거나 야심이 있는 도시와 농촌의 젊은이들이 의사가 되려는 경향이 확대하면서 18세기 중기부터 의사의 수가 늘어납니다. 의사의 공급이 많아지다 보니 실력 차이도 커져서 돌팔이 의사가 나타나는가 하면, 도시에서 시민을 상대로 영업하는 마치이町醫나 농촌에서 농민을 상대로 영업하는 무라이村醫 중에서도 명의名醫가 나오기 시작했습니다. 또한 이 시기에는 고방파 의학이 대두하고 난의학, 즉 네덜란드를 통해 소개된 유럽 의학도 알려지기 시작하면서 의학계가 전체적으로 백가쟁명의 모습을 띠게 됩니다.

이에 따라 막부나 번은 의사를 양성하는 시스템을 갖추기 시작했는데, 그 핵심에는 오쿠이시奧醫師, 즉 막부 소속 의사인 다키 모토타카가 있었습니다. 그는 1765년에 막부에 의학교 설립을 건의하여 에도 간다 지역의 옛 천문대 터에 제수관躋壽館을 세웠습니다. 그는 막부 의사들의 자제뿐 아니라 여러 번의 의사 및 마치이에게도 문호를 개방한다는 방침을 세웠고, 1784년부터는 매해 2~5월 사이에 100일간 의생들을 기숙사에 받아서 무료로 교육하는 프로그램을 진행했습니다. 그 프로그램의 내용은 다음과 같습니다.

1. 《본초강목本草綱目》, 《영추靈樞》, 《소문素問》, 《난경難經》, 《상한론》, 《금 궤요략》, 이 여섯 가지 의학서를 배운다.

2. 경락經絡과 취혈取穴 기술을 익힌다.

3. 기숙사에 묵는 사람은 기간 동안 학원 바깥으로 나가지 않는다.

4. 음주, 도박, 유희는 물론 의학에 도움이 되지 않는 일은 금한다.

5. 가난한 사람은 농촌 마을 촌장이나 도시 마을의 이장이 보증을 서면 학 원에서 식사, 책, 침구를 지급한다.

6. 규칙을 어긴 사람은 조사한 뒤 퇴거시킨다.

7. 의학관에서 강의하고 함께 읽는 교과서는 의학관이 준비할 것이므로 수강생은 비용을 지불할 필요가 없다.[308]

이렇게 충실한 프로그램을 운영한다면 좋지만, 이 세상에서 좋은 일을 계속하려면 돈이 필요합니다. 이 시점까지 제수관은 다키 집안의 개인 학원이었기에 프로그램 운영에서 오는 재정 압박을 버티지 못하고 4년 만에 문을 닫게 됩니다. 교재도 학원에서 나누어주고 가난한 사람은 일체 무료였으니 그럴 만했습니다.

이에 그의 손자인 다키 모토야스(多紀元簡, 1755~1810)는 당시의 로주 마쓰다이라 사다노부에게 제수관을 막부 직할로 삼아달라고 요청합니다. 이 요청이 받아들여지면서 1791년에 제수관은 막부 직할의 에도江戶 의학관醫學館으로 새로이 시작하게 됩니다. 막부가 일본의 의학 시스템에 관여하기 시작한 것은 이때부터입니다. 그래도 빈부와 신분의 차이를 막론하고 의사가 되고자 하는 이는 널리 거둔다는 다키 모토타카의 방침에는 변함없어서, 다키 모토타카의 제자였던 마치이町醫

메구로 도타쿠(目黒道琢, 1739~1798)가 1791년부터 34년간 강의를 맡기도 했습니다.

에도 의학관을 관할하던 다키 모토야스는 1801년에 막부 의관 선발 과정의 문제점을 비판했다가 오쿠이시의 자리에서 밀려나는 비운을 맞이합니다. 그러나 그는 이러한 상황에서 꺾이지 않고 의학 서적을 수집하고 교정하는 고증학적 의학 연구를 추진했고, 모토야스 밑에서 아들 다키 모토카타(多紀元堅, 1795~1857)를 비롯해 이자와 란켄(伊澤蘭軒, 1777~1829), 시부에 주사이(渋江抽齋, 1805~1858), 모리 릿시(森立之, 1807~1885)와 같이 오늘날까지도 일본 사회에 이름을 날리고 있는 저명한 고증학적 의사들이 탄생합니다. 나쓰메 소세키(夏目漱石, 1867~

모리 릿시. 후지나미 고이치(藤浪剛一) 편 《의가선철초상집(醫家先哲肖像集)》(刀江書院, 1936) 수록.

1916)와 함께 메이지 시대 일본 소설계의 양대 축이었던 모리 오가이 (森鴎外, 1862~1922)가 쓴 3대 역사 소설인 '사전 삼부작史傳三部作', 즉 《시부에 주사이渋江抽齋》(1916), 《이자와 란켄伊澤蘭軒》(1916~1917), 《호조 가테이北條霞亭》(1917~1921) 가운데 두 작품이 이 다키 모토야스의 제자들을 주인공으로 하고 있다는 점을 보아도 그들이 일본 사회에서 차지하고 있는 위치를 짐작할 수 있습니다.

다키 모토야스의 아들인 다키 모토카타는 무슨 사정에서였는지 어머니의 정체가 드러나지 않은 채로 에도 시중에서 어린 시절을 보낸 뒤, 마치이가 되어 활동했습니다. 마치이로서 두각을 나타낸 뒤인 1831년부터 의학관에서 강의하게 되었고, 1835년에는 오쿠이시로 발

탁되었으며, 1841년부터 의학관을 관장하게 되었습니다.

어릴 때 서민으로 자란 그는 마나세 겐사쿠가 정한 16개의 규정 가운데 열한 번째 조목에 특히 감명을 받아 의사로서 자신의 정체성을 확립했다고 합니다. "신분의 귀천을 가리지 말고 정성을 다해야 한다. 아무리 비천한 자도 병자를 나의 주군이라고 생각해야 한다."[309] 어느 날 진찰을 받던 쇼군이 "자네처럼 높은 신분의 의사가 천한 가부키 배우를 진찰하는 이유가 무엇인가?"라고 묻자, 그는 "신분과 재산을 가리지 않고 환자의 생명을 구하는 것이 의사의 본질이라고 생각하기 때문입니다"라고 답했다고 합니다.[310] "나는 붕대를 감을 뿐이고, 고치는 것은 신이다Je le pansai, Dieu le guérit"라는 말로 유명한 프랑스의 외과

의사 앙브루아즈 파레가 "나에게는 비천한 환자들보다 좀 더 좋은 치료를 하라"는 샤를 9세의 요구를 받고 "모든 환자는 국왕과 똑같은 치료를 받을 것입니다"라고 말했다는 일화를 떠올리게 합니다.[311]

　의사들의 이러한 기개를 가장 잘 보여주는 에도 시대 의사는 신구 료테이(新宮凉庭, 1787~1854)라는 난의학자였습니다. 그는 환자의 신분이나 빈부에 따라 약값을 차별적으로 받았는데, 가난한 사람한테는 염가로 봉사하고, 고노이케鴻池나 고니시小西 같은 부유한 상인 집안사람들을 진료해줄 때는 막대한 약값을 청구했습니다. 고노이케 집안사람들에게서 받은 사례금만 일 년에 2,500냥이라고 공공연히 말했다고 합니다. 떳떳했기 때문에 그랬던 것 같습니다.[312]

옛 한방의 한토하화汗吐下和, 즉 땀을 내고 토하게 하고 설사하게 하고 중화한다는 네 가지 치료법 가운데 특히 토방吐方[313]에 주목하여 일세를 풍미한 오쿠무라 료치쿠(奧村良竹, 1686~1760)와 관련해서는 다음과 같은 일화가 전해지고 있습니다. "오쿠무라 옹은 나이가 육십을 넘어 그 기량이 에치젠 지역에 널리 알려졌다. 사람들이 앞다투어 그를 초청했는데, 부잣집이나 권세가가 부르면 굳이 가지 않았고, 가난한 사람이나 시골 농부가 왕진을 청하면 그 말을 듣자마자 달려갔다. 그 뜻은 세상 의사들이 세도와 이익에 아부하는 행태를 고치기 위해서였다."[314]

또한 료치쿠는 자신이 주장한 토방 등이 자칫하면 상당한 부작용을 초래할 수 있기 때문에, 우선 자신과 가족들에게 몇 차례 임상시험을 한 뒤에 환자에게 적용했다고 합니다.[315] 가족이 무슨 죄인가 싶은 생각이 들지 않는 것은 아니지만, 의사라는 직업의 윤리는 어떠해야 하는지를 고민하고 실천하는 의사였음에는 틀림없습니다.

다키 모토아키(多紀元昕, 1805~1857)는 19세기 전기 들어 점차 세력을 키우던 난의학에 맞서서 한의학의 권위를 지키는 데 심혈을 기울였던 사람으로 잘 알려져 있습니다. 다키 가문에는 의학서 출판을 검열할 수 있는 권리가 있었는데, 모토아키는 이 검열권을 이용해서 난학 서적의 출판을 노골적으로 방해했습니다. 그는 난방 의사 미쓰쿠리 겐포(箕作阮甫, 1799~1863)가 일본 최초의 서양의학 잡지《태서명의휘고泰西名醫彙稿》의 출판을 신청했을 때, 최근 난학 서적이 출간되어서 한의학이 쇠퇴할 우려가 있다는 이유로 이를 반려했습니다. 난방 약학자인 하야시 도카이(林洞海, 1813~1895)도 J. A. 판 데 바테르J. A. van de Water

오쿠무라 료치쿠, 후지나미 고이치
(藤浪剛一) 편《의가선철초상집(醫家
先哲肖像集)》(刀江書院, 1936) 수록.

의 책《의학 교육을 위한 간명하지만 완벽한 매뉴얼Beknopt doch zoo veel mogelijk volledig Handboek, voor de leer der geneesmiddelen》(1829)을《와토루 약성론窊篤兒藥性論》이라는 제목으로 번역해서 출판을 신청했지만,[316] 모토아키는 이를 10년 이상 허가해주지 않음으로써 난학 서적이 시중에 유통되지 못하게 방해했습니다. 그러다가 1854년이 되어 다른 난학 서적이 출판을 허가받으면서 하야시 도카이의 책도 1856년부터 간행되기 시작했습니다.

이렇게 난학·난의학에 맞서 한의학을 지키는 방파제 역할을 하던 다키 가문의 저항도 1857년에 다키 모토카타가 사망하고 매튜 페리의 미국 해군이 일본을 개국시키는 등 대내외적인 변화를 맞이하여 약해

미쓰쿠리 겐포.

지기 시작했고, 제13대 쇼군 도쿠가와 이에사다(德川家定, 1824~1858)의 병을 한의학이 치료하지 못하자 난방의사 이토 겐보쿠가 오쿠이시로 공식 임용되면서 결정적으로 붕괴했습니다. 다키 가문의 고증적 한의학은 《본초화명本草和名》, 《의략초醫略抄》, 《의심방醫心方》, 조선판 《의방유취醫方類聚》 닌나지 절 소장본(仁和寺本) 《황제내경태소黃帝內經太素》, 송판본宋版本 《외태비요방外臺秘要方》과 같은 한중일 삼국의 귀중한 의학서를 발굴하고 교정하여 출판하는 등 업적이 크지만,[317] 고증학적 연구에 매진한 반대급부로 실제 임상 면에서 실력이 떨어졌기 때문에, 서양 의학과의 경쟁에서 밀리게 되었다는 평가를 받습니다.[318]

# 난의학자,
# 천연두 치료법을 확산하다


백 년간 한의학의 아성을 쌓아온 다키 가문을 무너뜨린 이토 겐보쿠는 원래 규슈 북부의 농민이었습니다. 동네의 한의사에게 수업을 들은 뒤, 23살 때 사가번의 난방 의사인 시마모토 료준(島本良順, ?~1848)에게 난학을 배웁니다. 이후 료준의 스승이자 나가사키의 통역관인 이노마타 덴지에몬猪俣傳次右衛門에게 그의 하인이 되는 조건으로 수업을 들었는데, 너무나도 공부에 몰두한 나머지 '바보 칸馬鹿カン'이라는 별명이 붙었습니다. 그의 어릴 적 이름이 칸스케勘助였기 때문입니다. 이러한 열성이 전해져서 그는 지볼트가 나가사키에 개설한 의학교인 나루타키주쿠鳴瀧塾에 입학하게 됩니다.

이렇게 난의학을 열심히 공부한 그는 29세 되던 1828년에 스승 이노마타의 딸 데루와 결혼하고 에도에서 난방 의사로 개업했습니다. 전공 분야는 전염병인 디프테리아의 치료였습니다. 그러나 이 해에 스승 지볼트가 국외 유출이 금지된 이노 다다타카(伊能忠敬, 1745~1818)의 일본 지도를 네덜란드로 가져가려다 발각되는 바람에 관련자들이 체포·처형되는 사건이 발생합니다. 지볼트 주변의 인사들이 속속 잡혀가는 가운데 그는 어머니 쪽 친척에 의지해 신분을 세탁하고 이름도 이토 겐보쿠로 개명해서 위기를 넘깁니다. 1831년에는 사가번의 번의藩醫로 임명되었는데, 유서 깊은 번의 집안들과는 달리 자기 자식에게 직책을 물려주지 못한다는 조건이 붙습니다. 대대로 자리를 세습해온 사가번의 의사 집안들이 농민 출신 의사를 견제했음이 분명합니다.

겐보쿠는 1833년에 에도에 상선당象先堂이라는 병원 겸 학원을 개설합니다. 입학비가 상당히 비쌌던 것으로 유명합니다. 학원의 규칙 제1조는 "네덜란드 서적 및 번역서 이외의 잡다한 책을 읽는 것을 일체 금한다"[319]였습니다. 상선당은 오가타 고안(緒方洪庵, 1810~1863)의 오사카 데키테키사이주쿠(適々齋塾, 1838), 신구 료테이의 교토 순정서원(順正書院, 1839), 사토 다이젠(佐藤泰然, 1804~1872)의 사쿠라佐倉 순천당(順天堂, 1843) 등의 난학 · 난의학 계열의 학원 가운데 가장 이른 시기에 설립된 기관입니다. 그는 이곳에서 환자를 진료하는 한편, 프라하 대학의 교수 비쇼프(Bischoff, 1784~1850)가 집필한 《임상 의학의 기초Grundzüge der praktischen Medizin》(1822-1825)의 네덜란드어 번역본을 1836년부터

朴玄東伊放位四従黜

이토 겐보쿠.

오가타 고안. 후지나미 고이치(藤浪
剛一) 편 《의가선철초상집(醫家先哲
肖像集)》(刀江書院, 1936) 수록.

일본어로 번역하기 시작하여 1858년에 《의료정시醫療正始》 24권으로
완성합니다.[320] 무려 23년이 걸렸습니다.

　이렇게 난의학자이자 번역가로 두각을 나타내던 이토 겐보쿠에게
이윽고 커다란 행운이 찾아옵니다. 난의학 서적의 출판을 적극적으로
막고, 막부 오쿠이시들이 외과와 안과 이외에는 난의학을 공부하면 안
된다는 방침을 세웠던 에도 의학관의 다키 모토카타가 1857년에 사망
합니다. 그리고 이듬해 1858년에 쇼군 이에사다가 중병에 걸리면서,
다키 가문은 불가항력으로 난의학자들에게 쇼군의 치료를 맡길 수밖
에 없었습니다. 그해에 난의학 학습 금지 방침이 해제되고 이토 겐보
쿠는 7월 3일에 막부 오쿠이시로 임명됩니다. 최초로 막부에 임용된

난의 내과 의사였습니다. 이에사다는 7월 6일에 사망했는데, 막부 의학관에서는 쇼군의 죽음을 잠시 숨길 필요가 있었습니다. 그 틈을 노려서 이토 겐보쿠는 7월 7일에 두 명의 난의학자를 오쿠이시로 추가 임명시키는 데 성공합니다.

그의 행운은 계속되었습니다. 같은 해인 1858년에 콜레라가 유행합니다. 콜레라로 수많은 백성이 사망한 것은 물론 불행한 일이었지만, 난의학을 위해서는 행운이었을 터입니다. 이토 겐보쿠는 콜레라 치료에는 한의학보다 난의학이 적합하다는 논리를 앞세워 난의학자들을 추가로 막부 의사로 임용하게 했습니다. 이리하여 막부 내부에서도 한의학의 우위는 서서히 무너지게 됩니다.

1858년은 영국의 존 스노가 콜레라의 발생 원인을 발견한 1854년으로부터 4년 뒤입니다. 존 스노와 이토 겐보쿠 모두 가난한 평민 출신 의사였고, 국왕과 쇼군의 시의侍醫가 된 뒤에도 자신들의 출신 계급을 잊지 않았습니다. 존 스노는 출세한 뒤에도 자기 삶의 거점인 가난한 소호 거리에 살았기 때문에 콜레라의 원인을 발견할 수 있었고,[321] 이토 겐보쿠는 지금부터 말씀드릴 내용처럼 백성들을 괴롭히는 천연두를 퇴치하기 위해 자신의 재산과 권력을 총동원했습니다. 야심 있는 평민 남성이 의사가 되어 입신양명도 이루고 널리 백성도 구제한다는 지극히 에도 시대적인 인간상을 보여준 사례입니다.

이토 겐보쿠는 제너의 우두법을 퍼뜨려 천연두를 예방하기 위해 힘을 쏟습니다. 의사들의 노력으로만 우두법을 퍼뜨리는 데서 그치지 않고 사가번과 막부라는 공권력을 이용하여 우두법을 광범위하게 확산하려 했다는 점에서 이토 겐보쿠의 활동은 중요했습니다. 과학사 연구자 신동원 선생은 조선의 우두법이 중국·일본과 근본적으로 달랐던 점은 "시술을 장려하고 강제하는 장치의 결여"였으며, 조선은 "이웃 일본처럼 우두법을 학습하는 교육 체계를 세우지도 못했다"[322]라고 지적합니다. 신동원 선생이 언급한 일본의 사례를 확립하는 데 중요한 기여를 한 이가 바로 이토 겐보쿠였습니다.

그의 스승인 지볼트는 우두법의 종두를 일본인들에게 실험한 바 있습니다. 이토 겐보쿠는 개명開明 번주로 유명한 나베시마 나오타다(鍋島直正, 1817~1871)에게 우두법의 필요성을 건의합니다. 이를 받아들인 나베시마 나오타다가 적극적으로 번 내에 우두 접종을 보급해서 성공하자, 그 두묘痘苗를 에도로 가져와서 난의학자 83명과 힘을 합쳐 1858년 5월에 오타마가이케 종두소お玉が池種痘所를 설립합니다. 이토 겐보쿠는 그로부터 2개월 뒤인 7월에 막부의 오쿠이시가 되었고, 오타마가이케 종두소가 화재로 전소하자, 에도 동쪽 조시銚子의 부유한 간장 가게인 야마사 간장ヤマサ醤油의 사장 하마구치 고료(濱口梧陵, 1820~1885) 등에게 후원을 받아 막부가 직할하는 서양 의학소를 설치합니다. 이 서양 의학소는 훗날 도쿄대학 의학부가 되는데, 즉 도쿄대학 의학부는 백성들에게 우두를 접종하기 위한 기관에서 출발한 셈입니다. 이리하여 일본에서 우두 접종은 준準 국가사업으로 수행됩니다.[323]

한편, 이토 겐보쿠가 에도에서 활동하던 시기에 쓰보이 신도(坪井信道, 1795~1848)라는 의사가 이토와 더불어 에도의 난의학계를 양분하고 있었습니다. 어릴 때 양친을 잃은 그는 처음에 한의학을 배워 한의사가 되려 했습니다. 그렇게 한의사의 길을 걷던 중, 1815년 말에 규슈 나카쓰의 의사 가라시마 쇼안(辛島正庵, 1779~1857)의 집에 방문합니다.

그곳에서 난학자 우다가와 겐신(宇田川玄眞, 1770?~1835?)의《의범제강醫範提綱》을 읽은 쓰보이는 서양 해부학의 진면목에 충격을 받고 난의학 의사를 꿈꾸게 됩니다.

에도로 가서 우다가와 겐신의 제자가 된 쓰보이는 새벽부터 밤까지 우다가와 겐신의 학원에서 공부하고, 돌아오는 길에 안마 일을 해서 생계를 꾸렸습니다. 처음에는 학원에 입학해서 기숙사에 들어가지 못하고 통학만 허가받았기 때문입니다. 그 후 쓰보이는 노력을 인정받아 학원에 정식으로 기숙하게 되었고, 우다가와 겐신의 네덜란드어 책 번역을 8년간 도운 뒤, 1829년에 에도에 난학 학원을 개업합니다.

우다가와 겐신은 쓰보이에게 네덜란드 레이던 대학 교수 헤르만 부르하페Herman Boerhaave의《만병치준萬病治準》(1826년 번역 완료)을 번역하도록 했습니다. 이 책은 부르하페의 관찰과 실험과 계측에 근거한 근대적 의학론을 담고 있어서, 난학을 그저 단순한 실용적 학문으로 간주했던 난학자들은 이 책을 읽고 충격을 받았습니다.《만병치준》을 번역한 쓰보이는 그 후 요약본인《진후대개診候大槪》(1826년 서문)를 제작하여 학원 교재로 이용했습니다.

쓰보이는 자신의 학원에서 학생들에게 네덜란드어 문법, 맥박 세는 법, 체온 측정법, 환자의 상태를 진단하는 방법을 가르치고 토론 수업을 진행하는 등 근대적 의학 교육을 시행했습니다. "측정하라, 그러면 알 수 있다"[324]라는 근대 유럽 의학의 정신이 드디어 에도 시대 일본에 도입된 것입니다. 쓰보이의 제자로 가장 유명한 사람은 오가타 고안(緒方洪庵, 1810~1863)이고, 오가타 고안의 제자가 후쿠자와 유키치(福澤諭吉, 1834~1901)입니다. 이토 겐보쿠가 난의학 내과를 퍼뜨리고 쓰보이

조시역(驛)의 거대 간장통과 조시시(市)의 신사에 공납으로 바친 야마사 간장.

신도가 근대 유럽 의학을 정수를 담은 《만병치준》을 번역한 일은 에도 시대에 난의학의 수준이 개설 수준의 해부학과 외과에서 한 단계 더 나아갔음을 보여줍니다.[325]

지금부터는 잠시 재미있는 여담을 말씀드리려고 합니다. 앞에서 잠시 언급한 야마사 간장은 한국과도 관련이 있습니다. 야마사 간장의 비법을 어떻게든 알아내고 싶었던 샘표간장의 오경환 부사장이 야마사 측에게 거듭 사정한 끝에 곰팡이로 메주를 발효하는 방에 들어갈 수 있게 되었습니다. 야마사 측에서는 당연히 아무것도 만지지 못하게 했고, 궁리 끝에 오경환 부사장은 반복해서 숨을 깊게 들이마셨다고 합니다. "공기 중에 떠다니는 곰팡이의 씨앗인 포자를 코 안에 최대한 많이 담기 위해서"였습니다. 그리고는 밖으로 나오자마자 코를 풀고, 그 휴지를 가져와서 성분을 분석한 끝에 비법을 알아냈다고 합니다.[326] 이 에피소드를 소개한 한국의 매체에서는 오경환 부사장을 "간장계의 문익점"이라고 소개했는데, 이 뉴스가 일본 쪽에 알려지자 "산업스파이"라는 비난이 나왔다고 합니다.[327]

또 여담이지만, 오타마가이케 종두소가 불탔을 때 조시 지역의 하마구치 고료가 자금을 원조해서 재건했다는 말씀을 드렸습니다. 그런데 이 하마구치 고료는 쓰나미가 몰아쳤을 때 동네 사람을 구한 일 때문에 전 세계적으로 유명한 사람이기도 합니다. 1854년 음력 11월 5일 밤에 안세이 난카이 지진安政南海地震이 발생한 데 이어 쓰나미가 마을을 덮치기 직전에 이를 알아챈 그는 마을의 높은 곳에 있던 자기 밭의 볏단에 불을 질렀습니다. 이 불을 보고 마을 사람들이 불을 끄러 언덕 위로 올라온 뒤에 쓰나미가 마을을 덮쳐서 그는 상당수의 마을 사람을 구할 수 있었습니다. 그래서 2015년에 유엔은 이 일이 있었던 11월 5일을 국제 쓰나미의 날로 정해서 쓰나미의 위험에 대한 관심을 국제적으로 환기하기로 했습니다.[328] 그러니까 하마구치 고료는 천연두와 쓰나미라는 두 거대한 재난을 막아낸 사람이라 할 수 있겠습니다.

이 하마구치 고료의 이야기를 들은 라프카디오 헌(Lafcadio Hearn, 1850~1904), 일본에 귀화한 뒤로는 고이즈미 야쿠모小泉八雲라는 이름을 쓴 그는 1896년에 《살아 있는 신A Living God》이라는 짧은 소설을 써서 전 세계에 이 이야기를 알렸습니다. 라프카디오 헌의 소설은 실제 사실과 다른 점이 적지 않지만, 오늘날 이 쓰나미 사건이 전 세계에 알려진 것은 그의 소설 덕분입니다. 짧은 글이므로 번역을 소개합니다.

자기 집의 볏단에 불을 붙이려는 모습을 형상화한 하마구치 고료 기
념 동상.

"이건 보통 일이 아냐."

고헤이五兵衛는 이렇게 중얼거리면서 집에서 나왔다. 방금 지진은 특별히 심하다고 할 정도까지는 아니었다. 하지만 길고 묵직한 떨림과 신음하는 듯한 땅의 울림은 늙은 고헤이에게 이제껏 경험한 적이 없었던 두려움을 안겨 주었다. 고헤이는 걱정스러운 듯이 자기 집 정원에서 아래쪽 마을을 내려다보았다. 마을 사람들은 풍년을 축하하는 마을 축제의 전야제 준비에 온통 마음이 쏠려 있어서 방금 지진은 전혀 알아채지 못한 것 같았다. 마을에서 바다로 옮겨온 고헤이의 눈은 갑자기 그곳에 빨려 들어갔다. 바람과는 반대로 파도가 먼 바다로 이동해 가면서 순식간에 해안에는 넓은 모래사장과 검은 바위 바닥이 드러나고 있었다.

"큰일이다. 해일이 일어날 게 틀림없어."

고헤이는 생각했다. 이대로 두면 4백 명의 목숨이 마을과 함께 한 번에 삼켜져버린다. 이제 한시도 지체할 수는 없다.

"좋아."

집으로 달려 들어온 고헤이는 큰 횃불을 들고 뛰어 나왔다. 그곳에는 막 거두어들인 볏단이 많이 쌓여 있었다.

"벼를 태워버리는 건 안 될 일이지만, 이렇게 해야 마을 사람들의 목숨을 구할 수 있어."

고헤이는 그대로 그 볏단들 중 하나에 불을 옮겼다. 바람이 불어와서 불길은 '파앗!' 하고 솟구쳐올랐다. 하나, 또 하나, 고헤이는 정신없이 달렸다. 이렇게 해서 자기 논의 볏단 전부에 불을 붙여버리고는 횃불을 버렸다. 마치 실신한 듯이 그는 그곳에 우뚝 선 채로 먼 바다 쪽을 바라보고 있었다. 해가 완전히 지고, 주변은 점점 어두워졌다. 볏단의 불은 하늘을 태울 듯 했다. 절에서는 이 불을 확인하고는 다급하게 종을 쳐댔다.

"화재다! 촌장님 댁이다!"

마을의 젊은이들은 소리치며 서둘러 산 쪽으로 달려 왔다. 뒤이어 노인도, 여자들도, 아이들도, 젊은이들의 뒤를 따르듯이 달려 왔다. 높은 곳에서 내려다보고 있던 고헤이의 눈에는 그 모습이 개미의 행렬처럼 굼떠 보였다. 이윽고 스무 명 정도의 젊은이들이 달려 왔다. 그들은 곧 불을 끄려고 했다. 고헤이는 큰 소리로 외쳤다.

"내버려 둬라! 큰일이 났다. 마을 사람들을 이리로 오게 해야 해."

마을 사람들은 차례로 모여들었다. 고헤이는 뒤따라 올라오는 남녀노소의 인원수를 한 명 한 명 헤아렸다. 모여든 사람들은 타고 있는 볏단과 고헤이의 얼굴을 번갈아 바라보았다.

"봐라. 저기 왔다."

황혼 녘의 어슴푸레한 빛에 의지해서 사람들은 고헤이가 손으로 가리키는 쪽을 보았다. 멀리 바다 저 끝에서 가늘고 검은 한 줄기의 선이 보였다. 그 선은 순식간에 두꺼워지고 넓어지며 대단한 속도로 해안으로 다가왔다.

"쓰나미다!"

누군가 소리쳤다. 바닷물이 절벽처럼 눈앞에 닥쳐온다고 생각한 다음 순간 산이 덮쳐 오는 듯한 중량감과 수백 번의 천둥이 한꺼번에 떨어지는 듯한 울림으로 해안에 부딪혔다. 사람들은 넋을 잃고 뒤로 물러섰다. 구름처럼 산 쪽으로 돌진해온 물보라 밖에는 한순간 아무것도 보이지 않았다. 사람들은 자기들 마을 위를 거칠게 휩쓸고 지나가는 희고 무서운 바다를 보았다. 두 번, 세 번, 바다는 마을 위로 나아갔다가는 물러났다. 높은 곳에서는 잠시 동안 이야기 소리가 들리지 않았다. 모두 파도에 깎여 나가 흔적 없이 사라져버린 마을을 다만 멍하니 내려다보고 있었다. 볏단의 불은 바람이 불어오자 또다시 타올라, 저녁 어스름에 휩싸인 주변을 밝히고 있었다. 비로소 제정신을 차린 마을 사람들은 이 불 덕분에 살았다는 것을 알아차리고는 아무 말 없이 고헤이의 앞에 무릎을 꿇었다.[329]

# 2

# 선진 의학과 천연두

## 선진 의학이 꽃필
## 가능성이 꺾이다

　　　　　　　　일본에 처음 소개된 유럽 의학은 난의학, 즉
네덜란드 의학이 아니라 포르투갈과 에스파냐 의학이었습니다. 좀 더
정확히 말하면 네덜란드어로 쓰거나 번역한 근대 유럽의 의학 서적이
아니라, 주로 포르투갈어로 쓰거나 번역한 르네상스 시기 유럽의 의학
서적이었습니다. 그리고 포르투갈인 예수회 선교사와 상인들은 직접
일본에 와서 의료를 행하고 병원을 개설했습니다. 에도 시대에도 나가
사키 데지마의 네덜란드 상관에 근무하는 의사가 몇몇 일본인에게 의
료를 행했고, 지볼트는 데지마 바깥에 나루타키주쿠를 열어서 좀 더
넓은 범위에서 일본인들을 치료하기는 했습니다. 하지만 포르투갈 상
인과 예수회 선교사들이 자유롭게 일본을 드나들며 의료 활동을 하던
센고쿠 시대에 비할 수 없을 만큼 미미한 수준이었습니다. 그 시기에

포르투갈인들이 일본인들에게 행했던 규모의 의료 활동은 에도 시대 내내 끝내 재현되지 못했습니다.

센고쿠 시대 일본에서 유럽 의학을 대표했던 존재는 포르투갈인 루이스 드 알메이다였습니다. 그는 원래 상인이었다가 일본에 와서 가톨릭교도가 되어 수도사를 거쳐 선교사까지 승진했습니다. 그는 자신의 재산으로 내과·외과가 있고 한센병을 치료하는 종합병원과 고아원을 설립했습니다. 이렇게 함께 설치한 이유는 당시 유럽의 병원들이 주로 흑사병과 한센병을 치료 대상으로 삼고 있었기 때문입니다.[330] 센고쿠 시대 일본에 대해 극명히 써내려간 루이스 프로이스의 《일본사》 1556년 기록에는 알메이다의 병원이 다음과 같이 묘사되어 있습니다.

예전에 국왕 오토모 소린이 선교사 발타자르 가고에게 하사한 땅은 둘로 나누었습니다. 하나는 죽은 자를 묻는 장소이고, 다른 하나에는 왕의 허가를 얻어 병원을 세웠습니다. 왕과 백성들이 모두 기뻐했습니다. 병원은 둘로 나뉘어 있습니다. 한쪽에는 이 나라에 많이 존재하는 한센병 환자가 있고, 다른 쪽에는 여러 환자가 있습니다. 수도사 루이스 드 알메이다는 환자를 치료하는 능력을 지니고 있어서 하루 두 번 진료합니다. 일본인 한 명이 함께 근무하는데 이 사람은 예수회 사람들과 마찬가지로 참 선량합니다.[331]

그는 많을 때에는 하루 7~8회의 외과 수술을 행하는 한편으로 유럽식 의학 교육 시스템도 갖추어 나갔습니다. 그가 행한 외과 수술은 이

발사이자 외과의사인 프랑스의 앙브루아즈 파레의 기술을 받아들인 것이었으므로, 센고쿠 시대 일본인은 계속된 전쟁 속에 발전한 프랑스의 군진의학, 그 가운데에도 최신 수준을 자랑하던 파레의 외과 수술을 경험할 수 있었습니다. 또한 그가 병원과 함께 설립한 고아원에는 젖소를 사육해서 아이들에게 우유를 제공하는 유럽식 육아법이 도입되어 있었습니다.[332]

이처럼 센고쿠 시대에 유럽과 일본은 의학적으로 동시대를 살았습니다. 만약 이러한 동시대적인 교류가 끊이지 않고 이어졌다면 에도 시대 들어 네덜란드 해부학 책을 번역하느라 수많은 사람이 그 고생을 할 필요도 없었고, 책으로만 의학을 배우지 않고 직접 유럽인들에게 의학을 배울 수 있었을 터입니다. 에도 시대는 알메이다가 보여준 이러한 가능성을 꺾으면서 시작되었습니다. 그런 중요한 사례가 바로 1632년 5월에 한센병 환자들이 루손으로 추방된 사건입니다. 자선 정신으로 치료하는 유럽식 의료가 사라지자, 일본의 지배자들은 사회의 가장 약자였던 한센병 환자 130명을 나라 밖으로 버렸습니다.[333] 의료 붕괴입니다.

서양 근대 의학사 연구자인 윌리엄 바이넘 선생은 "역사를 오늘 혹은 내일을 향한 필연적인 진보의 과정으로 보는" 휘그주의Whiggism를 부정하며, "진보에 대한 믿음이 빛을 잃은 세상"[334]에서 우리가 살고 있다며 한탄합니다. 그래도 저는 센고쿠 시대에서 에도 시대를 거쳐 메이지 시대에 이르는 4백 년의 일본을 바라보며, 단기적으로는 사회가 퇴보하더라도 장기적으로는 이를 극복하고 조금씩이라도 나은 방향으로 진보한다는 믿음이 있습니다. 그 퇴보의 기간 중에 괴로워하고 죽어간 사람들, 그리고 퇴보를 회복하기 위한 불필요한 노력이 안타까울 뿐입니다. 그 괴로움과 불필요함을 저는 에도 시대에서 느낍니다. 그래서 저는 에도 시대를 진보가 아닌 퇴보의 시기였다고 주장합니다.

일본의 사회와 역사를 일본 내부의 흐름으로만 바라보면 이러한 좌절과 극복의 과정이 눈에 잘 띄지 않습니다. 가톨릭, 조선, 한센병 환자, 천민, 농민……. 이런 외부·소수 집단으로부터 일본 사회를 바라보았을 때, 비로소 일본 사회가 겪은 퇴보와 진보가 확인됩니다. 마찬가지로 저는 고려가 멸망한 뒤, 조선과 식민지 시대를 거쳐 현대 한국이 탄생하기까지의 과정 또한 약 6백 년에 걸친 거대한 좌절과 회복의 과정으로 이해하고 있습니다.

## 의료로 이어진
## 유럽과 일본

　　알메이다가 보여주었던 가능성이 꺾인 뒤, 일본에 새로이 유럽 의학을 소개한 사람은 크리스토바웅 페레이라 (Cristóvão Ferreira, 1580~1650)입니다. 포르투갈 출신의 예수회 선교사로 일본 관구의 관구장 대리였던 페레이라는 1633년에 체포되어 고문 끝에 배교합니다. 그가 배교했다는 소식을 듣고 정말인지 확인하기 위해 이탈리아 출신의 예수회 선교사 주세페 키아라(Giuseppe Chiara, 1602~1685)가 일본에 잠입했다 체포되어 역시 배교한 사실은 유명합니다. 이 두 사람의 일을 다룬 유명한 소설이 엔도 슈사쿠(遠藤周作, 1923~1996)의 《침묵沈黙》(1966)입니다. 페레이라는 죽기 전에 배교를 취소하고 가톨릭교도로 죽었다는 설도 있지만, 진실은 알 수 없습니다.[335]

　　배교해서 사와노 주안澤野忠庵이라는 이름을 갖게 된 페레이라는 막부에 가톨릭 단속에 관해 조언하고 1644년에는 가톨릭을 비판하는 《현의록顯疑錄》이라는 책을 출판했습니다. 이 책은 가톨릭교도였다가 배교한 하비안巴鼻庵이 1620년에 집필한 《하다이우스破提宇子》와 함께 에도 시대에 가톨릭을 논파하는 서적들의 이론적 근거로서 널리 읽혔습니다.

　　이처럼 신학·사상적 측면에서 후대에 영향을 미친 사와노 주안은 유럽 천문학을 다룬 《천문비용天文備用》, 그리고 나가사키 데지마에서 의사로 활동하면서 남긴 진료 기록《네덜란드 외과 지남阿蘭陀外科指南》을 통해 일본에 유럽 과학의 기초를 닦아 놓습니다. 특히 의학 분야에서는 사위 스기모토 주케이(杉本忠惠, 1618~1689) 및 니시 겐포 등의 후계자가 나타났는데, 이 계통의 의학을 이베리아 반도 계열의 외과라는 뜻의 남만류 외과南蠻流外科라고 부릅니다.

그리고 네덜란드어 통역관이었던 니시 겐포가 포르투갈 세력이 물

나가사키 데지마의 포르투갈 관련 유물들. 나가사키 역사민속박물관 소장.

에도 시대에 네덜란드인들이 일본에 타고 온 원양 항해용 선박과 일본에 수출한 각종 물품들.
나가사키 역사민속박물관 소장.

러난 뒤에 데지마에 들어온 네덜란드 의사로부터 네덜란드어로 적은 의학 수료 증명서를 1668년 2월 20일에 받으면서 남만류 외과는 네덜란드 의학과도 결합하게 됩니다. 네덜란드 동인도회사는 원래 1609년에 규슈 서북부 히라도에 상관을 만들었고, 데지마는 포르투갈 세력을 위해 1634~1636년 사이에 건설된 인공섬이었습니다. 그러나 1636~1637년에 시마바라에서 가톨릭 세력이 봉기하자 막부는 1638년에 포르투갈과 단교하고, 포르투갈인들이 떠나간 데지마로 1641년에 네덜란드 동인도회사를 옮기게 합니다.

니시 겐포의 아들인 니시 겐테쓰(西玄哲, 1681~1760)는 네덜란드어 통역관이자 외과의사였던 나라바야시 진잔이 앙브루아즈 파레의 외과서와 독일인 의사 요하네스 스쿨테투스의 책을 합쳐서 번역한《홍이외과종전》을 수정하고 일부를 발췌해서 1735년에《금창질박료치지서 金瘡跌撲療治之書》를 편찬합니다. 이로부터 11년 뒤인 1746년에 니시 겐테쓰가 막부의 오쿠이시가 되었으니 파레의 외과술이 도쿠가와 막부에까지 전해진 셈입니다. 그리고 니시 겐테쓰는 에도 난의학의 선구자인 스기타 겐파쿠를 가르칩니다.[336]

정리하자면, 포르투갈인 페레이라(사와노 주안)-나가사키에서 포르투갈 의학과 네덜란드 의학을 배운 니시 겐포-니시 겐테쓰-에도 난의학을 시작한 스기타 겐파쿠로 흐름이 이어집니다. 알메이다가 이루지 못한 '의료로 이어지는 유럽과 일본'이라는 꿈은 느리지만 이렇게 조금씩 다시 구체화되고 있었습니다.

페레이라로부터 비롯한 남만류 외과 외에도 난의학이 본격화하기 전의 일본에는 몇 가지 남만의학의 흐름이 존재했습니다. 구리사키 도키(栗崎道喜, 1582~1651)는 9살 때 마카오로 건너가서 14세부터 그곳에서 외과학을 배워 개업했고, 20여 년 뒤에 귀국을 허가받아 나가사키에서 관료로 고용되었습니다. 그가 돌아올 수 있었던 이유는 태어났을 때 받은 부적을 계속 지니고 있어서 가톨릭교도가 아님을 증명했기 때문이었습니다. 그는 군진의학인 구리사키류 남만의학을 창시했습니다.[337] 또한 1649년에 나가사키 데지마에서 근무할 의사로서 일본에 온 독일인 의사 카스파르 샴베르거는 에도에 갔다가 막부에게 의학과 포술砲術을 가르쳐달라는 요청을 받고 10개월간 머물면서 자신의 의학을 일본 의사들에게 전수하고 막부 요인들을 치료했습니다. 이때부터 일본에는 카스파르류 의학이 뿌리를 내려, 1651년에 그가 일본을 떠난 뒤에도 네덜란드 동인도회사에 의약품 주문이 계속 늘어났습니다.

도쿠가와 막부는 데지마에서 무역을 유지함으로써 이익을 얻는다기보다는, "지배 계급의 생활필수품으로 자리 잡은 수입품을 안정적으로 공급"받고자 했습니다. 그 가운데 중요한 비중을 차지한 것이 유럽 의약품이었습니다. 이런 의미에서 에도 시대 일본에는 유럽 의학의 성과가 간접적이기는 해도 지속해서 전해지고 있었다고 할 수 있겠습니다. 그러나 유럽에서 물자를 수입하기 위해서는 일본의 구리를 제공해야 했고, 에도 시대 내내 국산 구리의 해외 유출 문제는 막부와 구리 광산을 소유한 번들을 괴롭혔습니다.[338]

# 번역과 쇄국론

샴베르거에 이어 일본 사회에 큰 영향을 미치고, 또 일본을 유럽에 알리는 데 큰 역할을 한 사람은 1690~1692년 사이에 일본에 체류했던 독일인 의사 엥겔베르트 캠퍼입니다. 캠퍼와 스웨덴의 식물학자 툰베리(Carl Peter Thunberg, 1743~1828), 지볼트를 데지마의 3대 학자라고 부릅니다.

그리고 시즈키 다다오(志筑忠雄, 1760~1806)는 에도 시대 일본인 가운데 아마도 네덜란드어를 가장 잘했을 사람입니다. 그는 몸이 약하다는 이유로 18세에 통역관을 사직하고 47세로 사망할 때까지 자연과학 서적을 번역하고 네덜란드어 문법서를 쓰는 데 몰두했습니다. 그의 네덜란드어 이론은 에도로 전해져서 에도 난학의 기틀을 닦았습니다. 그러나 시즈키 다다오의 이름이 불멸로 남은 까닭은 뭐니 뭐니 해도 그가 '쇄국鎖國'이라는 용어를 만들어냈기 때문입니다.

캠퍼가 일본의 역사에 관해 쓴 원고가 영어로 번역되어 1727년에 《일본사The History of Japan》로 출판되었고, 그로부터 10년 사이에 여러 유럽 언어들로 번역됩니다. 한참 번역 중이던 영어판은 조너선 스위프트(Jonathan Swift, 1667~1745)의 《걸리버 여행기Gulliver's Travels》(1726)에 영향을 주었을 가능성이 있습니다. 한편, 프랑스어판은 볼테르(François-Marie Arouet / Voltaire, 1694~1778)나 디드로(Denis Diderot, 1713~1784)와 같이 당시 활발히 활동하던 계몽주의 철학자들이 일본에 관한 글을 쓸 때 활용한 사실이 잘 알려져 있습니다. 볼테르는 캠퍼를

"학식이 깊고 통찰력이 있는 관찰자이며 진리를 사랑하는 현명한 여행자"라고 칭송했습니다.[339]

　이처럼 영어판과 유럽 여러 언어로 만든 번역본이 각지에서 반향을 일으키는 가운데 1733년에 출판된 네덜란드어 번역본이 일본으로 유입되자, 시즈키 다다오는 1801년에 특히 흥미 있다고 생각한 부록 마지막 장을 선택하여 일본어로 번역하면서 〈쇄국론鎖國論〉이라는 제목을 붙였습니다. 그는 당시 러시아가 일본으로 접근하는 상황에 경계심을 품고 있었기 때문에, 일본이 대외적으로 쇄국 체제를 유지하면서 외국의 침략을 물리쳐야 한다는 마음에서 이 책을 번역했습니다.

　하지만 메이지 시대 이후 이 책은 정반대의 뉘앙스로 받아들여집니다. 즉, 에도 시대에 쇄국했기 때문에 서구 열강에 뒤처졌으며, 일본의 나아가야 할 길은 개국이라는 식으로 말입니다. 이러한 해석이야 자유이지만, 쇄국론이 퍼지면서 마치 에도 시대 일본이 전 세계 모든 나라를 향해 쇄국했다고 이해하는 왜곡이 일어났습니다. 에도 시대 일본이 전 세계에 대해 닫혀 있었다면 당장 조선이 파견한 통신사는 무엇이 있었는가 하는 의문이 드실 것입니다. 그래서 2020년부터 일본의 소학교와 중학교 교과서에서 '쇄국'이라는 표현을 삭제한다는 교육 방침이 2017년에 정해지기도 했습니다.[340] 시즈키 다다오의 〈쇄국론〉 번역 작업에 관해서는 동서교류사 연구자 오시마 아키히데大島明秀 선생이 《'쇄국'이라는 언설-〈쇄국론〉의 수용사》[341]에서 상세하게 다루고 있습니다. 이 책이 출간된 뒤로 '쇄국'이라는 개념에 대한 일본 사람들의 생각이 바뀌었다고 해도 과언이 아닙니다.

　앞에서 시즈키 다다오의 네덜란드어 문법책이 에도로 전해져 에도 난학에 영향을 미쳤다고 말씀드렸습니다. 이와 동시에 그는 제자들을 통해서도 에도에 영향을 미쳤습니다. 그중에서도 바바 사주로(馬場佐十郎, 1787~1822)는 막부 천문방天文方에 영입되어 에도 난학을 이끌었습니다. 비록 바바 사주로는 어학적 재능을 불꽃처럼 태우고 35세로 사망했지만, 나가사키 난학과 에도 난학을 연결해준 매개로서 중요한 역할을 했습니다.[342] 그에 관해서는 《일본인 이야기 3》에서 자세히 살필 예정입니다.

한편, 시즈키 다다오가 소개한 지동설은 요시오 슌조(吉雄俊藏, 1787~1847)에게로 이어집니다. 요시오 슌조는 1816년에 나고야에 관상당観象堂이라는 학원을 차리는데, '천문·기상을 살핀다'는 뜻의 '관상'이라는 단어가 이름에 들어간 데서 천문학의 향기를 느낄 수 있습니다. 그는 1822년에 불교 경전을 본뜬 《서설관상경西説観象経》이라는 천문학 해설서를 출판합니다. 이 책에서 그는 "서방 국토에서 현자와 성인이 나타났는데, 천문을 관측하고 지리를 관찰하며 조화의 진리에 정통하다"[343]라며 프로메테우스, 피타고라스, 티코 브라헤, 코페르니쿠스, 케플러, 갈릴레이, 뉴턴 등을 "위대한 성인大聖"이라고 칭송합니다.[344] 에도 시대 난학이 19세기에 비로소 뉴턴의 우주론을 발견하기에 이르렀음을 이 책을 읽으면 실감하게 됩니다.

그 후 1839년에 막부의 오쿠이시가 된 요시오 슌조는 네덜란드어로 된 화학책을 따라서 실험하다가 폭발 사고를 일으켜 사망했습니다. 그는 과학을 위한 순교자였습니다.

# 일본의
## 파라켈수스

난학 · 난의학 이야기를 이어가기 전에 고방파 의학에 관해 잠시 살펴겠습니다. 왜냐하면 난의학파가 번역한 유럽 해부학 서적과 고방파 의사들이 추구한 해부가 만남으로써 일본 의학계에 진정으로 해부학이 성립했기 때문입니다.

고방파의 대가 가운데 의사 신분의 자립을 꾀한 고토 곤잔과 그의 고방파 의학과 이토 진사이의 고의학을 결합하여 의학과 유학의 근본

요시마스 도도. 후지나미 고이치(藤浪剛一) 편 《의가선철초상집(醫家先哲肖像集)》(刀江書院, 1936) 수록.

이 같다는 유의일본설儒醫一本說을 주장한 가가와 슈안 등은 앞에서 살펴보았습니다. 여기서는 학문적으로 고토 곤잔의 영향을 받고, 야마와키 도요에게 후원을 받아 의사로 자립했으나 고방파 의사들을 포함해 당시의 그 어떤 의사와도 다른 독자적인 주장을 전개하여 한국[345]을 포함한 동아시아 한의학계에서 오늘날까지도 연구하고 또 논란이 되고 있는 요시마스 도도에 관해 말씀드리겠습니다.

그는 "의학의 전통을 싸잡아 거부"[346]한 파라켈수스(Paracelsus, 1493~1541)와 같은 인물이었습니다. 명성 높은 한의사였던 아사다 소하쿠(淺田宗伯, 1815~1894)가 1852년에 출판한《황국명의전皇國名醫傳》에 의하면,

요시마스 도도는 37세 무렵에 다음과 같이 호언장담하며 의학의 본산
교토에서 개업했다고 합니다. "천하의 의사들을 치료하지 않는다면,
개별적으로 환자들의 병을 고쳐봤자 효과가 없다."[347] 그러나 당초의
기백과는 달리 의사로서의 영업은 어려워서 인형 만들기로 생계를 유
지해야 했다고 합니다. 그러다가 인형 도매상의 아픈 어머니를 치료해
주었는데, 마침 그 어머니의 주치의가 야마와키 도요여서 그의 후원을
받게 되었습니다. 그때부터 서서히 명성을 날려서 생활도 펴고 제자도
많이 생깁니다. 역시나 세상사는 우연이 중요하고, 우연에 대한 준비
가 되어 있는가도 중요한 법입니다.

고방파 의학을 주창한 나고야 겐이, 고토 곤잔 등에게 영향을 받은

요시마스 도도는 장중경의 《상한론》만을 신뢰할 수 있다는 결론에 도달합니다. 그는 당시의 한의사들이 음양오행설로 병의 원인을 논하는 관념적 태도와 스승의 학설을 따르기만 하는 모습에 분노합니다. 그리하여 30대가 되자 모든 병은 독毒에서 생기고 독은 독으로 치유해야 하며, 독을 제거하면 병을 치료할 수 있다는 만병일독설萬病一毒說을 주장합니다. 그리고 독이 어디에 있는지에 따라 병이 서로 다르게 발생하므로, 몸 안의 독을 눈으로 보고 손으로 만져서 확인해야 한다는 친시실험親試實驗이라는 방법론을 내세웁니다.

그는 의학 이론보다는 병 치료에 효과가 있는 약에 관한 연구가 더 중요하다는 입장이었습니다. 그래서 자신이 생각하기에 《상한론》과 《금궤요략》에서 후세 사람들이 음양오행설적인 요소를 집어넣었다고 판단한 부분을 제거하고 남은 주요한 약방藥方을 정리하여 《유취방類聚方》(1765)을 출간합니다. 이 책에는 그가 자주 이용한 2백 가지 정도의 약방과 도도 자신이 경험하지는 않았지만 중요하다고 판단한 18방이 실려 있습니다. 이 책은 1만 부가 넘게 팔리는 베스트셀러가 되어 후세의 한의학에 큰 영향을 미쳤습니다.[348]

또한 1771년에는 장중경의 약방을 친시실험한 뒤, 약물 53종의 효능과 용법을 담은 《약징藥徵》을 집필했습니다. 이 책은 그가 사망하고 난 뒤인 1784년에 출간되었는데, 학술적으로 요시마스 도도에 비판적인 입장이었던 막부의 의관 다키 모토야스도 "《약징》은 식견이 있는 유용한 책이다"[349]라고 평가할 만큼 의학적 의의를 인정받았고, 역시 후세에 큰 영향을 미쳤습니다.

한편, 요시마스 도도의 의학설을 엮은 《의단醫斷》이 1759년에 출간되자 일본의 한의학계에서는 일대 논쟁이 벌어졌습니다. 그는 이 책에서 "생사는 천명이다, 하늘이 생사를 정해주므로 의사도 이를 구할 수 없다"라는 천명설天命說을 주장합니다. 그는 자신들의 명성을 지키기 위해 난치병 환자를 진단하지 않으려는 의사들의 풍조를 비판하려고 이렇게 주장했습니다. 하지만 이 주장에 반대한 고방파 의사 하타 고잔(畑黃山, 1721~1804)은 천명설을 실력 없는 의사들의 의료 실패에 핑곗거리를 줄 수 있는 해로운 이론이라고 비판하는《척의단斥醫斷》을 1762년에 출간했습니다.

또 '공자의 처방'을 내린다고 자부하던 후쿠오카번의 유의 가메이 난메이는 "생사가 하늘에 달려 있어서 의사가 어찌할 수 없다면, 전쟁의 승패도 그저 운일 뿐이니 장군이 자기는 알 바 아니라고 말하는 것과 무엇이 다른가?"라고 비판했습니다. 의사가 생사를 결정할 수 없다는 것은 의료를 하지 않겠다는 말이나 다름없으며, 의사가 절대로 해서는 안 되는 말이라는 뜻입니다.

요시마스 도도가 촉발한 천명설 논쟁은 에도 시대 의학계에서 일어난 최대의 의학 논쟁이었습니다. 다르게 말하면, 에도 시대를 전반적으로 조망했을 때 의학의 전선戰線은 후세파와 고방파 사이에 놓여 있었지, 한의학과 난의학 사이에 놓여 있지 않았습니다. 이론과 임상을 모두 갖추고 기존 의학 체제에 도전한 요시마스 도도와 같은 대표 선수를 난의학 진영이 배출하게 되는 때는 19세기 전기에 들어서였습니다.[350]

# 난학의 발전과
# 교호 개혁 시기

제8대 쇼군 도쿠가와 요시무네(1716~1745 재임)는 교호 개혁享保の改革이라는 이름의 혁신 정책들을 펼친 것으로 유명합니다. 요시무네는 그전까지 가톨릭에 대한 대항책으로 도쿠가와 이에야스가 마련했던 대對 유럽 쇄국 정책을 약간 완화하고, 바다를 간척하는 등의 새로운 농지 개발新田開發을 비롯한 식산흥업, 각종 수입 산물의 국산화 정책 등을 추진합니다. 일본에서는 이 시기의 이러한 움직임을 '실학實學', 즉 실제 사회에 쓸모 있는 학문을 추구했던 시대 분위기에서 비롯한 움직임이라고 설명합니다.

우선 중국어로 번역한 유럽 책에 기독교 관련 내용이 포함되었을 수 있으므로 수입을 금지한다는 1685년의 한역양서漢譯洋書 금지령을 1720년에 일부 완화합니다. 그전까지 엄격하게 시행하던 금서령禁書令을 완화해서 기독교와 관계없는 유럽 책은 수입할 수 있게 하자, 주로 나가사키의 네덜란드어 통역관들 사이에서만 유통되던 난학이 다른 지역에서도 활발히 연구되기 시작합니다.

요시무네는 1717년에 에도를 방문한 네덜란드 동인도회사 상관장에게 막부 도서관에 소장되어 있던 요아네스 욘스토누스(Joannes Jonstonus, 1603~1675)의 동물도보圖譜와 렘베르투스 도도내우스(Rembertus Dodonaeus, 1517~1585)의《초목지(草木誌, Cruydt-Boeck)》에 관해 질문했습니다. 이들 자연과학 도보는 1663년 당시의 네덜란드 상관장이 막부

요아네스 욘스토누스의 초상과 동물도보 삽화.

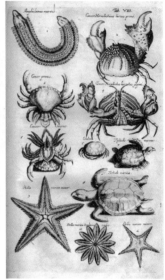

에 제공한 뒤로 반세기 동안 방치되어 있었는데, 요시무네가 다시 꺼내든 것입니다. 이들 책의 내용이 식산흥업에 도움이 된다는 판단이었습니다. 요시무네는 1740년에는 아오키 곤요(靑木昆陽, 1698~1769), 노로 겐조(野呂元丈, 1694~1761) 등에게 네덜란드어를 배워서 이 두 책을 번역하라는 명령을 내립니다.

요시무네에게 명령을 받은 아오키 곤요는 네덜란드어를 배우는 한편으로 사쓰마번에서 재배하던 고구마를 에도 인근으로 가져와서 실험 끝에 재배에 성공합니다. 그가 고구마 재배 방식과 효능 등을 기록한《번저고蕃藷考》를 1735년에 완성하면서 고구마는 일본에서 전국적

벨기에 메헬렌(Mechelen)의 식물원에 있는 도도내우스의 석상과 《초목지》 표지.

으로 재배되기 시작합니다. 아오키 곤요는 1732년에 교호 대기근이
일어나면서 많은 사람이 굶어 죽자 구황식물을 찾다가 고구마에 주목
했는데, 이 고구마는 쓰시마를 거쳐 1763년에 조엄이 조선에 소개했
습니다. 한편, 노로 겐조는 에도에 오는 네덜란드인들과 통역관들에게
질문하면서 1741~1750년, 약 10년에 걸쳐 욘스토누스와 도도내우스
의 책을 모두 번역해냈습니다.[351]

요시무네는 각종 물산의 국산화 정책을 추구했는데, 이를 대표하는
것이 조선의 인삼을 국산화하기 위한 노력이었습니다. 요시무네는 쇼
군으로 취임한 이듬해인 1717년에 쓰시마번에 《동의보감東醫寶鑑》을

도쿄에 있는 아오키 곤요 무덤.

입수하라고 명령했고, 쓰시마번은 1718년에 이 책을 헌상합니다. 요시무네는《동의보감》을 애독하며 스스로 의학을 공부하는 한편으로 《동의보감》에 등장하는 조선 인삼 등의 약종藥種을 입수해서 국산화하라는 지시를 내립니다. 쓰시마번은 왜관을 통해 몇몇 조선인을 포섭, 한반도 전체를 대상으로 한 동식물 도감을 작성하고 인삼을 입수하는데 성공합니다. 그 동식물 도감은 오늘날까지 전해지며, 게이오대학에서 이에 관한 연구서가 출간되었습니다.[352]

조선으로부터 입수한 인삼을 일본에서 재배하는 데 성공한 사람은 다무라 란스이(田村藍水, 1718~1776)입니다. 마치이였다가 막부의 의사로 초빙된 경력의 소유자인 다무라 란스이가 인삼 재배 방법을 담은 《인삼경작기人蔘耕作記》를 1748년에 출판하면서 인삼 재배가 일본 전국에서 이루어지게 됩니다. 조선은 일본에서 구황작물인 고구마를 얻었

고 일본은 조선에서 한약재인 인삼을 얻었으니, 두 나라의 백성을 살리는 물산을 교환한 셈입니다.

다무라 란스이의 아들인 구리모토 단슈(栗本丹洲, 1756~1834)는 일본 최초의 곤충 도보인 《천충보千蟲譜》를 평생에 걸쳐 제작했고, 제자인 소 센슌(曾占春, 1758~1834)은 유용한 식물에 관한 방대한 해설서인 《성형도설成形圖說》 120권을 제작했습니다. 이제까지 여러 번 언급했던 에도 시대 최대의 괴짜 히라가 겐나이도 그의 제자였는데, 겐나이에 관한 소문 가운데에는 막부 · 번에서만 손에 넣을 수 있었던 고가의 서양 박물학 책을 전 재산과 바꾸어 입수했다는 이야기도 있습니다.[353] 바야흐로 박물학의 시대였습니다. 다무라 란스이는 일본 본초학 · 박물학의 아버지이라 할 수 있겠습니다.

이리하여 시작된 에도 시대 일본의 본초학·박물학 역사에서 가장 우뚝 솟아 있는 사람은 오노 란잔(小野蘭山, 1729~1810)입니다. 25살 때 교토에 학원 중방헌衆芳軒을 차리고 본초학을 연구하기 시작한 그는 표본 수집할 때 외에는 집 안에 칩거해서 잠도 잊고 연구에 몰두했습니다. 그리하여 어떤 식물이든 모르는 것이 없는 경지에 이르자 그는 1799년에 막부의 초빙을 받게 되었는데, 71세의 고령에도 불구하고 교토에서 에도로 거점을 옮겨 연구를 계속했습니다.

그가 막부 의학관에서 강의한 내용은 1803~1805년 사이에 《본초강목계몽本草綱目啓蒙》 84책으로 엮였습니다. 이 책은 명나라의 대표적인 본초서인 이시진(李時珍, 1518~1593)의 《본초강목》에 실려 있는 순서에 따라 일본에서 구할 수 있는 동물·식물·광물의 일본 이름, 품종의 같고 다름, 약효 등을 자신의 지식에 의거하여 자세히 설명한 책입니다. 명나라의 《삼재도회》와 《본초강목》이 일본에 건너가서 일본에 관한 내용을 대폭 추가하여 《화한삼재도회》와 《본초강목계몽》이라는 책으로 탄생한 과정은 명나라와 일본 사이의 학문적 교류가 어떤 방식으로 이루어졌는지를 잘 보여준다고 하겠습니다.

에도 시대 일본에서 제작된 본초학·박물학 서적의 집대성이라 할 수 있는 이 책을 본 지볼트는 오노 란잔을 "일본의 린네"라고 평가했습니다.[354] 린네(Carl von Linné, 1707~1778)는 스웨덴의 식물학자로 식물분류학을 창안한 사람입니다. 사실 오노 란잔의 책은 이시진의 《본초강목》에 일본 부분을 추가했을 뿐이므로, 저는 지볼트의 평가가 조금 과하다는 느낌을 받습니다.

오노 란잔. 후지나미 고이치(藤浪剛
一) 편《의가선철초상집(醫家先哲肖
像集)》(刀江書院, 1936) 수록.

　여기까지 살펴본 것과 같은 교호 개혁의 실용주의적 경향은 다누
마 오키쓰구(田沼意次, 1719~1788)가 막부의 고위직인 로주로 근무하던
1750~1780년대에 가속화하다가, 이에 대한 반작용으로 등장한 로주
마쓰다이라 사다노부 때 견제를 받게 됩니다. 도쿠가와 막부의 주자학
적·농본주의적 시스템은 일관된 경제 발전 촉진 정책을 추진할 수 없
게 만든 원인이었습니다.[355]

　다만, 다누마 오키쓰구와 마쓰다이라 사다노부의 정책이 과연 '중
상주의 대 중농주의'라는 도식으로 설명할 수 있을지에 대해서는 논
란이 있습니다. 사실 마쓰다이라 사다노부는 난학에 관심이 있어서 스

스로 공부했고, 도도내우스의《초목지》를 1618년에 네덜란드어로 번역한 판본[356]을 일본어로 완역完譯하겠다는 방대한 계획을 실천하는 등 결코 식산흥업에 무관심한 사람이 아니었습니다.

　도도내우스의《초목지》번역 작업은 1792년에 시작되어 31년 뒤인 1823년경에 끝났습니다. 그 후 두 차례 화재로 책의 원고를 새겨놓은 책판이 불타버렸고, 중간에 번역을 명령했던 마쓰다이라 사다노부도 사망했습니다. 1843년에 번역 원고를 출판하기 시작했으나 책 전체의 완전한 출판은 좌절되었고, 그 가운데 극히 일부만 현존하고 있습니다. 만약 이 책이 출판되었다면 에도 시대 최대의 번역서가 되었을 것입니다.[357] 이렇듯 마쓰다이라 사다노부는 난학에도 관심이 있었고 앞에서 살폈듯이 기근 대책과 출산 장려 정책도 펼친 관료였습니다. 그러나 그의 이러한 면모는 거의 모두 잊히고, 오늘날 일본에서는 주로 사상 통제 방침인 '간세이 이학의 금寬政異學の禁'을 명령했던 보수적인 인사로만 기억하고 있습니다.

# 사형수들의 도움으로
# 해부학이 발전하다


다시 한 번 《일본인 이야기 1》의 세계로 돌아가보겠습니다. '왜구倭寇'라는 다국적 무장 상인 집단이 동중국해를 누비던 1543년, 한 척의 배가 규슈 서남쪽 다네가시마에 표착했습니다. 그 배에는 조총과 조종을 쏠 줄 아는 포르투갈인이 타고 있었습니다. 다네가시마를 지배하던 다네가시마 도키타카(種子島時尭, 1528~1579)는 그 총을 복제하고 사격법을 배웠습니다. 이때부터 일본 전국에 조총이 퍼지면서, 센고쿠 시대의 전쟁은 이전과 다른 양상을 띠게 됩니다.

그런데 바로 이 1543년, 벨기에 출신으로 이탈리아에서 해부학을 가르치던 안드레아스 베살리우스(Andreas Vesalius, 1514~1564)가 본문이 아닌 도판에 중점을 둔 최초의 해부학 서적인 《인체의 구조에 관하여 De humani corporis fabrica libri septem》를 출판했습니다. 이때부터 해부학은 유럽 의학의 핵심이 되었습니다. 만약 에도 시대 일본이 예수회 세력을 탄압하고 추방하지 않았다면, 예수회 선교사들의 주요한 국적지인 포르투갈과 에스파냐, 이탈리아를 통해 유럽의 근대적 해부학을 17세기라는 이른 시기에 받아들였을지도 모릅니다. 물론 예수회 선교사들은 의학을 퍼뜨리려 일본에 온 것이 아니었고, 베살리우스와 그 후계자들의 해부학 연구가 종교계의 반대를 이겨내고 유럽 의학의 핵심에 자리하기까지는 시간이 좀 더 필요하기는 했습니다. 따라서 센고쿠 시대에 일본에 온 예수회 선교사들이 당시의 최신 지식이었던 해부학을 동시대적으로 일본에 전파하지는 않았을 것입니다.

하지만 한센병 환자까지 치료한 종합병원과 외과 수술, 고아원을 일본에 실현한 루이스 드 알메이다가 원래 상인이었다가 예수회 선교사가 되었듯이, 일본과 남유럽 세력의 관계가 이어졌다면 17세기에는 근대 유럽 "의학의 꽃"[358]인 해부학이 본격적으로 일본에 소개되었을 가능성이 전혀 없었다고는 할 수 없습니다. 그러나 도쿠가와 막부는 이 가능성을 무산시켰습니다. 《해체신서》의 번역은 1543년으로부터 231년이나 지난, 그리고 일본이 포르투갈과 단교한 1639년으로부터 135년이나 지난 뒤인 1774년의 일이었습니다.

베살리우스 《인체의 구조에 관하여》.

베살리우스가 근대적 해부학을 시작하기 전까지 해부학은 그리스나 이슬람, 중세 유럽에서도 그렇게 권장하는 학문이 아니었습니다. 고대 그리스의 문화는 해부를 금지했기 때문에 의사들은 동물을 해부하거나 체액설을 고안해냈고, 인간을 총체적으로 파악하자는 히포크라테스의 전인성全人性 개념은 인체 해부에 대한 거부감에서 비롯했을 가능성이 있습니다.[359]

실용주의 성향이 강했던 고대 로마에서는 인체 해부가 종교적으로 금지되지는 않았지만,[360] 그리스 · 로마의 학문을 계승한 중세 이슬람 문화에서는 해부를 금지했습니다. 과학사 연구자 아흐메드 제바르 Ahmed Djebbar는 이러한 문화 때문에 12세기부터 이슬람권의 의학이 쇠퇴하기 시작했다고 추정합니다.[361] 이슬람의 학문을 이어받은 중세 유럽에서도 교회 세력은 종교인의 외과 수술을 금지했고, 외과 수술은 천시받는 행위여서 의사가 아닌 "이발사 의사barber-surgeon"[362]나 약재상[363]이 했습니다.

일본에서는 이발사 의사나 약재상이 아니라 사형 집행관들이 해부를 집행했습니다. 최초의 해부 결과를《장지》라는 책으로 남긴 야마와키 도요도 자신이 직접 집도하지 않고, 집행관이 열어준 사형수의 몸을 옆에서 보고 기록만 했습니다. 일본에서 최초로 의사가 직접 해부한 사례는 야마와키 도요의 제자인 구리야마 고안(栗山孝庵, 1728~1792)이 1758년과 1759년에 남자와 여자의 시체를 각각 해부한 것이었습니다. 특히 여성 사형수는 남편을 죽인 죄로 책형에 처해야 했지만, 그가 근무하던 하기번에서는 구리야마 고안이 해부할 수 있도록 참수형으로 방침을 바꾸어주었습니다. 여성 시체의 해부는 일본에서 이때가 처음이었습니다.

구리야마 고안은 의사로서 직접 해부를 진행했기 때문에 남이 열어준 신체 내부를 관찰하기만 한 야마와키 도요보다 훨씬 많은 사실을 확인할 수 있었습니다. 그가 확인했던 대표적인 장기가 췌장입니다. 췌장은 한의학의 오장육부설에 없고 서양 의학서에서도 기술이 애매했기 때문에, 구리야마 고안은 췌장을 확인하고도 그것이 장기라는 사실을 깨닫지 못했습니다. 그 후《해체신서》가 번역되고 췌장의 존재가 알려진 뒤에 이루어진 도적 주베이忠兵衛의 사체 해부에서는 그 장기가 췌장임이 확인되었습니다.[364]

에도 시대에는 사형수의 처형을 집행하는 집행관직도 세습했는데, 유명한 세습 집안이 야마다 아사에몬山田淺右衛門 일족입니다.[365] 원래 로닌이었다가 사형수의 처형을 집행하게 된 야마다 일족은 새로 만든 칼을 시험하기 위해 시체를 베는 일을 해주기도 하고, 그 목적으로 시체를 판매하거나 시체의 여러 부위로 약을 만들어 큰돈을 벌었습니다.

야마다 일족은 자신들이 처형하고 시험 삼아 칼로 벤 사람들을 위해 '머리카락무덤(髻塚, 모토도리즈카)'이라는 이름의 공양비를 세우기도 했습니다. 일본에서 최초로 해부 기록을 출판한 야마와키 도요의 집안도 자기 일족의 무덤 옆에, 처형되어 해부의 대상이 된 사형수들의 영혼을 위로하는 해부공양비解剖供養碑를 세웠습니다. 1785년에는 지금의 도호쿠 이와테현에 있던 이치노세키번의 번의들이 사형수 도요키치豊吉를 해부한 뒤, 그를 위령하는 무덤을 세웠습니다.[366] 이 무덤은 현재 이와테현 지정문화재로 지정되어 있습니다. 그 비석에는 다음과 같은 추모의 글이 실려 있습니다.

1785년 11월 13일, 도적 도요키치가 참수되어, 우리들 열여섯 명이 관청에 시체를 제공해줄 것을 청했다. 그 피부를 벗겨 내부를 열어보니 지난 천 년 동안 품고 있던 큰 의문이 풀렸다. 이 사람은 우리의 길에 큰 공이 있다. 이에 여러 동지와 논의하여, 비를 세워 이 사람의 공을 해와 달과 다툴 만큼 영원히 남기려 한다. 이치노세키 번의 기쿠치 슈토쿠가 삼가 적는다.[367]

이처럼 에도 시대 일본의 해부학은 사형수들의 희생을 통해 발전했습니다. 물론 유럽에서도 마찬가지여서 베살리우스도 처형된 범죄자의 시체로 해부를 했습니다. 영국에는 에도 시대 일본의 막부·번들

이와테현 이치노세키에 있는 도요키치의 무덤.

과 마찬가지로 사형수의 시체를 의사에게 해부용으로 제공하는 살인 자법(Murder Act of 1752)이 존재했습니다. 유럽에서는 해부학이 발전하다 보니 사형수의 시체만으로는 해부 수요를 감당하지 못해서 병원에 입원했다가 죽은 빈민들의 시체를 해부용으로 이용했습니다.[368] 가난한 사람들의 시체를 훔쳐서 병원에 제공하는 사체절도범이 나타났습니다.[369] 윌리엄 버크William Burke라는 사람은 해부용 시체를 의사에게 판매하기 위해 연쇄살인을 저지르기도 했습니다.[370]

## 《장지》와《해체신서》이전의
## 일본 해부학

고방파 의사 야마와키 도요가《장지》를 출판하고 스기타 겐파쿠 등의 난학자가《해체신서》를 번역하기 전에도 일본에는 미약하게나마 해부의 전통과 유럽의 해부학 관련 정보에 대한 수요가 존재했습니다.

포르투갈인이 일본에서 추방된 지 20년이 채 지나지 않은 1652년, 나가사키 데지마의 네덜란드 상관장은 이노우에 지쿠고노카미 마사시게(井上筑後守政重, 1585~1661)라는 사람으로부터 인체 해부서와 인체 해부 모형을 구입해달라는 주문을 받습니다. 인체해부서는 포르투갈어로 적은 것으로 삽화가 들어 있으면 좋겠고, 모형은 목재 등으로 만들었으며 내장 등이 가능한 한 상세하게 표현되어 있으면 좋겠다는 구체적인 희망사항이 함께 전달되었습니다.

1656년에는 네덜란드인 의사가 어떤 다이묘의 집으로 초대되어 베살리우스의 해부학 서적을 강의했다는 기록도 네덜란드 상관장의 기록에 있습니다. 그로부터 3년 뒤인 1659년에는 같은 다이묘의 집에서 해부도를 가지고 인체 내부를 해설했고, 1660년에는 데지마의 네덜란드인 의사가 돼지 해부를 실제로 해보인 뒤에 앙브루아즈 파레의 해부학 서적을 가지고 자세히 설명해주었다는 기록도 보입니다.[371]

위에서 포르투갈어 해부학 서적과 인체 모형을 주문한 이노우에 마사시게라는 사람은 바로 에도 시대 전기에 가톨릭교도 색출을 주

현재의 도쿄 분쿄구에 있던 키리시탄야시키의 터를 알리는 비석.

도한 막부 관료였습니다. 에도에 있던 그의 저택에는 페레이라를 찾
아 온 선교사 주세페 키아라, 지오반니 시도티(Giovanni Battista Sidotti,
1668~1714) 등이 감금되었기에, 그곳을 키리시탄야시키(キリシタン屋敷,
가톨릭교도를 감금한 저택)라고도 불렀습니다. 엔도 슈사쿠의《침묵》에 자
세히 묘사되었듯이, 원래 가톨릭교도였다가 개종했다는 소문도 있는
이노우에 마사시게는 대단히 효과적으로 가톨릭교도를 색출하고 개
종시켰다고 알려져 있습니다. 그랬던 그가 한편으로는 포르투갈어로
쓰인 해부학 서적을 읽으려고 네덜란드 동인도회사에 주문을 넣은 것

이었습니다.

　도쿠가와 이에야스도 이베리아 세력과 완전히 국교를 단절할 생각은 없었으나, 시마바라에서 가톨릭교도들이 봉기를 일으켜서 어쩔 수 없이 단교한 측면이 있습니다. 그러니 이노우에 마사시게가 포르투갈어를 할 줄 아는 비서를 두고, 베살리우스와 파레 등이 주도한 유럽의 최신 해부학 정보를 동시대적으로 입수하고자 했던 것도 이상하지는 않습니다. 다만, 이러한 움직임을 16~17세기의 전환기에 쇄국 정책으로 단절하지 말고 계속 확대했다면, 에도 시대 일본의 해부학과 의학은 물론이고 일본과 공식적·비공식적으로 교류했던 조선과 대청제국에도 일정 정도 영향을 미쳤으리라고 생각합니다. 조선에서 가톨릭문제가 심각해지는 때는 18세기 말부터이니, 그 이전 시점에 일본을 방문한 통신사 일행이나 왜관의 조선인 통역관들을 통해 《화한삼재도회》, 《이칭일본전》 등과 함께 일본발 해부학 서적이 유입되는 데는 제한이 없었을 터입니다. 덧없는 이야기입니다만.

　1690년에 일본에 온 엥겔베르트 캠퍼와 교류가 있었던 네덜란드어 통역관 모토키 료이(本木良意, 1628~1697)는 캠퍼의 고국 사람인 독일인 요한 레멜린(Johann Remmelin, 1583~1632)이 쓴 해부 모형서의 1667년 네덜란드어판을 1681~1682년 사이에 일본어로 번역하여 《네덜란드 경락근맥장부도阿蘭陀經絡筋脈臟腑圖解》라는 제목을 붙였습니다. 이것이 일본 최초의 유럽 해부학 서적 번역입니다. 그러나 이 책은 신체 내부의 장기 모양을 본떠 만든 종이를 한 장씩 책에 붙이고 설명을 써서 종이를 들춰보는 형태였습니다. 그렇기 때문에 이 책을 베껴서 유통하기가 쉽지 않았고, 일본의 해부학에 별다른 영향은 미치지 못했습니다.

1759년에 야마와키 도요가《장지》를 출판하자, 이에 자극을 받은
서일본의 의사 스즈키 소운鈴木宗云이 1772년에 이 책을 입수해서 출판
했습니다.[372] 이 책을 번역한 모토키 료이가 사망한 지 75년 뒤의 일이
었습니다. 비록 번역이 완전하지 않았고,[373] 후세에 해부학적으로 영
향을 미치지도 못했지만, 지볼트는 이 책을 일본의 난의학이 이룩한
초기 성과로 인정하고 네덜란드로 가져갔습니다.[374] 이와 함께 또 다
른 네덜란드어 통역관 나라바야시 진잔도 앙브루아즈 파레와 독일인
의사 요하네스 스쿨테투스의 책을 합쳐서 1706년에《홍이외과종전》
이라는 책을 출판했다는 말씀은 앞에서 드렸습니다.

모토키 료이. 후지나미 고이치
(藤浪剛一) 편《의가선철초상집
(醫家先哲肖像集)》(刀江書院, 1936)
수록.

이처럼 이베리아 반도와 교류가 끊긴 뒤 새로이 해부학을 연구하기 시작한 사람들은 나가사키의 네덜란드어 통역관들이었습니다.《해체신서》번역 팀을 이끈 스기타 겐파쿠가《난동사시蘭東事始》라는 책에서 워낙에 자기들의 성과를 과장하고 "서쪽 변두리西鄙"에서 활동하던 통역관들을 무시했기 때문에 나가사키에서의 해부학 성과가 널리 알려지지 않은 것입니다.

에도 시대의 난학이라고 하면《해체신서》때문에 에도가 중심이라는 이미지가 있지만, 에도 시대 내내, 특히 난학 초기에는 나가사키 난학이 에도 난학보다 수준이 월등히 높았습니다. 모토키 요시나가(本木良永, 1735~1794)는 라틴어와 네덜란드어에 능통해서 10여 책의 과학 서적을 번역했습니다. 통역관이 의학 서적을 번역하는 단계를 넘어 자연과학 분야의 난학서를 번역하기 시작한 것입니다. 난의학에서 난학으로의 확장을 보여주는 사례입니다.

그 가운데 특히 번역서《성술본원 태양궁리료해 신제천지이구용법기星術本源太陽窮理了解新制天地二球用法記》(1792)은 태양 중심의 우주를 보여주는 책으로는 일본에서 최초로 번역되었습니다. 이 번역서에서 모토키는 혹성 · 지구(중국어에서 빌려옴) · 궁리학(과학이라는 뜻) · 항성 · 토성 · 수성 · 금성 · 목성 · 원안경(망원경) · 지평선 · 일요일~토요일 등의 번역어를 고안해냈습니다. 이 책은 당시의 로주 마쓰다이라 사다노부의 명을 받아 번역했으며, 엄동설한에도 냉수로 목욕재계하고 스와타이샤諏訪大社 신사로 찾아가서 번역을 완성하게 해달라고 기도했다는 내용이 그의 묘지명에 적혀 있습니다. 목숨을 건 번역이었습니다.

그런데 모토키가 이렇게 목숨을 걸고 번역한 책의 내용을 훔쳐간 사람이 있습니다. 서양풍 그림을 그려서 유명해진 에도 사람 시바 고칸(司馬江漢, 1747~1818)입니다. 그는 모토키 요시나가가 번역한 이 책을 부분적으로 베껴가서는 《코페르천문도해刻白爾天文圖解》(1808)라는 책을 낸 데다 "나는 천문 지리를 좋아해서 일본에서 처음으로 지동설을 들었다"라는 거짓말을 했습니다. 시바 고칸은 서양화가로 유명한 사람인데, 사람 마음은 역시 모를 일입니다. 자기가 에도의 유명인이라고 나가사키의 통역관을 무시했던 듯합니다.[375]

아무튼 스기타 겐파쿠는 자신들이 난학을 시작했다고 주장합니다. "지금 세상에 난학이라는 것이 행해지는 (중략) 기원을 되돌아보면, 옛날에 이 늙은이의 동료 두세 명이 문득 이 일을 하기로 마음먹으면서부터이니, 벌써 50년 가까이 지났다."[376] 나가사키의 난학·난의학을 정면으로 부정하는 발언입니다. 시바 고칸의 거짓말과 비슷합니다.

마지막으로 야마와키 도요의 해부보다 22년 전인 1732년, 교토의 안과의사 네고로 도슈쿠根來東叔가 화형당한 두 사람의 시체를 관찰해서 1741년에 〈인신연골진형도人身連骨眞形圖〉를 작성하고, 사람의 골격 관찰이 중요하다는 주장을 했습니다.[377] 지금까지 살펴보았듯이 야마와키 도요가 사형수의 시체를 관찰해서 《장지》를 쓰고 스기타 겐파쿠 등의 에도 난학자들이 《해체신서》를 번역한 것은 결코 파천황破天荒 같은 일이 아니었습니다.

루이스 드 알메이다 같은 포르투갈인이 직접 외과 수술을 하던 시대에 비하면 참으로 미미하기는 하지만, 전반적으로 유럽에 대한 쇄국 상황에 놓여 있던 에도 시대 전기에서 중기에도 베살리우스와 파레의 해부학 성과는 일본에 전해져 있었습니다. 다만, 그것이 너무 간헐적으로 이루어졌고, 또 유럽 책을 읽고 유럽 관련 정보를 공유하는 것이 억압되다 보니 일본 내부에서 널리 전파되지도 못해 후대의 일본 해부학에 거의 아무런 영향을 미칠 수 없었습니다.

8대 쇼군 요시무네가 교호 개혁을 시작하면서 비로소 유럽 해부학 정보가 일본 내에서 널리 유통될 수 있는 기반이 갖추어졌습니다. 그 덕분에 고의방 의학자인 야마와키 도요가 유럽의 해부학 서적과 자신의 관찰 결과를 나란히 놓고 비교할 수 있었습니다. 야마와키 도요의 업적은 나의 것과 남의 것, 내가 속한 나라의 정보와 다른 나라의 정보를 처음으로 일대일로 비교했다는 데 있습니다. 내 것만 바라보지 않고, 내 것과 남의 것을 똑같이 중요하게 여김으로써 자신을 상대화·객관화해야 크게 발전할 수 있다는 사실을 야마와키 도요의 행적에서 확인합니다.

# 인체 해부 실험의
## 물꼬를 트다

　　일본의 의학을 새로운 단계로 끌어올린 야마와키 도요는 어릴 적에 야마와키 집안의 양자가 되었습니다. 그의 양할아버지인 야마와키 겐신山脇玄心은 센고쿠-에도 시대 초기의 명의인 마나세 겐사쿠의 제자로 후세방 의사였습니다. 하지만 야마와키 도요는 집안의 전통을 따르지 않고, 고의방 의사 고토 곤잔에게 가르침을 받은 뒤,《상한론》같은 고대 중국의 의학 서적을 연구했습니다.

야마와키 도요. 후지나미 고이치(藤浪剛一) 편《의가선철초상집(醫家先哲肖像集)》(刀江書院, 1936) 수록.

18세기에 제작된 갈레노스의 초상화.

　그는 어릴 적부터 한의학의 오장육부설이 이상하다고 생각하고 있었기에 스승 고토 곤잔에게 이 문제를 가져갔습니다. 고토 곤잔은 인체 해부는 금지되어 있으니 인체와 비슷한 수달을 해부하면 어떻겠느냐고 제안했습니다. 그래서 수달을 해부해보았으나 의문은 풀리지 않았고, 유럽 해부학 서적을 보면서 궁금증만 키워갈 뿐이었습니다. 고대 로마 시대에 활동한 그리스인 의사 갈레노스(Κλαύδιος Γαληνός, 129~200?)가 인체 해부를 금지하는 당시의 문화 때문에 돼지나 원숭이를 해부해서 해부학 이론을 구축한 것과 비슷합니다.[378]

　야마와키 도요는 그 후로도 계속 인체 해부를 허가해달라고 했지

만, 전례가 없다는 이유로 매번 거절당했습니다. 그러다가 50살에 가
까워진 1752년, 와카사 지역 오바마번의 번주 사카이 다다모치(酒井忠
用, 1722~1775)가 교토 시내를 관장하는 관직인 교토 쇼시다이京都所司代
에 임명되어 교토에 오고, 다다모치를 따라온 오바마번의 번의 고스
기 겐테키(小杉玄適, 1730~1791)가 야마와키 도요의 제자가 되었습니다.
그는 이때를 놓치지 않고 제자인 오바마번의 번의들과 상의해서 사카
이 다다모치에게 해부를 허가해달라고 신청했고, 이듬해 1753년에 드
디어 허가를 받았습니다. 어릴 적부터의 꿈이 이루어지는 순간이었습
니다.

그 이듬해 1754년 윤2월 7일에 야마와키 도요는 교토시 외곽의 처

형장인 롯카쿠 감옥六角獄舍에서 사형수의 시체를 해부합니다. 사형수의 이름은 구쓰카屈嘉였습니다. 사형 집행인이 해체하는 구쓰카의 신체 내부를 본 야마와키 도요는 이렇게 말합니다.

> 논리는 때로 뒤집힐 수 있지만, 실물에 어찌 거짓이 있겠는가? 논리를 앞세우고 실물을 무시하면 아무리 큰 지혜라도 잃는 수가 있고, 실물을 실험한 뒤에 논리를 만들면 범용한 사람이라도 뜻을 펼 수 있다. 고대 중화의 성인인 요堯도, 폭군인 걸桀도, 오랑캐도, 그 신체 내부의 장臟은 모두 똑같이 생겼다. 소나무는 자연히 소나무이고 측백나무는 자연히 측백나무이며 나는 것은 날고 달리는 것은 달리니, 그 도리는 천고에 변함이 없고 외국이라고 해서 다르지 않다.

즉, 옛날 사람이든 지금 사람이든 한인漢人이든 일본인이든 유럽인이든 물질적인 신체 구조는 똑같으며, 이러한 물질적인 증거에 바탕을 두지 않은 논리는 헛되다는 말입니다. 문자 그대로 '동서고금'을 막론하고 인간은 모두 똑같이 생겼다는, 오늘날의 우리에게는 지극히 당연한 이 생각이 1752년에 일본인들에게 처음으로 생겨났습니다.

해부를 마치고 한 달 뒤에 그는 자신에게 신체 내부를 보여준 사형수를 위해 제사를 지내고, 몽각거사夢覺居士라는 불교식의 계명戒名을 주었습니다. 오천 년의 꿈에서 깨어나게 해준 사람이라는 뜻입니다. 구쓰카의 신체 내부를 살핀 결과를 담아 1759년에 출판한《장지》에는 구쓰카에게 바치는〈몽각을 제사 지내는 글祭夢覺文〉이라는 제문이 실려 있습니다.

아, 몽각이여. 그대의 이름은 태산보다도 무거우니 영원히 역사에 남을 것이다. 나의 길은 영원히 없어지지 않을 것이니, 그대는 해와 달과 그 업적을 다툴 것이다. 뼈는 썩지만, 그대의 업적은 사라지지 않을 것이다.[379]

앞에서 말씀드렸듯이 구쓰카를 해부한 사람은 사형 집행인이었습니다. 에도 시대 일본에서 사람의 신체를 해부한 것이 처음이니, 의사가 직접 해부한다는 관행은 존재하지 않았습니다. 직접 해부한 것이 아니다 보니 야마와키 도요는 소장과 대장을 구분하지 못하는 등의 착오를 저질렀고, 인체 내부 분석에서도 한의학의 영향이 확인됩니다.

한편, 이 해부에 대해서는 성인군자가 할 일이 아니라는 윤리적 차원의 비판과 함께, 자신의 제자인 요시마스 도도를 비롯한 고방파에서도 비판이 일었습니다. 요시마스 도도는 해부는 살아 있는 환자에 대한 치료가 아니므로 의미가 없다는 논리로 이를 비판했습니다.[380]

이리하여 야마와키 도요가 시체 해부의 선례를 만들었지만, 사형수의 머리는 잘려나가기 때문에 해부할 수 없었습니다. 이를 고민했던 고가번의 번의인 가와구치 신닌(河口信任, 1736~1811)은 교토 쇼시다이로 임명되어 교토로 간 주군 도이 도시사토(土井利里, 1722~1777)를 따라와서는, "한 사람의 시체를 해부하면 천만 명을 치료하는 이익을 얻을 수 있을 것"이라며 머리를 포함한 해부를 신청했습니다. 이미 야마와키 도요의 선례가 있었기 때문에, 1770년 4월 25일에 처형이 이루어지자 도이 도시사토는 "이 행위는 세상을 구하는 길이다"라며 머리 1개와 머리 없는 시체 2구를 내려주었습니다. 가와구치 신닌은 야마와키 도요와 달리 직접 집도했고, 그 결과를 1772년에 《해시편解屍編》으로 출판했습니다. 일본에서 출판된 두 번째 해부서인 이 책은 스기타 겐파쿠의 《해체신서》 번역 팀에도 자극을 주었습니다.[381]

## 《해체신서》

　　　　　　　1774년에 출판된《해체신서》는 유럽 해부학
책 가운데 처음으로 일본어로 완역되었습니다. 이 책이 번역되면서부
터 에도 시대 일본인들은 한의학 이외에 유럽 의학도 질병을 진단받고
치료받기 위한 선택지로 진지하게 고려하게 되었습니다.《해체신서》
가 번역된 뒤로 반세기 가량 지난 1823~1829년 사이에는 독일인 의
사 지볼트가 나가사키와 에도를 오가며 의학을 비롯한 유럽의 최신 자
연과학을 일본인들에게 가르쳤습니다. 지볼트가 다수의 일본인을 상
대로 외과 수술을 집도하자, 일본인들은 일본과 중화 세계에만 가치

《해체신서》표지. 미국 국립의학도서관 소장본.

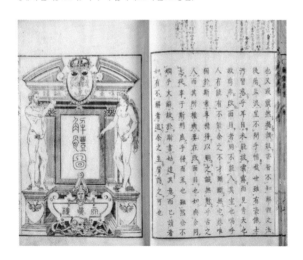

있는 것이 있다는 생각을 바꾸어 유럽에도 가치 있는 것이 있으며, 심지어는 유럽인들이 만들어낸 생각과 물건의 가치가 일본이나 중화 세계의 그것보다 더 클 수도 있다고 생각하게 되었습니다. 이러한 경향에 박차를 가하여 난의학을 일본에 뿌리내리게 한 것은 19세기 전기에 도입된 우두법이었습니다.

지난 백수십 년 동안 일본과 서구권의 학자들은 《해체신서》의 번역 출판과 지볼트의 활동에서 난학이 탄생했고, 난학에서 일본의 이른바 성공적인 근대화가 시작되었다고 간주해왔습니다. 난학에 대한 이러한 평가는 한국에도 소개되어, 일본이 한반도나 중화권보다 앞서 근대화에 성공하고 제국주의 열강이 된 바탕에는 난학이 있다는 주장을 펼치는 분을 최근 자주 접합니다.

저도 난학, 특히 난의학의 중요성을 부정하지는 않습니다. 하지만 일본이 처음 접한 유럽 지식은 네덜란드가 아니라 이베리아 반도의 에스파냐와 포르투갈을 통해 들어왔습니다. 이베리아 반도 국가들과 일본의 국교가 단절된 뒤, 새로이 소개된 유럽 학문인 난의학은 한의학을 배척하고 소멸시키지 않았고, 오히려 한의학과 공존했습니다. 그리고 《일본인 이야기 3》에서 살펴보겠지만, 네덜란드뿐 아니라 러시아도 에도 시대 일본에 큰 영향을 준 유럽 국가였습니다. 난학을 절대시할 것이 아니라, 이러한 전체적 맥락 속에 네덜란드와 난학을 놓고 그 가능성과 한계를 모두 살펴야 에도 시대와 그 후의 일본 사회에 미친 난학의 진정한 영향을 이해할 수 있습니다.

다시 돌아와서, 에도 시대 일본의 정치적 수도였던 에도에서 난학을 공부하던 마에노 료타쿠와 스기타 겐파쿠, 나카가와 준안(中川淳庵,

오늘날의 도쿄 아라카와구에 있던 고즈캇파라 처형장 터에 1667년에 행려병자와 사형수의 명복을 빌기 위해 세운 에코인 절(回向院) 입구에는 1771년에 고즈캇파라에서 사형수의 해부 장면을 보고 난 뒤 《해체신서》를 번역하기로 결심한 스기타 겐파쿠 등의 업적을 기리는 기념비가 세워져 있다. 1974년에 일본의사학회(日本醫史學會), 일본의학회(日本醫學會), 일본의사회(日本醫師會)가 공동으로 세웠다.

1739~1786) 등은 1771년에 오늘날의 도쿄 아라카와구 미나미센주에 있었던 고즈캇파라의 처형장에서 여성 사형수의 시체 해부에 참여했습니다. 이들은 네덜란드어판 《온틀레드쿤디허 타펠렌Ontleedkundige Tafelen》에 실린 삽화가 실제 인체 내부를 정확하게 묘사한 데 감탄하고, 이 책을 번역하기로 마음먹었습니다. 야마와키 도요가 구쓰카의 해부를 참관했던 1752년으로부터 20년 뒤의 일이었습니다. 참고로 브리태니커 백과사전에서는 독일 해부학자 요한 아담 쿨무스(Johann Adam Kulmus, 1689~1745)가 1722년에 쓴 《해부도보Anatomische Tabellen》를 네덜란드어로 번역한 《온틀레드쿤디허 타펠렌》이 《해체신서》의 번역 원본이라고 설명하고 있습니다.

《해체신서》의 번역 사업을 주도한 스기타 겐파쿠는 오바마번의 번의 집안에서 태어났습니다. 난산으로 어머니가 사망하고 자신만 살아남았다는 경험은 그에게 평생 의학에 대한 집념을 품게 했습니다. 그는 22살 때 오바마번의 동료 번의였던 고스기 겐테키(小杉玄適, 1730~1791)에게 고스기의 스승 야마와키 도요가 시행한 해부 이야기를 듣고 감명을 받습니다. 그리고 "야마와키 도요의 뒷꽁무니를 따라가는 것은 분한 일이다. 다행히 외과 의사 집안에서 태어났으니 외과로 일가를 이루겠다"라고 결심합니다.

외과로 세상에 이름을 날리기 위해 네덜란드어를 공부하려고 분투하지만 마땅한 방도를 찾지 못하던 중, 훗날 《해체신서》의 서문을 부탁하게 될 요시오 고규에게 독일 외과 의사의 외과 서적을 빌리게 됩니다. 그리고 나카가와 준안에게서 《해체신서》의 번역 저본인 《온틀레드쿤디허 타펠렌》을 소개받자 번에 부탁해서 책을 구합니다. 그리고 1771년에 해부에 참관한 뒤, 이 책의 번역을 결의합니다.

네덜란드 의학서를 번역하기로 결의는 했지만, 당시에는 네덜란드어 사전도 없었고 네덜란드어를 잘하는 통역관들은 이들의 거점인 에도가 아닌 규슈의 나가사키에 모여 있었기 때문에, 스기타 겐파쿠 일행은 거의 4년을 고군분투한 끝에 1774년에 번역을 완료했습니다. 야마와키 도요가 《장지》를 출판한 1754년으로부터 20년 뒤였습니다. 이들은 자신들의 책을 일본어가 아닌 한문으로 번역해서 일본 사회에서 권위를 획득하려 했습니다. 앞에서 말씀드렸듯이 의사 동료들을 상대로 하는 진지한 의학서는 한문, 즉 고전한어로 써야 한다는 것이 당시의 합의였습니다.

스기타 겐파쿠는 이 책의 번역이 끝난 1772년에야 41세의 나이로 결혼했고, 83세 때 이상의 작업을 회고하고 자신의 업적을 선전하기 위해 《난동사시》를 씁니다. 스기타 겐파쿠의 일생은 "고금동서에 인간이란 위로 천자부터 아래로 만민에 이르기까지 남녀라는 사실 외에는 구분이 없음을 위아래로 나누어서는 계급을 정하고 사농공상을 정한 것뿐이니, 인간은 똑같은 인간이다"라는 평등주의, 그리고 "진정한 의학의 이치는 저 멀리 서쪽 네덜란드에 있다"라는 중화중심세계관의 상대화를 관철한 것이었습니다.[382]

당시의 저명한 네덜란드어 통역관인 요시오 고규는 《해체신서》의 의의를 이 책의 서문에서 밝히고 있습니다. 요시오 고규는 우선 네덜란드로 대표되는 유럽인의 학문은 세상에서 가장 정교하고 치밀하며, 그들은 전 세계를 돌아다니며 무역하고 있다고 소개합니다.

네덜란드라는 나라는 기술에 정통하다. 그 사람들이 마음과 힘을 쓰고 지혜와 기교를 다하여 이룩한 분야에는 동서고금을 통해 그들보다 뛰어난 사람이 없다. 그런 까닭에 위로는 천문과 의술에서부터 아래로 기계와 의복에 이르기까지 정묘하고 치밀하여, 그것을 보는 사람으로 하여금 시원스레 기발한 생각을 낳지 않은 적이 없다. 배에 진기한 화물을 싣고 세계의 여러 나라와 무역하면서 해와 달이 비추는 곳, 서리와 이슬이 내리는 곳 가운데 그들이 이르지 않은 곳이 없다.

그리고 네덜란드인이 변신(蘭化, 란게)[383]했다는 평가를 받을 정도로 네덜란드 학문 연구에 몰두한 마에노 료타쿠가 자신을 찾아와 교류를

청했고, 네덜란드인들이 도쿠가와 쇼군에게 문안인사를 하기 위해 에도에 올 때 동행한 자신에게 마에노 료타쿠와 스기타 겐파쿠가 찾아와 《해체신서》의 서문을 청했다고 합니다.

마에노 료타쿠는 어릴 때 고아가 된 그를 길러준 큰아버지 미야타 젠타쿠宮田全澤로부터 "모름지기 사람이라면 이 세상에서 쇠퇴할 것 같은 예능을 배워서 후세에 그 예능이 끊어지지 않게 하고, 당대 사람들이 외면해서 아무도 하지 않는 일을 해서 세상을 위해 훗날까지 그 일이 전해지도록 해야 한다"라는 가르침을 받으며 성장했습니다.[384] 규슈 나카쓰번中津藩의 번의가 된 뒤에도 사람들과 교류를 끊고 난의학

마에노 료타쿠. 후지나미 고이치 (藤浪剛一) 편 《의가선철초상집(醫家先哲肖像集)》(刀江書院, 1936) 수록.

공부에만 전념했습니다.

　사람들은 이런 그를 비방했지만, 번주인 오쿠다이라 마사카(奧平昌鹿, 1744~1780)는 "그는 원래 특이한 사람이야彼は元來異人なり"라며 개의치 않았습니다. "마에노의 주변 사람들이 그를 비방해도 매일 의업醫業에 전념하니 자기 임무에 충실한 것이고, 그 업을 위해 일하며 마침내 천하 후세 사람들을 유익하게 하려 하니 분명히 자신의 임무에 충실한 것이다. 그는 하고자 하는 바가 있는 것 같으니 하고 싶은 대로 내버려 두어라"[385]라며 그의 공부를 지지해주었습니다. 당시에는 다이묘이면서 스스로 난학자가 된 구쓰키 마사쓰나(朽木昌綱, 1750~1802) 같은 사람이 나타날 정도로 난학·난의학에 대한 관심이 사회 전반적으로 커진 상태였기에 마에노 료타쿠의 주군도 그의 활동을 좋게 본 듯합니다.

　난학자 다이묘 구쓰키 마사쓰나는 스기타 겐파쿠가 총애하는 제자 오쓰키 겐타쿠를 후원하여 나가사키 유학을 다녀오게 했으며, 오쓰키 겐타쿠가 1788년에 에도 교바시에 지란당芝蘭堂을 개설하고 같은 해에 난학 입문서《난학계제蘭學階梯》를 출간했을 때는 서문을 쓸 정도로 난학계의 중진으로 인정받았습니다. 그 서문에서 구쓰키 마사쓰나는 "지나支那는 세계 중 아시아의 한쪽 구석에 있으면서 스스로 가운데 나라, 즉 중국이라 일컬으니 교만하고 오만할 뿐이다"[386]라고 하여, 난학을 통해 중화주의 세계관에서 벗어났음을 선언합니다. 주자학을 사회 시스템으로 삼았던 에도 시대도 이렇게 흔들리고 있었습니다. 그러나 이런 선언을 한문 즉, 고전한어로 쓰고 있는 것이 18세기 후반 일본 지식계의 모순을 보여줍니다.

　마에노 료타쿠는《해체신서》의 번역을 실질적으로 주도했지만, 번역이 완벽하지 않다고 보아 자신의 이름을 번역자로 넣지 않았습니다. 그리고 번역 뒤에는 번역에 참가했던 다른 사람들과 거리를 두고, 천문학 · 지리학 · 어학 연구에 골몰합니다. 제자가 많지는 않았지만, 아내에게 "식사를 안 해도 죽지 않지만, 책을 안 보면 죽는다"라고 말할 정도로 자기와 성향이 비슷한 독서가이자 장서가인 에마 란사이(江馬蘭齋, 1747~1838)라는 제자가 있었습니다[387]

이런 마에노 료타쿠가 요시오 고규에게 서문을 청한 이유는 그가 당시 "네덜란드의 거두オランダの巨擘"[388]라 불릴 정도로 유럽 사정에 정통했기 때문입니다. 요시오 고규는 스웨덴의 식물학자 린네의 제자인 툰베리와 교류하는 등 당시 유럽 정보의 첨단을 달렸습니다. 낙타, 악어, 나무늘보가 사는 그의 집 2층에는 유럽의 의학 원서가 가득했으며, 커피를 즐겨 마시고 손님들에게는 우유를 권했다고 합니다. "커피를 마시면 속이 편안해지니 참으로 신기하고, 요도尿道가 막혔을 때 소변이 잘 나오게 해준다"[389]라며 커피의 효능을 칭송했다고도 합니다. 아무튼 난학에 열성인 이들 팀이 번역한《해체신서》일본어판을 본 요시오 고규는 감격하여 눈물을 흘렸습니다.

우리나라에 네덜란드인들이 온 지가 수백 년이다. 당시 일본에는 학자가 셀 수 없이 많았는데도 그들의 말을 이해할 수 없었고, 통역자들도 글을 짓는 데 서툴렀다. 이러한 까닭에 일찍이 조리 있게 이 학문을 세상에 펼칠 수 있는 사람이 없었다. 이제 저 두 사람이 호걸스러운 자질과 학문에 대한 독실한 의지로써 마음과 몸, 지혜와 기교를 다하여 여기에 이르렀다. 이로 말미암아 진실로 뜻이 있는 세상의 의사가 이 책으로 사람의 몸

이 나서 자라는 것과 사람의 뼈가 있는 곳을 알고서는 의술을 펼칠 것이
니, 위로는 왕후에서부터 아래로는 뭇사람에 이르기까지 생기生氣가 있는
사람이라면 아마도 요절하지 않고 그 천수를 누릴 것이다.[390]

    요시오 고규의 말처럼 《해체신서》는 그 후 일본의 의학계, 나아가
사회 전반에 큰 영향을 미쳤습니다. 《해체신서》가 유럽 의학서 번역의
물꼬를 튼 이후로 상당한 수의 유럽 의학서가 숱한 학자들의 고심 끝
에 번역·출판되면서, 한의학과는 전혀 다른 자연관을 가진 네덜란드
의학, 즉 난의학을 받아들인 의사들이 본격적으로 등장합니다.
    한방 의사들은 당연히 이러한 사조에 저항하고 난방 의사들을 비판했습니다. 18세기 중반에 활동했던 저명한 의사 나가토미 도쿠쇼안은 저서 《만유잡기漫遊雜記》에서 "난의학에서 말하는 기이하고 독특하다는 처방 가운데 열의 일고여덟은 한방의 옛 의학 서적에 이미 실려 있다. 신기하다고 해서 난의학에 구애받으면 안 된다"라고 말한 바 있습니다.[391] 나가토미 도쿠쇼안은 후세방, 고의방, 난학을 모두 배운 의사인데도 이렇게 말했습니다. 그의 말처럼 당시 일본은 유럽의 의학서, 의학 교육, 약물 등을 원활하게 전달받을 수 없는 상태였으므로, 기존에 한의학이 처방하고 시술해온 모든 분야를 난의학으로 대체할 수 없었습니다. 이런 맥락에서 일본의 의료 제도 연구자 우미하라 료 선생은 에도 시대의 난의학이란 결국 《해체신서》로 대표되는 해부와 천연두를 예방하기 위한 우두법 두 가지를 가리킨다고 지적합니다.[392]

또한 유럽 의학을 전후하여 일본에 소개된 자연과학, 지리학 등을 가리키는 난학이 기존의 중국학이나 일본의 전통적인 지식 체계와는 전혀 다른 학문으로서 일본의 상층부에 적지 않은 영향을 미친 것은 사실입니다. 하지만 새로운 과학 세계관을 소개한다고 해서 순식간에 사회가 바뀌지는 않습니다. 경제사학자 로버트 앨런Robert C. Allen 선생이 말했듯이, 17세기에 시작된 과학혁명은 종교와 자연에 관한 상류층의 생각을 새로이 바꾸었지만, 마법에 대한 대중의 열광은 계속되었고, 대중문화를 직접적으로 바꾼 것은 아이작 뉴턴(Isaac Newton, 1643~1727)의 《자연철학의 수학적 원리Philosophiæ Naturalis Principia Mathematica》보다 도시화와 상업의 발전이었습니다. 도시화가 진행되고 상업이 발전하면서 읽고 쓰는 능력과 계산력이 더욱 중요해졌고, 이에 따라 대중의 지식이 발전했습니다.[393]

유럽에서도 이랬을진대,《해체신서》를 비롯한 몇 권의 유럽 의학서와 자연과학서가 일본어로 번역되었다고 해서 에도 시대 일본이 그로부터 급격하게 근대를 향해 질주했다는 식의 이미지를 갖는 것은 현실과 맞지 않습니다. 일본에서 난학의 원리가 사회 일반에 받아들여진 시기는 19세기 전기, 특히 1840년대부터로 보입니다.[394] 이때가 되면 최소한 우두법은 한의학보다 난의학이 낫다는 생각이 일반에 널리 퍼지게 됩니다.

여기서 또 하나 지적할 부분은 우두법이 일본에 소개된 과정입니다. 현재 일본에서는 일반적으로 영국인 의사 에드워드 제너의 우두법이 마카오 · 인도네시아 등을 거쳐 1840년대에 나가사키로 전래된 과정을 최초의 우두법 소개라고 이해하고 있습니다. 그러나 실은 나카가와 고로지(中川五郎治, 1768~1848)라는 일본 북쪽 아오모리 출신자가 러시아에서 우두법을 배워온 것이 최초입니다. 1807년에 흐보스토프(Николай А. Хвостов, 1776~1809)가 이끄는 러시아 해군이 쿠릴 열도 남부의 일본인 근거지를 공격했을 때, 나카가와는 납치되어 시베리아에 억류되었습니다. 그로부터 5년 후인 1812년에 억류에서 풀려난 뒤, 나카가와는 러시아인 의사에게 우두법을 배우고 러시아어로 된 우두법 책을 가지고 돌아왔습니다. 이렇게 전래된 러시아식 우두법의 효용이 멀리 남쪽 교토 · 오사카 등지까지 전해지면서, 네덜란드를 통해 우두법을 수입해야겠다는 기운이 이들 지역에서 생겨났습니다.[395] 이처럼 19세기가 되면 일본에는 난학으로 상징되는 서유럽 학문뿐 아니라, 러시아라는 또 하나의 유럽 국가에서 행하는 학문의 존재와 그 유용성이 알려집니다.

마에노 료타쿠, 스기타 겐파쿠 등과 《해체신서》를 번역한 막부 소속의 의사 가쓰라가와 호슈(桂川甫周, 1751~1809)는 일본 사회에서 흔히 난학자로 인식하고 있습니다. 하지만 1782년에 태평양에서 표류하다가 알래스카에 표착한 뒤, 러시아인들에게 구조되어 상트페테르부르크를 거쳐 1792년에 일본으로 귀국한 선장 다이코쿠야 고다유의 러시아 체험기를 정리하여 1794년에 《북사문략北槎聞略》이라는 책을 집필하는 등, 그는 초기에 활동한 러시아학 연구자의 위상도 지니고 있습니다. 가쓰라가와 호슈뿐 아니라 《일본인 이야기 3》에서 자세히 살필 바바 사주로 등도 난학자이자 동시에 러시아학 연구자였습니다.

18~19세기의 몇몇 인물이 지니고 있는 난학자 겸 러시아학자라는 양면적 성격을 무시하고 이들을 모두 서유럽학 연구자로만 이해한다면, 이는 러시아에 대한 서구권 및 일본의 선입견, 그리고 냉전 시절 소련에 대한 반감에서 비롯한 편견입니다. 이러한 선입견과 편견을 뛰어넘어서 냉정하게 에도 시대의 난학, 특히 난의학을 파악해야 16세기 중반에 이베리아 반도의 에스파냐와 포르투갈 출신자들과 만나면서 중화주의에서 벗어나기 시작해 메이지 유신 이후 러시아와의 전쟁에서 승리하면서 비非 서구권 지역에서 유일하게 제국주의 열강의 반열에 올라갔다가, 세계에서 유일하게 원자폭탄을 맞아 항복한 지난 수백 년간의 일본의 역사적 경험을 심도있게 이해하고 분석할 수 있습니다.

# 천연두와 우두법

야마와키 도요가 《장지》를 번역해서 일본인
과 유럽인이 똑같은 인간이라는 사실을 확인하게 해주고, 스기타 겐
파쿠 팀이 《해체신서》를 번역 · 출판해서 인간의 내부 구조를 누구나
쉽게 살펴볼 수 있게 했지만, 그렇다고 해서 난의학이 곧바로 일본 사
회 구석구석까지 받아들여지지는 않았습니다. 우두법이 천연두를 예
방하는 데 가시적으로 성과를 올림으로써 난의학, 그리고 난학은 비
로소 일본 사회에 뿌리내릴 수 있었습니다.[396] 에도 시대 난의학의 본
질은 우두법이었습니다. 이는 그만큼 천연두가 일본인을 괴롭혔다는
사실을 나타내기도 합니다. 언제 천연두에 걸려서 죽을지 모르는 백
성들에게 우두법이 더 중요하겠습니까, 해부도나 지동설이 더 중요하
겠습니까.

부처는 독화살을 맞은 사람은 당장 그 화살을 뽑아야지, 화살은 누
가 무엇으로 만들었고 화살을 뽑으려는 사람은 누군지는 다음 문제라
고 비유한 바 있습니다. 에도 시대의 난학 · 난의학을 이 비유와 맞추
어보면, 화살을 뽑는 것은 우두법이고 화살과 의사의 정체를 알려는
것은 해부학과 자연과학입니다. 근대 이후로 에도 시대의 난학 · 난의
학을 논했던 사람들은 주로 후자에 관심을 기울였다고 할 수 있습니
다. 해부학이나 자연과학이 눈으로 보기에도 화려하고, 일본이 유럽을
본받아 주변 지역보다 앞서서 근대화에 '성공'했다는 증거라고 생각
하기도 했기 때문입니다. 하지만 에도 시대에 인구의 대부분을 이루었

1  천연두를 물리쳐준다고 믿었던 가사모리 이나리 신사(瘡守稻荷神社). 도쿄 시나가와 소재.
2  천연두를 물리쳐준다고 믿었던 역신재(疫神齋, 에키진사이) 부적.

을 농민과 중하층 도시민의 입장에서 본다면, 저 바다 멀리에서 온 서양 오랑캐洋夷들에게 감사해야 할 사항은 천연두를 예방해주는 우두법이었습니다.

에도 시대 사람들이 잘 걸렸던 병은 천연두, 홍역, 감기, 눈병, 요통, 발 통증, 피부병 등이었습니다. 19세기 전기에는 콜레라가 이 목록에 추가됩니다. 콜레라를 제외하면 이들 가운데 에도 시대 사람들이 가장 무서워했던 질병은 천연두였습니다. 잘 아시다시피 조선에서는 "마마"라고 부르면서 집안사람이 천연두에 걸리면 제사도 지내지 않을 정도였습니다. 마마가 질투가 많은 신이어서 다른 신을 섬기지 않는다는 이유였는데, 사실은 천연두를 다른 사람들에게 옮기지 않게 하려다 발생한 미신이라고도 합니다. 요즘 식으로 말하면, '사회적 거리두기'를 실천한 셈입니다. 에도 시대에는 "천연두(두창)는 미모를 결정하고 홍역(마진)은 목숨을 결정한다"[397]라는 속담이 있었지만, 사실 에도 시대 사망 원인 1위는 홍역이 아닌 천연두였고, 사망자 가운데 70%가 영유아였습니다.[398]

천연두는 6세기에 일본에 전래되었다고 추정하고 있고, 1795년에 도호쿠 지역 요네자와번에서 대유행해서 당시 기록에 따르면 최소 8,389명이 감염되고 1,065명이 사망했다고 합니다.[399] 이렇게 감염율과 사망률이 높다 보니 아이가 천연두에 걸리면 천연두 그림(疱瘡繪, 호소에)이라 불리는 우키요에를 사다가 집에 붙여놓고는 했습니다. 천연두 그림은 귀신이 무서워한다는 새빨간 색으로 인쇄된 것이 많았고, 귀신을 무찌른다고 하는 전설의 주인공인 종규鐘馗나 온갖 괴물을 무찔렀다고 전하는 진제이 하치로 다메토모鎭西八郞爲朝, 또는 아이의 건

귀신이 무서워한다고 믿었던 붉은
색으로 그린 '천연두 그림.'

강을 기원하는 차원에서 전설 속의 튼튼한 아이들인 긴타로金太郎나 모
모타로桃太郎가 주로 등장합니다.[400]

천연두를 예방하는 방법에는 인두법과 우두법이 있습니다. 인두법
은 천연두를 앓은 사람의 고름에서 두묘痘苗를 추출하여 코에 불어넣거
나 그 사람의 옷을 입는 등 몇 가지 방법을 써서 아직 앓지 않은 사람을
약하게 감염시키는 방식입니다. 인두법도 사망률이 낮지는 않았지만,
그래도 그냥 천연두에 걸렸을 때보다는 사망률이 낮아 인도 · 중국 ·
터키 등에서 널리 쓰였습니다. 특히 피부에 상처를 내서 두묘를 넣는
터키식 인두법이 18세기 전반기에 영국 · 프랑스 등 유럽에 전해졌습
니다.[401]

일본에는 1653년에 명나라 항주의 대만공戴曼公이 나가사키로 건너

와서 인두법을 지도했고[402], 1744년에는 대청제국의 상인 이인산李仁山이 인두법을 전했으며, 1752년에는 인두법을 담은 책《의종금감醫宗金鑑》이 일본에 전해집니다. 나가사키에서 이 책을 본 아키쓰키번의 번의 오가타 슌사쿠(緒方春朔, 1748~1810)는 1790년부터 농민의 아이들에게 인두법으로 접종을 시작했고, 1796년까지 1,100명 이상에게 접종해서 실패하지 않았다고 전합니다. 이 성공 경험을 바탕으로 오가타 슌사쿠는 1795년에《종두필순변種痘必順辨》을 출판했는데, 누구나 책을 읽고 실천할 수 있도록 일본어로 썼습니다. 또한 이토 겐보쿠는 아직 제너의 우두법이 전해지지 않았을 때 중국식으로 두묘를 코에 불어 넣지 않고 팔에 접종하는 방식을 고안해냈습니다.[403]

에도 가사이 지역 주민들이 전염병을 물리치기 위해 1695년에 세운 종규 석상. 돌로 만든 종규 상을 일본에서 거의 찾아볼 수 없기 때문에, 이 석상은 대단히 귀중한 유물이다.

긴타로 인형과 모모타로 인형. 가슴에 '긴(金)'이라고 적힌 배냇저고리를 입은 아이가 긴타로,
쪼개진 복숭아(桃. 모모) 위에 앉아 있는 아이가 모모타로다.

그리고 드디어 에드워드 제너의 우두법이 일본에 소개됩니다. 그는 1796년에 우두 바이러스를 이용한 면역법을 발견했고, 1798년에 천연두 백신을 개발하는 데 성공합니다. 포르투갈 상인이 유럽에서 우두 백신을 마카오로 가져오자, 그곳에 있던 영국 의사 피어슨A. Pearson이 마카오에서 우두법을 시행하고 이에 관한 소책자를 썼습니다.[404] 한편, 피어슨의 동료인 스턴튼G. T. Staunton은 제너의 우두법 서적을 중국어로 번역해서《영국 신출 종두기서英吉利國新出種痘奇書》라는 제목으로 1805년에 출판합니다. 나고야의 난의학자 이토 게이스케(伊藤圭介, 1803~1901)가 이 책을 입수해서 1841년에《영국 종두기서英吉利國種痘奇書》라는 제목으로 간행합니다.[405] 참고로 에도 시대에 일본에서 출판된 역대 중화 왕조의 의약서 가운데 대청제국의 의약서 비중은 15% 정도인데, 그 대부분은 천연두와 홍역에 관한 책입니다.[406] 그만큼 천연두와 홍역 문제에 대한 답을 찾기 위해 고민했다는 말이 되겠습니다.

에스파냐령 마닐라에서 포르투갈령 마카오로 전해진 우두법을 전수받은 구호천邱浩川이 1831년에 출판한《인두략引痘略》을 중부 일본 기이 지방의 의사 고야마 시세이(小山肆成, 1807~1862)가 요약해서《인두신법전서引痘新法全書》(1847)로 출판했고, (실패하기는 했지만) 스스로 소를 길러서 우두를 확보하려 시도했습니다. 사가번 번의 마키 슌도牧春堂 역시《인두략》에 근거하여 똑같은 제목의 책《인두신법전서》를 1846년에 출판했습니다. 일본의 의사들이 천연두를 막아내기 위해, 그리고 새로이 등장한 우두법이라는 예방법을 빨리 받아들여 전파하기 위해 얼마나 혈안이 되었는지 짐작할 수 있습니다.[407] 제너도 우두법을 발견하고 나서 1798년에 자비를 들여 글을 발표했는데,[408] 사람들의 고통을 덜어주기 위한 의사들의 희생은 동과 서를 가리지 않는 듯합니다. 2020년 현재 코로나19에 맞서 싸우고 있는 전 세계 의료진의 모습을 여기서 떠올립니다.

독일인 의사 지볼트는 일본에 처음으로 우두균을 가져왔지만, 바다를 건너오는 동안 우두묘가 상해버리는 바람에 접종에는 실패했습니다.[409] 그 밖에도 우두법을 시행하려는 시도가 적잖이 있었지만, 모두 실패했습니다.

지볼트가 가져온 우두균은 상했지만, 난방 의사들은 좌절하지 않았습니다. 1847년에 사가번의 네덜란드어 통역관 집안 출신 난방 의사였던 나라바야시 소켄(楢林宗建, 1802~1852)은 바타비아, 지금의 인도네시아 자바의 네덜란드 동인도회사에서 우두균을 구입하자고 사가번에 진언합니다. 유럽에서 광둥까지는 우두균이 살아서 도착하지만, 나가사키에만 오면 죽으므로, 유럽에서 곧바로 가져오지 말고 자바에서 가져오면 거리가 짧아서 가능하지 않겠느냐는 이야기였습니다. 사가번은 나가사키의 경비를 맡고 있었기 때문에 막부가 관리하는 나가사키 무역과는 별도로 네덜란드 동인도회사와의 거래를 인정받았습니다.[410] 사가번의 이러한 특수성이 에도 시대 말기에 사가번을 웅번雄藩으로 성장하게 하는 원동력이 되기도 합니다.

이듬해 1848년에 신임 네덜란드 상관장 모니케O. G. J. Mohnike가 일본에 오면서 우두장牛痘漿을 가져왔지만, 지볼트 때와 마찬가지로 반응을 보이지 않았습니다. 그리고 이듬해 1849년 6월, 나라바야시 소켄의 의뢰를 받고 우두균을 실은 네덜란드 동인도회사의 배가 데지마에 입

나라바야시 소켄. 후지나미 고이치
(藤浪剛一) 편《의가선철초상집(醫家
先哲肖像集)》(刀江書院, 1936) 수록.

항합니다. 그는 모니케에게 자기 아들과 통역관의 아들 등 세 명의 아이에게 이 우두균을 접종해달라고 부탁했고, 드디어 성공합니다. 천연두를 예방하려는 의사들의 노력이 결실을 맺은 순간이었습니다.

이들로부터 받아낸 두묘를 8월에 사가성으로 보내어 우선 번의의 자제가 접종함으로써 안전을 재확인한 뒤, 사가번 번주의 아들에게도 접종했습니다. 11월에는 이 두묘를 에도로 보내어 사가번의 번의 이토 겐보쿠 등이 에도에 있던 사가번 번주의 딸 미쓰히메貢姬에게 접종했고, 이때부터 에도에서도 우두균 접종이 확산합니다. 당시 난의의 대표주자격이었던 이토 겐보쿠는 1858년에 동료 난학자들과 힘을 합쳐 에도 간다에 오타마가이케 종두소를 설치하고 대규모 접종 사업을

시작했습니다. 조슈번에서는 사가번의 종두를 받아들여 1850~1860
년의 11년간 무려 20여만 명에게 접종했습니다.[411]

한편, 사가번에서는 인두방人痘方이라는 종두실시관청을 설치해서
번의들을 배치하고, 도시와 농촌에 출장소를 설치해서 번의들을 순회
하게 하여 종두를 시행하는 체제를 구축했습니다. 비용은 종두를 받
는 사람이 아니라 번 측이 전액 부담했습니다. 마쓰오 도쿠메이松尾德
明라는 인두방 의사가 1859년부터 1년간 종두를 실시한 기록인《인두
방 비망록人痘方諸控》에 따르면, 그는 번의 거의 전 지역에 출장을 가서
1,224명 이상에게 접종했습니다. 한 가지 병을 예방하기 위해 번이 이
런 조직적 대응을 취한 것은 사가번이 최초입니다. 이 정책을 주도한
이들은 사가번의 난의학자들이었습니다.

같은 시기에 사가번은 나가사키를 지키기 위해 네덜란드어 군사학
서적을 연구하여 대포의 제조 시설인 반사로(反射爐, Reverberatory furnace)
를 자체적으로 제작하기도 했습니다. 난의학을 통한 우두법 시행, 그
리고 난학을 통한 대포 제조를 일본에서 최초로 추진한 것입니다.

한편, 나카쓰번에서는 1849년에 나가사키에 우두묘가 도착하자 7
대 가라시마 쇼안(辛島正庵, 1818~1859)과 9명의 의사들이 나가사키에 가
서 두묘를 받아와 자신들의 아이들에게 접종하여 성공합니다. 이에 번
주에게 자신들이 무료 접종을 할 터이니 허가해달라고 탄원서를 제출
했고, 번주에게 접종 허가를 받은 의사들의 헌신적인 노력에 힘입어
종두는 급속히 번 내에 전파되었습니다. 이들은 1861년에 종두소를
겸한 의학 연수기관인 의학관醫學館을 설치해줄 것을 번에 탄원했는데,
의사들의 무상 종두 활동을 고마워하던 마을 상인들이 자금을 모아서

의학관을 개소합니다.[412] 난의학의 유효성과 의사들의 헌신이 사회의 상층부뿐 아니라 상인과 농민 등 모든 계층에 받아들여졌음을 이로써 알 수 있습니다.

중앙 일본 북쪽의 후쿠이번의 마치이였던 가사하라 료사쿠는 진작부터 우두균의 수입을 계획하고 있던 차에 사가번의 나라바야시 소켄이 우두 접종에 성공하자, 교토에 있던 스승 히노 데이사이(日野鼎哉, 1797~1850)를 통해 우두균을 받습니다. 그리하여 교토에서 우두균을 접종받은 아이와 부모 12명이 후쿠이에 도착하자, 가사하라 료사쿠를 비롯한 후쿠이의 마치이들은 우두법을 번 내에 전파하기 위해 헌신적으로 노력했습니다. 후쿠이번 번의들이 감히 미천한 마치이가 이런 활동을 한다며 방해했지만, 이들 마치이들은 사재를 털어 종두 전파에 힘썼습니다.

번에서는 뒤늦게 번이 운영하는 종두 접종 시설을 설치해주었지만, 모든 운영 자금은 의사들이 자체 조달해야 했고 마치이들은 무료로 봉사했습니다. 그간 방해만 하던 번의들은 번이 접종소를 설치하자마자 재빨리 윗자리에 앉았고, 그간 종두 실시에 분투해온 마치이들은 말석에 놓였습니다.

그러던 중 1852년에 천연두가 유행하게 되는데, 가사하라 료사쿠가 접종한 아이들만 감염이 되지 않았습니다. 그러자 번의 백성들은 그해 겨울부터 앞다투어 그에게 접종을 받기 위해 몰려들었습니다. 그 수요를 도저히 감당할 수 없게 되자 가사하라 료사쿠는 출장 접종을 하기로 했는데, 문제는 비용이었습니다. 여전히 번은 자금을 지원할 생각이 없었으므로, 그는 마을 사람들로부터 각출하는 비용을 최소화하기 위해 릴레이식 접종 방식(村次傳苗, 무라쓰기뎬뵤)을 고안해냅니다. 즉, 접종을 받은 지 7일째 되는 아이를 옆 마을로 보내어 그곳에서 균을 채취해 마을 아이들에게 접종하는 방식을 계속 이어갔습니다. 그리고 농민들에게는 아주 적은 금액인 10몬메鉄만 받았고, 그것도 지출하기 어려운 빈민들에게는 무료로 접종해주었습니다.

이렇게 일본 곳곳의 난방 의사들이 헌신적으로 노력한 덕분에 우두법은 전래된 지 불과 몇 년 만에 일본 전국에 보급되었습니다. 그간 난의학에 대해 불신을 품고 있던 한의사들과 서민들도 우두법을 통해 비로소 난의학이 유용한 학문이라는 사실을 받아들이게 되었습니다.[413] 이렇듯 난의학의 핵심은 우두법입니다.

## 난의학이 해결하지 못한
## 질병, 콜레라


콜레라는 난의학이 해결하지 못한 전염병입니다. 최초로 유라시아 전역을 휩쓴 전염병은 중세의 흑사병이었고,[414] 중세보다 인류의 이동성이 커진 19세기에는 콜레라가 흑사병 이상으로 광범위하게 유행했습니다. 19세기의 공중보건 운동은 콜레라에 대응하기 위한 노력이었습니다.[415]

특히 콜레라는 2020년 현재 유행 중인 코로나19와 유사한 점이 있습니다. 아직 발생 원인을 모르는 단계에서 사람에서 사람으로 감염된다는 감염설이 힘을 얻자마자 사회 주변부 집단과 소수자 집단을 유행병의 원인으로 낙인찍는 경향이 나타났다는 점입니다.[416] 2020년 상반기에 한국 사회에서 신흥 종교 집단과 성소수자들이 코로나19의 전파원이라고 과도하게 비난받은 일은 19세기의 콜레라 유행과 비교하여 성찰할 부분이 큽니다. 또한 콜레라가 유행하자 세계 각국은 전파를 막기 위해 엄격한 검역과 격리를 시행했는데, 당시 세계 제일의 무역국가였던 영국은 경제적 영향을 고려하여 검역의 관례화에 반대했습니다.[417] 2020년 현재 코로나19의 1차 유행 때 엄격한 검역과 격리를 감행했던 국가들이 2차 유행을 앞두고는 또다시 검역·격리 조치를 취하기를 주저하고 있는 모습은 당시 영국과 크게 다르지 않을 것입니다.

에도 시대 일본에서는 콜레라가 유행할 때마다 수만에서 수십만 명

하코네 관문(關所, 세키쇼)이 인간의 이동을 차단한 덕분에 1822년의 콜레라는 간토 지역에 전파되지 않았다.

이 사망했고, 난의학자도 예외가 아니었습니다. 막부의 오쿠이시로 재직하던 난방 의 이토 겐보쿠는 1858년에 일본에서 제2차로 콜레라가 유행하자, 한의학보다 난의학이 콜레라 치료에 적합하다는 주장을 펼쳐서 난방 의를 막부에 추가로 임명하게 하는 데는 성공했지만, 그들은 1862년의 제3차 콜레라 유행을 막는 데 실패합니다. 천연두를 막은 난의학이 콜레라는 막지 못했습니다.

도쿄 근교의 사이타마현 히다카시에 세워진 '수천(水天)' 비석. 덴메이·19세기 중기에 이 지역 주민을 괴롭힌 기근 및 풍수해가 다시 일어나지 않도록 세워졌다. 이 비석을 세울 때 마을 주민이 모두 모여 닷새 밤낮으로 염불을 외우며 효험이 있기를 빌었다고 한다.

그러나 이는 당연한 일이었습니다. 콜레라의 전파 매개체가 물이라는 사실을 영국의 존 스노가 밝혀낸 해가 1854년이었고, 로베르트 코흐가 콜레라 원인균을 밝혀낸 해는 1884년이었으니 당시 일본의 난방의들에게는 방법이 없었습니다.

에도 시대 일본에서는 1822년, 1858년, 1862년에 세 차례 콜레라가 유행합니다. 1822년의 콜레라는 1819년에 벵갈에서 시작되어 1820년에 동남아시아와 대청제국 광둥 지역, 1821년에 대청제국 전역과 평양·한양·경상도, 그리고 1822년에 쓰시마를 거쳐 에도 동쪽 하코네까지 도달했습니다. 하지만 사람들의 이동을 철저히 통제하는 하코네 관문(箱根關所, 세키쇼)에 막혀서 1822년의 콜레라는 간토 지역으로는 확산하지 않았습니다.

1858년에 나가사키에 입항한 미국 군함 미시시피호에서 시작된 제2차 콜레라 유행은 8월에 전국적으로 확산합니다. 이 콜레라 유행은 1855년의 안세이安政 2년 대지진 및 1856년의 풍수해風水害에 뒤이어 찾아와서 피해가 컸으며, 에도에서만 약 3만 명이 사망했습니다. 또한 1862년에도 여름의 홍역 유행에 뒤이어 콜레라가 유행하는 바람에 1858년보다 몇 배나 더 많은 사망자가 발생했습니다.[418] 1858년의 제2차 유행과 1862년의 제3차 유행은 에도 시대 말기의 외교적·정치적 혼란과 맞물렸기에 더욱 피해가 컸습니다.

참고로 메이지 유신과 함께 막부·번의 의료 제도가 무너지면서 콜레라는 더욱 잦은 주기로 발생했고, 매번 수만에서 십만 단위의 인명이 희생되었습니다. 그 가운데 1886년에는 108,405명이 사망했는데, 같은 해 조선에서도 콜레라가 크게 유행해서 "대략 한 도의 호구수가 줄어들 정도"였다고 합니다.[419] 이때 조선에서는 쥐가 발뒤꿈치를 물어서 콜레라가 생긴다고 하여 이 병을 쥐통이라 불렀습니다. 콜레라에 걸리면 발뒤꿈치 근육에 경련이 발생하기 때문입니다. 그래서 쥐를 쫓기 위해 고양이 그림을 대문에 붙여놓는 풍습이 유행했다고 합니다.[420] 즉, 조선에서는 고양이가 콜레라를 쫓아낸다고 믿었습니다.

홍미로운 사실은 일본에서는 같은 고양이과에 속하는 호랑虎狼이를 콜레라로 형상화하고 군대가 호랑이를 토벌하는 그림 부적 '콜레라 그림(虎狼痢繪, 코로리에)'을 19세기에 많이 그렸다는 점입니다. 에도 시대 오사카의 난의학자 오가타 고안은 콜레라가 두 번째로 유행했던 1858년에 책 이름에 "호랑(코로)"이 들어 있는 콜레라 치료서《코로리 치준虎狼痢治準》을 출판하기도 했습니다.

# 에도 시대 일본인의
# 참모습

앞서 우두법에 관해 살필 때 등장했던 사가 번의 나라바야시 소켄은 1849년에 나가사키에 우두균이 수입되자 교토에서 난방 의로 활동하던 형 나라바야시 에이켄栖林榮建에게 우두균을 보냅니다. 에이켄은 즉시 교토에 종두소 유신당有信堂을 설치하고 우두 접종을 시행했습니다. 이 유신당의 운영을 도운 사람은 붓과 먹을 판매하여 부를 축적한 구마가이 렌신(熊谷蓮心, 1783~1859)이라는 상인이었는데, 이전부터 열성적으로 사회복지 사업을 펼쳐온 사람이었습니다. 1836년에 대기근이 일어나자 그는 교토의 강변에 오스쿠이고야御救小屋를 지어서 굶주린 사람들을 수용하고 식량과 의료를 제공했습니다. 1849년부터는 유신당의 종두 사업의 자금을 후원하는 한편으로 콜레라 예방에도 힘썼지만, 1859년에 콜레라에 걸려 사망했습니다. 구마가이 렌신은 에도 시대 일본의 백성들을 지키기 위해 천연두와 콜레라라는 두 개의 전염병에 맞서 싸운 시민 전사였습니다.

그의 업적을 기리기 위해 히가시노 마을東野村의 주민들은 1880년에 '구마가이 렌신 표덕비熊谷蓮心表德碑'를 세웠습니다. 나이가 들어 도축될 처지에 놓인 소와 말을 거두어 히가시노 마을에 방목지를 만들고 마을 주민들도 후원한 그의 덕을 기리기 위해서였습니다.

구마가이 렌신 옹은 덕德과 의義를 사랑하여 그 은혜와 애정이 만물에 미쳤다. 소와 말이 고생하다가 나이 들어 도축되는 것을 불쌍히 여겨, 늙어서 더는 일할 수 없게 된 소와 말을 구입해 우리 히가시노 마을 근교에서 키웠다. 옹은 때때로 소와 말을 보러 왔다가 마을 사람들이 궁핍하게 사는 모습을 목격하고는 개탄하시며 마음을 다해 우리를 구제해주셨다. 제방을 수리하여 수해를 막고, 자금을 지원하여 농사를 권하였으니, 우리 백성들은 이에 비로소 안심하고 생업에 종사할 수 있게 되었다. 우리가 오늘날까지 이렇게 지낼 수 있는 것은 진실로 옹의 덕택이다. 옹이 1859년 6월 9일에 사망하니, 마을 사람들이 추모하는 마음은 그칠 길이 없다. 이에 우리는 상의하여 기금을 모아 비를 세우니, 옹의 덕과 의를 여기에 적어 후세 사람들이 그의 은혜를 잊지 않게 한다.[421]

구마가이 렌신이 부유한 상인의 입장에서 가난한 농민과 도시민을 구제했다면, 도호쿠 지역 요네자와번 다지리 마을田尻村의 하가 주토쿠(芳賀忠德, 1782~1848)는 똑같은 농민의 입장에서 농민을 구제하기 위해 영주의 법을 어기는 일도 개의치 않은 농민입니다.

이 지역의 농민들은 털진드기(쓰쓰가무시)에 물려 발생하는 쓰쓰가무시병에 시달려 왔습니다. 이 병은 현재까지도 백신이 없고 재감염될 수도 있으며, 심하면 사망하기도 하는 무서운 병입니다. 털진드기 유충이 들쥐에 기생하다가 수풀 속에 나타난 사람을 물어서 발생합니다. 에도 시대 농민들이야 수풀을 헤집고 다니는 것이 일상이었으니, 이 병은 늘상 그들을 괴롭혔습니다.

하가 주토쿠는 이 병을 치료할 방법을 찾다가 털진드기 유충에 물린 부분을 침으로 파내서 유충을 꺼내는 치료법을 고안했습니다. 하지만 요네자와번은 농민이 의료 행위를 해서는 안 된다는 명령을 내렸고, 하가 주토쿠는 공공연히 동료 농민들을 치료해줄 수 없었습니다. 그러자 이를 안타깝게 여긴 다지리 마을의 관리들이 하가 주토쿠의 치료 행위를 인정해달라고 번에 청원해서 마침내 허가를 받아냅니다.

그는 침 치료를 계속해서 1,400여 명의 목숨을 건졌고 '쓰쓰가무시 의사モダニ醫者'라 불리며 농민들의 존경을 받았습니다.[422] 마을 사람들이 그의 업적을 기리기 위해 1849년에 세운 '하가 주토쿠 비芳賀忠德碑'가 지금까지 남아 있습니다.

농촌과 도시의 가난하고 병든 사람들, 그리고 평생 사람들에게 부림을 당하다가 쓸모없어지자 도살당할 위기에 처한 소와 말을 구제하기 위해 목숨을 바친 구마가이 렌신. 더 건강하게 오래 살고자 하는 농민들의 바람을 이루어주기 위해 신분과 법규까지도 뛰어넘은 하가 주토쿠. 이 두 사람은 도쿠가와 막부가 자신들의 일본 지배를 영구히 하

야마가타현에 있는 하가 주토쿠 비석.

기 위해 유럽에 대한 쇄국을 시행함으로써 물질적 혜택, 특히 의료 혜택을 박탈당한 가운데에서도 더 건강하게 살기 위해 노력한 에도 시대 일본 피지배민의 고군분투를 상징합니다. 제3권에서는 지배층의 방해를 이겨내고 '더 잘살기 위해' 노력한 상인들의 이야기를 들려 드리겠습니다. 1년 뒤에 뵙겠습니다.

## 가가와 겐에쓰 賀川玄悦

산과의. 교토로 올라와 고물상을 하면서 안마와 침구술로 생계를 꾸려나갔다. 어느 날 독자적인 수술법을 발휘해 이웃집 부인의 난산을 도운 일을 계기로 조산술을 연구했다. 후에 이 연구들을 집대성한《자현자산론子玄産論》을 출간하였다. 이 책에는 태아가 배 속에서 머리를 아래쪽으로 두고 있다는 사실이 나와 있다.

## 가메이 난메이 龜井南溟

의사이자 유학자. 소라이 학파의 다이초大潮에게서 고학古學을 배우고 나가토미 도쿠쇼안永富獨嘯庵에게서 고의방의 의학을 배웠다. 1778년에 후쿠오카번의 유의儒医가 되었고 1783년에는 서학西学 학문소인 '감당관甘棠館'의 총재가 되었다. 하지만 주자학 외의 학문의 강연을 금지한 '간세이 이학의 금寬政異學の禁'이 발포되었을 때 그 여파로 실직했다.

## 가와구치 신닌 河口信任

의사. 나가사키에 유학해서 구리사키 도이에게서 남만외과를 배웠고 이후 고가번의 번의로 활동했다. 번주 도이 도시사토土井利里가 교토 쇼시다이京都所司代가 되어 교토로 올라가자 따라가서 당시 명의로 이름을 날리던 오기노 겐가이荻野元凱에게서 의술을 배웠다. 1770년에 스승과 함께 사형수의 시체를 해부하여 1772년에《해시편解屍編》을 출간했다. 《해시편》은 일본에서 두 번째로 출간된 해부서이다.

## 가이바라 엣켄 貝原益軒

유학자. 후쿠오카번의 가신. 교토, 에도 등지에서 유학했다. 처음에는 양명학, 후에 주자학을 배웠으나 말년에 저서《대의록大疑錄》에서 주자학을 비판했다. 교육, 경제, 본초학 등 다양한 분야에서 업적을 남겼다. 중국《본초강목本草綱目》에 일본의 특산품 등을 더해《야마토 본초大和本草》를 집필했다. 중국의 양생서와 자신의 경험을 바탕으로 집필한《양생훈養生訓》은 많은 사랑을 받았다.

## 가쓰키 규잔 香月牛山

의사. 나카쓰번의 의사로 일하다가 교토로 올라와 개업했다. 금원사대가金元四大家로 불린 이동원李東垣, 주진형朱震亨의 의설을 신봉했다. 자신의 임상경험을 바탕으로 한《노인양초老人養草》,《부인수초婦人寿草》등의 계몽적 의서 외에도, 100가지 약물에 대한《양롱본초薬籠本草》등의 다양한 의서를 집필했다.

## 가타쿠라 가쿠료 片倉鶴陵

의사. 다키 란케이多紀藍溪에게서 의학을, 이노우에 긴가井上金峨에게서 유학을 배웠다. 에도에서 개업했으나 3년 뒤 화재를 만났고, 교토로 유학을 가서 가가와 겐에쓰에게서 산과의를 배웠다. 그 후 다시 에도로 돌아와 개업했으나 또 화재를 만나 이사했다. 50세 때 마치이 신분으로 에도성 오오쿠로 불려가 난산을 담당했다.

## 고토 곤잔 後藤艮山

의사. 당시 머리를 밀고 승복을 입었던 의사들의 풍속에 반해 머리를 기르고 평상복을 입었다. 일기유체설一氣留滯說을 제창하였고, 《상한론》의 처방만이 아니라 온천 요양, 뜸 같은 민간요법 또한 받아들였다.

## 구리사키 도키 栗崎道喜

의사. 어릴 적에 나가사키에서 필리핀의 루손섬 혹은 마카오로 건너가 외과술을 배웠다고 알려져 있다. 후에 귀국해서 나가사키에서 개업했다. 금창 치료로 유명했으며 구리사키류 남만외과술의 선조이다.

## 구리야마 고안 栗山孝庵

의사. 하기번 출신으로 1748년에 교토로 올라와 야마와키 도요에게 고의방을 배웠다. 이후 나가사키에 유학해서 난의학을 배웠다. 스승의 뒤를 이어 1758년에 일본에서 두 번째로 마성 시체를 해부했고, 이듬해 1759년에는 일본 최초로 여성 시체를 해부했다.

## 구마가이 렌신 熊谷蓮心

상인. 교토에서 붓과 먹을 파는 상가 구거당鳩居堂의 주인으로, 평소 기근에 대비하고 가난한 백성들을 치료하는 일에 앞장섰다. 덴포 대기근 때 오스쿠이고야お救い小屋를 세워 사람들에게 쌀을 나누어주고 병을 치료해주었다. 1849년부터는 유신당有信堂의 종두 접종 사업을 도왔다. 1853년에 콜레라가 유행하자 예방법 등을 적어 배포했지만 1859년에 자신도 감염되어 사망했다.

## 구쓰키 마사쓰나 朽木昌綱

후쿠치야마번의 번주. 마에노 료타쿠에게서 난학을 배웠다. 옛날 돈古錢의 연구자로서 유명하여 《서양전보西洋錢譜》 등을 썼다. 오쓰키 겐타쿠의 나가사키 유학을 지원했다. 당대 최고의 세계지리서라는 평을 받은 《태서여지도설泰西輿地圖說》을 펴냈다.

### 나라바야시 소켄 楢林宗建

의사. 사가번 번의의 아들로 나가사키에서 태어났다. 지볼트에게서 의술을 배웠다. 1827년에 사가번 번의가 되었다. 1847년에 천연두가 유행하자 번주에게 우두묘의 수입을 진언한다. 1848년에 의사 모니케Mohnike가 우두묘를 가져왔으나 변질되어 접종에 실패한다. 하지만 1849년에 바타비아에서 가져온 우두균으로 접종에 성공하고 이후 제너 식 종두법이 일본에 퍼지게 된다.

### 나라바야시 진잔 楢林鎭山

네덜란드어 통역관이자 의사. 나가사키 출생. 통역관으로 일하던 시절 프랑스 외과의인 파레가 저술한 외과의학서의 네덜란드어 번역서를 접하고 후에 의사로서 개업한다. 그의 의술은 나라바야시류 외과라고 불렸다. 1706년에 파레의 외과의학서를 바탕으로 《홍이외과종전紅夷外科宗伝》을 출간했다.

### 나카에 도주 中江藤樹

유학자이자 일본 양명학자의 시조. 오오즈번 소속 무사였지만 고향인 오우미의 오가와 마을로 귀향해서 농민들을 교화했다. 처음에는 주자학을 배웠지만 30대에 지행합일知行슴一을 주장하는 왕양명王陽明의 책을 접하고 양명학자가 된다.

### 노로 겐조 野呂元丈

본초학자. 유학, 의학 등을 배웠고 1720년에 막부의 명으로 각지를 돌아다니며 약초를 채집했다. 1740년에 쇼군 도쿠가와 요시무네德川吉宗의 명으로 아오키 곤요와 함께 네덜란드어를 배웠고, 에도를 찾아온 네덜란드인들과 질문과 답변을 나누어 《아란타금수충어도와해阿蘭陀禽獸虫魚和解》 등을 펴냈다. 난학 발달의 기초를 쌓은 인물이다.

### 니시 겐테쓰 西玄哲

의사. 1746년에 막부의 오쿠이시가 된다. 제자로는 스기타 겐파쿠 등이 있다. 나라바야시 진잔의 《홍이외과종전》을 수정하여 《금창질복료치지서金瘡跌撲療治之書》를 펴낸다.

### 다무라 란스이 田村藍水

본초학자. 에도 출신으로 조선의 인삼을 연구하여 주목을 받은 뒤 1737년에 막부로부터 종자를 받아 재배에 성공한다. 30세에 인삼 재배법과 조제법을 적은 《인삼 경작기人参耕作記》를 집필했다. 1757년에 제자 히라가 겐나이와 함께 제1회 물산회物産会를 열어 각지의 동식물과 광물들을 전시했다.

## 다케베 세이안 建部清庵

의사. 에도에서 의학을 배운 뒤 고향 이치노세키번의 번의가 되었다. 난의학에 대해 스기타 겐파쿠와 서신을 나누었고 이 편지들은 1795년에 《네덜란드 의사문답和蘭医事問答》이라는 책으로 간행되었다. 도호쿠 지방에 일어난 1755년의 대기근 때 기근 대책법에 관한 《민간비황록民間備荒録》을 집필하였고 이 책은 번 내에 배포되었다.

## 다키 모토야스 多紀元簡

의사. 막부 소속 의사 다키 모토노리多紀元惠의 아들. 1790년에 오쿠이시가 되었고 1799년에는 쇼군 도쿠가와 이에나리德川家齊의 시의侍医가 되었다. 의학서를 수집하고 교정하고 복각하는 일에 힘썼고, 고증학파考証学派의 거두가 되었다. 《소문素問》을 새롭게 해석한 《소문식素問識》등의 책을 썼다.

## 다키 모토카타 多紀元堅

의사. 다키 모토야스의 아들. 막부의 오쿠이시였고 1845년에 쇼군 도쿠가와 이에요시德川家慶의 시의가 되었다. 고증학파인 아버지의 뒤를 이어 고전 의학서들을 교정하는 일에 힘썼다. 《상한론술의傷寒論述義》등을 집필했다.

## 도쿠가와 쓰나요시 德川綱吉

도쿠가와 막부의 5대 쇼군. 1680년에 취임. 집권 초기에는 문치정치를 펼치며 선정을 베풀었다. 후기에는 재정 악화를 타개하기 위해 질이 떨어지는 화폐를 만들었는데 이것이 오히려 경제를 혼란에 빠뜨렸다. 그리고 극단적인 생물 애호법인 '쇼루이 아와레미노 레이生類憐みの令'를 발포해 서민들의 원망을 샀다고 한다.

## 마나세 도산 曲直瀬道三

의사. 어렸을 때 불교에 귀의했지만 다시로 산키田代三喜에게서 이주의학李朱医学을 배운 뒤 1546년에 환속하고 교토에서 의사로 활동했다. 학사學舍 계적원啓迪院을 열어 수많은 제자를 길러냈다. 중국 의서들의 요점을 체계적으로 정리한 8권짜리 《계적집啓迪集》을 편찬하였다.

## 마쓰다이라 사다노부 松平定信

시라카와 번의 번주이자 막부의 수석 로주. 1783년 26세의 나이로 번주가 되어 덴메이 대기근으로 인해 고통받고 있던 번을 구해 이름을 드높였다. 이후 막부의 수석 로주가 되어 중농주의 정책, 긴축 재정 정책 등이 포함된 간세이 개혁을 단행했다.

## 마쓰오 바쇼 松尾芭蕉

하이카이 시인. 기타무라 기긴北村季吟에게서 하이카이를 배운 뒤 에도로 와서 담림파談林派에 입문했다. 하지만 후에 담림파의 비속성을 버리고 하이카이에 높은 예술성을 부여하면서 쇼풍蕉風을 만들어냈다. 여러 차례 일본 각지를 돌아다니며 일상과 자연의 사소함을 시로 남겼다.

## 마에노 료타쿠 前野良沢

의사이자 난학자. 처음에는 고의방을 배웠으나 40세가 넘었을 무렵 아오키 곤요에게서 네덜란드어를 배우고 나가사키에 유학했다. 1771년에 스기타 겐파쿠 등과 함께 사형수의 시체 해부 장면을 참관한 뒤 서양 해부학의 정밀함에 놀라고 1774년에《해체신서》를 펴냈다. 네덜란드어를 할 줄 알기에《해체신서》번역 작업에서 주도적인 역할을 했다고 알려져 있다.

## 모토오리 노리나가 本居宣長

일본의 4대 국학자 중 한 명. 상인 집안에서 태어난 그는 23세 때 교토로 올라가 의학을 배우는 한편 고전을 연구했다. 고향으로 돌아와 개업한 뒤 국학자 가모노 마부치賀茂真淵에게서《고사기古事記》에 대한 강의를 들은 뒤 그의 제자가 되었다. 그 후 약 35년에 걸쳐《고사기》의 주석서인《고사기전古事記伝》을 집필하여 일본 국학 연구에 큰 영향을 끼쳤다.

## 무라이 긴잔 村井琴山

의사. 무라이 겐보쿠村井見朴의 아들. 구마모토번의 의학교 재춘관再春館에서 강의를 하던 아버지를 돕다가 아버지가 사망하자 교토로 갔다. 고방파 의사 요시마스 도도 등의 밑에서 공부를 한 뒤 규슈 지역에서《상한론》에 대해 강연했다. 만년에는 구마모토번의 번의가 된다.

## 바바 분코 馬場文耕

강석사講釈師. 평소 강석 중에도 9대 쇼군 도쿠가와 이에시게의 치세를 비판해온 그는 1758년에 구조 잇키에 대해 강석하고 소책자《히라가나모리노 시즈쿠平仮名森の雫》를 나누어준 죄로 체포당해 고즈캇파라에서 처형당했다.

## 산토 교덴 山東京傳

소설가. 전당포 집안에서 태어나 처음에는 우키요에浮世絵를 배웠다. 유곽에서 벌어지는 일들을 소재로 한 샤레본洒落本 소설로 인기를 끌었으나 1791년에 풍기를 해쳤다는 이유로 막부에게서 50일간의 수갑형을 명령받는다. 이후 문장 중심의 소설 형식인 요미혼読本 작가로 변신해 수많은 히트작을 만들었다.

### 스가에 마스미 菅江眞澄

여행기 작가이자 국학자. 본초학과 국학을 공부한 뒤 1783년에 긴 여행을 떠나 주로 도호쿠 지방을 돌아다녔다. 그가 각지를 여행하며 서민들의 풍속과 생활을 글과 그림으로 기록한《마스미 유람기眞澄遊覧記》는 민속학적으로 높은 평가를 받고 있다.

### 스기타 겐파쿠 杉田玄白

난학자이자 의사. 의사 집안에서 태어나 의학을 공부했다. 1754년의 야마와키 도요의 시체 해부 사건에 큰 영향을 받고 의학을 발전시킬 것을 다짐한다. 1771년에는 에도의 고즈캇파라 형장에서 이루어진 사형수 시체 해부 현장에 참관한 뒤 네덜란드어 판《해부도표 Anatomische Tabellen》의 정확성에 놀란다. 이 사건을 계기로 그는 동료들과 함께 이 책을 번역해《해체신서》라는 책으로 발간한다.

### 신구 료테이 新宮凉庭

의사. 난의학을 배우겠다는 목표로 1810년부터 명의 등을 찾아다니다가 1813년에 나가사키에 도착해서 1818년까지 네덜란드어와 난의학을 배웠다. 1819년에 교토에서 개업했다. 1839년에 의학교 순정서원順正書院을 세워 의학을 체계적으로 강의했을 뿐만 아니라 유학 등을 강연하기도 해 순정서원은 명사들이 모이는 문화 살롱으로서의 역할을 하기도 했다.

### 시바 고칸 司馬江漢

화가. 가노파狩野派의 화풍을 배웠고, 스즈키 하루노부鈴木春信 밑에서 우키요에를 공부했다. 하지만 이후 히라가 겐나이의 영향으로 서양화를 공부하기 시작했다. 1783년에 일본 최초로 동판화《미메구리 경도三囲景図》를 제작했다. 서양의 천문학과 지리학을 소개하는 데 열심이었고 수필가로서 활동하기도 했다.

### 쓰보이 신도 坪井信道

의사. 미노 출신으로, 에도로 올라와 안마 일을 하면서 우다가와 겐신宇田川玄眞에게서 의술을 배웠다. 그 후 에도 후카가와에서 개업했고 1829년에 난학 학원 안회당安懷堂, 1832년에 일습당日習堂 을 개설해 많은 제자를 길러냈다. 명성이 널리 알려져 하기번 번주의 시의가 되었다. 저서《진후대개診候大概》에는 체온계를 이용한 서양의 체온 진단법 등을 실었다.

## 아사이 료이 淺井了意

소설가이자 승려. 1659년에 교훈적인 내용의 《간닌기堪忍記》를 출간해 인기를 얻었다. 이후 괴담 소설, 보도 소설 등 다양한 분야의 작품을 발표했고 만년에는 교토의 쇼간지 절正願寺의 주지가 되어 주로 불교 서적을 집필했다. 그의 《뜬세상 이야기浮世物語》는 우키요보라는 승려가 각 지방을 돌아다니는 내용으로, 현실 비판, 세태 풍자 등이 포함된 골계미 있는 작품이다.

## 아시 도잔 蘆東山

센다이번의 유학자. 센다이번이 세운 학문소의 규모 등에 대해 문제를 제기하자 번에게 견책을 받고 약 24년간 유폐당했다. 그사이에 중국과 일본의 형벌 제도를 정리하고 자신의 의견을 덧붙인 《무형록無刑錄》을 완성했다. 하지만 《무형록》은 곧장 빛을 보지 못하고약 백 년 후 출간되었다.

## 아오키 곤요 青木昆陽

난학자. 교토에서 이토 도가이伊藤東涯로부터 고학古学을 배웠고 1721년에는 에도에 학원을 열기도 했다. 1735년에는 고구마 재배를 주장하는 《번저고番藷考》를 완성해서 쇼군 도쿠가와 요시무네에게 진상했다. 이후 고구마 재배는 일본 전국으로 확대되어 흉작 대비에도움이 되었다. 도쿠가와 요시무네의 명으로 네덜란드어를 배워 관련 책을 많이 집필했다.

## 안도 쇼에키 安藤昌益

사상가이자 의사. 봉건제도를 비판하는 한편 유교, 불교 등이 지배하고 착취하는 자와 지배당하고 착취당하는 자를 만들어냈다고 주장했다. 또한 만인이 완전히 평등한 상태에서농업 생산에 종사하는 이상적인 사회 '자연의 세계自然の世'를 제창했다. 대표적인 저서로《자연진영도自然真営道》가 있다.

## 야마모토 쓰네토모 山本常朝

사가 번 소속 무사. 1700년에 번주 나베시마 미쓰시게가 사망하자 순사하려 했으나 막부가 순사를 금지해 뜻을 이루지 못했다. 출가해 승려가 된 그는 무사도를 논하는 《하가쿠레葉隱》라는 작품을 구술口述로 남겼다.

## 야마와키 도요 山脇東洋

의사. 교토의 의사 야마와키 겐슈山脇東洋의 양자로, 고토 곤잔에게서 고의방을 배우기도 했다. 중국의 오장육부설에 의문을 품고 있던 차, 1754년에 사형수의 해부 장면을 참관하고 1759년에 그 내용을 일본 최초의 해부 기록인《장지》로 남겼다.

## 우다가와 겐신宇田川玄眞

난학자이자 의사. 난방의학 학원을 열어 많은 난학자를 육성해냈다.《원서의방명물고遠西医方名物考》,《화란약경和蘭藥鏡》등 약물학, 박물학에 관한 책들을 출간했다. 최신 유럽 해부학서들을 번역하면서 췌장의 '췌膵' 등의 한자어들을 만들어냈다.

## 우다가와 요안 宇田川榕菴

난학자이자 의사. 1811년에 우다가와 겐신의 양자가 되어 한의학을 시작으로 의학을 배웠다. 1814년부터 본격적으로 네덜란드어를 배웠다. 해부학 등의 난의학을 탐구하다가 유럽 근대과학을 일본에 소개하면서 '원소元素', '수소水素', '산소酸素', '산화酸化' 등의 어휘들을 만들어냈다. 의학과 과학 분야 외에 서양사나 지리에 관한 책도 출간하는 등 박학다식한 인물이었다고 한다.

## 오규 소라이 荻生徂徠

유학자. 27세에 중국인과 동일한 방법으로 한문을 읽어야 한다고 주장하는《역문전제訳文筌蹄》를 펴내 점차 유명해졌다. 후에 명대 고문사파古文辭派의 서적들을 접하고 큰 영향을 받아 고전을 중시하는 '고문사학'이라는 학풍을 일으켰다. 말년에는 정치적·사회적 개혁을 건의하는 책《정담政談》을 써서 8대 쇼군 도쿠가와 요시무네에게 제출했다.

## 오노 란잔 小野蘭山

본초학자이자 박물학자. 교토 출신으로 마쓰오카 조안松岡恕庵에게서 본초학을 배웠다. 교토에 학원 중방헌衆芳軒을 열어 제자들을 가르치는 한편으로 각지의 동식물, 광물을 채집했다. 명성이 높아져 71세 때 막부의 명으로 에도로 올라와 의학관에서 본초학을 강의했다.《본초강목계몽本草綱目啓蒙》48권을 집필했다.

## 오쓰키 겐타쿠 大槻玄沢

난학자이자 의사. 1778년 22살 때 에도로 올라와 스기타 겐파쿠에게서 난의학을, 마에노 료타쿠에게서 네덜란드어를 배웠다. 그리고 이 둘의 이름에서 한 자씩 받아 겐타쿠라는 이름을 쓰게 되었다. 1785년에는 나가사키에 유학했다. 에도에 일본 최초의 난학 학원이라고도 할 수 있는 지란당芝蘭堂을 열어 수많은 인재를 길러냈다. 《중정해체신서重訂解体新書》를 비롯해 다수의 저작을 남겼다.

## 오시오 헤이하치로 大鹽平八郎

하급관리이자 양명학자. 38세에 퇴직한 뒤 사숙 세심동洗心洞을 열어 제자들을 길렀다. 덴포 대기근이 일어났을 때 오사카의 관리가 백성들을 위한 구제책을 전혀 고안해내지 않고 쌀을 에도로 반출하자 이에 대한 항의로 1837년에 제자들과 함께 거병했다. 이 '오시오의 난' 이후 일본 각지에서 봉기가 이어졌다.

## 오제 호안 小瀬甫庵

유학자이자 의사. 오타 규이치太田牛一의 《신초공기信長公記》에 자신의 평론을 덧붙인 《신초기》를 써서 유명해졌다. 이후 도요토미 히데요시의 일대기인 《다이코기太閤記》를 완성했다. 전체적으로 유교적이고 작가의 역사관과 정치관이 깊게 배어 있는 작품으로, 후대 문학에 큰 영향을 주었다.

## 오카모토 잇포 岡本一抱

의사. 극작가 지카마쓰 몬자에몬의 동생. 10살 때부터 의학을 배웠다. 주로 어려운 고의서古医書를 가나 섞인 쉬운 문장으로 해설한 언해서諺解書들을 집필하여 인기를 얻었고 의서 보급에 큰 공헌을 했다.

## 오쿠무라 료치쿠 奧村良竹

의사. 후쿠이번의 가신이자 다케후를 지배하던 혼다 집안에 소속되어 교토에 올라가 고토 곤잔 등의 의사들과 교류했다. 이후 귀향하여 중국의 토방법을 연구해 임상에 적용하였다. 나가토미 도쿠쇼안永富独嘯庵의 《토방고吐方考》를 비롯한 다른 의사들의 저작물에서 그의 치료법을 확인할 수 있다.

## 요시마스 도도 吉益東洞

의사. 히로시마 출신으로 1738년에 교토에서 개업했으나 한동안은 가난에 시달렸다. 44세 때 야마와키 도요를 알게 되고 그의 인정을 받아 유명한 고의방 의사로 이름을 날렸다. 30세 무렵부터 만병일독설万病一毒說을 주장했다. 한편 진단의 중요성을 강조하기도 했다. 주요 저서로는 《약징薬徴》, 《유취방類聚方》, 《의단医断》 등이 있다.

## 요시오 고규 吉雄耕牛

의사이자 통역관. 나가사키의 통역관 집안에서 태어나 네덜란드어를 배우는 한편 천문학과 지리학 등을 익혔다. 그리고 데지마의 네덜란드 상관 소속 의사들에게서 서양 의술을 배웠다. 요시오류 외과술의 선조이다. 스기타 겐파쿠, 마에노 료타쿠 등의 수많은 제자를 두었고, 《해체신서》에 서문을 적었다.

## 요시오 슌조 吉雄俊藏

의사이자 난학자. 어릴 적부터 난방 의학과 네덜란드어를 배웠다. 1817년에 나고야에서 개업했다. 관상당觀象堂이라는 학원을 경영했으며 번역 일에도 종사했다. 오와리번의 시의가 되기도 했다. 네덜란드어 문법서 《육격전편六格前篇》을 집필했다. 폭발 물질 실험 중에 사망했다.

## 우에다 아키나리 上田秋成

국학자이자 소설가. 1768년에 괴담 형식을 빌린 대표작 《우게쓰 이야기雨月物語》를 완성하고 1776년에 발간했다. 1772년에는 의사로서 개업했다. 국학에 대해 모토오리 노리나가와 논쟁을 하기도 했다고 한다.

## 우에스기 요잔 上杉鷹山

요네자와번의 번주. 요네자와번의 재정난을 극복하고 스스로 '국 하나, 반찬 하나'라는 검약 생활을 실천한 것으로 유명하다. 덴메이 대기근 때도 미리 준비해둔 비축미를 풀어 수많은 백성을 아사 위기에서 구했다. 농촌 부흥, 식산흥업 정책 등을 행했다.

## 이토 겐보쿠 伊東玄朴

난학자이자 의사. 나가사키에 유학해 지볼트에게서 난의학을 배웠다. 후에 에도로 올라와 사가번의 번의로 임명되고 천연두가 유행했을 때는 두묘를 들여와 우두법의 확산에 심혈을 기울였다. 오타마가이케 종두소お玉ヶ池種痘所를 설립하는 데 공헌하였다. 그리고 난방 의로서는 처음으로 막부의 오쿠이시가 되었다.

## 이토 진사이 伊藤仁齋

유학자. 교토의 부유한 상인 집안에서 태어났다. 처음에는 주자학에 빠졌으나 후에 멀리했다. 1662년에 자택에 '고의당古義堂'이라는 학원을 세웠으며 주자의 해석을 거치지 않고 공자와 맹자의 '고의'를 탐구하는 '고의학古義学'을 탄생시켰다. 그는 평생 출사하는 일 없이 제자 양성에 매진했고, 고의학은 널리 퍼져 나가 그의 제자 수는 3천 명에 달했다고 한다.

## 이하라 사이카쿠 井原西鶴

시인이자 소설가. 오사카의 상인 집안에서 태어났다. 처음에는 전위적인 하이카이俳諧들을 발표하며 활약했다. 1682년에 출간한 호색일대남이 참신한 전개와 표현으로 큰 반향을 얻자 그 뒤 주로 시민들의 생활을 적나라하게 묘사한 자유분방한 소설들을 차례차례 발표했다. 근대문학에 큰 영향을 준 작가로 꼽힌다.

## 카스파르 샴베르거 Caspar Schamberger

네덜란드 의사. 1649년에 네덜란드 동인도회사의 상관 소속 의사로서 일본 나가사키에 왔다. 막부의 명으로 에도에 약 10개월간 체제하는 동안 일본인 의사들에게 의학을 전수했고, 그 의학은 카스파르류 외과라는 이름으로 불리며 막부 말기까지 전해졌다.

## 하야시 라잔 林羅山

주자학자이자 승려. 1604년 22세 때 주자학자 후지와라 세이카의 제자가 되었다. 그리고 도쿠가와 이에야스에 의해 막부에 등용되어 이후 총 4명의 쇼군을 보필한다. 외교문서와 제법도諸法度의 기초를 작성하는 데 관여했고 막부 정치의 기틀을 닦는 데 공헌했다. 1630년에는 사숙 홍문관弘文館을 열었고 이 사숙은 후에 막부의 학문소가 된다.

## 후지와라 세이카 藤原惺窩

유학자. 7살 때 불문에 입문하여 후에 교토의 쇼코쿠지 절相国寺의 승려가 되었다. 1590년에 조선통신사 일행과 교류하여 주자학에 빠져들었다. 1956년에는 명나라로 건너가려고 사쓰마까지 갔으나 날씨가 나빠 실패했다. 후에 조선의 주자학자인 강항을 만나 주자학을 심도 있게 배웠고 그의 도움을 받아 학문 연구의 자유를 주장하는《사서오경왜훈四書五経倭訓》을 집필했다.

## 히라가 겐나이 平賀源内

본초학자이자 극작가. 다카마쓰 번의 하급무사의 아들로 태어났다. 1752년에 나카사키로 유학을 갔다. 이후 오사카를 거쳐 에도로 올라와 본초학자인 다무라 란스이의 제자가 되었다. 다섯 차례 약품회薬品会를 연 뒤 출품된 물품 중 360종의 품목을 골라 해설과 삽화를 붙여《물류품질物類品隲》이란 책을 발간했다. 만년에는 말다툼으로 인해 살인을 저질러 체포당한 뒤 옥사했다.

1 "百姓は飢寒に困窮せぬ程に養うべし, 豊かなるに過ぐれば 農事を厭い, 業を易る者多し. 困
窮すれば離散す. 東照宮上意に郷村の百姓共は死なぬように, 生きぬようにと合點致し, 收
納申しつけるようにとの上意." 《도미오쿠향토사(富奧鄕土史)》, 第五章 藩政時代 第二節 藩
の村支配 (富奧農業協同組合, 1975), 전자판을 참조. http://tiikijiten.jp/~digibook/tomioku_
kyoudo/index.php.

2 "百姓とごまの油はしぼればしぼるほど出る."

3 하마노 기요시(浜野潔), 《역사인구학으로 읽는 에도 일본(歷史人口學で讀む江戶日本)》, (吉
川弘文館, 2011), 194쪽에서 재인용.

4 우미하라 료(海原亮), 《에도 시대의 의사수업 - 학문·학통·유학(江戶時代の醫師修業-學
問·學統·遊學)》, (吉川弘文館, 2014), 23쪽.

5 아오키 도시유키(靑木歲幸), 《에도 시대의 의학 - 명의들의 3백 년(江戶時代の醫學 - 名醫
たちの三〇〇年)》, (吉川弘文館, 2012), 47-9쪽.

6 간바라 히로시(蒲原宏), 「『홍이외과종전』 도판 성립에 미친 스쿨테투스의 외과서
Armamentarium chirurgicum의 영향(《紅夷外科宗傳》圖版成立へのスクルテタス(Scultetus)の
外科書Armamentarium chirurgicumの影響)」, 《日本齒科醫史學會會誌》, 18-3, (日本齒科醫史學
會, 1992·5), 229-30쪽.

7 아오키 도시유키, 《에도 시대의 의학 - 명의들의 3백 년》, 53쪽.

8 "家學漢土文章爲主, 文章不成則家學不能成", 같은 책, 135쪽.

9 같은 책, 128쪽.

10 같은 책, 153쪽.

11 우미하라 료, 《에도 시대의 의사수업 - 학문·학통·유학》, 217쪽.

12 같은 책, 22쪽.

13 콜레라의 유행에 대한 당시 서구 세계의 반응에 관해서는 윌리엄 바이넘이 쓰고 박승만
이 옮긴 《서양의학사》(교유서가, 2017) 115-21쪽을 참고.

14 우미하라 료, 《에도 시대의 의사수업 - 학문·학통·유학》, 222쪽.

15 같은 책, 209쪽.

16 윌리엄 맥닐, 《전염병의 세계사》, 김우영 옮김 (이산, 2005) 22-3쪽.

17 "Посвящается всем великим завоевателям — прошедшим, настоящим и будущим."

**18**　정보공개 · 개인정보보호심사회(내각부)(情報公開 · 個人情報保護審査會(內閣府)) 2006년 답신서 「특정 개인에 관계된 메이지5년 호적의 불개시결정(행정문서비해당)에 관한 건 (特定個人に係る明治五年式戶籍の不開示決定(行政文書非該當)に關する件)」. 온라인 공개 버전. https://koukai-hogo-db.soumu.go.jp/reportBody/2627.

**19**　"《임신호적》인지 모르고 출품 – 편찬을 담당한 옛 집안이 출처?(《壬申戶籍》知らず出品」= 編製擔った舊家が出どころ？)", 「지지통신」 2019년 7월 13일; "《임신호적》 5월에도 출품 – 인터넷에 복수 출품. 신분 등 기재 – 법무성, 일부 회수 못해(《壬申戶籍》5月にも出品 = ネットに複數, 身分など記載 – 法務省, 一部回收できず)", 「지지통신」 2019년 7월 13일.

**20**　하야미 아키라, 《근세 일본의 경제발전과 근면혁명 – 역사인구학으로 본 산업혁명 vs. 근면혁명》, 조성원 옮김 (혜안, 2006), 267-70쪽을 인용.

**21**　기토 히로시, 《인구로 읽는 일본사》, 최혜주, 손병규 옮김 (어문학사, 2009), 134-5쪽.

**22**　박의훤의 분재기에 관해서는 전경목이 쓴 《고문서, 조선의 역사를 말하다》(휴머니스트, 2013) 34-9쪽을 참고.

**23**　이기백, 「족보와 현대사회」, 《한국전통문화론》, (일조각, 2002).

**24**　박홍갑, 《우리 성씨와 족보 이야기 – 족보를 통해 본 한국인의 정체성》, (산처럼, 2002).

**25**　하마노 기요시, 《역사인구학으로 읽는 에도 일본》, 193쪽.

**26**　대학료에 관해서는 가타기리 요시오 등이 쓰고 이건상이 옮긴 《일본 교육의 역사 – 사회사적 시각에서》(논형, 2011) 27-37쪽을 참고.

**27**　김시덕, "《한국 산문선》 – '한국 한문산문선'으로서의 귀중한 성취", 민음사 블로그, 2018년 1월 25일.

**28**　심규식, 「심대윤의 사찬병서 《대순신서》 소개: 재야지식인의 군사지식과 그 한계점에 대한 小考를 겸하여」, 《규장각》, 55, (서울대학교 규장각 한국학연구원, 2019 · 12).

**29**　핫토리 도시로(服部敏良), 《일본 의학사 연구여화(日本醫學史研究餘話)》, (科學書院, 1981), 116쪽.

**30**　요시자와 노부오(吉澤信夫) 등, 「의과 · 치과 일원 · 이원론의 역사적 검증과 현대적 의의 (1) 전사 – "의사는 천한 일이다"라는 의식의 탈피와 새로운 시대의 모색(醫科齒科一元二元論の歷史的檢證と現代的意義(1)前史-「醫は賤業」からの脫皮と新時代への模索)」, 《齒科學報》, 115, (東京齒科大學學會, 2015 · 2), 57쪽.

**31**　후세 쇼이치(布施昌一), 《의사의 역사 – 그 일본적 특징(醫師の歷史-その日本的特長)》, (中央公論社, 1979).

**32**　아오키 도시유키, 《에도 시대의 의학 – 명의들의 3백 년》, 98-100쪽.

**33**　노구치 다케히코(野口武彦), 《에도의 병학 사상(江戶の兵學思想)》, (中央公論社, 1991) 7-8쪽에서 재인용. 이 구절의 존재를 알려주신 일본 방위대학교 이노우에 야스시(井上泰至)

선생님께 감사드립니다.

34  샤를르 달레,《한국천주교회사 (중)》, 안응렬, 최석우 옮김 (한국교회사연구소, 1980),
    23-4쪽.

35  류코쿠대학 종교조사반(龍谷大學宗教調査班) 편,《가야카베: 가쿠레넨부쓰(カヤカベ: か
    くれ念佛)》, (法藏館, 1970), 이쓰키 히로유키(五木寛之),《가쿠레넨부쓰와 가쿠시넨부쓰
    (隠れ念佛と隠し念佛)》(講談社, 2005) 등을 참조.

36  기쿠치 이사오(菊地勇夫),《굶주림과 식량의 일본사(飢えと食の日本史)》, (吉川弘文館,
    2019), 53쪽.

37  같은 책, 36쪽.

38  "江戶の人減たる哉と人別をみしに, 未年のころよりは人別三, 四萬も增ふ. ことに奉公人稀
    なり. 歸農の願するものお至てまれなり. されば今以て, 町に居てあきなひするは, 奉公し
    又は農作するよりはやすかりけり", 모리 야스히코(森安彦),《고문서를 읽자(古文書を讀
    もう)》, (講談社, 2003), 104쪽.

39  하야미 아키라,《근세 일본의 경제발전과 근면혁명 – 역사인구학으로 본 산업혁명 vs.
    근면혁명》, 150쪽.

40  하마노 기요시,《역사인구학으로 읽는 에도 일본》, 136-40쪽.

41  기쿠치 이사오,《굶주림과 식량의 일본사》, 161-2쪽에서 재인용.

42  에도 시대 번들의 재정 적자 문제에 관해서는 하야미 아키라가 쓴《근세 일본의 경제발
    전과 근면혁명 – 역사인구학으로 본 산업혁명 vs. 근면혁명》165-7쪽을 참고.

43  모리 야스히코,《고문서를 읽자》, 184-6쪽.

44  아시 도잔의 상소문에 관해서는 기쿠치 이사오가 쓴《굶주림과 식량의 일본사》143-4쪽
    을 참고.

45  아시 도잔의 행적과《무형록》에 관해서는 오토 오사무(大藤修)가 쓴「센다이번 유학자
    아시 도잔의 생애와 관계 사료의 전래 · 구성: 부록「아시 도잔 기념관 소장 사료 목록」(仙
    臺藩儒學者蘆東山の生涯と關係史料の傳來 · 構成: 付「蘆東山記念館所藏史料目錄」)」,《東北文化
    研究室紀要》, 53, (東北大學大學院文學研究科東北文化研究室, 2011)을 참고.

46  호시카와 세이호의 견해는 기쿠치 이사오가 쓴《굶주림과 식량의 일본사》156쪽 참고.

47  오노 사카에(小野榮),《시리즈 번 이야기 – 요네자와번(シリーズ藩物語 米澤藩)》, (現代書館,
    2006).

48  김준배,「메이지(明治) 시대 일본 문헌 속의 이순신 담론」,《한일군사문화학회》, 29, (한일
    군사문화연구, 2020).

49  기쿠치 이사오,《굶주림과 식량의 일본사》, 38쪽.

50  같은 책, 36-7쪽, 146-8쪽.

51 같은 책, 149-50쪽.

52 이하라 사이카쿠,《호색일대남》, 정형 옮김 (지식을만드는지식, 2017), 9쪽.

53 하야미 아키라,《근세 일본의 경제발전과 근면혁명 – 역사인구학으로 본 산업혁명 vs. 근면혁명》, 182-3쪽.

54 이 구절을 알려주신 사회학자 장신 선생님께 감사의 뜻을 표합니다.

55 "햐쿠쇼잇키(百姓一揆)",《브리태니커 국제 대백과사전(ブリタニカ國際大百科事典)》.

56 햐쿠쇼잇키의 성격 차이에 관해서는 하야미 아키라가 쓴《근세 일본의 경제발전과 근면혁명 – 역사인구학으로 본 산업혁명 vs. 근면혁명》181쪽을 참고.

57 모리 야스히코,《고문서를 읽자》, 134-41쪽.

58 오타 모토코(太田素子),《자녀복과 영아살해(子寶と子返し)》, (藤原書店, 2007), 25-6쪽.

59 같은 책, 172쪽.

60 같은 책, 234쪽.

61 하마노 기요시,《역사인구학으로 읽는 에도 일본》, 105-6쪽.

62 오타 모토코,《자녀복과 영아살해》, 237쪽.

63 "衆民のために死ぬる事は元より覺悟の事なれは今更命惜み申すべき哉." 아사이 준코(淺井潤子),《생활 속의 고문서(暮らしの中の古文書)》, (吉川弘文館, 1992), 157쪽.

64 윌리엄 파지(William J. Farge),《기독교 사무라이: 바바 분코의 재판(A Christian Samurai: The Trials of Baba Bunko)》, (Catholic University of America Press, 2016).

65 얀 로이히텐베르거(Jan Leuchtenberger),「윌리엄 파지《기독교 사무라이: 바바 분코의 재판(A Christian Samurai: The Trials of Baba Bunko)》」,《Journal of Jesuit Studies》, 5-2, (Brill, 2018 · 4).

66 기쿠치 이사오,《굶주림과 식량의 일본사》, 104쪽.

67 "同時之諸國騷動之段, 不審." 우치코와시 발생에 관한 서술은 아사이 준코가 쓴《생활 속의 고문서》74-5쪽을 참고.

68 기쿠치 이사오,《굶주림과 식량의 일본사》, 50쪽.

69 "誠に丁寧, 禮儀正しく狼藉に御座候."

70 "御府内と申, 不恐公儀仕方不届."

71 우치코와시에 참가한 사람들에 대한 처벌 내용에 관해서는 아사이 준코가 쓴《생활 속의 고문서》81쪽을 참고.

72 "此節米價弥高直二相成, 大坂之奉行并諸役人とも, 萬物一體の仁を忘れ, 得手勝手の政道をいたし." 오시오 주사이 선생 구십년 기념회(大鹽中齋先生九十年記念會)《오시오 주사이 선생 덴포 구민 고문(大鹽中齋先生天保救民告文)》, (大阪陽明學會, 1926).

73 《메이지 유신은 어떻게 가능했는가》, (민음사, 2014),《메이지 유신과 사대부적 정치문

화》, (서울대학교출판문화원, 2019) 등 참조.

74 기쿠치 이사오, 《굶주림과 식량의 일본사》, 33-4쪽, 55-8쪽.

75 같은 책, 52-3쪽.

76 같은 책, 33쪽.

77 오토 오사무, 《근세 농민의 라이프 사이클(近世村人のライフサイクル)》, (山川出版社, 2003), 101쪽.

78 하야미 아키라, 《근세 일본의 경제발전과 근면혁명 – 역사인구학으로 본 산업혁명 vs. 근면혁명》, 282-4쪽.

79 같은 책, 164쪽.

80 기쿠치 이사오, 《굶주림과 식량의 일본사》, 86-93쪽; 네사키 미쓰오(根崎光男), 《쇼루이아와레미의 세계(生類憐みの世界)》, (同成社, 2006), 181-2쪽.

81 아오키 도시유키, 《에도 시대의 의학 – 명의들의 3백 년》, 93-6쪽.

82 기쿠치 이사오, 《굶주림과 식량의 일본사》, 93-4쪽.

83 덴메이 대기근 당시 쓰가루 지역의 참상을 전하는 스가에 마스미의 증언은 같은 책 46-9쪽에서 인용.

84 같은 책, 60쪽.

85 《덴포 모사이카가미》와 《덴메이 우타쓰야나》에 관해서는 같은 책 48-9쪽에서 인용.

86 "연구자들에 따르면 옛날이야기들은 몇천 년 전에 생겨났다(Fairy tale origins thousands of years old, researchers say)", BBC, 2016년 1월 20일.

87 로버트 단턴, 《고양이 대학살 – 프랑스 문화사 속의 다른 이야기들》, 조한욱 옮김 (문학과 지성사, 1996,) 35쪽.

88 임미리, 《경기동부 – 종북과 진보 사이, 잃어버린 우리들의 민주주의》, (이매진, 2014), 35쪽.

89 기쿠치 이사오, 《굶주림과 식량의 일본사》, 52쪽.

90 게리 폴 나브한, 《지상의 모든 음식은 어디에서 오는가 – 15개 언어를 구사하며 세계를 누빈 위대한 식량학자 바빌로프 이야기》, 강경이 옮김 (아카이브, 2010), 29-36쪽.

91 기쿠치 이사오, 《굶주림과 식량의 일본사》, 72-3쪽.

92 《덴포넨추 미노아레시손덴》에 관해서는 같은 책 54쪽에서 인용.

93 《기킨 고요》에 실린 마타에몬의 증언은 같은 책 136쪽에서 인용.

94 같은 책, 74쪽.

95 같은 책, 40쪽.

96 같은 책, 30-2쪽.

97 막부와 번의 기근 대책에 관해서는 같은 책 61-3쪽에서 인용.

98  "國醫之實有(?)於淸庵." 이하토브 이와테 전자도서관(イ-ハト-ブ岩手 電子圖書館) https://
   www.library.pref.iwate.jp/ihatov/no1/html1/b40/k1/xga_h/xga004.html

99  다케베 세이안의 행적에 관해서는 아오키 도시유키가 쓴《에도 시대의 의학 – 명의들의
   3백 년》96-8쪽을 참고.

100 기쿠치 이사오,《굶주림과 식량의 일본사》, 112-3쪽.

101 조도 · 중도 · 만도벼의 작황에 관해서는 아키모토 히로야(稲本洋哉)가 쓴 「이와테현 지
   역의 쌀 품종 변천(岩手縣地方の稻品種の變遷)」,《經濟論集》, 21-2, (東洋大學經濟硏究會,
   1996) 7쪽을 참고.

102 피에 관해서는 기쿠치 이사오가 쓴《굶주림과 식량의 일본사》117-8쪽을 참고.

103 소나무껍질떡과 짚떡에 관해서는 같은 책 121-5쪽 참고.

104 다카시마 마사노리(高島正憲),《경제성장의 일본사(經濟成長の日本史)》, (名古屋大學出版
   會, 2017), 143쪽.

105 "주체농법", 통일부,《북한정보포털》, https://nkinfo.unikorea.go.kr/nkp/term/
   viewNkKnwldgDicary.do?pageIndex=1&dicaryId=186

106 "五百石以上ノ船, 停止ノ事."

107 지역의 삶을 기록하는 모임(地域の暮らしを記録する會)《온슈 아라이 무인도 표류민
   이야기(遠州新居無人島漂流者の話)》, (2004), 전자판을 참고, https://nippon.zaidan.info/
   seikabutsu/2005/00365/mokuji.htm.

108 스기모토 쓰토무(杉本つとむ),《서양문화 기원 10강(西洋文化事始め十講)》, (スリ-エ-ネ
   ットワ-ク, 1996), 129-30쪽.

109 미우라 히로유키(三浦周行), 「아사야마 이린안(朝山意林庵)」,《일본사 연구(日本史の硏
   究)》, 1上, (1930).

110 김시덕, 「임진왜란 문헌군 속의 닌자 – '이가노 시노비'에서 이시카와 고에몬으로(壬辰
   戰爭文獻群における忍者-「伊賀の忍び」から石川五右衛門へ)」,《닌자의 탄생(忍者の誕生)》,
   (勉誠出版, 2017) 참고.

111 요시마루 가쓰야(吉丸雄哉), 「사루토비 사스케와 닌자 이미지의 변화(猿飛佐助と忍者像の
   變容)」,《忍者の誕生》, (勉誠出版, 2017) 참고.

112 야마다 유지(山田雄司),《닌자의 역사(忍者の歷史)》, (株式會社KADOKAWA, 2016), 190-2
   쪽.

113 요시마루 가쓰야(吉丸雄哉), 야마다 유지(山田雄司), 오니시 야스미쓰(尾西康充),《닌자문
   예 연구독본(忍者文藝研究讀本)》, (笠間書院, 2014); 다카오 요시키(高尾善希),《닌자의 후예
   – 에도성에서 근무한 이가 닌자들(忍者の末裔 – 江戶城に勤めた伊賀者たち)》, (角川書店,
   2017) 등.

114 신시 요시모토(進士慶幹), 《유이 쇼세쓰(由比正雪)》, (吉川弘文館, 1961), 77쪽.

115 마루야마 마사오, 《일본정치사상사연구》, 김석근 옮김 (통나무, 1995), 183-8쪽.

116 폴 브로드(Paul Brood) 등, 《네덜란드 동인도회사(The Dutch East India Company Book)》, (WBOOKS, 2017), 172-3쪽.

117 "又淺野殿浪人夜討も, 泉岳寺にて腹切らぬが落度なり. 又主を討たせて, 敵を討つ事延び延び なり. 若し, その內に吉良殿病死の時は残念千萬なり. 上方衆は智慧かしこき故, 褒めらるゝ 仕様は上手なれども, 長崎喧嘩の様に無分別にする事はならぬなり.", 야마모토 쓰네토모 (山本常朝) 구술, 다시로 쓰라모토(田代陣基) 필록, 구리하라 아라노(栗原荒野) 편저, 《교주 하가쿠레(校註葉隱)》, (內外書房, 1940), 54쪽.

118 "武士道といふは死ぬ事と見附けたり. 二つ二つの場にて早く死ぬ方に片附くばかり也. 別に 仔細なし. 胸据わって進む也. 圖に當たらぬは犬死などといふ事は上方風の打上がりたる武 道なるべし.", 17쪽.

119 사에키 신이치(佐伯眞一), 《전장의 정신사 - 무사도라고 하는 환영(戰場の精神史-武士道 という幻影)》, (NHKブックス, 2004), 220-2쪽.

120 저는 무사도와 《하가쿠레》에 관해 「연구의 새로운 지평으로 - 《하가쿠레》를 다시 읽는 다(硏究の新たな地平へ-《葉隱》を讀み直す)」, 《에도의 문학사와 사상사(江戸の文學史と思 想史)》, (ぺりかん社, 2011), 「'무사도'란 무엇인가」, 한국일본학회 편, 《일본 고전문학에 나타난 삶과 죽음》, (보고사, 2015) 등의 글을 썼습니다. 관심 있으신 분들은 이 책들도 참 고해주십시오.

121 "浮世といふ事 // 今はむかし, 國風の哥に, いな物ぢや, こゝろはわれがものなれど, まゝ にならぬはと, たかきもいやしきも, おとこも女も, 老たるもわかきも, 皆うたひ侍べる. 思ふ事かなはねばこそ, うき世なれといふ哥も侍べり, よろづにつけて, こゝろにかなは ず, まゝにならねばこそ, 浮世とはいふめれ. 沓をへだてゝ, 跟を搔くとかや, 痒きところ に, 手のとゞかぬごとく, あたるやうにして, ゆきたらず, 沈気なものにて, 我ながら身も 心もわかまゝにならで, いな物なり. まして世の中の事, ひとつもわか気にかなふことな し. さればこそうき世なれといへば, いや, その義理ではない. 世にすめば, なにはにつけ て, よしあしを見きく事, みなおもしろく, 一寸さきは闇なり. なんの糸瓜の皮, 思ひをき は, 腹の病, 當座ノ〱にやらして, 月雪花紅葉にうちむかひ, 哥をうたひ酒のみ, 浮にういて なぐさみ, 手まへのすり切も苦にならず, しづみいらぬこゝろだての, 水に流るゝ瓢箪の ことくなる, これを浮世と名づくなりといへるを, 者れは聞て, 誠にそれノ〱とかんじ けり.", 아사이 료이 전집 간행회(淺井了意全集刊行會) 편, 《아사이 료이 전집 가나조시편 1(淺井了意全集 假名草子編 一)》, (岩田書院, 2001).

122 14~19세기의 월별 사망자 추이에 관해서는 기토 히로시가 쓴 《인구로 읽는 일본사》

174-9쪽을 참고.

123 "自慢するは下手藝といふ事 // 物ごとに自慢くさきは未練のゆへなり. 物の上手の上から は, すこしも自慢はせぬ事也. 我より手上の者ども, 廣き天下にいかほどもあるなり."

124 모리 야스히코, 《고문서를 읽자》, 96-9쪽, 122-6쪽, 134-41쪽, 209-10쪽 등 참고.

125 "大名・小名在江戸交替相定ムル所ナリ. 每歳夏四月中, 参勤致スベシ. 従者ノ員數近来甚ダ多 シ, 且ハ國郡ノ費, 且ハ人民ノ勞ナリ. 向後ソノ相應ヲ以テコレヲ減少スベシ."

126 하야미 아키라, 《근세 일본의 경제발전과 근면혁명 – 역사인구학으로 본 산업혁명 vs. 근면혁명》, 221쪽.

127 기토 히로시, 《인구로 읽는 일본사》, 193쪽.

128 하마노 기요시, 《역사인구학으로 읽는 에도 일본》, 59쪽.

129 평균 수명과 사망 원인에 관해서는 같은 책 61-5쪽 참고.

130 손정목, 《서울도시계획이야기4》, (한울, 2003), 180쪽.

131 모리 야스히코, 《고문서를 읽자》, 104쪽.

132 정찬일, 《삼순이 – 식모, 버스안내양, 여공》, (책과함께, 2019), 71쪽.

133 같은 책, 72쪽.

134 나이토 고난(內藤湖南), 「오닌의 난에 대하여(應仁ノ亂に就て)」, 《나이토 고난 전집 제9권 (內藤湖南全集 第九卷)》, (筑摩書房, 1969), 아오조라문고(靑空文庫) 공개본을 이용, http:// www.aozora.gr.jp/cards/000284/files/1734_21414.html

135 루시우 드 소자(Lucio de Sousa), 오카 미호코(岡美穂子), 《대항해시대의 일본인 노예 – 아 시아, 신대륙, 유럽(大航海時代の日本人奴隷-アジア・新大陸・ヨーロッパ)》, (中央公論新社, 2017)을 참고.

136 기쿠치 이사오, 《굶주림과 식량의 일본사》, 127-30쪽.

137 모리 야스히코, 《고문서를 읽자》, 213-4쪽.

138 최승희, 《한국고문서연구》, (지식산업사, 1999), 473쪽.

139 전경목, 「조선 후기에 한양에서 활약했던 자매(自賣) 알선자들」, 《문헌과 해석》, 60, (태학 사, 2012).

140 모리 야스히코, 《고문서를 읽자》, 130-3쪽.

141 하야미 아키라, 《근세 일본의 경제발전과 근면혁명 – 역사인구학으로 본 산업혁명 vs. 근면혁명》, 138쪽.

142 김건태, 「이황의 가산경영과 치산이재」, 《퇴계학보》, 130, (퇴계학연구원, 2011), 166쪽.

143 하야미 아키라, 《근세 일본의 경제발전과 근면혁명 – 역사인구학으로 본 산업혁명 vs. 근면혁명》, 129쪽.

144 같은 책, 75쪽.

145 같은 책, 300쪽.

146 같은 책, 157쪽.

147 "64년간 농사일기 쓴 김홍섭 할아버지 '삶 다할 때까지 기록'", 「연합뉴스」, 2019년 8월 1일.

148 하야미 아키라, 《근세 일본의 경제발전과 근면혁명 – 역사인구학으로 본 산업혁명 vs. 근면혁명》, 320쪽.

149 같은 책, 308쪽.

150 미야지마 히로시, 《미야지마 히로시, 나의 한국사 공부》, (너머북스, 2013), 67쪽.

151 박찬승, 《마을로 간 한국전쟁》, (돌베개, 2010), 26쪽.

152 "시대착오적인 신분의식", 박찬승, 《새마갈노》, 2015년 3월 3일.

153 박찬승, 《마을로 간 한국전쟁》, (돌베개, 2010), 11쪽.

154 「놉 이야기」, 《한국농정》, 2011년 6월 27일.

155 고이케 도고로(小池藤五郎), 《산토 교덴(山東京傳)》, (吉川弘文館, 1961), 81-104쪽.

156 모리 야스히코, 《고문서를 읽자》, 218-29쪽.

157 기쿠치 이사오, 《굶주림과 식량의 일본사》, 132쪽

158 오타 모토코, 《자녀복과 영아살해》, 262-5쪽.

159 기쿠치 이사오, 《굶주림과 식량의 일본사》, 133-4쪽.

160 오타 모토코, 《자녀복과 영아살해》, 266쪽.

161 "카듸로프가 체첸의 신랑들에게 200명의 신부들을 '사도록' 수백만 루블을 기부하다 (Kadyrov Donates Millions to Help Chechen Grooms 'Buy' 200 Brides)", 「The Moscow Times」, 2020년 6월 10일.

162 "한국이주여성인권센터에 따르면 2007년 이후 남편의 폭력 등으로 숨진 이주여성은 언론에 보도된 사례만 21명이다. 2017년 국가인권위원회 실태조사에 따르면 결혼이주여성이 당한 가정폭력은 언어적 학대(81.1%), 한국식 생활방식 강요(41.3%), 폭력, 생활비 미지급 등이었다. 심지어 외출이나 본국 방문을 금지당하거나 신분증을 빼앗기는 사례도 많다.", 「여성가족부 '폭력피해 이주여성 상담소' 전국에 5개소 개소… 이주여성 보호 및 지원에 박차」, 대한민국 정책브리핑, 2019년 7월 24일.

163 하야미 아키라, 《근세 일본의 경제발전과 근면혁명 – 역사인구학으로 본 산업혁명 vs. 근면혁명》, 226쪽.

164 미야지마 히로시, 《미야지마 히로시의 양반》, 노영구 옮김 (너머북스, 2014), 223쪽.

165 기토 히로시, 《인구로 읽는 일본사》, 97쪽.

166 같은 책, 100쪽.

167 하야미 아키라, 《근세 일본의 경제발전과 근면혁명 – 역사인구학으로 본 산업혁명 vs.

근면혁명》, 144쪽.

**168** 같은 책, 227쪽.

**169** 같은 책, 128쪽.

**170** 같은 책, 제5장 근세일본의 경제발전과 Industrious Revolution.

**171** 오타 모토코,《자녀복과 영아살해》, 180쪽.

**172** 기토 히로시,《인구로 읽는 일본사》, 226쪽.

**173** 같은 책, 228쪽.

**174** 쓰노다 도자에몬의《만사각서장》에 관한 자세한 분석은 오타 모토코가 쓴《자녀복과 영아살해》49-99쪽을 참고.

**175** 같은 책, 88~91쪽.

**176** 김건태,「이황의 가산경영과 치산이재」,《퇴계학보》, 164쪽.

**177** "강요된 혼인: 양천교혼(良賤交婚)",「우리역사넷」

**178** 안승준,《조선전기 사노비의 사회 경제적 성격》, (경인문화사, 2007), 서문.

**179** 오타 모토코,《자녀복과 영아살해》, 89쪽.

**180** 가타기리 요시오 등,《일본 교육의 역사 – 사회사적 시각에서》, 69쪽에서 재인용.

**181** 파비안 드릭슬러(Fabian Drixler),《마비키 – 영아살해와 동일본의 인구 성장, 1660-1950(Mabiki-Infanticide and Population Growth in Eastern Japan, 1660-1950)》, (University of California Press, 2013).

**182** 로버트 단턴,《고양이 대학살 – 프랑스문화사 속의 다른 이야기들》.

**183** "손순매아설화(孫順埋兒說話)",《한국민족문화대백과사전》.

**184** 오타 모토코,《자녀복과 영아살해》, 235쪽, 365쪽.

**185** "北俗惡防戍之役, 男子生不擧, 朝聞呱呱, 暮而寂然, 詰之則已瘞之矣. 夫舐犢之心, 天理同然, 至於手殺己子, 忍所不忍, 是雖由猛政之使之."

**186** 이상《조선왕조실록》의 한국어 번역과《어우집》의 고전 한어(古典漢語) 원문은 한국고전종합DB에 공개된 내용을 인용.

**187** 배다리도시학교,《주름진 바닷가 겹겹의 이야기》, (스페이스빔, 2020), 163쪽.

**188** 찰스 만,《1493》, 최희숙 옮김 (황소자리, 2020), 321쪽.

**189** 아시 도잔과 오와다 곤베이의 기록은 오타 모토코가 쓴《자녀복과 영아살해》23쪽에서 인용.

**190** 토머스 스미스(Thomas C. Smith),《나카하라 – 소농과 어떤 일본 마을의 인구, 1717-1830(Nakahara – Family Farming and Population in a Japanese Village, 1717-1830)》, (Stanford University Press, 1977).

**191** 기토 히로시,《인구로 읽는 일본사》, 226쪽.

192 오타 모토코, 《자녀복과 영아살해》, 37쪽.

193 같은 책, 87쪽, 94-5쪽, 109쪽.

194 기토 히로시, 《인구로 읽는 일본사》, 117쪽.

195 오타 모토코, 《자녀복과 영아살해》, 236쪽.

196 같은 책, 233쪽.

197 가지타니 신지(梶谷眞司), 「모유 자연주의와 그 역사적 변천(母乳の自然主義とその歷史的 變遷)」, 《帝京大學外國語外國文化》, 2, (帝京大學外國語學部外國學科, 2009 · 3), 91쪽.

198 오타 모토코, 《자녀복과 영아살해》, 222쪽, 231쪽

199 하마노 기요시, 《역사인구학으로 읽는 에도 일본》, 103쪽.

200 오타 모토코, 《자녀복과 영아살해》, 24쪽.

201 가타기리 요시오 등, 《일본 교육의 역사 – 사회사적 시각에서》, 71쪽.

202 기토 히로시, 《인구로 읽는 일본사》, 149-50쪽; 하마노 기요시 《역사인구학으로 읽는 에도 일본》, 52-3쪽.

203 오타 모토코, 《자녀복과 영아살해》, 179-93쪽.

204 가부토 마을의 상황에 관해서는 기토 히로시가 쓴 《인구로 읽는 일본사》 219-20쪽을 참고.

205 같은 책, 141쪽.

206 같은 책, 154쪽.

207 같은 책, 160-1쪽.

208 사와야마 미카코(澤山美果子), 《에도의 버려진 아이들 – 그 초상(江戸の捨て子たち-その肖像)》, (吉川弘文館, 2008), 75쪽.

209 오타 모토코, 《자녀복과 영아살해》, 225쪽, 255쪽.

210 하마노 기요시 《역사인구학으로 읽는 에도 일본》, 93-6쪽.

211 오타 모토코, 《자녀복과 영아살해》, 86~87쪽.

212 사와야마 미카코, 《에도의 버려진 아이들 – 그 초상》, 52-3쪽.

213 최협, 《판자촌 일기 - 청계천 40년》, "3. 마장동 일기", (눈빛, 2012), 67쪽.

214 오타 모토코, 《자녀복과 영아살해》, 121쪽.

215 하마노 기요시 《역사인구학으로 읽는 에도 일본》, 52쪽.

216 스기타 겐파쿠 등, 《해체신서》, 김성수 옮김 (한길사, 2014), 370-1쪽에서 인용, 일부 수정.

217 아오키 도시유키, 《에도 시대의 의학 – 명의들의 3백 년》, 90~93쪽, 오타 모토코, 《자녀복과 영아살해》, 315-6쪽을 참고.

218 네사키 미쓰오, 《쇼루이아와레미의 세계》, 166쪽.

219 오타 모토코,《자녀복과 영아살해》, 260쪽.

220 같은 책, 272쪽.

221 위키소스를 이용.

222 1837년 기록은 사와야마 미카코가 쓴《에도의 버려진 아이들 - 그 초상》34쪽 참고.

223 마쓰오 바쇼, 이하라 사이카쿠, 산토 교덴의 비교는 오타 모토코가 쓴《자녀복과 영아살해》36-8쪽을 참고.

224 사와야마 미카코,《에도의 버려진 아이들 - 그 초상》, 107쪽.

225 같은 책, 54쪽.

226 같은 책, 49쪽.

227 네사키 미쓰오,《쇼루이아와레미의 세계》, 161-6쪽.

228 사와야마 미카코,《에도의 버려진 아이들 - 그 초상》, 17쪽

229 같은 책, 29쪽.

230 같은 책, 121-2쪽.

231 오타 모토코,《자녀복과 영아살해》, 202쪽.

232 사와야마 미카코,《에도의 버려진 아이들 - 그 초상》, 143-9쪽.

233 마리아 셀리아(Maria Célia P. V. F. Freire), 마를레니 오르도네즈(Marlene Ordoñez),《브라질 역사(História do Brasil)》, (Ática, 1974), 35쪽.

234 "아프가니스탄의 여성들: 과거에 대하여(Women in Afghanistan: the back story)", 앰네스티 인터내셔널 영국(Amnesty International UK), 2014년 11월 25일

235 아미노 요시히코(網野善彦),《일본 역사를 다시 읽는다(日本の歴史をよみなおす)》, "제4장 여성을 둘러싸고(女性をめぐって)"(筑摩書房, 1991)를 참조.

236 무라이 쇼스케(村井章介) 대표편집,《일 · 명 관계사 연구 입문 - 아시아 속의 견명선(日明關係史研究入門-アジアのなかの遣明船)》, (勉誠出版, 2015) 등을 참고.

237 "古書 // 五經則重書禮, 而忽易詩春秋, 四書則重論語學庸, 而惡孟子, 重佛經, 無道經, 若古醫書, 每見必買, 重醫故也.",《주해도편(籌海圖編)》, 권2,「왜호(倭好)」, 오바 오사무(大庭修) · 왕용(王勇) 편,《일중문화교류사연구 9 전적(日中文化交流史叢書 9 典籍)》, (大修館書店, 1996), 81쪽에서 재인용.

238 고소토 히로시(小曾戸洋),《한방의 역사 - 중국 · 일본의 전통 의학(漢方の歴史-中國 · 日本の傳統醫學)》, (大修館書店, 2014), 156-7쪽.

239 같은 책, 174-5쪽.

240 같은 책, 179쪽.

241 나카무라 유키히코(中村幸彦), 후지모토 사치오(藤本幸夫),「조선문학(朝鮮文學)」,《일본 고전문학대사전(日本古典文學大辞典)》, (岩波書店, 1984).

242 송시열, 《송자대전》, 권76, 「남운경에게」; 정민, 《미쳐야 미친다 - 조선 지식인의 내면 읽기》, (푸른역사, 2012년 초판51쇄), 168쪽.

243 「하야시님 체발수위변(林氏剃髮受位辨)」, (1631), 호리 이사오(堀勇雄), 《하야시 라잔(林羅山)》, (吉川弘文館, 1964), 128-9쪽에서 재인용.

244 《이칭일본전》과 《화한삼재도회》에 관해서는 김시덕이 쓴 《전쟁의 문헌학》(열린책들, 2017) "제2부 제2장 제1절 《이칭일본전》과 《화한삼재도회》"를 참고.

245 신동원, 《조선의약생활사 - 환자를 중심으로 본 의료 2000년》, 「제2부 조선의약생활지: 《묵재일기》 속으로」 (들녘, 2014).

246 같은 책, 「제3부 조선시대 의약생활의 대변화 I. 퇴계 이황의 의학과 의술」.

247 장유승, 『쓰레기 고서들의 반란』, (글항아리, 2013), 309-10쪽.

248 신동원, 《조선의약생활사 - 환자를 중심으로 본 의료 2000년》, 「제3부 IV. 병과 의약 생활로 본 정약용의 일생」.

249 같은 책, 587쪽.

250 같은 책, 593쪽.

251 같은 책, 714-5쪽.

252 같은 책, 583-6쪽.

253 아오키 도시유키, 《에도 시대의 의학-명의들의 3백 년》, 230쪽.

254 모리 야스히코, 《고문서를 읽자》, 202-6쪽.

255 《우에다번 촌 명세장》에 관해서는 우미하라 료가 쓴 《에도 시대의 의사수업 - 학문·학통·유학》 21-2쪽을 참고.

256 고소토 히로시, 《한방의 역사 - 중국·일본의 전통 의학》, 14쪽.

257 신동원, 《조선의약생활사 - 환자를 중심으로 본 의료 2000년》, 516쪽; "유의", 《한국민족문화대백과사전》.

258 "蓋醫而窺儒者, 自恥其小道, 且與巫覡賤工伍, 而窺欲列于儒以表其名.", 《고학선생문집(古學先生文集)》, 권3, 「유의변(儒醫辨)」, 와세다대학도서관 소장본.

259 "今之所謂儒醫者' 以醫求利' 以儒求名.", 세키 요시오미(關義臣) 편, 《일본명가경사론존(日本名家經史論存)》, (溫故堂, 1881).

260 "近年の醫者どもは切つぎ普請の詩文章でも書おぼへ'所まだらに傷寒論の會が一へん通り濟やすますに自古方家或は儒醫などとは名乗れども'病は見えず藥は覺えず'漫に石膏芒硝の類を用て殺ゆゑ.", 《네나시구사(根南志具佐)》, 권1, 와세다대학도서관 소장본.

261 "小文才のある醫者は人を殺す商売なれば.", 《네나시구사》, 권1, 와세다대학도서관 소장본.

262 중종 38년(1543년) 5월 4일 정미 2번째 기사.

263 "〈한동일의 라틴어 수업 2020〉 생명을 지키는 최전선, 기꺼이 달려간 사람들… 별은 그

곳에 뜬다.", 「경향신문」, 2020년 3월 13일.

264 로이스 마그너(Lois N. Magner), 올리버 킴(Oliver J. Kim), 《의학의 역사(A History of Medicine)》, (CRC Press, 2017), 110쪽.

265 최효재, 신길조, 「이븐 시나를 중심으로 고찰한 이슬람 의학의 이해」, 《대한한방내과학회지》, 36-3, (대한한방내과학회, 2015·9), 254쪽.

266 가메이 난메이에 관해서는 나카니시 아키라(中西啓)가 쓴 《신판 일본 의가 열전 – 일본 근대 의학의 여명(新版ニッポン醫家列傳-日本近代醫學のあけぼの)》(ピー・アンド・シー, 1992) 38-43쪽을 참조.

267 가메이 난메이의 삭발 반대 정책과 오기번 번의 사노 가문에 관해서는 아오키 도시유키가 쓴 《에도 시대의 의학 – 명의들의 3백 년》 89쪽을 참고.

268 미키 사카에(三木榮), 《조선의학사 및 질병사(朝鮮醫學史及疾病史)》, (三木榮, 1963), 348쪽; 신동원, 《조선의약생활사 – 환자를 중심으로 본 의료 2000년》, 803쪽.

269 신동원, 《조선의약생활사 – 환자를 중심으로 본 의료 2000년》, 803쪽.

270 고소토 히로시, 《한방의 역사 – 중국·일본의 전통 의학》, 199-200쪽.

271 고토 곤잔에 관해서는 아오키 도시유키가 쓴 《에도 시대의 의학 – 명의들의 3백 년》 37-8쪽, 우미하라 료코가 쓴 《에도 시대의 의사수업 – 학문·학통·유학》 18-9쪽을 참고.

272 후쿠다 야스노리(福田安典), 《의학서 속의 「문학」 – 에도의 의학과 문학이 만들어낸 세계(醫學書のなかの「文學」- 江戶の醫學と文學が作り上げた世界)》, (笠間書院, 2016), 117쪽, 201쪽.

273 같은 책, 61쪽에서 재인용.

274 마야나기 마코토(眞柳誠), 「온지방담 – 일본은 섬나라여서 《상한론》과 《소문》을 연구하는 것 같다(溫知放談—日本は島國につき《傷寒論》や《素問》を研究するらしい)」, (溫知會第445回月例會, 2003年10月18日, 東京·湯島聖堂), 마야나기 마코토 선생의 홈페이지에 공개된 버전을 참고 http://square.umin.ac.jp/mayanagi/paper02/onchi03.html.

275 고소토 히로시, 《한방의 역사 – 중국·일본의 전통 의학》, 82쪽.

276 박훈평, 「조선 전기 '상한' 관련 문헌의 도입과 활용 연구: 간행, 인용, 강서 활용을 중심으로」, 《의사학》, 28-3, (대한의사학회, 2019·12), 650쪽.

277 호리 이사오, 《하야시 라잔(林羅山)》, 132-4쪽, 아이 쇼지(藍正字), 〈《본초강목》과 하야시 라잔(《本草綱目》と林羅山)〉《アジアの歷史と文化》, 2, (山口大學アジア歷史文化研究會, 1995·10) 등을 참고.

278 고소토 히로시, 《한방의 역사 – 중국·일본의 전통 의학》, 142-4쪽.

279 후쿠다 야스노리, 《의학서 속의 「문학」 – 에도의 의학과 문학이 만들어낸 세계》, 102쪽.

280 교토대학 귀중자료 디지털 아카이브(京都大學貴重資料デジタルアーカイブ) 소장본을 이

용.

281 모리스에 아라타(森末新),《쇼군과 마치이 – 소슈 가타쿠라 가쿠료 전(將軍と町醫-相州片倉鶴陵傳)》,(有隣堂, 1978), 129-31쪽.

282 같은 책, 131-2쪽.

283 아오키 도시유키,《에도 시대의 의학 – 명의들의 3백 년》, 160-2쪽을 참고.

284 모리스에 아라타,《쇼군과 마치이 – 소슈 가타쿠라 가쿠료 전》, 132쪽.

285 "앙브루아즈 파레(Ambroise Paré)",《브리태니커 국제 대백과사전》; 황건,《인류의 전쟁이 뒤바꾼 의학 세계사》,(살림출판사, 2019), 50-2쪽.

286 오토 오사무,《근세 농민의 라이프 사이클》, 46쪽.

287 나카니시 아키라,《신판 일본 의가 열전 – 일본 근대 의학의 여명》, 19쪽.

288 와세다대학 소장본 이용.

289 아오키 도시유키,《에도 시대의 의학 – 명의들의 3백 년》, 9쪽.

290 "僕在關左之日, 偏州下邑之者, 不知養生之道, 不幸而致夭橫, 故愛憐之心最深, 仍檢延壽之敎峡, 聚枢要之語, 右之以延壽撮要, 爲便見聞, 以和字書之.", 엔도 지로(遠藤次郎), 나카무라 데루코(中村輝子), 「마나세 겐사쿠 저작의 문제들(曲直瀨玄朔の著作の諸問題)」,《Journal of the Japan Society of Medical History》, 50-4, (日本醫史學會, 2004·12), 559쪽에서 재인용.

291 아오키 도시유키,《에도 시대의 의학 – 명의들의 3백 년》, 9쪽.

292 이노우에 다다시(井上忠),「가이바라 엣켄의 "대의록"(貝原益軒の"大疑錄")」,《福岡大學圖書館報》, 9, (1973·1).

293 후쿠다 야스노리,《의학서 속의 「문학」 – 에도의 의학과 문학이 만들어낸 세계》,「제2장 에도 시대 내내 사랑받은 돌팔이 의사, 지쿠사이(江戸期を通じて愛されたヤブ醫者, 竹齋)」를 참조.

294 아오키 도시유키,《에도 시대의 의학 – 명의들의 3백 년》, 11쪽.

295 같은 책, 172쪽.

296 같은 책, 173쪽.

297 같은 책, 169쪽.

298 무라이 겐보쿠·긴잔에 관해서는 같은 책 168-71쪽을 참고.

299 가마쿠라 시대와 무로마치 시대의 국방의학에 관해서는 소다 하지메(宗田一)가 쓴《일본의 명약(日本の名藥)》(八坂書房, 2001) 25쪽을 참고.

300 신동원,《조선의약생활사 – 환자를 중심으로 본 의료 2000년》, 707쪽에서 재인용.

301 나가타 도쿠혼에 관해서는 우미하라 료가 쓴《에도 시대의 의사수업 – 학문·학통·유학》 19-20쪽을 참고.

302 황건,《인류의 전쟁이 뒤바꾼 의학 세계사》, 65쪽.

**303** 구스도 요시아키(楠戸義昭), 《센고쿠 무장 명언록: 마쓰시타 정경숙 숙장 강화록(戰國武將名言錄: 松下政經塾塾長講話錄)》, (PHP研究所, 2006), 전자책.

**304** 소다 하지메, 《일본의 명약》, 16쪽.

**305** 안영탕, 용왕탕, 실모산, 소명산에 관해서는 같은 책 16-22쪽을 참고.

**306** 고소토 히로시, 《한방의 역사 – 중국 · 일본의 전통 의학》, 170쪽.

**307** 같은 책, 171-3쪽.

**308** 아오키 도시유키, 《에도 시대의 의학 – 명의들의 3백 년》, 164-5쪽.

**309** 같은 책, 167쪽.

**310** 같은 책, 167쪽.

**311** 앙브루아즈 파레와 샤를 9세의 일화는 이바라키 다모쓰(茨木保)가 쓴 《만화 의학의 역사(まんが醫學の歷史)》《醫學書院, 2008), 장 노엘 파비아니 글, 필리프 베르코비치 그림, 김모 번역의 《만화로 배우는 의학의 역사》(한빛비즈, 2019)를 인용.

**312** 우미하라 료, 《에도 시대의 의사수업 – 학문 · 학통 · 유학》, 117쪽.

**313** 야마다 데루타네(山田照胤), 「토방의 문헌적 연구 – 제1편 토방과 토방가에 관한 역사적 고찰(吐方の文獻的研究 第一編吐方と吐方家に關する歷史的考察)」, 《日本東洋醫學會誌》, 9-1, (日本東洋醫學會, 1958).

**314** 나가토미 도쿠쇼안, 《만유잡기》, 우미하라 료, 《에도 시대의 의사수업 – 학문 · 학통 · 유학》, 87-8쪽에서 재인용.

**315** 우미하라 료, 《에도 시대의 의사수업 – 학문 · 학통 · 유학》, 86-7쪽.

**316** 장 가브리엘 산토니(Jean-Gabriel Santoni), 「에도 시대의 화학 원소 용어에 대하여 – 우다가와 요안과 우에노 히코마를 중심으로(De la notation des éléments chimiques à l'époque d'Edo—chez Udagawa Yôan et Ueno Hikoma)」, 《廣島大學フランス文學研究》, 31, (廣島大學フランス文學研究會, 2012 · 12), 96쪽.

**317** 마치 센주로(町泉壽郎), "한방 의인 열전 – 다키 모토야스 · 다키 모토카타(漢方醫人列傳-多紀元簡 · 多紀元堅)", 「쓰무라 메디컬 투데이(ツムラ · メディカル · トゥデイ)」, 2010년 3월 24일 방송.

**318** 다키 가문에 관해서는 아오키 도시유키가 쓴 《에도 시대의 의학 – 명의들의 3백 년》 164-8쪽을 참고.

**319** 같은 책, 194쪽.

**320** 도쿄대학 의학도서관 디지털사료실(東京大學醫學圖書館デジタル史料室) 해제, https://www.lib.m.u-tokyo.ac.jp/digital/HR078/index.html.

**321** 스티븐 존슨, 《감염지도》, 김명남 옮김 (김영사, 2008), 174쪽.

**322** 신동원, 《조선의약생활사 – 환자를 중심으로 본 의료 2000년》, 703쪽.

**323** 이토 겐보쿠에 관해서는 아오키 도시유키가 쓴 《에도 시대의 의학 – 명의들의 3백 년》 193-7쪽, 나카니시 아키라가 쓴 《신판 일본 의가 열전 – 일본 근대 의학의 여명》 64-9쪽 을 참고.

**324** 윌리엄 바이넘, 《서양의학사》, 박승만 옮김 (교유서가, 2017), 141쪽.

**325** 쓰보이 신도에 관해서는 아오키 도시유키가 쓴 《에도 시대의 의학 – 명의들의 3백 년》 198-9쪽을 참고.

**326** "맛있는 간장 만들려고 코 안에 '곰팡이' 숨겨온 '간장계 문익점' 샘표 오경환 부사장", 「인사이트」, 2019년 2월 15일.

**327** "간장계 문익점인가 산업 스파이인가… '간장 명인' 시끌", 「국민일보」, 2019년 2월 23일.

**328** "유엔, 11월 5일을 '세계 쓰나미의 날'로 제정(國連 11月5日を「世界津波の日」に制定　日本 が提案)", 「니혼게이자이신문(日本經濟新聞)」, 2015년 12월 5일.

**329** 《소학국어독본(小學國語讀本)》, (1937), 히라카와 스케히로(平川祐弘), 《고이즈미 야쿠모 – 서양 탈출의 꿈(小泉八雲 – 西洋脱出の夢)》, (講談社, 1981), 157-9쪽에서 재인용.

**330** 윌리엄 바이넘, 《서양의학사》, 45쪽.

**331** 스기모토 쓰토무, 《서양문화 기원 10강》, 190쪽에서 재인용.

**332** 같은 책, 190-1쪽.

**333** 안드레아스 페레스 리오보(Andres Perez Riobo), 「1632년 히닌의 국외 추방에 대하여 (一六三二年におけるヒニンの國外追放について)」, 《立命館史學》, 33, (立命館史學會, 2012 · 11), 58쪽.

**334** 윌리엄 바이넘, 《서양의학사》, 13쪽, 234쪽.

**335** 후베르트 치슬릭(Hubert Cieslik), 「크리스토바웅 페레이라의 사례(The Case of Christovão Ferreira)」, 《Monumenta Nipponica》, 29, (上智大學, 1973), 46-8쪽.

**336** 아오키 도시유키, 《에도 시대의 의학 – 명의들의 3백 년》, 25-8쪽, 스기모토 쓰토무, 《서 양문화 기원 10강》, 199쪽을 참고.

**337** 나카니시 아키라, 《신판 일본 의가 열전 – 일본 근대 의학의 여명》, 17쪽.

**338** 윤병남, 《구리와 사무라이》, (소나무, 2007), 240쪽, 285쪽.

**339** B. M. 보다르트-베일리(B. M. Bodart-Bailey), 《캠퍼-예절의 나라에 와서(ケンペル – 禮 節の國に來たりて)》, 나카 나오이치(中直一) 옮김 (ミネルヴァ書房, 2009), 261~264쪽.

**340** "학습지도요령 '쇄국'이 사라졌다 – 소학교 · 중학교 사회과에서(學習指導要領「鎖國」が消 えた-小中學校の社會科から)", 「마이니치신문」, 2017년 2월 14일.

**341** 오시마 아키히데(大島明秀), 《'쇄국'이라는 언설 – 캠퍼 저, 시즈키 다다오 역 《쇄국론》의 수용사(「鎖國」という言説-ケンペル著 · 志筑忠雄譯《鎖國論》の受容史)》, (ミネルヴァ書房, 2009).

342 아오키 도시유키,《에도 시대의 의학 - 명의들의 3백 년》, 127쪽, 스기모토 쓰토무,《서양문화 기원 10강》, 234-5쪽을 참고.

343 "如是我聞, 西方國土, 出世賢聖, 觀天象, 察地理, 精通造化之眞理." 와세다대학 소장본.

344 스기모토 쓰토무,《서양문화 기원 10강》, 242-6쪽을 참고.

345 식민지 시기 한반도에서 전개된 요시마스 도도 관련 논의, 특히 1930년대에 언론 지상에서 전개된 동서의학논쟁에 관해서는 여인석「한말과 식민지 시기 서양의학의 한의학 인식과 수용」,《의사학》, 16-2, (대한의사학회, 2007·12)를 참고.

346 윌리엄 바이넘,《서양의학사》, 68쪽.

347 아오키 도시유키,《에도 시대의 의학 - 명의들의 3백 년》, 82쪽에서 재인용.

348 《유취방》에 관해서는 나고야대학 의학부 사료실의 해제를 참고. https://www.med.nagoya-u.ac.jp/medlib/history/.

349 아오키 도시유키,《에도 시대의 의학 - 명의들의 3백 년》, 84쪽.

350 요시마스 도도에 대한 저의 관심은 2015년 연세대학교 인문사회의학협동과정 대학원에서 나온 백혜민 선생의 석사학위논문《요시마스 도도의 질병 원인론과 병리학 개념》에서 비롯되었습니다. 이 자리를 빌어 백혜민 선생께 감사의 말씀을 드립니다.

351 아오키 도시유키,《에도 시대의 의학 - 명의들의 3백 년》, 59-62쪽, 스기모토 쓰토무,《서양문화 기원 10강》, 250-1쪽을 참고.

352 다시로 가즈이(田代和生),《에도 시대 조선 약재 조사에 대한 연구(江戶時代朝鮮藥材調査の研究)》, (慶應義塾大學出版會, 1999).

353 아오키 도시유키,《에도 시대의 의학 - 명의들의 3백 년》, 62~63쪽, 스기모토 쓰토무,《서양문화 기원 10강》, 252-4쪽.

354 아오키 도시유키,《에도 시대의 의학 - 명의들의 3백 년》, 64~66쪽.

355 하야미 아키라,《근세 일본의 경제발전과 근면혁명 – 역사인구학으로 본 산업혁명 vs. 근면혁명》, 255쪽.

356 「《도도내우스 초목보》원본의 과학적 조사(《獨獨涅烏斯草木譜》原本の科學的調查)」, 도쿄문화재연구소(東京文化財研究所), 2007년 5월 활동보고.

357 스기모토 쓰토무,《서양문화 기원 10강》, 270-9쪽을 참고.

358 베살리우스와 근대 유럽 해부학에 관해서는 윌리엄 바이넘이 쓴《서양의학사》52-4쪽을 참고.

359 같은 책, 18-25쪽.

360 황건,《인류의 전쟁이 뒤바꾼 의학 세계사》, 47쪽.

361 아메드 제바르,《아랍 과학의 황금시대》, 김성희 옮김 (알마, 2016), 106-7쪽. 이 책을 알려주신 역학(疫學) 연구자 황승식 선생님께 감사드립니다.

362 "앙브루아즈 파레(Ambroise Paré)",《브리태니커 국제 대백과사전》.

363 윌리엄 바이넘,《서양의학사》, 48-9쪽.

364 구리야마 고안의 해부에 관해서는 아오키 도시유키가 쓴《에도 시대의 의학 - 명의들의 3백 년》76-7쪽을 참고.

365 "야마다 아사에몬(山田淺右衛門)",《신초일본인명사전(新潮日本人名辞典)》

366 아오키 도시유키,《에도 시대의 의학 - 명의들의 3백 년》, 152쪽.

367 "天明乙巳年十一月十三日, 賊豊吉者處斬, 吾党十六人請屍於官, 剝剔皮肉洞視心腹, 以徵千歲之大疑焉, 可謂於吾道有大功矣, 於是謀諸同志建石, 令其功與日月争爾 // 一關疾醫菊池崇德謹識焉.",「도요키치의 무덤(豊吉の墓)」, 문화유산 온라인(文化遺産オンライン), https://bunka.nii.ac.jp/heritages/detail/174127.

368 윌리엄 바이넘,《서양의학사》, 88쪽.

369 "[10] 가난, 몸, 그리고 해부학의 역사", 김승섭,「사이언스온」, 2017년 3월 30일

370 "의사들은 왜 무덤을 도굴했을까?",「사이언스타임즈」, 2016년 3월 17일.

371 스기모토 쓰토무,《서양문화 기원 10강》, 195-6쪽.

372 아오키 도시유키,《에도 시대의 의학 - 명의들의 3백 년》, 50~51쪽.

373 게라 요시노리(計良吉則), 사카이 시즈(酒井シヅ),「《네덜란드 경락근맥장부도해》의 번역서로서의 불완전함: 번역되지 않은 단어에 주목해서(《阿蘭陀經絡筋脈臓腑圖解》の翻譯書としての不完全さ: 譯出されなかった語の視點から)」,《日本醫史學雜誌》, 58-1, (日本醫史學會, 2012 · 3).

374 스기모토 쓰토무,《서양문화 기원 10강》, 206쪽.

375 같은 책, 223-34쪽.

376 《일본고전문학대계 95 재은기 오리타쿠시바노키 난동사시(日本古典文學大系 95 戴恩記 折たく柴の記 蘭東事始)》, (岩波書店, 1964), 473쪽.

377 아오키 도시유키,《에도 시대의 의학 - 명의들의 3백 년》, 75쪽.

378 윌리엄 바이넘,《서양의학사》, 32쪽.

379 "嗟乎, 夢覺兮. (중략) 名節泰山重, 青史百世鳴, 吾道終不廢, 子功日月爭, 骨朽功不朽.", 와세다대학 소장본.

380 야마와키 도요의 해부에 관해서는 고소토 히로시가 쓴《한방의 역사 - 중국 · 일본의 전통 의학》186-7쪽, 아오키 도시유키가 쓴《에도 시대의 의학 - 명의들의 3백 년》71-5쪽, 스기모토 쓰토무가 쓴《서양문화 기원 10강》189~218쪽을 참고.

381 가와구치 신닌의 해부에 관해서는 아오키 도시유키가 쓴《에도 시대의 의학 - 명의들의 3백 년》77-9쪽을 참고.

382 스기타 겐파쿠의 생애와《해체신서》번역 과정에 관해서는 아오키 도시유키가 쓴《에도

시대의 의학 – 명의들의 3백 년》107-16쪽을 참고.

383 "良澤は阿蘭陀人の化物なり.",《일본고전문학대계 95 재은기 오리타쿠시바노키 난동사
시》, (1964), 498-9쪽.

384 "人と云者は, 世に廢れんと思ふ藝能は習置て, 末夕 までも不絕樣にし, 當時人のすてはてて,
せぬことになりしをば, これを爲して, 世のために, 後にも其事の殘る樣にすべし.", 같은
책, 479쪽.

385 "日日の治業を勤るもつとめなり. 又, 其業のためをなし, 終には天下後世生民の有益たる事
を爲さんとするも, 取も直さず, 其業を勤るなり. 彼は欲する所ありと見ゆれば, 其好む所
に任せ置べし.", 같은 책, 498쪽.

386 "支那, 僻在一邊, 獨稱中國, 驕敖自限耳.", 와세다대학 소장본.

387 마에노 료타쿠에 관해서는 아오키 도시유키가 쓴《에도 시대의 의학 – 명의들의 3백 년》
117-9쪽을 참고.

388 같은 책, 106쪽.

389 같은 책, 105쪽

390 스기타 겐파쿠,《해체신서》, 61~62쪽.

391 우미하라 료,《에도 시대의 의사수업 – 학문 · 학통 · 유학》, 22쪽에서 재인용.

392 같은 책, 209쪽.

393 로버트 C. 앨런 지음,《세계경제사》, 이강국 옮김 (교유서가, 2017), 48-9쪽.

394 우미하라 료,《에도 시대의 의사수업 – 학문 · 학통 · 유학》, 22쪽.

395 마쓰키 아키토모(松木明知),《나카가와 고로지와 시베리아를 경유한 우두종두법(中川五
郎次とシベリア經由の牛痘種痘法)》, (北海道出版企劃センター, 2009)를 참고.

396 우미하라 료,《에도 시대의 의사수업 – 학문 · 학통 · 유학》, 180쪽.

397 "疱瘡の見目定め, 麻疹の命定め.", 아사이 준코,《생활 속의 고문서》, 23쪽.

398 오타 모토코,《자녀복과 영아살해》, 116쪽

399 아오키 도시유키,《에도 시대의 의학 – 명의들의 3백 년》, 216-7쪽.

400 「천연두 그림(疱瘡繪)」, 나이토 기념 약 박물관(內藤記念くすり博物館), http://www.eisai.
co.jp/museum/history/0700/sub0102.html.

401 윌리엄 바이넘,《서양의학사》, 112-3쪽.

402 나카니시 아키라,《신판 일본 의가 열전 – 일본 근대 의학의 여명》, 52-3쪽.

403 아오키 도시유키,《에도 시대의 의학 – 명의들의 3백 년》, 218-9쪽.

404 조정은, 「근대 상하이 공공조계 우두 접종과 거주민의 반응: 지역적 · 문화적 비교를 중
심으로」,《의사학》, 29-1, (대한의사학회, 2020 · 4), 122쪽.

405 아오키 도시유키,《에도 시대의 의학 – 명의들의 3백 년》, 220쪽.

**406** 고소토 히로시,《한방의 역사 - 중국·일본의 전통 의학》, 178쪽.

**407** 아오키 도시유키,《에도 시대의 의학 - 명의들의 3백 년》, 220-1쪽.

**408** 윌리엄 바이넘,《서양의학사》, 114쪽.

**409** 나카니시 아키라,《신판 일본 의가 열전 – 일본 근대 의학의 여명》, 59-60쪽.

**410** 아오키 도시유키,《에도 시대의 의학 - 명의들의 3백 년》, 221쪽.

**411** 같은 책, 221~224쪽.

**412** 같은 책, 234~235쪽.

**413** 같은 책, 226~229쪽.

**414** 윌리엄 바이넘,《서양의학사》, 107쪽.

**415** 같은 책, 115쪽.

**416** 같은 책, 117쪽.

**417** 같은 책, 121쪽.

**418** 소다 하지메,《일본의 명약》, 153쪽; 국립공문서관(國立公文書館) 디지털 전시 「천하대변 – 자료로 보는 에도 시대의 재해(天下大變-資料に見る江戸時代の災害)」http://www.archives.go.jp/exhibition/digital/tenkataihen/index.html.

**419** 박한민, 「1886년 조선 내 콜레라 유행과 개항장 검역」,《의사학》, 29-1, (대한의사학회, 2020·4), 43쪽.

**420** 신동원,《호환·마마·천연두 – 병의 일상 개념사》, (돌베개, 2013), 147쪽.

**421** "京都鳩居堂主熊谷蓮心翁性好德義惠愛及物常憫牛馬之服苦老且不免屠殺故購其老疲不堪用者放於我東野村之郊養馬翁亦屢來視之因又目擊村民窮乏之狀不勝慨歎遂盡心救濟乃修堤防以除水害或給資以勸獎農事於是乎闔村民始得安堵就業延至今日者實係翁之恩澤矣翁以安政六年九月六日歿村民追慕無已今玆相謀捐金以建碑欲使後人永不忘其恩便是餘之所以表記翁之德義也." 필드 뮤지엄 교토. 熊谷蓮心表德碑 https://www2.city.kyoto.lg.jp/somu/rekishi/fm/ishibumi/html/ya027.html.

**422** 아오키 도시유키,《에도 시대의 의학 - 명의들의 3백 년》, 231쪽

김건태. 「이황의 가산경영과 치산이재」. 《퇴계학보》. 130. 퇴계학연구원, 2011.

김시덕. 「연구의 새로운 지평으로 - 《하가쿠레》를 다시 읽는다(研究の新たな地平へ - 《葉隱》을 讀み直す)」. 《에도의 문학사와 사상사(江戶の文學史と思想史)》. ぺりかん社, 2011.

김시덕. 「'무사도'란 무엇인가」. 한국일본학회 편. 《일본 고전문학에 나타난 삶과 죽음》. 보고사, 2015.

김시덕. 《전쟁의 문헌학》. 열린책들, 2017.

김시덕. "《한국 산문선》- '한국 한문산문선'으로서의 귀중한 성취." 민음사 블로그. 2018년 1월 25일 자.

김시덕. 「임진왜란 문헌군 속의 닌자 - "이가노 시노비"에서 이시카와 고에몬으로(壬辰戰爭文獻群における忍者 - 「伊賀の忍び」から石川五右衛門へ)」. 《닌자의 탄생(忍者の誕生)》. 勉誠出版, 2017.

김준배. 「메이지(明治) 시대 일본 문헌 속의 이순신 담론」. 《한일군사문화학회》. 29. 한일군사문화연구, 2020.

박찬승. 《마을로 간 한국전쟁》. 돌베개, 2010.

박찬승. "시대착오적인 신분의식." 《새마갈노》. 온라인. 2015년 3월 3일.

박홍갑. 《우리 성씨와 족보 이야기 - 족보를 통해 본 한국인의 정체성》. 산처럼, 2002.

박한민. 「1886년 조선 내 콜레라 유행과 개항장 검역」. 《의사학》. 29-1. 대한의사학회, 2020 · 4.

박훈. 《메이지 유신은 어떻게 가능했는가》. 민음사, 2014.

박훈. 《메이지 유신과 사대부적 정치문화》. 서울대학교출판문화원, 2019.

박훈평. 「조선 전기 '상한' 관련 문헌의 도입과 활용 연구: 간행, 인용, 강서 활용을 중심으로」. 《의사학》. 28-3. 대한의사학회, 2019 · 12.

배다리도시학교. 《주름진 바닷가 겹겹의 이야기》. 스페이스빔, 2020.

손정목. 《서울도시계획이야기4》. 한울, 2003.

신동원. 《호환 · 마마 · 천연두 - 병의 일상 개념사》. 돌베개, 2013.

신동원. 《조선의약생활사 - 환자를 중심으로 본 의료 2000년》. 들녘, 2014.

심규식. 「심대윤의 사찬병서 《대순신서》 소개: 재야지식인의 군사지식과 그 한계점에 대한 小

考를 겸하여」,《규장각》. 55. 서울대학교 규장각 한국학연구원, 2019 · 12.

안승준.《조선 전기 사노비의 사회 경제적 성격》. 경인문화사, 2007.

여인석.「한말과 식민지 시기 서양의학의 한의학 인식과 수용」,《의사학》. 16-2. 대한의사학회, 2007 · 12)

윤병남.《구리와 사무라이》. 소나무, 2007.

이기백.《한국전통문화론》. 일조각, 2002.

임미리.《경기동부 – 종북과 진보 사이, 잃어버린 우리들의 민주주의》. 이매진, 2014.

장유승.《쓰레기 고서들의 반란》. 글항아리, 2013.

전경목.「조선 후기에 한양에서 활약했던 자매(自賣) 알선자들」,《문헌과 해석》. 60. 태학사, 2012.

전경목.《고문서, 조선의 역사를 말하다》. 휴머니스트, 2013.

정민.《미쳐야 미친다 – 조선 지식인의 내면 읽기》. 푸른역사, 2012년 초판 51쇄.

정찬일.《삼순이 – 식모, 버스안내양, 여공》. 책과함께, 2019.

조정은.「근대 상하이 공공조계 우두 접종과 거주민의 반응: 지역적 · 문화적 비교를 중심으로」,《의사학》. 29-1. 대한의사학회, 2020 · 4.

최승희.《한국고문서연구》. 지식산업사, 1999.

최협.《판자촌 일기 – 청계천 40년》. 눈빛, 2012.

최효재, 신길조.「이븐 시나를 중심으로 고찰한 이슬람 의학의 이해」,《대한한방내과학회지》. 36-3. 대한한방내과학회, 2015 · 9.

황건.《인류의 전쟁이 뒤바꾼 의학 세계사》. 살림출판사, 2019.

"놉 이야기.「한국농정신문」. 2011년 6월 27일.

"의사들은 왜 무덤을 도굴했을까?"「사이언스타임즈」. 2016년 3월 17일.

"[10] 가난, 몸, 그리고 해부학의 역사.「사이언스온」. 2017년 3월 30일.

"여성가족부 '폭력피해 이주여성 상담소' 전국에 5개소 개소… 이주여성 보호 및 지원에 박차.「대한민국 정책브리핑」. 2019년 7월 24일.

"64년간 농사일기 쓴 김홍섭 할아버지 "삶 다할 때까지 기록."「연합뉴스」. 2019년 8월 1일

"맛있는 간장 만들려고 코 안에 '곰팡이' 숨겨온 '간장계 문익점' 샘표 오경환 부사장."「인사이트」. 2019년 2월 15일.

"간장계 문익점인가 산업 스파이인가… '간장 명인' 시끌.「국민일보」. 2019년 2월 23일.

"[한동일의 라틴어 수업 2020] 생명을 지키는 최전선, 기꺼이 달려간 사람들… 별은 그 곳에 뜬다.「경향신문」. 2020년 3월 13일.


아이 쇼지(藍正字).「《본초강목》과 하야시 라잔(《本草綱目》と林羅山)」,《アジアの歴史と文化》.

2. 山口大學アジア歴史文化研究會, 1995 · 10.

아오키 도시유키(青木歳幸),《에도 시대의 의학 – 명의들의 300년(江戶時代の醫學 – 名醫たち
　　の三〇〇年)》, 吉川弘文館, 2012.

아키모토 히로야(穐本洋哉),「이와테현 지방의 벼품종 변천(岩手縣地方の稻品種の變遷)」,《經濟
　　論集》, 21-2, 東洋大學經濟研究會, 1996.

아사이 준코(淺井潤子),《생활 속의 고문서(暮らしの中の古文書)》, 吉川弘文館, 1992.

아사이 료이 전집 간행회(淺井了意全集刊行會) 편,《아사이 료이 전집 가나조시 편 1(淺井了意全
　　集假名草子編 一)》, 岩田書院, 2001.

아미노 요시히코(網野善彦),《일본 역사를 다시 읽는다(日本の歴史をよみなおす)》, 筑摩書房,
　　1991.

아메노모리 호슈,《한 경계인의 고독과 중얼거림》, 김시덕 옮김, 태학사, 2012.

이쓰키 히로유키(五木寛之),《가쿠레넨부쓰와 가쿠시넨부쓰(隱れ念佛と隱し念佛)》, 講談社,
　　2005.

이노우에 다다시(井上忠),「가이바라 엣켄의 「대의록」(貝原益軒の「大疑錄」)」,《福岡大學圖書館
　　報》, 9. 1973 · 1.

이바라키 다모쓰(茨木保),《만화 의학의 역사(まんが醫學の歴史)》, 醫學書院, 2008.

우미하라 료(海原亮),《에도 시대의 의사수업 – 학문 · 학통 · 유학(江戶時代の醫師修業-學問 ·
　　學統 · 遊學)》, 吉川弘文館, 2014.

엔도 지로(遠藤次郎), 나카무라 데루코(中村輝子),「마나세 겐사쿠 저작의 문제들(曲直瀨玄朔の
　　著作の諸問題)」,《Journal of the Japan Society of Medical History》, 50-4. 日本醫史學會, 2004
　　· 12.

오타 모토코(太田素子),《자녀복과 영아살해(子寶と子返し)》, 藤原書店, 2007.

오토 오사무(大藤修),《근세 농민의 라이프 사이클(近世村人のライフサイクル)》, 山川出版社,
　　2003.

오토 오사무(大藤修),「센다이번 유학자 아시 도잔의 생애와 관계 사료의 전래 · 구성: 부록
　　「아시 도잔 기념관 소장 사료 목록」(仙臺藩儒學者蘆東山の生涯と關係史料の傳來 · 構成:
　　付「蘆東山記念館所藏史料目錄」)」,《東北文化研究室紀要》, 53. 東北大學大學院文學研究科東北
　　文化研究室, 2011.

오시오 주사이 선생 구십년 기념회(大鹽中齋先生九十年記念會),《오시오 주사이 선생 덴포 구민
　　고문(大鹽中齋先生天保救民告文)》, 大阪陽明學會, 1926.

오시마 아키히데(大島明秀),《「쇄국」이라는 언설 – 캠퍼 저, 시즈키 다다오 역《쇄국론》의 수
　　용사(「鎖國」という言説 – ケンペル著 · 志筑忠雄譯《鎖國論》の受容史)》, ミネルヴァ書房,
　　2009.

오노 사카에(小野榮), 《시리즈 번 이야기 - 요네자와번(シリーズ藩物語 米澤藩)》, 現代書館,
　　2006.

오바 오사무(大庭修), 왕용(王勇) 편, 《일중문화교류사연구9 전적(日中文化交流史叢書9 典籍)》,
　　大修館書店, 1996.

야마다 유지(山田雄司), 《닌자의 역사(忍者の歷史)》, 株式會社KADOKAWA, 2016.

야마모토 쓰네토모(山本常朝) 구술, 다시로 쓰라모토(田代陣基) 필록, 구리하라 아라노(栗原荒
　　野) 편저, 《교주 하가쿠레(校註葉隱)》, 內外書房, 1940.

야마다 데루타네(山田照胤), 「토방의 문헌적 연구 - 제1편 토방과 토방가에 관한 역사적 고찰
　　(吐方の文獻的研究 第一編吐方と吐方家に關する歷史的考察)」, 《日本東洋醫學會誌》, 9-1. 日
　　本東洋醫學會, 1958.

요시자와 노부오(吉澤信夫) 외, 「의과 · 치과 일원 · 이원론의 역사적 검증과 현대적 의의 (1)
　　전사 - "의사는 천한 일이다"라는 의식의 탈피와 새로운 시대의 모색(醫科齒科一元二元
　　論の歷史的檢證と現代的意義(1)前史 - 「醫は賤業」からの脫脫皮と新時代への模索)」, 《齒科學
　　報》, 115. 東京齒科大學學會, 2015 · 2.

요시마루 가쓰야(吉丸雄哉), 야마다 유지(山田雄司), 오니시 야스미쓰(尾西康充), 《닌자문예 연
　　구독본(忍者文藝研究讀本)》, 笠間書院, 2014.

요시마루 가쓰야(吉丸雄哉), 「사루토비 사스케와 닌자 이미지의 변화(猿飛佐助と忍者像の變
　　容)」, 《忍者の誕生》, 勉誠出版, 2017.

가타기리 요시오 외, 《일본 교육의 역사 - 사회사적 시각에서》, 이건상 옮김, 논형, 2011.

가지타니 신지(梶谷眞司), 「모유 자연주의와 그 역사적 변천(母乳の自然主義とその歷史的變
　　遷)」, 《帝京大學外國語外國文化》, 2. 帝京大學外國語學部外國語學科, 2009 · 3.

간바라 히로시(蒲原宏), 「《홍이외과종전》 도판 성립에 미친 스쿨테투스의 외과서
　　Armamentarium chirurgicum의 영향(《紅夷外科宗傳》圖版成立へのスクルテタス(Scultetus)
　　の外科書Armamentarium chirurgicumの影響)」, 《日本齒科醫史學會會誌》, 18-3. 日本齒科醫史
　　學會, 1992 · 5.

기쿠치 이사오(菊地勇夫), 《굶주림과 식량의 일본사(飢えと食の日本史)》, 吉川弘文館, 2019.

기토 히로시, 《인구로 읽는 일본사》, 최혜주, 손병규 옮김, 어문학사, 2009.

구스도 요시아키(楠戶義昭), 《센고쿠 무장 명언록: 마쓰시타 정경숙 숙장 강화록(戰國武將名言
　　錄: 松下政經塾塾長講話錄)》, 전자책, PHP研究所, 2006.

게라 요시노리(計良吉則), 사카이 시즈(酒井シヅ), 「《네덜란드 경락근맥장부도해》의 번역서로
　　서의 불완전함: 번역되지 않은 단어에 주목해서(《阿蘭陀經絡筋脈臟腑圖解》の翻譯書とし
　　ての不完全さ: 譯出されなかった語の視點から)」, 《日本醫史學雜誌》, 58-1. 日本醫史學會,
　　2012 · 3.

고이케 도고로(小池藤五郎),《산토 교덴(山東京傳)》. 吉川弘文館, 1961.

고소토 히로시(小曾戶洋),《한방의 역사 - 중국 · 일본의 전통 의학(漢方の歷史 - 中國 · 日本の 傳統醫學)》. 大修館書店 , 2014.

사이카쿠,《호색일대남》. 정형 옮김. 지식을만드는지식, 2017.

사에키 신이치(佐伯眞一),《전장의 정신사 - 무사도라고 하는 환영(戰場の精神史 - 武士道とい う幻影)》. NHKブックス, 2004.

사와야마 미카코(澤山美果子),《에도의 버려진 아이들 - 그 초상(江戶の捨て子たち - その肖 像)》. 吉川弘文館, 2008.

신시 요시모토(進士慶幹),《유이 쇼세쓰(由比正雪)》. 吉川弘文館, 1961.

스기타 겐파쿠 외,《해체신서》김성수 옮김. 한길사, 2014

스기모토 쓰토무(杉本つとむ),《서양문화 기원 10강(西洋文化事始め十講)》. スリーエーネットワ ーク, 1996.

세키 요시오미(關義臣) 편,《일본명가경사론존(日本名家經史論存)》. 溫故堂, 1881.

소다 하지메(宗田一),《일본의 명약(日本の名藥)》. 八坂書房, 2001.

다카오 요시키(高尾善希),《닌자의 후예 - 에도성에서 근무한 이가 닌자들(忍者の末裔 - 江戶城 に勤めた伊賀者たち)》. 角川書店, 2017.

다카시마 마사노리(高島正憲),《경제성장의 일본사(經濟成長の日本史)》. 名古屋大學出版會, 2017.

다시로 가즈이(田代和生),《에도 시대 조선 약재 조사에 대한 연구(江戶時代朝鮮藥材調査の研 究)》. 慶應義塾大學出版會, 1999.

나이토 고난(內藤湖南),「오닌의 난에 대하여(應仁の亂に就て)」,《內藤湖南全集 第九卷》. 筑摩書 房, 1969.

나카니시 아키라(中西啓),《신판 일본 의가 열전 - 일본 근대 의학의 여명(新版ニッポン醫家列 傳 - 日本近代醫學のあけぼの)》. ピー・アンド・シー, 1992.

네사키 미쓰오(根崎光男),《쇼루이아와레미의 세계(生類憐みの世界)》. 同成社, 2006.

노구치 다케히코(野口武彦),《에도의 병학 사상(江戶の兵學思想)》. 中央公論社, 1991.

하마노 기요시(浜野潔),《역사인구학으로 읽는 에도 일본(歷史人口學で讀む江戶日本)》. 吉川弘 文館, 2011.

하야미 아키라,《근세 일본의 경제발전과 근면혁명 - 역사인구학으로 본 산업혁명 vs. 근면혁 명》. 조성원 옮김. 혜안, 2006.

핫토리 도시로(服部敏良),《일본 의학사 연구여화(日本醫學史硏究餘話)》. 科學書院, 1981.

히라카와 스케히로(平川祐弘),《고이즈미 야쿠모 - 서양 탈출의 꿈(小泉八雲 - 西洋脫出の夢)》. 講談社, 1981.

후쿠다 야스노리(福田安典).《의학서 속의「문학」- 에도의 의학과 문학이 만들어낸 세계(醫學書のなかの「文學」- 江戸の醫學と文學が作り上げた世界)》. 笠間書院, 2016.

후세 쇼이치(布施昌一).《의사의 역사 - 그 일본적 장점(醫師の歷史 - その日本的特長)》. (中央公論社, 1979.

호리 이사오(堀勇雄).《하야시 라잔(林羅山)》. 吉川弘文館, 1964.

마치 센주로(町泉壽郎).「한방 의인 열전 - 다키 모토야스·다키 모토카타(漢方醫人列傳 - 多紀元簡·多紀元堅)」, 쓰무라 메디컬 투데이(ツムラ·メディカル·トゥデイ) 2010년 3월 24일 방송

마쓰키 아키토모(松木明知).《나카가와 고로지와 시베리아를 경유한 우두종두법(中川五郎次とシベリア經由の牛痘種痘法)》. 北海道出版企劃センター, 2009.

마루야마 마사오.《일본정치사상사연구》. 김석근 옮김. 통나무, 1995.

마야나기 마코토(眞柳誠).「온지방담 - 일본은 섬나라여서《상한론》과《소문》을 연구하는 것 같다(溫知放談—日本は島國につき《傷寒論》や《素問》を研究するらしい)」.

미우라 히로유키(三浦周行).「아사야마 이린안(朝山意林庵)」.《日本史の研究》. 1上. 1930).

미키 사카에(三木榮).《조선의학사 및 질병사(朝鮮醫學史及疾病史)》. 三木榮, 1963.

미야지마 히로시.《미야지마 히로시, 나의 한국사 공부》. 너머북스, 2013.

미야지마 히로시.《미야지마 히로시의 양반》. 노영구 옮김. 너머북스, 2014.

무라이 쇼스케(村井章介) 등 편.《일·명 관계사 연구 입문 - 아시아 속의 견명선(日明關係史研究入門 - アジアのなかの遣明船)》. 勉誠出版, 2015.

모리 야스히코(森安彦).《고문서를 읽자(古文書を讀もう)》. 講談社, 2003.

지역의 삶을 기록하는 모임(地域の暮らしを記錄する會).《온슈 아라이 무인도 표류민 이야기(遠州新居無人島漂流者の話)》. 2004.

모리스에 아라타(森末新).《쇼군과 마치이 - 소슈 가타쿠라 가쿠료 전(將軍と町醫 - 相州 片倉鶴陵傳)》. 有隣堂, 1978.

도쿄문화재연구소(東京文化財研究所) 2007년 5월 활동보고.「《도도내우스 초목보》원본의 과학적 조사(《獨獨涅烏斯草木譜》原本の科學的調査)」.

《도미오쿠향토사(富奧鄉土史)》. 富奧農業協同組合, 1975.

《일본고전문학대계 95 재은기 오리타쿠시바노키 난동사시(日本古典文學大系 95 戴恩記 折たく柴の記 蘭東事始)》. 岩波書店, 1964.

류코쿠대학 종교조사반(龍谷大學宗教調查班) 편.《가야카베: 가쿠레넨부쓰(カヤカベ: かくれ念佛)》. 法藏館, 1970).

정보공개·개인정보보호심사회(내각부)(情報公開·個人情報保護審查會(內閣府) 2006년 답신서「특정 개인에 관계된 메이지5년 호적의 불개시결정(행정문서비해당)에 관한 건(特

定個人に係る明治五年式戸籍の不開示決定 ( 行政文書非該當 ) に關する件)」

"유엔, 11월 5일을 "세계 쓰나미의 날"로 제정로 제정 일본이 제안(國連'11月5日を「世界津波の日」に制定 日本が提案)." 「니혼게이자이신문(日本經濟新聞)」. 2015년 12월 5일.

"학습지도요령 "쇄국"이 사라졌다 – 소학교 · 중학교 사회과에서(學習指導要領「鎖國」が消えた – 小中學校の社會科から)." 「마이니치신문」. 2017년 2월 14일.

"《임신호적》인지 모르고 출품 – 편찬을 담당한 옛 집안이 출처?(《壬申戸籍》知らず出品」– 編製擔った舊家が出どころ？)." 「지지통신」. 2019년 7월 13일.

"《임신호적》5월에도 출품 = 인터넷에 복수 출품. 신분 등 기재 – 법무성, 일부 회수 못해(「壬申戸籍」5月にも出品 = ネットに複數, 身分など記載 – 法務省, 一部回收できず)." 「지지통신」. 2019년 7월 13일.

앨런, 로버트 C.(Robert C. Allen). 《세계경제사》. 이강국 옮김. 교유서가, 2017.

보다르트-베일리, B. M.(B. M. Bodart-Bailey). 《캠퍼 – 예절의 나라에 와서(ケンペル – 禮節の國に來たりて)》. 나카 나오이치(中直一) 옮김. ミネルヴァ書房, 2009.

브로드, 폴(Paul Brood) 외. 《네덜란드 동인도회사(The Dutch East India Company Book)》. WBOOKS, 2017.

바이넘, 윌리엄(William Bynum). 《서양의학사》. 박승만 옮김. 교유서가, 2017.

셀리아, 마리아(Maria Célia P. V. F. Freire), & 오도녜즈, 마를레니(Marlene Ordoñez). 《브라질역사(História do Brasil)》. Ática, 1974.

치슬릭, 후베르트(Hubert Cieslik). 크리스토바웅 페레이라의 사례(The Case of Christóvão Ferreira). 《Monumenta Nipponica》. 29. 上智大學, 1973.

달레, 샤를르. 《한국천주교회사 (중)》. 안응렬, 최석우 옮김. 한국교회사연구소, 1980.

단턴, 로버트(Robert Darnton). 《고양이 대학살 – 프랑스문화사 속의 다른 이야기들》. 조한욱 옮김. 문학과지성사, 1996.

제바르, 아메드(Amed Djebbar). 《아랍 과학의 황금시대》. 김성희 옮김. 알마, 2016

드릭슬러, 파비안(Fabian Drixler). 《마비키 – 영아살해와 동일본의 인구 성장, 1660-1950(Mabiki – Infanticide and Population Growth in Eastern Japan, 1660-1950)》. University of California Press, 2013.

파비아니, 장 노엘(글), & 베르코비치, 필리프(그림). 《만화로 배우는 의학의 역사》, 김모 번역. 한빛비즈, 2019.

파지, 윌리엄(William J. Farge). 《기독교 사무라이: 바바 분코 재판(A Christian Samurai: The Trials of Baba Bunko)》. Catholic University of America Press, 2016.

존슨, 스티븐(Steven Johnson). 《감염지도》. 김명남 옮김. 김영사, 2008.

로이히텐베르거, 얀(Jan Leuchtenberger), 「윌리엄 파지(William J. Farge, S. J.) 저 《기독교 사무라이: 바바 분코 재판(A Christian Samurai: The Trials of Baba Bunko)》」. 《Journal of Jesuit Studies》. 5-2. Brill, 2018 · 4.

마그너, 로이스(Lois N. Magner), & 킴, 올리버(Oliver J. Kim). 《의학의 역사(A History of Medicine)》. CRC Press, 2017.

만, 찰스(Charles C. Mann). 《1493》. 최희숙 옮김. 황소자리, 2020.

맥닐, 윌리엄(William H. McNeill). 《전염병의 세계사》. 김우영 옮김. 이산, 2005.

나브한, 게리 폴(Gary Paul Nabhan). 《지상의 모든 음식은 어디에서 오는가 – 15개 언어를 구사하며 세계를 누빈 위대한 식량학자 바빌로프 이야기》. 강경이 옮김. 아카이브, 2010.

리오보, 안드레아스 페레스(Andres Perez Riobo). 「1632년 히닌의 국외 추방에 대하여(一六三二年におけるヒニンの國外追放について)」. 《立命館史學》. 33. 立命館史學會, 2012 · 11.

산토니, 장-가브리엘(Jean-Gabriel Santoni). 「에도 시대의 화학 원소 용어에 대하여 – 우다가와 요안과 우에노 히코마를 중심으로(De la notation des éléments chimiques à l'époque d'Edo—chez Udagawa Yôan et Ueno Hikoma)」. 《廣島大學フランス文學研究》. 31. 廣島大學フランス文學研究會, 2012 · 12.

데 소자, 루시우(Lucio de Sousa), & 오카 미호코(岡美穗子). 《대항해시대의 일본인 노예 – 아시아, 신대륙, 유럽(大航海時代の日本人奴隷 – アジア・新大陸・ヨーロッパ)》. 中央公論新社, 2017.

앰네스티 인터내셔널 영국(Amnesty International UK). "아프가니스탄의 여성들: 과거에 대하여(Women in Afghanistan: the back story)." 온라인. 2014년 11월 25일

BBC. "연구자들에 따르면 옛날이야기들은 몇 천 년 전에 생겨났다(Fairy tale origins thousands of years old, researchers say)." 온라인. 2016년 1월 20일.

"카드로프가 체첸의 신랑들에게 200명의 신부를 '사도록' 수백만 루블을 기부하다(Kadyrov Donates Millions to Help Chechen Grooms 'Buy' 200 Brides)." 「The Moscow Times」. 2020년 6월 10일.

# 찾아보기

# 일본인 이야기2

진보 혹은 퇴보의 시대

김시덕 지음

초판 1쇄 2020년 10월 28일 발행
초판 2쇄 2020년 11월 25일 발행

ISBN 979-11-5706-214-0 (04910)

---

만든사람들

| | |
|---|---|
| 편집 | 유온누리 |
| 편집도움 | 이형진 |
| 표지 디자인 | 박대성 |
| 본문 디자인 | 김성인 |
| 마케팅 | 김성현 김규리 |
| 인쇄 | 한영문화사 |

| | |
|---|---|
| 펴낸이 | 김현종 |
| 펴낸곳 | (주)메디치미디어 |
| 경영지원 | 전선정 김유라 |
| 등록일 | 2008년 8월 20일 제300-2008-76호 |
| 주소 | 서울시 종로구 사직로 9길 22 2층 |
| 전화 | 02-735-3308 |
| 팩스 | 02-735-3309 |
| 이메일 | medici@medicimedia.co.kr |
| 페이스북 | facebook.com/medicimedia |
| 인스타그램 | @medicimedia |
| 홈페이지 | www.medicimedia.co.kr |

이 도서의 국립중앙도서관 출판예정도서목록(CIP)은
서지정보유통지원시스템 홈페이지(http://seoji.nl.go.kr)와
국가자료종합목록시스템(http://www.nl.go.kr/kolisnet)에서
이용하실 수 있습니다. (CIP제어번호: CIP2020043352)